21세기의 세계질서
:변환과 미래

오명호 저

The World Order
In The 21st Century

박영사

서 문

　21세기의 세계질서는 지난 세기 말엽부터 가속화된 '세계화'의 기본 구조로 이루어진다. 즉 비약적인 정보－통신 기술의 발달로 국가 간 및 지역적으로 확산된 인적－물적 교류를 통하여 이제 세계는 모든 집단과 계층 및 조직들의 상호연계와 의존관계가 심화된 거대한 생활권을 형성하게 된 것이다. 그리고 이러한 '세계화'의 영역(경제, 사회, 문화, 정치)마다 인류의 새로운 대응과 작용을 통한 '변환'의 과정을 통하여 이제 세계는 21세기의 새로운 세계질서를 구축하게 되는 역사적 전환점에 다다랐다. 이 책은 이러한 새로운 세계질서의 구성과 그 변환 및 가능한 미래에 대한 우리들의 이해와 대응의 기본적 윤곽을 제시해 보고자 하는 시도가 된다.

　우선 제1장 '세계질서의 기본 구조'에서는 '세계화'의 특성과 관련하여 그 경험적 측면에 초점을 두는 최근에 두드러지는 '정의'들이 다루어진다. 무엇보다도 정보－통신 분야와 세계적 교통의 확대로 인한 상호 연결성과 상호의존성이 강조되며, 그에 따르는 비유적 특성(유동성과 흐름), 주요변수(생산, 거버넌스, 정체성, 지식 등), 사회적 의식(사회적 상상력) 등이 간략히 소개된다. 그리고 세계화를 둘러싼 '주요 관점'에서는 찬성론, 회의론, 변환론의 세 갈래로 나누어 최근의 논의가 다루어진다.

　제2장 '세계질서의 기본 영역'은 경제, 사회, 문화, 정치의 4대 '영역'에서 일어나는 주요 사건과 현상들에 대한 검토가 이루어진다. 경제적 영역에서는 여러 나라에서 재화와 서비스를 생산 판매하는 '글로벌 기업'을 만들어 내게 되는데 '다국적 기업'으로 불리기도 하는 이 세계적 경체 주체들은 생산자 위주의 상품사슬을 구매자 위주의 상품사슬로 바꾸어 놓으면서 디지털화 및 집중화를 선도하게 된다. 특히 중국, 인도 등으로 선도되는 이른바 '신흥 시장 글로벌 기업'의 출현은 세계경제의 전반적 윤곽을 바꾸어 놓는다. 그리고 이

새로운 경제권의 등장은 종래의 '서반구' 중심의 경제권으로부터 이제는 '아시아 태평양 지역'의 신흥 경제 대국들(인도, 중국, 일본 등)의 우월적 지역 판도로의 이행을 상징한다. 미국의 세계 경제 지배력의 동요 및 유럽의 상대적 위축과 대조되는 아시아의 굴기(일본, 네 마리 호랑이, 용)가 부각되며, 특히 중국과 인도의 부상으로 표상되는 역동적 측면이 문제된다. 사회적 영역에서는 세계화로 인한 새로운 분석 틀로서 '글로벌 사회운동'의 새로운 형태가 두드러진다. 국경을 넘어서 다양한 개인과 집단 및 조직들이 만들어내는 사회적 질서의 변화와 갈등의 조정과정을 사회운동의 개념 틀로 만들어서 1999년 '시애틀 전투,' 2011년 뉴욕의 '월가 점령' 등의 사례가 다루어진다. 세계화로 인한 세계적 이민의 증대로 촉발되는 나라마다의 이민 규제방안을 비롯한 세계적 협력체제의 구성, 국경을 넘나드는 범죄네트워크에 대한 대응 방안 등이 제시되며, 세계화로 인한 젠더와 성생활에 관한 도덕성의 문제 및 성적 정의를 둘러싼 세계적인 관심과 대책이 이어진다. 문화적 영역은 (1) 차별화, (2) 혼성, (3) 수렴의 세 가지 형태의 특성으로 파악되며 ICT의 비약적 발전이 '네트워크화' 되어 다양한 집단적 정체성으로 형성되는 과정이 요약된다.

정치적 영역은 21세기의 기본적 정치 지도를 구성하는 '헤게모니 질서'에 대한 검토가 된다. 세계적 헤게모니는 일단 구축이 되면 상당 기간 동안 안정과 평화적인 변환의 과정에 들어서게 되나 언젠가는 새로운 도전자가 등장하여 '헤게몬(패권자)'이 바뀌는 쇠퇴의 과정으로 이어질 수 있게 된다. 이를 둘러싼 헤게모니 안정론, 레짐이론, 네오 그람시 헤게모니론, 권력 이행 이론 등이 요약되며, 현 국제정세의 바탕 위에서 전개되어 가는 '브릭스'의 도전 상태가 다루어진다. 또한 미래의 국가마다의 적응전략은 (1) 균형화와 편승 전략, (2) 방어적 현실주의와 공격적 현실주의, (3) 삼각관계의 형성, (4) 연성균형화라는 네 가지 차원으로 분류되어 앞으로 형성될 주요 열강 간의 관계를 예측하게 만들 수 있다.

제3장 '주요 변환'에서는 '제4차 산업혁명'이 기본 동력이 되며, 인공지능, 사물 인터넷, 사이버-물리적 체제, 3D 프린팅, 빅 데이터 등이 논의된다. 이러한 첨단 기술이 다양한 인간생활 영역에 가져오게 될 혁명적인 변화가 된다. 경제적 변환에 있어서는 세계무역 발달에 따르는 WTO의 활동과 관련된 최근의 규제기구의 활동을 비롯하여 2008년 미국발 금융위기의 전말과 새로

운 규제체제가 다루어진다. 이 경제영역에서 특히 관심을 모으는 과제로서는 세계적 '극빈층 10억'의 문제, 21세기의 자본과 불평등 문제('피케티'의 연구), 지속가능한 경제체제의 처방 등이다. '비폭력 시위, 혁명, 새로운 전쟁'은 21세기에 들어서 나타나는 독특한 '비폭력 시위'의 특징을 비롯하여 새로운 형태의 혁명으로서는 이슬람 세계혁명 운동, 새로운 전쟁의 형태로서는 미국의 이른바 '테러와의 전쟁,' '국가내부의 전쟁(시리아의 사례)' 등이 검토된다. '글로벌 거버넌스'는 세계화가 당면하는 세계적인 통치개념을 표상하게 되는데 (1) 경제적 거버넌스(IMF, WTO의 활동), (2) 세계적 안전보장과 핵 비확산체제, (3) 인터넷 거버넌스, (4) 미래의 발전 단계 등이 주제가 된다.

끝으로 제4장 '가능한 미래: 전망과 대응'은 '미래연구' 분야에서 다루어지는 세계화의 미래예측과 대응이 된다. 무엇보다도 앞으로의 세계질서는 21세기에 형성되는 새로운 열강구도가 결정적인 작용을 하게 된다는 점이 강조될 수 있다. '공격적 현실주의'의 진단에 따라 미-중의 세계적 헤게모니 경쟁은 간헐적으로 지속 강화될 것이며 이에 따르는 열강(미국, 중국, 유럽 열강, 일본 및 BRICS 등)간의 새로운 세력 균형이 구성될 것이다. 이러한 복잡다단한 신세력 균형은 세계사적인 대변동(upheaval)으로 이어질 수 있고 국가마다의 국가적 위기 극복의 성공조건(예: 외국으로부터의 지원, 국가적 핵심가치와 국민적 정체성의 확보, 국가적 리더십 등)이 폭넓게 논의될 수 있다. 그리고 문화적 차원에서는 문화를 통한 지구적 대화와 융화를 통한 구체적인 접근으로서 '문화적인 세계시민주의'의 구상으로서 '중용(中庸)'이나 '중도(middle path)'의 사상 등이 종용되고 UN을 통한 교육의 질적 향상 등이 강조된다.

한편 열강 간의 신세력균형에서 미·중 경쟁은 그 전도가 첨단기술 기반의 경제적 경합(예: FANG과 BAT)이 주축이 될 것으로 전망된다. 그러나 '테크놀로지의 미래'에 대한 인류의 대응에 있어서는 장차 AI가 만들어 낼 수도 있는 '초월적 지능' 또는 '기술적 특이점' 등의 위험성에 대비하는 인류의 인지적, 실천적 능력이 절실하며, 앞으로의 첨단기술의 열강 간 경쟁과 갈등을 조정하고 협의하기 위해서는 예를 들면 '5두 정치(미국, 중국, 러시아, 영국, 프랑스)'의 구성이 종용된다. '미래 산업분야'에서는 로봇, 정보의 코드화, 빅 데이터, 플랫폼 혁명 등으로 이루어지는 첨단 정보통신 기술이 가져오게 될 정치-경제적 격랑의 심각성을 전제로 이에 대한 지구적 대책의 절실함이 부각된다.

빅 데이터 알고리즘을 통한 인간 탄압과 감시를 자행하는 '디지털 강압정치'의 가능성이 제기되고, '플랫폼' 기업들 간의 치열한 경쟁은 자칫 '거대한 플랫폼 전쟁'으로 확산될 것이 우려되지 않을 수 없다. 그리고 이러한 첨단기술 분야의 열강 간 경쟁은 작금의 현실주의나 민족주의적인 이데올로기적 대립과 접합됨으로써 극심한 갈등과 대립의 격랑으로 이어질 가능성이 더욱 문제된다. 오직 인류가 당면하게 될지도 모를 이 새로운 권력적, 이념적 지평의 도전과 시련에 대응하기 위해서는 비록 현 단계에서는 매우 힘겨운 인류의 현안이긴 하지만 '세계적 공공영역과 코스모폴리타니즘'으로의 발전만이 인류의 현명한 대안이 될 수 있다는 점이 강조될 수 있다.

이 책은 21세기의 세계화가 최근의 새로운 열강 구도와 치열한 첨단기술 분야의 경쟁으로 이어지는 다양한 특성과 상호작용의 윤곽을 밝혀봄으로써 그 변환과 가능한 미래에 대한 인류의 대응을 제시해 보고자 했다. 세계화의 지구적 변환에 대한 포괄적인 파악이 불가피하였으며, 특히 제4장의 새로운 열강구도와 첨단기술 부분의 서술과 전망에 있어서는 보강되어야 할 점이 있음을 솔직히 시인하지 않을 수 없게 된다. 이점 앞으로의 보완을 생각하고 있으며 이 분야의 계속적인 연구의 계기로 이어졌으면 하는 마음이다. 무엇보다도 그간의 원고 작성에 있어서는 대학에서의 세계화 관련 강의, 여러 동학(同學)들과의 유익한 대화 등이 그 귀중한 밑거름이 되었다. 그리고 이 책의 윤곽이 출판으로 결실되기까지 김영재 교수(청주대학교), 김유은 교수(한양대학교), 오영달 교수(충남대학교) 제위의 정성어린 도움을 잊을 수 없으며, 특히 한양대학교의 홍주유 교수의 폭넓은 자료 마련과 세심한 조언에 힘입은 바 많으며 각별한 고마움을 표해 두고자 한다.

이 책의 출판에 많이 힘써 주신 도서출판 박영사의 안종만 회장님을 비롯해서 임재무 상무님, 이승현 과장님, 강민정 대리님 등 여러분께 각별한 감사를 드리고, 오랜 교직 생활과 저술의 어려운 고비마다 꾸준히 힘이 되어준 나의 아내와 아이들에게도 고마운 마음을 적어 둔다.

2020년 가을

저 자

차 례

CHAPTER 01 세계질서의 기본 구조

01 세계화 ·· 2

　1. '구이렌(Mauro F. Guillen)' ·· 2

　2. '헬드 외(David Held et al.)' ··· 3

　3. '나이 및 도나후(Joseph S. Nye and John D. Donahue)' ··············· 3

02 주요 관점 ·· 6

　　① 찬성론 6

　　② 회의론 9

　　③ 변환론 10

CHAPTER 02 세계질서의 기본 영역

01 경제적 영역 ·· 14

　1. 세계경제의 생산과정: '고도자본주의' ··· 16

　2. 글로벌 기업(Global Corporation)의 등장 ······································ 18

　3. 세계경제의 새로운 지도: 경제활동과 상호연계 ····························· 24

　　① 미국의 세계경제 지배력의 동요 26

　　② 유럽의 현황 26

　　③ 동유럽의 '이행경제'와 러시아 연방 27

　　④ 아시아의 굴기: 일본, 네 호랑이, 용 28

　　⑤ 인도의 장래 32

　　⑥ 남미와 기타 주변지역 32

　　⑦ 역동적 세계경제의 지도 34

02 사회적 영역 ·· 35

1. 글로벌 사회운동(Global Social Movement) ·· 36

    ① 새로운 분석 틀: 신사회운동(New Social Movement) 37

    ② 반'신자유주의' 운동 39

2. 세계화와 이민 ··· 41

    ① 세계적 이민의 이론적 접근 42

    ② 세계적 이민의 '거버넌스'(governance) 44

3. 세계화와 범죄 ··· 48

    ① 세계적 범죄의 형태 48

    ② 사이버공간과 '기업 범죄' 50

    ③ 범죄 대응의 기본접근 52

4. 세계화와 사회적 정체성: 젠더(gender)와 섹슈얼리티(sexuality) ······ 53

    ① 젠더와 성적 다양성(sexual diversity)의 새로운 형태 53

    ② 성적 다양성과 도덕성 55

    ③ 성적 다양성에 대한 세계적 대응 56

03 문화적 영역 ··· 57

1. 세계화와 문화 ··· 59

2. 문화적 흐름의 기본 형태 ·· 61

    ① 문화적 차별화(cultural differentiation) 62

    ② 문화적 혼성(cultural hybridization) 65

    ③ 문화적 수렴(cultural convergence) 69

3. 세계화와 '네트워크 정체성' ·· 71

    ① 정체성의 '네트워킹' 72

    ② '네트워크 정체성'의 세 가지 형태 74

    ③ 새로운 정체성 정치: '좁은 정체성' 76

04 정치적 영역 ··· 77

1. 세계화와 헤게모니 질서 ·· 78

    ① 헤게모니의 이론적 구성 79

    ② 세계화와 헤게모니 경합자들: 일본, EU, BRICs, 중국 87

2. 새로운 국제관계와 세력균형 ··· 93

    ① '단극체제'와 '브릭스'(BRICS) 94

    ② 새로운 국가적 적응전략 97

    ③ '방어적 현실주의'와 '공격적 현실주의' 98

    ④ 삼각관계(triangular relations)의 형태 101

    ⑤ 연성균형화(soft balancing) 105

CHAPTER 03 주요 변환

01 제4차 산업혁명 ··· 107

  1. 기본 추진 동력 ··· 108

    ① 인공지능(AI: Artificial Intelligence) 108

    ② '사물인터넷'(IoT: Internet of Things) 110

    ③ '사이버 물리 체제'(CPS: Cyber−Physical System) 111

    ④ 3D 프린팅(3D Printing) 112

    ⑤ 빅 데이터(Big Data) 113

  2. 디지털 혁명의 충격과 '신세계질서' ···························· 115

02 세계경제 ··· 118

  1. 세계무역과 금융의 영역 ··· 119

    ① 세계무역의 발달과 규제기구 120

    ② 세계적 금융위기와 규제방향 122

  2. 경제적 세계화의 당면 문제 ······································ 125

    ① 세계의 '극빈층 10억(The Bottom Billion)'의 문제 126

    ② 세계주의의 불만(Globalism's Discontents): Joseph Stiglitz 127

    ③ 21세기의 자본과 불평등 문제: Thomas Piketty 130

    ④ 지속 가능한(sustainable) 경제체제 133

03 환경 ·· 141

  1. 환경 문제: 역사적 배경과 주요 현안 ························· 141

  2. 세계적 대응: 주요 회의와 조약 ································ 144

    ① UN 인류환경회의(Stockholm, 1972) 145

    ② 지구정상회의(Rio de Janeiro, 1992) 146

    ③ '지속 가능한 발전을 위한 세계정상회의

      (WSSD: 요하네스버그, 2002)' 이후 148

  3. 기후 변화 ·· 149

  4. 환경 운동과 정당 조직 ·· 152

    ① 환경운동(environmental movement) 152

    ② 정당 조직 154

  5. 환경 외교의 방향 ·· 155

  6. 환경 문제의 미래 ·· 158

04 비폭력시위운동, 혁명, 새로운 전쟁 ·································· 160

　1. 비폭력의 시위운동 ······································· 161
　　① '비폭력' 시위의 특성　162
　　② 비폭력 시위의 전개과정　163
　2. 세계적 혁명(Global Revolution) ···················· 165
　　① 혁명의 발생원인　165
　　② 혁명수행의 세 가지 형태　167
　3. 21세기의 전쟁 ··· 176
　　① 미국의 '테러와의 전쟁'　177
　　② '국가내부 전쟁'(intrastate wars): 시리아의 사례　179
　　③ 미래의 전쟁　180

05 글로벌 거버넌스 ··· 183

　1. 글로벌 거버넌스와 UN의 역할 ······················· 184
　2. 경제적 거버넌스 ······································· 189
　　① 국제통화기금(IMF)의 운영과 실태　189
　　② 세계무역기구(WTO)　191
　3. 세계적 안전보장과 '핵 비확산체제' ··················· 193
　　① NPT의 세 기둥　194
　　② NPT의 주기적 검토회의　196
　　③ 핵무기의 안전대책의 문제점　198
　4. 인터넷과 거버넌스 ····································· 202
　　① 인터넷 : 기본 구조와 파급력　203
　　② 인터넷 거버넌스의 전개과정　204
　　③ 규제 방안　206
　5. 세계화의 거버넌스: 미래의 발전단계 ················· 209
　　① 신자유주의 거버넌스　210
　　② 새로운 발전 패러다임의 모색　212
　　③ '코스모폴리탄 민주주의'의 가능성　213

CHAPTER 04　가능한 미래: 전망과 대응

1. 새로운 열강 구도: 미·중 경쟁과 신세력균형 ············ 219
2. 국가별 과제와 대응 ······································ 225
3. 문화적 차원: 융화의 논리 ································ 229

4. 테크놀로지의 미래 ·· 232

5. 미래 산업의 도전 ·· 238

6. '코로나 19'와 코스모폴리타니즘 ································ 247

① 새로운 이데올로기적 지평 247

② '코로나 19': 세계적 혼돈과 정치적 변환 249

③ 세계적 공공영역과 코스모폴리타니즘 252

부록

참고문헌 ··· 259

사항색인 ··· 271

CHAPTER 01

세계질서의 기본 구조

　　20세기 말엽에서부터 21세기에 들어서면서 세계질서는 커다란 변환을 격고 있다. 제2차 세계대전 이후 시작된 통신과 수송 기술의 비약적인 발달은 20세기 말엽에 다가서면서 더욱 가속화되어 세계를 공간과 시간 면에서 괄목하게 압축시키는 역사적 변환을 가져왔다. 이제 사람들은 세계 도처에 여행과 이주가 가능하게 되고 교역과 위락의 길이 열리게 되며, 위성방송은 세계적인 사건과 변화를 즉각적인 동영상으로 세계 각처에 전파해준다. 그리고 인터넷은 세계에 산재해 있는 모든 권력적 실체와 이익집단들의 상호작용과 이해관계를 다양한 연결 마디로 맺어주기에 이른다. 이로 인하여 세계적인 통상과 투자가 전례 없이 증대되어 세계적인 자본주의 체제가 확대·정착되고 이와 병행해서 1990년대 소련의 해체와 냉전의 종식으로 신자유주의 하의 서구적 민주주의가 시대적인 대세로 굳어지게 되었다. 세계적 규모의 시장경제가 창출해낼 경제적 번영과 독재와 권위주의가 외면되는 새로운 정치·경제적 환경의 변화에서 사람들은 새로운 미래에 대한 가능성을 내다보게 되었다. 21세기에 들어서면서 나타나는 이러한 장밋빛 그림은 '세계화'(globalization)라는 용어로 전 인류를 벅찬 기대와 희망으로 사로잡고 있다고도 볼 수 있다.

　　그러나 이러한 낙관적인 전망에도 불구하고 세계화의 전반적인 추세와 관련해서는 유보적이거나 비판적인 견해가 학계의 일각에 일고 있는 것을 감지하게 된다. 일부 회의론자들은 자본주의의 세계적 팽창은 일부 지역과 선진 제국들의 경제적 혜택과 번성을 가져오지만 세계적인 빈부의 격차와 특히 후진 지역의 빈곤과 저발전의 추세에는 별다른 변화를 가져오지 못하는 것을 비판하고 나선다. 그뿐만 아니라 세계적인 차원에서의 악화되는 환경문제, 탈냉전의 부산물로서의 세계적 규모의 종교적 갈등과 이에서 비롯되는 '테러리즘'의 확산 등을 지적한다. 특히 2008년 미국발 금융위기의 세계적 파급은 신자유주의 경제의 구조적 결함에서 오는 것인지 그렇지 않으면 금융 제도의 운영상 미숙에서 오는 것인지에 대한 꾸준한 논쟁으로 이어지고 있다.

그러나 세계화로 인한 세계질서의 변환에서 최근 가장 문제되는 것은 1990년대 냉전이 종식되면서 형성된 미국 주도의 '단극체제'가 동요의 기미를 보이면서 그 존속 가능성에 대한 새로운 논의의 확산이라고 볼 수 있다. 미국이라는 초강대국의 지배적 영향력을 견제할 수 있는 새로운 변화, 즉 '브릭스'(BRICS)라는 5대 열강의 등장, 그중에서도 중국의 부상은 세계적 정치판도에 새로운 변화를 예고하고 있다. 이러한 세계질서의 흐름과 그 변환의 측면을 우선 (1) 세계화, (2) 주요 관점으로 간략하게 정리해 보기로 한다.

01 세계화

세계화에 대한 의미부여는 현재까지 두드러지는 세계적인 변화에 대한 경험적 현상들을 특정한 유형의 형태로 추출하는 형식이 되며, 이에 대한 다양한 '정의'들이 시도된다. 여기서는 현재까지 시도된 몇 개의 두드러진 정의들을 살펴보고 그 공통된 의미를 추려 보기로 한다.

1. '구이렌(Mauro F. Guillen)'

세계화란 재화, 서비스, 돈, 사람, 정보 그리고 문화 등의 국경을 넘나드는 흐름(flows)의 증대로 활성화되는 과정이며 또한 그 결과이기도 하다. 그것은 세계적인 차원의 경제적, 정치적 그리고 사회적 단위들(units)과 행위자들

(actors)의 보다 많은 상호의존(interdependence)과 상호인식 및 재귀성(mutual awareness, reflexivity)을 가져오는 과정이다.[1]

2. '헬드 외(David Held et al.)'

세계화란 인간의 사회관계와 거래의 공간적 조직을 그 확산, 강도, 속고, 충격 면에서 크게 변환시키며, 사람들의 활동, 상호작용 그리고 권력의 행사 등을 초대륙 간, 또는 지역 간의 흐름과 네트워크로 만들어나가는 과정을 지칭한다. 여기서 '흐름'이란 물리적 가공품, 사람, 상징, 표상, 정보 등의 운동을, 그리고 '네트워크'란 독립적 행위자들, 활동의 마디들, 권력의 터 사이에 형성되는 규칙적이고 유형화된 상호작용을 의미한다.[2] 즉 인간의 사회적, 정치적, 경제적 활동이 상호연결(interconnectedness) 면에서 초대륙적, 또는 초지역적으로 확산되며 그 강도는 더욱 깊어지고 연결의 속도도 빨라지면서 결과적으로 인간의 상호작용과 권력행사 면에서도 극심한 충격을 가져오는 과정으로 파악된다.

3. '나이 및 도나후(Joseph S. Nye and John D. Donahue)'

세계주의란 다대륙적(多大陸的) 거리의 상호의존성(interdependence)의 네트워크를 수반하는 세계의 상태이다. 이러한 네트워크는 자본과 물자, 정보와 아이디어, 사람과 세력, 환경적으로 그리고 생물학적으로 연관 있는 물질들(산성비 또는 병원균)의 흐름과 영향력을 통하여 연결된다. 세계화와 탈세계화는 이러한 세계주의의 증가나 감퇴를 지칭한다. 특히 세계주의는 복수의 연결 네트워크를 지칭하며 그것은 복수의 대륙적 거리로 이루어진다.[3]

---

1 Mauro F. Guillen, 'Is Globalization Civilizing, Destructive or Feeble?,' in George Ritzer and Zeynep Atalay(eds.), *Readings in Globalization: Key Concepts and Major Debates*(Malden, MA: Wiley−Blackwell, 2010), p. 4.

2 David Held & Anthony McGrew, David Goldblatt & Jonathan Perraton, *Global Transformation: Politics, Economics and Culture*(Stanford: Stanford Univ. Press, 1999), p. 16.

3 Robert O. Keohane & Joseph S. Nye Jr., 'Introduction,' in Joseph S. Nye and John D.

이상의 몇 가지 정의에서 나타나는 바에 따르면 세계화란 대체로 사회관계의 '상호의존성'이나 '상호연계성'이 빠르고 강도 있게 확산됨으로써 세계가 하나의 '장소'로 또는 '지구적 단위'로 변환되는 과정을 지칭하고 있음을 알 수 있다. 그리고 이 과정은 20세기 후반이라는 현대적 상황 하에서 보다 빠르게 진행되어 왔으며 지금까지의 국제사회를 특징짓던 민족국가의 '국경'이나 '영토' 개념이 희석되어 가는 것으로 이해되고 있다.

한편 세계화의 정의와 관련하여 몇 가지 특이한 점이 지적될 수 있는데 첫째로 은유(metaphor)의 적용이 관심을 모은다. 리처(George Ritzer)는 세계화의 과정을 '유동성(liquidity)'과 '흐름(flow)'으로 비유하고 있다. 유동성이란 사람, 물체, 장소 등의 운동을 쉽게 만드는 것으로서 예를 들면 세계적인 무역, 투자, 세계적인 금융거래, 인터넷을 통한 세계적 거래 및 상호작용 등에서 나타나며, 좀처럼 제동이 걸리지 않는 약물, 포르노, 조직적 범죄, 불법이민 등의 세계적인 흐름에서도 두드러진다. 그리고 유동성은 그 앞에 놓인 고체는 용해시켜 버리는 특성을 지니게 되는데, 세계화의 흐름 앞에서 그 국경이 허물어지거나 쇠퇴해지는 민족국가의 사례가 해당되며, 학자에 따라서는 세계화가 정치적 경계를 잠식하여 사람, 돈, 물건의 흐름을 용이하게 만드는 힘을 발휘한다고 전제한다. '흐름'이란 유동성으로 모든 고체가 용해되어 버리면 그 다음으로는 모든 것이 흐름으로 바뀐다. 즉 세계적으로 유지되어 오던 모든 '방벽'(barriers)이 용해되어 구멍이 생기게 되면 사람, 물건, 정보, 장소 등의 부단한 운동으로 이어지게 마련이다. 모든 형태의 사람과 사물의 흐름이 세계화된다. 예를 들면 음식만 하더라도, 일본의 스시나 인도의 음식 등의 세계적인 확산, 금융거래의 경우는 2008년의 미국적 신용(credit)의 유럽으로의 확산, 불법이민 특히 가난한 인민의 세계적인 만연은 특정 선진제국에 '이민 정착촌'(enclaves: 런던의 인도, 파키스탄 정착촌)을 형성할 수도 있다. 그리고 이러한 유동성과 흐름의 범람은 정보통신기술의 발달과 그 세계적인 보급이 결정적인 작용을 한다는 점이 지적된다.[4]

둘째로 세계화의 정의에 있어서는 상호의존성이나 상호연결성이라는 기

Donahue(eds.), *Governance in a Globalizing World*(Washington, D. C.: Brookings Institute Press, 2000), p. 2.

4 George Ritzer, *Globalization: The Essentials*(Malden, MA: Wiley−Blackwell, 2011), pp. 6~8.

본 유형의 공통성에서 한 걸음 더 나아가 그러한 유형이 만들어내는 '변수' (variables)를 개념화함으로써 세계화의 보다 체계적인 설명의 발판을 만들 수 있는 길이 열린다. 예를 들면 슈콜트(Jan Aart Scholte)는 세계화를 지구적 공간을 재구성하는 '재공간화(respatialization)'로 정의하고 (1) 생산, (2) 거버넌스, (3) 정체성, (4) 지식의 네 가지 분야에서의 변환을 다루고 있다. 경제적인 생산에 있어서는 새로운 노동의 분업, 지역주의의 등장, 생산의 대기업으로의 집중, 소비주의와 금융자본을 통한 축적, 후기 포드주의(post-Fordism)로의 이행 등과 같은 변환이 이루어진다. 거버넌스(governance)에 있어서는 권위의 지방 및 지역적 '다수준' 또는 '다규모'로의 변화, 사적영역 및 시민사회의 규제 역할의 증대 등이 두드러진다. 정체성(identity)에 있어서는 민족국가와 문명 간의 새로운 문화적 결합이 이루어지면서 '크리올화(creolization)'와 '혼성화(hybridization)'로의 추세를 초래한다. 그리고 지식 분야에 있어서는 근대의 '합리주의적' 전제에서 '재귀성'(reflexivity)으로의 이행이 주목되며 특히 인식론에 있어서는 '포스트모더니즘'이나 '종교적 부활주의(religious revivalism)' 또는 '근본주의(fundamentalism)'의 등장이 두드러진다고 보고 있다.[5]

셋째로 세계화의 정의에 있어서는 지구상의 모든 사회적 단위의 상호의존과 연결뿐만 아니라 인간이 갖게 되는 '의식(consciousness)'의 차원을 함께 강조하는 입장이 있을 수 있다. 스테거(Manfred B. Steger)에 의하면 '세계화'란 세계적 시간과 세계적 공간에서 이루어지는 사회관계와 의식의 확대 및 강화'를 지칭한다. 여기서의 '사회관계(social relations)'란 모든 관계, 활동, 연결, 교환 등의 이른바 '거시구조(macro-structures)'를 뜻하며, '의식'이란 인간의 자아와 성향 속에 자리 잡고 개인들의 개인적, 사회적 정체성을 만들어내는 '미시구조'(micro-structures)로서의 자아개념의 차원이다. 즉 세계화는 상호의존이라든가 상호연결과 같은 거시적 구조뿐만 아니라 그러한 사회관계에서 형성되는 인간의 의식(생각, 믿음 등)과 같은 미시구조의 역할에도 각별한 비중을 두는 정의가 된다. 그는 이러한 의식의 차원을 '세계적 상상(global imaginary)'으로 표현하고 있으며 주로 인간의 아이디어, 믿음, 가치 등에 바탕을 두는 이 의식

---

5 Jan Aart Scholte, *Globalization: a critical introduction*, Second Ed.(New York: Palgrave-Macmillan, 2005), pp. 16~17, 22~27.

적 차원은 세계화의 진행에 관한 주요 '이데올로기'를 만들어낸다고 보고 있다.[6]

┌─ 02 주요 관점

세계화는 그 진행과 관련하여 다양한 전망이 가능하고 그 전반적인 과정이 인류의 생존과 번영 및 평화에 어떠한 결과를 가져올 것인가에 대한 부단한 논의를 가져오게 되어 있다. 즉 미래의 전망에 있어서 인류에게 보다 밝고 풍성한 과정으로 이어질 것이냐, 그렇지 않으면 종래와 같은 상태에서 별다른 변화가 없을 것이라는 회의론도 나오게 되어 있다. 그리고 이러한 판이한 찬반론에서 벗어나 세계화 자체가 인류의 생활영역, 즉 경제, 정치, 문화와 같은 다양한 분야에 복합적인 변화를 가져온다는 가정하에 여러 가지 가능한 형태를 논의하고자 하는 이른바 '변환론'의 입장도 있을 수 있다. 즉 세계화에 대한 서로 다른 관점들이 제시될 수 있다. 여기서는 그러한 관점들을 세 가지 형태로 정리해 보기로 한다.

① 찬성론

세계화에 대한 찬성론은 주로 이 역사적 변화에 대한 경제적 측면에 초점을 두고 그 긍정적인 작용력을 강조한다. 특히 신자유주의적 자본주의 경제를 주창하는 이 입장은 일찍이 근대 초의 존 로크(J. Locke)나 애덤 스미스(A. Smith)의 자유방임 사상의 전제에서 '제약받지 않는 시장'의 힘이야말로 번영과 자유, 민주주의, 평화를 가져올 수 있다는 것이다. 특히 평등이나 추상적인 정의보다는 '경제적 효율'을 우선시한다. 이 자유방임의 경제적 효율과 잠재력을 찬양하는 이른바 최근의 '초세계화론자들(hyperglobalists)'은 세계 경제의 최근 변화는 종래의 영토적 국가들을 퇴행적 경제적 단위로 만들어 버리는 새로

---

6 스테거는 사람들의 '세계적 상상'(global imaginary)에 의해 세계화에 대한 인식, 주요의제, 프로그램 등이 논의되며, 그 과정을 거쳐 세계화에 대한 세 가지 이데올로기[시장세계주의(market globalism), 정의세계주의(justice globalism), 종교적세계주의(religious globalism)]가 형성된다고 보고 있다. Manfred B. Steger, *Globalization: A Very Short Introduction*(Oxford: Oxford Univ. Press, 2013), pp. 9~15, pp. 103~130.

운 시대를 열고 있으며, 영토국가에 대한 애착은 지금까지의 유럽중심의 세계를 고집하는 낡은 사고로 단정해 버린다. 이제 세계화는 '다국적 기업(TNCs)'들이 치열하게 경쟁하고 자본이 세계적으로 유동하는 하나의 통합된 세계시장을 만들어 가고 있다고 본다. 그리고 이들 다국적 기업들도 근대 제조업의 특정 분야 위주에서 이제는 서비스 및 정보통신 분야 등이 접목되는 다양한 경제적 영역의 확장을 선도하는 것으로 전망되고 있다. 무엇보다도 새로운 경제적 경쟁은 그 형태가 매우 복잡하여 전통적인 영토국가의 범위를 벗어나게 되는데, 예를 들면 '애플(Apple)'의 '태블릿 컴퓨터(tablet computer)'의 경우, 랩톱(laptop)과 '스마트폰(smartphone)'의 두 가지가 결합되는데 이것들은 컴퓨터, 셀폰(cell phones), 텔레비전 등을 만드는 회사들과도 경쟁을 벌리는 매우 복잡한 양상이 된다. 결국 다국적 회사들은 지리적으로 확산되는 네트워크로 그 경쟁이 전개될 수밖에 없는 새로운 국면이 된다.[7]

하이에크(F. Hayek)와 프리드만(M. Freedman) 등을 필두로 근래의 신자유주의자들은 경제적 세계화는 자유시장의 입장에서 접근하여야 하며 자유화, 탈규제, 민영화, 재정적 자제(fiscal constraint) 등의 정책을 통하여 시장에 대한 정부의 개입은 대대적으로 배제되어야 한다고 주장한다. 그리고 이러한 일련의 정책들은 미국 정부와 1980년대의 워싱턴 일대의 세계경제연구기관들의 의견을 대표한다는 의미에서 '워싱턴 콘센서스(Washington Consensus)'로 불리기도 한다. 대체로 세계 대부분의 정부들이 세계화에 관한 신자유주의적 노선을 택하고 있으며 IMF, WTO, OECD 등의 세계적인 제도들을 비롯하여 대부분의 UN 기구들이 이 정책적 진영에 합류하고 있다. 국제경영자단체연맹(IOE), 세계경제포럼(WEF) 등의 경제 및 금융계의 대표적 조직 그리고 Wall Street Journal, The Economist 등의 대중매체들, 워싱턴 소재 국제경제연구소(Institute for International Economics)와 같은 많은 연구기관들이 신자유주의 정책의 형성과 보급에 앞장선다.[8]

신자유주의적 시장경제가 주동이 되는 세계화의 과정은 정치, 사회, 문화의 영역과 접목되면서 다음과 같은 여러 가지 긍정적인 작용력을 확산시키게 된다.

---

7 Yale H. Ferguson and Richard W. Mansbach, *Globalization: The return of borders to a borderless world?*(London and New York: Routledge, 2012), pp. 21~23.

8 J. A. Scholte, Globalization: a critical introduction, *op. cit.*, pp. 38~40.

(1) 세계화는 상호의존성과 번영을 촉진시킴으로써 세계적 안정과 민주주의의 확산을 가져온다.

(2) 상호의존성은 주요 열강 간의 평화로운 관계를 촉진한다. 세계화는 미소냉전하에서도 초강대국 간의 '긴 평화(long peace)'와 국가 간 전쟁의 감소에 연관되어 있다.

(3) 세계화는 인류의 안전(human security)을 증진시킨다. 경제적 세계화는 세계의 빈곤층을 감소시키고 중산계급을 증가시키는 데 전례 없는 공헌을 하였으며, 또한 이를 통하여 세계적인 안정, 안전 그리고 평화에 기여한다.

(4) 세계적 거버넌스(global governance)는 갈등의 잠재성을 축소시킨다. 세계적 및 지역적 제도들은 보다 협력적인 세계질서를 만들어냄으로써 서로 경쟁적인 국가이익, 대결 및 갈등 등이 군사력이나 폭력 없이 조정되고 해결되는 데 기여하였다.

(5) 세계화는 어떤 단일 권력(single power)이 세계적인 헤게몬(global hegemon)이 될 가능성을 축소시킴으로써 새로운 권력적 중심(power centers)이 출현하여 다극적 세계질서(multipolar world order)로의 이행이 가능하도록 만들었다.

(6) 세계화와 더불어 국제관계에 있어서의 법의 지배가 정착되고 세계적 시민사회(civil society)가 형성됨으로써 안정과 세계적 질서가 형성되었다.[9]

대체로 세계화의 찬성론자들에 의하면 세계경제는 냉전의 종식과 더불어 진정 그 규모가 세계적으로 확대되었으며, 종전의 경제가 물자와 서비스의 무역, 극히 제한된 FDI에 국한되는 '얕은 통합'(shallow integration)이었다면 현재의 세계경제는 지리적으로 광범위하고 복잡한 '다국적 생산의 네트워크'로 조직된 '깊은 통합(deep integration)'임이 강조된다. 이 세계적인 경제적 통합으로 이루어진 경제가 가져오는 번영과 평화의 흐름은 일부 주변지역이나 세계적 불평등에 대한 불만과 비판을 희석시킬 수 있다고 주장한다.[10]

---

9 Anthony McGrew, 'Globalization and Global Politics,' in *The Globalization of World Politics: An Introdction of World Politics*, Seventh Ed.(Oxford: Oxford Univ. Press, 2017), p. 30.

10 Y. Ferguson and R. Mansbach, op. cit., pp. 23~24: Peter Dicken, *Global Shift: Mapping the Changing Contours of the World Economy*(New York: Guilford Press, 2007), p. 7.

② 회의론

회의론자들(skeptics)은 세계화는 새롭거나 혁명적인 것도 아니라고 주장한다. 현재의 높은 국제화된 경제는 역사적으로 전례 없는 것이라기보다는 근대적 산업기술이 발달하기 시작한 1860년대부터 따져보게 되면 1870~1914년 기간의 국제경제보다도 덜 개방되고 통합되어 있다는 지적이다. 심지어 19세기 국제이민의 통계가 현재보다 높다는 견해도 나온다.

대체로 회의론자들은 찬성론자들이 주장하는 민족국가와 그 정부의 권위가 세계화로 인하여 쇠퇴하여 무력화되어간다는 추세를 받아들이지 않는다. 현 세계의 정부들은 세계적 경제를 규제할 수 있는 권위를 아직도 가지고 있으며 현재의 세계적 상호의존 관계는 19세기 후반보다도 높지 않다고 본다. 심지어 2008년 금융위기 즈음해서는 미국의 '연준'이나 영국은행, 유럽중앙은행 등의 이자율 동시하락 조치는 전통적인 국가 간 상호의존성을 반영하는 것에 불과하다. 그리고 유럽연합(EU)이나 북미자유무역협정(NAFTA) 등에서 보는 바와 같이 이러한 지역적, 배타적 공동시장은 세계적인 경제통합을 오히려 감소시키는 추세로 받아들인다. 모든 것이 북미, 유럽, 일본으로 이루어지는 '삼자 경제 블록(Triad economic blocs)'에 의한 무역, FDI, 주식거래 등에 대한 영향력과 지배가 존속되고 있다. 그리고 이러한 삼자 경제 블록의 운영에 있어서의 정부의 역할은 감소되지 않고 있으며, 나라마다의 국가주권은 건재하고 언제든지 활성화될 수 있다. 세계무역기구(WTO)나 국제통화기금(IMF)에 있어서의 미국이나 중국과 같은 강대국들의 역할은 그런대로 지속되어 나간다는 것이다.[11]

회의론에 있어서는 주로 경제와 정치의 상호관계를 초점으로 세계화에 대한 반론을 전개하고 있으나 좀 더 구체적으로 양자 간의 상호작용이 만들어내는 세계질서에 대한 마찰과 갈등의 '근원'에 관한 논의들을 정리해 볼 수 있다.

(1) 세계화는 거대한 권력투쟁의 근원이다. 현실주의자들(realists)은 세계화를 권력정치(power politics)와 제어(control)의 중요 수단으로 생각함으로써 국가 간의 경합과 세계적인 불안정을 초래하고 있다고 본다.

---

11 Y. Ferguson and R. Mansbach, *op. cit.*, pp. 18~20.

(2) 세계화는 점차로 서로 갈라지고 파당적인 세계질서를 만들어낸다. 마르크스주의 자들에 의하면 세계화가 세계적인 불평등, 경제적 경합, 자원취득 경쟁, 환경 파괴, 경제적 불안 등의 조성에 책임이 있으며, 부단한 갈등과 위기를 만들어낸다.

(3) 세계화는 갈등과 불안(insecurity)의 근원이다. 그것은 서구적 지배에 불과하며, 문화적, 정치적, 폭력적인 부작용을 만들어내며, 이것은 서구의 반격으로 이어져서 점진적으로 불안하고 무질서한 세계로 이어진다.

(4) 세계화는 경제적으로 부강한 '새로운 세력(new powers)'을 만들어냄으로써 이들 신흥국가들이 기존의 국제적 규칙, 규범, 제도들에 도전하는 새로운 불안정의 근원으로 이어질 수 있다.

(5) 세계화로 다국적 범죄행위, 인신매매, 마약 거래, 다국적 테러 등이 확산되면서 세계적 불안과 무질서의 가능성은 더욱 증대된다.

(6) 세계화로 사이버교란이나 세계적 금융위기와 같은 '체제 위기(systemic crises)'가 만연될 수 있음으로써 세계질서의 혼란가능성을 더욱 부추길 수 있다.[12]

③ 변환론

변환론(transformation thesis)은 세계화가 근대 사회와 세계질서를 크게 재편(reshaping)하는 급격한 사회적, 정치적 및 경제적 변화의 중심적 추진력이라는 입장이다. 세계화는 국제·국내의 구별, 외부·내부의 구별이 모호한 새로운 세계를 만들어내게 되며, 사회와 경제, 통치 제도 및 세계질서의 복잡다단한 산개(shake-out)를 가져오는 강력한 변환력(transformative force)으로 파악된다. 그리고 이 과정에서 가장 두드러지는 변환의 사례로서는 이제 나라마다의 통치 단위로서의 '국가'는 '찬성론'에서처럼 무기력한 정부도 아니고 '회의론'에서처럼 강화되거나 수탈적인 단위도 아니며, 오히려 변환적인 주변 환경과 여건 하에서 새로운 '적응 전략'을 실행에 옮기는 발전국가(developmental state)나 촉매국가(catalytic state)로 변환될 수 있다는 입장이 된다.[13]

변환론자들(transformationalists)은 세계화가 경제, 문화, 안전, 환경 등의 다차원(multiple dimensions)으로 이루어진다는 점을 강조한다. 찬성론이나 회의

---

12 Anthony McGrew, 'Globalization and global politics,' *op. cit.*, p. 30.

13 David Held & Anthony McGrew, David Goldbaltt & Jonathan Perration, *Global Transformations: Politics, Economics and Culture*(Stanford, California: Stanford Univ. Press, 1999), pp. 7~10.

론이 주로 경제에 무게를 두는 입장과는 대조된다. 예를 들면 경제적인 세계화와 인권의 복잡한 관계의 경우, 노동자들은 대규모의 급속한 자본의 운동에 노출되는 취약점(부작용)이 있어 인권차원에서는 여러 가지 곤경이 있을 수 있으나 또 한편으로는 경제의 세계화는 성장에서 오는 생활수준의 향상을 통하여 여러 가지 체제의 불공정한 측면을 개선하고 또한 빈부의 격차를 감소시키는 긍정적인 측면도 있다. 즉 세계화는 여러 차원의 변환을 가져올 수 있다는 주장이 가능하다. 특히 변환론에 있어서는 이러한 다차원의 상호작용과 변환의 과정에서 두드러지는 것은 '지리와 영토'의 비중이 결정적으로 축소된다는 점이다. 즉 영토성을 전제로 하는 국가 간의 관계보다는 개인, 집단 및 다양한 제도들의 상호연결성(interconnectedness)에 초점을 둔다. 종래와 같은 근대적 민족국가(nation-state)의 국경을 넘는 정치적 관계가 중시되며, 다양한 사건, 아이디어, 결정들이 먼 거리에 있는 사람들과 장소에 영향을 미치는 과정에 무게를 둔다. 슈콜트(Scholte)는 사람들의 사회적 관계가 초영토적이며(supraterritorial) 초국경관계(transborder relations)로 확산되는 과정임을 강조하고 있으며, 이러한 탈영토적 사회관계는 원격통신(telecommunication), 마케팅(marketing), 다국적 금융(transworld finance) 분야의 급속한 발전에서 나타난다고 본다. 국제관계의 근대적 이해에 전제되던 영토적 개념은 극복되어야 한다고 주장된다.[14]

세계화가 국가와 주권의 영역을 약화시켜 민족국가의 통제를 축소시키는 세계적 변환을 가져오는 추세는 최근의 경제적 분야에서 더욱 두드러진다. 세계의 모든 생산자, 소비자, 무역인, 투자자들을 비롯한 모든 행위자들은 국민적 시장(national markets)보다는 세계적 시장을 염두에 두고 활동을 하게 되며, 이제는 국경이 경제적 생활을 방해하게 됨으로써 기업과 그 지사들은 많은 나라에 자리 잡고 엄청난 돈은 순간적으로 세계를 누비며 기업지도자들은 그들의 활동을 위하여 순식간에 접촉이 가능해진다. 종래의 제조업에 치중하던 제품의 단계에서 이제는 서비스의 세계화가 두드러진다. 사람들은 적기에 저렴한 고급 의료 서비스를 선택된 선진 의료 국가에서 받을 수 있는 이른바 '의료여행(medical tourism)'이 각광을 받게 되고, 안티구아(Antigua), 리히텐슈타인

---

14 A. McGrew, 'Globalization and global politics,' *op. cit.*, pp. 25~26; J. Scholte, 'Global Capitalism and the State,' *International Affairs* 73: 3(1997), pp. 429~32.

(Liechtenstein), 영국 영유의 '케이만 제도(Cayman Islands)'는 세계 각국의 부자들이 세금회피와 자금위탁을 할 수 있는 '세금피난처(tax haven)'가 되고 있다. 그리고 세계의 유명대학에 등록하는 외국 학생 수의 급증은 고등교육이 이제는 세계적인 서비스 산업으로 발전하는 추세를 반영한다고 볼 수 있다.

무엇보다도 세계화의 다차원적 '변환'에서 문제가 되는 것은 '비국가적 정체성(nonstate identities)'의 확산이다. 근대 이후의 민족국가의 구성원들은 '시민'으로서의 정체성이 지배하면서 국가적 충성과 대인관계의 소통 및 협력의 기틀이 만들어졌으나, 세계화는 이러한 시민적 정체성에 도전할 수 있는 다양한 기준(종교, 인종, 종족, 계급 및 문명 등)에 입각한 비국가적인 정체성을 만들어내게 되어 있다. 특히 전후 냉전체제의 종식으로 인한 국제 정치·경제적 환경의 변화도 이러한 다양한 새로운 정체성을 형성하는 데 작용하였다고 볼 수 있다. 신 정체성에 입각한 집단들은 중동에서 나이지리아, 러시아, 인도네시아, 파키스탄 등에서 종래의 정치적 유대로부터 독립하여 새로운 자율성을 획득 하고자 세계화의 또 다른 격동과 혁신의 근원이 되고 있다. 중국만 하더라도 '한(漢)'의 전통적 질서에 저항하는 위구르, 티베트, 월남 소수민족 등의 저항운동에 직면하고 있으며, 중동 지역의 이슬람 원리주의(ISIS), 쿠르드족, 스페인의 카탈루냐, 미얀마의 로힝야 등의 세계적인 신 정체성집단의 저항과 투쟁의 움직임은 심상치 않는 세계화의 장래를 예고하고 있다. 브래트너(J. Blattner)에 의하면 이러한 세계적 변환의 발생근원으로서 (1) 정보통신기술의 비약적 발전과 보급, (2) 민족국가중심의 '정부(government)'로부터 '거버넌스(governance)'로의 이행, (3) 정체성 정치(identity politics: 인종, 젠더, 종족 등)의 중요성, (4) 민족국가에 대한 시민들의 자연적인 유대를 잠식하는 국제화 및 분권화가 증대하면서 초국가적, 다국적, 하위 국가공동체(subnational communities)와 제도들의 출현 등의 네 가지 요인들이 열거되고 있다.[15]

열성적인 변환론자들은 세계화가 증대되면 '세계주의적 정체성(cosmopolitan identities)'을 만들어내게 되어 모든 개인들이 스스로를 단일 세계적 공동체

---

15 Y. Ferguson & R. Mansbach, Globalization, op, cit., pp. 30~32: Joachim Blattner, 'Beyond Hierarchies and Networks: Institutional Logics and Changes in Transboundary Spaces,' Governance: An International Journal of Policy Administration and Institutions 16:4(October 2003), pp. 519~20.

(global community)의 일원으로 생각하게 될 것이며, 각자의 시민권이 영토적 공동체의 배타적 회원이 아니라 다양한 세계화의 여건 하에서 형성되는 '일반적인 규칙'과 '원칙'에 근거하게 될 것을 전망하고 있다. 특히 이러한 규칙과 원칙들은 민주주의와 인권보장이 그 기본이 되며 평등한 도덕적 신분, 평등한 자유, 평등한 참여적 기회 등이 보장되는 세계주의적 시민권임이 강조되고 있으며, 이를 세계적으로 정착시킬 수 있는 제도적 장치들이 구체화 되어야 한다고 보고 있다.[16]

---

16 David Held, 'Reframing Global Governance: Apocalypse Soon or Reform!' in David Held & Anthony McGrew(eds.), *Globalization Theory: Approaches and Controversies*(Malden, MA: Polity Press, 2007), p. 255.

CHAPTER 02

세계질서의 기본 영역

┌─ 01 경제적 영역

　　세계화의 경제적 영역은 다양한 경제 주체들의 활동이 세계적인 상호의
존관계를 형성해 나가는 과정이 된다. 재화와 서비스 및 자본의 운동을 통하
여 생산과 교환이 증대되고 금융과 자본시장이 확대되며 기술과 통신이 국제
화되는 과정을 지칭한다. 그리고 이러한 경제적 변환이 단순히 그 규모가 커
지는 양적 변화가 아니라 질적인 성격을 띤다는 점이 지적된다. 전 세계적으
로 통용될 수 있는 환율(금본위 또는 기축통화제도), 무역과 상호투자, 경제적분쟁의
해결 등과 관련되는 규칙과 절차가 확립되어 나가는 '질적인 변환'이 매우 중요한
의미를 지니며, 산업 내부적(intra-industry) 및 회사 내부적(intra-firm) 무역의 확
대로 인한 기능적 분절과 지리적 분산에서 형성되는 질적 변환과정이 강조된다.[17]
　　경제적 세계화는 현대자본주의의 기원과 관련시켜 16세기로 거슬러 올라
가는 '세계체제론(World System: I. Wallerstein)'의 입장도 있지만 자본주의가 그

---

17 Peter Dicken, *Global Shift: Mapping the Changing Contours of the World Economy, Six Edition*(New York, London: The Guilford Press, 2011), p. 7.

세를 세계적으로 확산하게 되는 19세기를 그 중요한 고비로 볼 수 있으며 본격적인 세계화 과정은 제2차 세계대전 후의 미국을 비롯한 전승국들이 주도한 '브레턴우즈 체제(Bretton Woods System)'의 등장으로 파악될 수 있다. 이 체제는 통화가치의 안정, 무역진흥, 개발도상국지원 등을 목적으로 장차의 환율안정에 역점을 두었으며 금 1온스당 $35로 합의하여 미국 달러를 기축통화로 하는 고정환율제의 길을 열었고 '국제통화기금(IMF)'과 '국제부흥개발은행(IBRD)'의 설립으로 이어졌다. 그리고 국제경제의 기능적 통합의 기본 틀은 1947년의 '관세와 무역에 관한 일반적 합의(GATT: General Agreement on Tariffs and Trade)'로 구체화되었다.

그러나 브레턴우즈 체제는 1971년 국제수지악화로 인한 미국 닉슨 대통령의 '신경제정책(NEP)'에 의해 당초의 고정환율제가 변동환율제로 바뀌면서 일단 종식된다. 그리고 그 후 경제 불황(인플레, 무역수지악화 등)에 직면한 미국 레이건 정부는 1985년 '프라자협정(Plaza Agreement)'에 의한 열강(미국, 독일, 일본) 간의 무역정책 재조정을 성사시켰고 처음으로 국제무역에 있어서의 다자간운영체제의 길을 열게 된다. 이어서 1989~1991년 소련과 동구권의 몰락으로 세계경제에는 신자유주의의 '시장근본주의'가 지배적인 이데올로기로 정착되면서, 동시에 국제무역의 제도적 재편에 일대 전환을 시도한 '우루과이라운드(Uruguay Round: 1986~1993)' 다자간 협상과정의 결실로서 전후의 GATT 체제는 1995년 '세계무역기구(WTO: World Trade Organization)' 체제로 바뀌게 된다. 세계무역기구는 재화뿐만 아니라 서비스 분야(보험, 자문, 은행업)도 활성화시키고 지적재산권문제, 분재해결절차의 향상 등 세계무역의 발전에 새로운 전기를 마련하는 것으로 받아들여진다.

이상 세계화의 경제적 차원의 발자취를 국제경제의 상호의존과 기능적 통합이라는 관점에서 제2차 세계대전 후의 브레턴우즈 체제, GATT, IMF, IBRD, WTO 등의 일련의 '제도화' 과정에 초점을 두고 살펴보았다. 이러한 제도화과정에서 나타나는 다양한 경제적 주체들의 상호작용과 그 조직적 특성을 보다 구체적인 내용으로 정리해 보기로 한다.

1. 세계경제의 생산과정: '고도자본주의'

'숄트(J. Scholte)'에 의하면 21세기로 들어서는 세계경제는 '고도자본주의(hypercapitalism)'로서 다양한 '자본'을 기반으로 하는 상품화(commodification)를 통하여 생산의 획기적인 증대를 가져온다. 지금까지의 자본주의의 근간을 이루어 오던 일차적 생산(primary production: 농업, 임업, 어업, 광업)이나 중공업(heavy industry: 강철, 화학제품, 군비 등) 분야의 자본뿐만 아니라 (1) 소비자본, (2) 금융자본, (3) 정보 및 통신자본, (4) 유전 및 원자자본, (5) 돌봄 자본 등에 의한 새로운 상품화가 큰 비중을 차지하는 것으로 보고 있다. 특히 종래의 상업 및 산업자본과 같은 '제품(merchandise)' 위주보다는 금융, 정보 통신, 유전 및 나노자본과 같은 '무형의(intangible)'의 형태가 두드러진다는 점이 강조된다.[18]

고도자본주의는 세계적 확산과 운영에 필요한 새로운 조직 형태를 띠게 된다. 첫째로 주식, 판매, 개인 관련 세금의 감면을 비롯해서 외국자본을 유치하기 위한 각종 혜택(규제완화, 비용감면, 보조금 등)을 약속하는 '연안경제특구(off-shore zones)'들이 만들어진다. 뉴욕의 '국제은행 기관(International Banking Facilities)', 일본 동경의 '일본 연안시장', 한국의 '송도 국제도시' 등이 해당될 수 있다. 둘째로 여러 나라에 지사를 두고 여러 지역에 근거를 두는 기업들과의 전략적 제휴를 맺으면서 초지구적인 기동성과 조정 능력을 갖춘 '글로벌 회사(global companies)'의 등장이다. 셋째로 기업의 '인수 합병(mergers &

---

18 새로운 상품화는 다음과 같다. ① *소비자본*(consumer capital): 각종 브랜드 식품 및 음료, 디자인 의류, 건강식품, 자동차, 레크리에이션, 약품, 관광, 사진, 시청각 상품 등, ② *금융자본*(finance capital): 각종 통화, 주식, 보험, 파생금융상품을 통한 이윤확대, ③ *정보 및 통신자본*(information and communication capital): 전자네트워크를 통한 데이터, 메시지, 아이디어의 순환, 하드웨어(hardware: 전화, 컴퓨터, 위성, TV세트 등), 소프트웨어(software: 디지털프로그램, 상업소프트웨어 생산 등), 서비스(servicing: 전자데이터 서비스 등), 콘텐츠(content: 전화통화, 데이터베이스, 우편 목록, 인터넷 연결, TV 방송, 뉴스 조사, 시장조사 등) ④ *유전 및 원자 자본*(genetic and atomic capital): 생물 공학과 신소재 기술의 적용을 통한 신상품 개발, 생물 공학 분야(농업(GM crops), 화학(플라스틱), 에너지(바이로 연료), 임업(펄프 및 종이), 의약(세포 및 조직 분야), 군사(생화학 무기), 약품(호르몬, 인슐린)), ⑤ *돌봄 자본*(care capital): 장애자, 노약자, 병자들을 위한 돌봄 사업 분야, Jan Aart Scholte, *Globalization: A Critical Introduction,* Second. Ed.(New York: Palgrave Macmillan, 2005), pp. 162~177.

acquisitions)'으로서 주로 기업 간의 정복이나 '적대적 인수'의 형태를 띠게 된다. 불량 기업을 인수하여 구조조정을 통하여 회사의 운영을 정상화시키는 다양한 형태가 가능해진다. 끝으로 세계화된 자본주의의 조직은 '집중화(concentration)'의 추세를 보이게 되는데 이것은 단순한 기업의 인수합병이 아니라 거대기업의 '거대합병(mega－merger)'으로써 시장에서의 경제적 균형을 크게 바꾸어 놓을 수 있게 된다.[19]

한편 경제적 세계화의 '상품화' 과정은 '글로벌 가치사슬(GVCs: Global Value Chains)'을 만들어낸다. '가치사슬'이란 회사나 개인들이 상품의 고안에서부터 생산과 최종 사용에 이르기까지(디자인, 생산, 마케팅, 분배, 최종소비자 등) 제품의 '부가 가치(value－added)' 과정을 뜻하는 것이지만, 세계화가 진행되면서부터는 다양한 다국적 기업들 사이에 형성되는 '회사 간 네트워크(inter－firm networks)'에서 만들어지는 가치형성 과정에 초점이 모인다. 특히 다양한 산업분야(농업, 철강, 의류, 아이폰 등)마다 기업들 간에 형성되는 유·무형의 활동을 통하여 형성되는 가치사슬은 세계화의 경제적 흐름을 파악하는 데 매우 유용한 분석적 틀이 될 수 있다.[20]

글로벌 가치사슬의 형성은 선진국의 다국적 기업 사이에서도 형성될 수 있으나, 개발도상국과 선진국 사이의 가치사슬에서는 그 특이한 가치 형성 과정이 관심을 모은다. 특히 1990년대에 들어서 미국과 중국 사이에 형성된 가치사슬이 양국 경제에 긍정적으로 작용한 몇 가지 사례가 지적된다. 우선 미국 내에서 각종 자동차나 건설현장의 폐품들은 '고철' 회사들에 의해 중국의 재처리공장으로 수출되면 중국 현지에서는 수많은 노동자들에 의한 수작업을 거쳐 강철, 동, 알루미늄 등의 생산원료로 전환되어 새로운 제품으로 만들어지고 상당부분은 미국 등의 선진국에 재수출된다. 세계굴지의 중국철강생산능력에서 입증되듯이 어떤 면에서 중국의 놀라운 산업력은 미국 내의 버려진 폐품으로 만들어졌다는 풍자가 가능한 '가치사슬'의 미묘한 작용력을 실감하게 만든다.[21]

---

19 *Ibid.*, pp. 177~183.

20 Gary Gereffi & Karinao Fernandez－Stark, *Global Value Chain Analysis: A Primer*(Durham, North Carolina: Center on Globalization, Governance & Competitiveness, 2011), pp. 2~4.

21 John Seabrook, 'American Scrap: An Old－School Industry Globalizers,' *New Yorker*(January 14, 2008), pp. 55~57; *George Ritzer, Globalization: The Essentials*(Oxford: Wiley－Blackwell, 2011), pp. 84~85.

이외에도 양국 간에는 폐지의 재활을 통한 제지업의 성장을 비롯해서, 의류 및 아이폰(iPhones) 분야 등에서 정부의 다양한 지원 하에 양국 서로에게 유리한 가치사슬들이 만들어진 사례들이 제시된다.[22]

이러한 가치사슬의 '구성적 틀'은 한 산업 분야에서 이루어지는 '부가 가치' 의 계기성에 착안하여 모든 과정의 직무기술, 테크놀로지, 표준규격, 규제, 제품, 과정, 시장 등을 검토함으로써 세계적 기업들의 움직임에 대한 '전체론적인 관점(holistic view)'을 마련해 줄 수 있다. 그리고 특히 개발 도상에 있는 '저소득 국가'들에게는 이러한 산업별 가치사슬에 적극 참여하여 자국에 유리한 발전적 해법을 찾고 실행에 옮길 수 있는 길을 마련해 줄 수 있다고 주장한다.[23]

2. 글로벌 기업(Global Corporation)의 등장

세계화는 여러 나라에서 재화(goods)와 서비스(services)를 생산 또는 판매하는 '글로벌 기업'을 만들어낸다. 주로 '다국적기업(multinational corporation)', 또는 '초국적기업(transnational corporation)' 등으로 불리기도 하는 이러한 거대한 기업들이 세계경제에서 차지하는 비중과 역할은 매우 크다고 볼 수 있다.[24]

여러 나라에 걸쳐 생산과 판매과정을 수행하는 '글로벌 기업'은 그 기본 특징으로서 기업본부, 외국 지부 공장, 기업계층구조, 탈영토적 규제법률, 외국 직접투자, 부가가치 활동 등을 통하여 세계경제의 주역으로 자리 잡아 왔

---

22 G. Ritzer, *op. cit.*, pp. 85~88.

23 G. Gereffi & K. Fernandez – Stark, *op. cit.*, p. 2.

24 Dean Neubauer, 'The Rise of the Global Corporation,' in Manfred B Steger, Paul Battersby and Joseph M. Siracusa(eds.) *The Sage Handbook of Globalization*, Vol. 1(Los Angels: Sage, 2014), p. 267. L, Iwan(2012)에 의하면 세계화과정에서 나타나는 주요 경제주체들은 다음과 같이 분류 된다. ① 국제 회사(international companies): 대외투자 없이 수출입에만 치중, ② 다국적회사(multinational companies): 타국에 투자는 하되 각 나라마다에 자기들의 생산품을 조정하지는 않음. 각 나라마다의 지역시장(local market)에서 자기들의 생산품과 서비스 거래를 적응 시켜나간다. ③ 글로벌 회사(global companies): 많은 나라에 투자하고 상주한다. 그리고 자기들의 생산품과 서비스를 지역시장에서 거래한다. ④ 초국가 회사(transnational companies): 대외적 운영에 투자하는 매우 복잡한 조직을 가지고 있으며 본부 중심의 법인 시설(central corporate facility)을 갖춘다. 그러나 정책결정과 R&D, 마케팅 등은 진출한 나라들의 시장형편에 따르도록 배려한다. Dean Neubauer는 이러한 네 가지 형태의 기업들을 통틀어 '글로벌 기업(global corporation)'으로 취급하여 다룰 수 있다는 입장이다.

으며 그 시발은 대체로 2차 세계대전이 종료한 시점으로 파악된다. 전후의 경제부흥과 그 팽창과정에는 우선 미국의 대기업들이 주동이 되었으나 그 후로 유럽과 일본의 대기업들이 참여하게 되면서 1970년대에 들어서는 세계경제의 생산과 교환을 주도하는 선도적 행위자로 부상하게 된다.[25]

　　글로벌 기업의 구체적인 기능과 조직은 대체로 다음과 같이 정리할 수 있다. 첫째로 기업이 생산·유통·포장·용역 등을 외주하는 방식으로 기업외부에서 조달하는 '아웃 소싱(outsourcing)'이 중요한 기업경영 수단으로 등장한다. 비용을 절약하기 위해서 또는 장차의 시장성을 고려하여 자기 일을 외부의 공급자에게 맡기는 이 방식은 (1) 상업(commercial) 아웃 소싱과 (2) 산업(industrial) 아웃 소싱으로 나누어진다. 전자는 공급자의 경우 그 기능이 완제품의 생산에 국한되며 그 마케팅에는 개입할 수 없으며 본사(principal firm)의 브랜드(brand)와 분배 통로를 통하여 제품을 판매하는 경우가 된다. 후자는 현지 공급자의 특수한 기능과 장비, 생산비의 절약, 제품의 수용 추세 등의 요인으로 아웃 소싱하는 경우가 된다. 둘째로 글로벌 기업은 본부와 여러 나라에 정해놓는 자회사 간의 관계를 어떻게 정립하느냐의 과제를 안게 된다. 한정된 지리적 범위와 기능만이 허용되면서 제품을 현지 시장에 적응시켜나가는 '현지집행자(local implementer)', 다른 자회사들과 연계되는 어떤 특수한 기술이나 공헌을 할 수 있는 '특별 공헌자(special contributer)', 회사를 대표하는 특별한 제품이나 사업을 책임지는 '세계적 수임(world mandate)'이 주어지는 세 가지형태의 자회사들이 있을 수 있다. 셋째로 글로벌 기업은 세계적 경쟁에 절실한 제품의 혁신을 위하여 연구·개발(R&D)에 각별한 비중을 두게 된다. 일반적으로 R&D는 본부의 소관으로 되어 있으며 자회사를 통한 여러 지역으로의 분산에는 신중하게 된다. 즉 지식과 정보의 투입은 전문가의 참여가 절실하고 또한 ICT에서 오는 기업의 산출은 여러 가지 불확실성이 개재되기 때문에 그것은 지역적인 '집중화'로서 본부의 소관으로 하는 것이 바람직하다는 입장이 지배적이다. 그러나 최근에는 글로벌 기업의 네트워크 면에서 지역적 '분산'이 두드러지고 있는데, 그것은 젊고 유능한 과학자나 엔지니어들의 채용이나 참여는 신흥국(특히 아시아: 중국, 인도)에서 적은 비용으로 가능하고 제품의 개발 면에서도 그 지역

25 D. Neubauer, *op. cit.*, pp. 266~267.

의 회사나 대학들과의 협력관계를 만들 수 있다는 점이 설득력을 얻고 있다.[26]

그러나 1990년대에 들어서면서 세계경제는 (1) 생산자 위주의 상품사슬 (producer-driven commodity chains)에서 (2) 구매자 위주의 상품 사슬(buyer-driven commodity chains)로 바뀌는 양상을 보이게 된다. 〈그림 2-1〉에 나타나는 바와 같이 '생산자 위주의 상품사슬'은 거대한 자본이 동원되는 제조업이나 채취산업이 주로 포드주의적(fordist) 경영 원칙에 따라 생산과 분배가 이루어지는 상품사슬이다. 글로벌 기업으로서는 주로 해외직접투자(FDI: Foreign Direct Investment)의 형식으로 아웃 소싱이 이루어지면서 해외지사나 하청업체를 통하여 제조-분배-소매의 과정이 구체화된다. 그러나 '구매자 위주의 상품사슬'에 있어서는 상품의 브랜드의 영향력이 크게 작용하는 구매자의 역할이 두드러진다. 브랜드화된 시장상인들(branded marketers)과 브랜드화된 제조업자들(branded manufactures)이 우선 소매상인들에 작용하는 단계를 거쳐 일반 상인들이나 해외의 구매자들을 통하여 공장(제조)의 생산으로 이어지는 과정이 된다. 즉 브랜드(brand)의 작용을 받는 구매자들이 여러 '마디들'(nodes)을 구성하면서 보급과 금융의 상호의존 네트워크를 만들어 궁극적으로 생산 공장을 가동시키는 것이다.[27]

'구매자 위주의 상품사슬'의 주축은 세계적으로 형성된 디지털 환경(digital environment)에서 글로벌 기업의 경쟁력을 좌우하게 되는 '기업브랜드(corporate brand)'가 된다. 기업들은 자사 제품의 경쟁력을 높이기 위하여 지금까지 상품생산을 좌우하던 물질적 자본(material capital)에다가 상징적 자본(symbolic capital)을 융합시키는 데 최선의 노력을 경주하게 된다. 이제 사람들은 기업에 대하여 전혀 아는 것이 없더라도 그 기업의 브랜드를 통하여 제품과 서비스의 내용을 짐작하게 되는데 최근에 관심을 모으고 있는 '브랜드 파이낸스 글로벌 500'이 그 결정적인 촉매역할을 하고 있다고 볼 수 있다.[28]

---

26 Peter Dicken, Global Shift(2011), *op. cit.*, p. 133, pp. 136~138, pp. 144~145,

27 Deane Neubauer, *op. cit.*, pp. 268~279

28 *Ibid.*, p. 270. '브랜드 파이낸스 글로벌 500(BrandFinance Global 500)'은 글로벌 기업의 브랜드 순위를 매년 매기고 있는데 2016년의 10대 기업순위는 다음과 같이 나타난다. Apple, Google, Samsung, Amazon.com, Microsoft, Verizon, AT&T, Walmart, China Mobile Limited, Wells Fargo.

<그림 2-1> 세계경제의 상품사슬

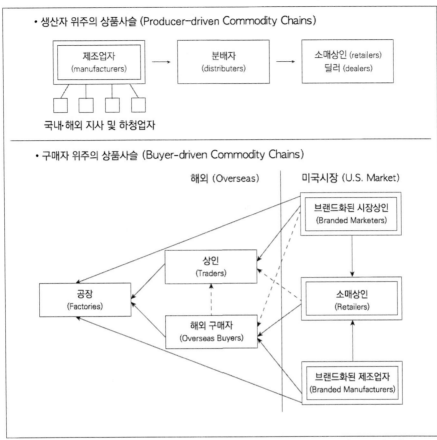

※ 자료 출처: G. Gereffi, 'Shifting governance in global commodity chains, with special reference to the Internet,' *American Behavioral Scientist* 44(10), p. 1619; D. Neubauer, *op. cit.*, p. 268.

글로벌 기업의 또 다른 특징은 '디지털화(digitalization)'이다. 종래의 제조업 중심의 가치사슬은 (1) 상품디자인과 혁신에 있어서 디지털 상품디자인으로 바뀌고 있으며,[29] (2) 노동집약적인 제조업은 디지털 보급 사슬을 통한 세계화로 바뀌고, (3) 보급사슬의 경영은 디지털 보급사슬 경영으로 대치되며, (4) 마케팅 세일과 서비스는 디지털 주문 생산(customization)으로 전환된다. 구매자 위주의 상품사슬은 재화와 서비스의 인터넷 소매를 통하여 꾸준히 디지털화되었으며, 특히 지난 30여 년간 의복 산업(apparel industry)의 경우, 디자

29 Peter Dicken, Global Shift(2011), *op. cit.*, pp. 78~80; D. Neubour, *op. cit.*, pp. 270~271.

인, 주문, 공장처리, 재고 통제, 배달, 특히 브랜딩, 마케팅, 광고 등의 모든 작업들이 디지털화되어 왔다고 볼 수 있다. 주로 '신속 대응(QR: Quick Response)' 경영체제로 알려져 있는 이 체제에서는 (1) 소매상인들의 경우 세일, 재주문과 생산단위 및 주문 통제 간에 즉각적인 통신이 이루어질 수 있게 만드는 통합적인 세일 기술을 습득할 수 있게 되며, (2) 회사들은 상품의 보다 빠른 회전과 효과적인 재고통제를 가능케 하는 내부적 경영실천을 재디자인할 수 있고, (3) 소매상인과 제조업자들은 공동 상품개발계획과 재고 통제를 가능케 하는 '통합된 보급사슬(integrated supply chain)'을 확립시켜 나가게 된다는 것이다.[30]

글로벌 기업은 또한 꾸준한 '집중화(concentration)'로 이어진다. 상품생산의 아웃소싱을 통하여 해외 지사가 늘면서 그것은 기업의 확장과 집중화로 이어지게 되며, 규모의 확장은 기업이 국가별로 만들어내는 GDP에서의 비중을 늘려나갈 것은 당연한 추세가 된다. 그리고 글로벌 기업들은 서로의 중역회의에서의 연동적 회원(interlocking membership) 형태를 통한 '기업 제어 네트워크(the network of corporate control)'를 구축할 수 있게 된다. 이처럼 소유와 상호연계 및 소수의 거대 글로벌 기업이 주도하는 세계적 '제어'의 네트워크는 글로벌 기업이 세계경제에 미치는 결정적인 영향력을 입증하게 되는데, 예를 들면 2006~2007년의 미국발 금융위기의 전말이 이러한 작용력을 보여주는 적절한 사례로 제시된다.[31]

21세기에 들어서면서 글로벌 기업의 세계에서 가장 두드러지는 현상은 이른바 '발전도상 경제(developing economies)', 또는 '브릭스(BRICS: Brazil, Russia, India, China)' 경제의 진출이다. 특히 중국과 인도 등의 글로벌 기업들은 앞으로 그 크기, 성장속도, 활동 영역 면에서 선진국 글로벌 기업대열에 급속히 합류할 수 있는 역동성이 인정되고 있다. '브릭스' 제국은 세계인구의 40%를 점하고 있으며, 중국과 인도의 경우 그 '중산계급 소비자'의 규모는 2010년의 18억,

---

30 D. Neubauer, *op. cit.*, pp. 270~271.

31 세계 100대 글로벌 기업의 해외지사의 분포는 1962년의 1,288로부터 1998년의 100,000으로 증가된 것으로 나타난다. 그리고 GDP에서 차지하는 비중은 1983년의 0.09에서 1998년의 0.13으로 증가하고 있다. J. Kentor(2005), 'The growth of transnational corporate networks: 1962~1998,' *Journal of World-Systems Research* 1(2): 262~86; D. Neubauer, *op. cit.*, pp. 271~272.

2020년의 32억, 2030년의 49억의 증가추세가 예측되고 있다. 2012년 현재 '포튠지(Fortune) 500글로벌 기업'에 중국은 이미 73개의 기업들을 포함시키고 있다. 이들 나라들 외에도 급속한 추격을 시도하는 나라들로서는 말레이시아, 멕시코, 터키, 베트남 등이 손꼽힌다.

    D. Neubauer는 '신흥 시장 글로벌 기업(Emerging Market Global Corporations)'으로 불리기도 하는 이들 나라들의 대표적 기업들의 성장과정을 다음과 같은 세 가지 형태로 정리해 보고 있다. 첫째로 국력이 뒷받침되는 형태로서 중국이나 인도의 경우가 해당된다. 해외직접투자(FDI) 또는 국가 자본(state funds)의 지원이던 직간접으로 국력이 선도하는 형태이다. 특히 중국의 경우 국유기업이 큰 몫을 차지하게 되는데 국가의 보조를 받는 이러한 기업들은 비록 국제적으로는 부당한 경쟁적 혜택을 받는 것으로 문제시될 수 있으나 글로벌 기업의 성장에서 국력이 개재되는 현상은 불가피한 것으로 받아들여질 수도 있다. 둘째로 국제적인 '소비자 경로(consumer pathways)'를 최대한 이용하는 형태가 있을 수 있다. 즉 선진국이나 개발도상국들의 시장에 적극 파고들어 상품의 소비를 증대시키는 경우인데 그 대표적인 사례로서 한국의 '현대자동차'가 꼽힌다. 이미 2011년 현대는 '포튠 글로벌 500(Fortune Global 500)' 순위에서 전년도의 78위에서 55위로 올라섰으며, 80,000명의 핵심 고용 인력을 가지고 모든 대륙의 시장에 파고든 '소비자 경로'의 대표적인 사례로 지목받는다. 셋째로 '비자본 생산양식(Non−equity modes of production)'이다. 전통적인 세계적 기업의 조직형태는 주로 해외직접투자(FDI)의 형식으로 모회사가 해외의 지사들을 재산소유와 통제를 통하여 거느리는 형식이었으나 20세기 후반부터는 '비자본(non−equity)'의 관계가 두드러지는 가치사슬이 형성되기에 이른다. 즉 계약 제조(contract manufacturing), 서비스 아웃 소싱, 계약 농업, 독점 판매, 면허부여 및 경영계약 등을 통한 세계적 생산사슬(global production chains)이 형성되기에 이른다. 반드시 모회사의 소유와 자회사들에 대한 수직적 통합에 집착할 것이 아니라 주로 계약(contracts)과 선진국 시장 회사들과의 다양한 관계들을 통하여 경제의 규모와 영향력을 증대시킴으로써 국제적 경쟁력과 기술력을 확대시켜 나가는 형태가 된다. 최근의 예로서는 중국의 '폭스콘(Foxconn)'과 미국의 '애플(Apple)'의 관계를 들 수 있는데 전자의 빠른 생산 적응능력과 높은 질적 수준이 후자의 혁신적 기술능력과의 결합함으로써 애플의 경우는 2012년 세계 최상의 글로벌 기업으로 승격

되었다는 평가를 받고 있다.[32]

3. 세계경제의 새로운 지도: 경제활동과 상호연계

제2차 세계대전 후의 세계적 경제활동과 상호연계(interconnected)를 주로 생산, 무역, 해외직접투자(FTI) 등을 중심으로 그 전반적인 추세를 살펴 볼 수 있다. P. Dickens는 이 과정을 하나의 '롤러코스터(Roller-coaster)'로 비유하고 있는데 어떤 때는 약간 올라갔다가 내려오는 순탄한 진행이지만 어떤 때는 급격히 올라갔다가 어지러울 정도의 곤두박질로 떨어지는 경우가 된다는 것이다. 급속한 발전(booms)과 폭락(slumps)이 교차하는 부단한 변환의 유형에서 벗어나기 힘들다고 본다.

우선 전후 수년간은 전쟁으로 파괴된 경제의 '재건(reconstruction)' 과정으로 경제 성장률은 전례 없는 수준을 유지함으로써 1950년대와 1960년대는 경제부흥의 이른바 '황금기'를 기록하였다. 그러나 1970년대 초반에 들어서자 경제는 급격한 하강으로 접어들었으며 그 후로 1982년 이후로 간신히 1960년대 수준을 회복하게 된다. 그리고 1990년대에 들어서면서 경기가 일시 후퇴하다가 1994년과 1995년 강력한 수출증대가 이루어졌으나 다시 1999년 동아시아 금융위기로 성장은 주춤하게 된다. 2000년에 들어서자 세계무역의 극적인 증가 추세가 나타나게 되었으나 그것은 9·11 테러와 IT 분야의 위기 등으로 심대한 성장거품(growth bubble)으로 이어진다. 비록 성장세는 어느 정도 지속되었으나 2008년 세계경제는 1920년대의 공황을 방불케 하는 심각한 위기의 국면에 돌입하면서 '롤러스케이팅'은 보복적으로 되돌아왔다고 보고 있다.[33] 그는 미국 금융위기의 여파에서 벗어나는 세계경제의 앞날과 관련하여 다음과 같은 추세를 제시하고 있다.

우선 세계경제의 '상호연계'는 증대될 것으로 전망된다. 수출은 생산보다 빠르게 늘어 왔으며 20세기 중반 이후로는 세계 상품생산이 6배 증가한 데 비하여 수출은 20배의 증가로 나타난다. 그러나 동시에 해외직접투자(FDI)의 규

---

32 D. Neubauer, *op. cit.*, pp. 275~277.
33 Peter Dicken, *Global Shift*(2011), pp. 17~18.

24   21세기의 세계질서

모도 또한 수출의 증가보다도 많은 것으로 나타난다. 즉 FDI의 경우 전후에 급속히 증가하면서 1970년대와 1980년대 중반에는 FDI와 수출의 비중은 엇비슷했으나 1985년 이후에는 양자 간에 격차가 벌어져 해외직접투자 규모가 훨씬 상회하게 된다. 이 과정에는 엄청나게 늘어난 '다국적 기업(TNC)'의 역할이 중요한 몫을 차지하고 있는데, 또 다른 주요 추세로서는 전후 20세기 후반을 특징짓던 미국과 유럽 및 일본 주도의 세계경제가 '브릭스(BRICs)'의 등장으로 그 구조적 변환이 불가피하게 되었다.

〈표 2-1〉'브릭스(BRICs)'의 주요 통계

	세계 GDP의 %	연평균 성장률 % (2000~7)	세계 총생산의 부분			세계 총수출의 부분		
			제조업	서비스	농업	제조업	서비스	농업
브라질	2.3	3.3	2.4	2.3	4.8	1.2	0.8	4.6
러시아	2.1	6.6	2.5	2.0	3.9	2.9	1.3	1.9
인도	2.2	7.8	1.9	1.6	12.9	1.1	2.7	1.6
중국	8.8	10.2	10.4	3.4	21.5	8.9	3.9	3.2
전체	15.4		17.2	9.3	43.1	14.1	8.7	11.3

※자료 출처: Peter Dicken, Global Shift(2011), op. cit., p. 26.

〈표 2-1〉에 나타나는 바와 같이 2007년 세계 GDP 점유율에서 브라질 (2.3%), 러시아(2.1%), 인도(2.2%), 중국(8.8%) 등으로 나타나고 있으며, 2000~ 2007년 평균 연간 성장률은 브라질(3.3%), 러시아(6.6%), 인도(7.8%), 중국 (10.2%) 등으로 나타나는데 특히 중국과 인도가 두드러지고 있다. 이제 중국의 급속한 부상은 세계경제의 판도를 재구성할 수 있는 새로운 사태진전으로 볼 수 있게 된다.[34] 이러한 세계경제의 새로운 변환을 지리적인 몇 갈래의 인접성으로 정리하여 그 특성을 다루어 보기로 한다.[35]

---

[34] *Ibid.*, pp. 18~26.

[35] 여기서는 Peter Dickens의 연구(2011)를 근거로 하되 최근의 주요 관련국들의 경제현황도 참조하는 방향으로 정리해 보기로 한다. Peter Dickens, Global Shift: Changing Contours of the World Economy, Sixth Edition, *op. cit*, pp. 14~48.

① 미국의 세계경제 지배력의 동요

미국은 20세기 초반 세계의 산업을 주도해 오던 영국을 제치고 어언 100년에 걸친 세계경제의 지배력을 과시해 왔다. 미국은 세계제조업생산의 1/5, 서비스 생산의 28%, 농업생산의 8%를 장악해 왔다. 최대 해외직접투자국이자 최대 상업 서비스와 농업생산 수출국이며 세계 3위의 제조업 생산품의 수출을 자랑하고 있다.

그러나 미국은 비록 세계의 지도적 경제대국이지만 이제 그 지배력은 여러 경쟁자들이 나타남에 따라 감소추세에 접어들고 있다. 1980~1990년과 1990~2003년 사이에 미국 GDP는 각각 연간 3.6%와 3.3%에 머물렀고, 2000년과 2007년 사이에는 그 성장률이 2.7%로서 세계 평균 3.2% 수준을 밑돌았다. 2008년 금융위기에서는 전후 역사에서 최악의 하락추세를 겪었다. 특히 무역부분에 있어서 미국의 추락추세가 두드러지게 되는데 1963년의 17%에서 10% 수준으로까지 떨어지고 상품의 수입은 9%에서 13%로 증가 된 것으로 나타난다. 그리고 FDI 분야에서도 1960년에는 50%를 점하고 있었으나 오늘날은 20%의 수준을 유지하고 있을 뿐이다. 또한 FDI의 경우 수용국으로서의 변화가 두드러지면서 현재는 '외부(outward)'와 '내부(inward)'의 비율이 비등한 수준으로 되어 있다. 이 모든 경제적 지표들은 세계경제에 대한 미국의 지배력이 점차로 약화되는 추세를 반영하는 것으로 볼 수밖에 없게 된다.[36]

② 유럽의 현황

유럽은 하나의 지역으로서 세계 최대의 무역권이자 일차적인 FDI의 초점을 이루는 경제단위가 되어 왔다. 그러나 비록 세계에서 가장 정치적으로 통합되어 있지만 그 경제는 서로 다른 경제 성장률을 가진 두 그룹으로 갈라져 있는가 하면 2008년의 경제적 난국과 연관되면서 경제적 시련의 길로 들어선 나라들(그리스, 스페인, 포르투갈 등)도 있다. 그리고 2000년부터 2007년 사이의 유럽 GDP 연간 성장률은 세계적 평균인 3.2%보다 낮은 2.3%에 머물고 있는데 이는 유럽이 전후의 활발한 경제로부터 다소 멀어지고 있다는 징후로 볼 수 있다.

---

36 *Ibid.*, pp. 26~27.

독일은 지금까지 유럽 최대의 경제대국으로서 세계 4위 제조업 생산, 최대 제조업상품 수출국(중국의 추격가능성), 세계 3위 상업서비스 수출, 세계 3위 FDI 자원국으로 군림해 왔다. 그러나 최근에 들어 2000년부터 2007년 사이의 경제 성장률은 1.1%에 머무는 저조함을 보이고 있는데, 이는 동독과의 통합과정에서 오는 경제적 부담의 결과로 파악되고 있다.

유럽 제2의 대국인 영국은 18~19세기의 오랜 경제대국의 전통에서는 다소 쇠퇴하는 그동안의 역사이긴 하지만 아직도 세계 2위의 FDI 자원국(source)이며 제2위의 상업서비스 수출국이다. 지난 20여 년 동안 세계평균 성장률을 유지함으로써 독일이나 프랑스보다는 훨씬 좋은 기록을 유지해 왔다. 그러나 2008년 불황에 있어서는 미국처럼 재산 거품사태로 금융권의 붕괴로 이어졌으며 다른 나라들에 비해 피해가 컸던 것으로 나타난다.

대체로 유럽은 나라마다의 통상 수행 능력 면에서 두 갈래로 나누어지고 있는데 프랑스, 영국, 스페인, 이태리 등은 무역적자를 면치 못하고 있으나 독일, 네덜란드, 스웨덴 등은 초과의 성과를 내고 있는 점이 두드러진다. 대조적으로 상업서비스 면에서는 영국이 최상위, 프랑스와 스페인이 그 다음, 독일은 적자로 되어 있다.[37]

③ 동유럽의 '이행경제'와 러시아 연방

1989년 11월 9일 베를린 장벽이 무너지면서 동서독 통일의 길이 열리고 이어서 구 소련연방의 와해가 이어지자 이로 인하여 유럽은 종래의 계획경제의 틀에서 벗어나 자본주의 경제로 바뀌게 되는 이른바 '이행경제(transitional economies)'권을 만들어내게 된다. 소련만 하더라도 1985년 당시 세계제조업의 10%를 생산하고 있었으나 1990년대에 들어서는 러시아 연방의 제조업은 1%로 축소되었다. 그 후 어느 정도 개선되었으나 2008년에는 2.5%에 머무는 저조함을 보인다. 그러나 러시아의 경우 '브릭스'권에 들어가 있으며 석유와 가스를 포함하는 '채취산업(extractive industries)'의 영역을 통하여 그 영향력을 무시할 수 없다는 평가이다.

---

[37] *Ibid.*, pp. 27~28. 영국은 2016년 6월 EU 탈퇴(Brexit)를 국민투표로 강행함으로써 산업생산의 위축과 세계금융에 있어서의 전통적인 위상과 역할에 상당한 변화의 가능성이 논의되고 있음을 참고할 필요가 있음.

동구권 경제의 주요 주체로는 러시아 연방, 폴란드, 체코 공화국, 헝가리 등이 있으며 세계 GDP에서의 점유율은 4%에 불과하다. 그리고 이들은 동유럽 전체의 제조업 생산과 수출을 담당하고 있다. 그런데 폴란드, 체코, 헝가리의 세 나라들은 2005년 유럽연합(EU)에 가입함으로써 그들의 경제적 전망에 새로운 변화를 예고하게 만들고 있다. 러시아 연방과 슬로베니아(Slovenia)는 연간 7~8%의 수출 성장을 보이고 있으나 이들 EU에 가입한 세 나라들은 두 자리 숫자의 수출신장세를 기록하고 있다. 그리고 이러한 급속한 성장은 1990년대 초반 이후의 내적 외자 직접투자(inward FDI)에 힘입은 것으로 되어 있다.

2000~2007년의 동구권 선두국가들의 연간 평균 성장률은 5.2%에 달하고 있으며 러시아도 이 기간 동안 6.6%의 성장을 이룸으로써 동아시아 경제권을 상회하고 있으나 2008년 경제위기는 이들 허약한 경제에 상당한 문제를 안겨다주게 된 것으로 되어 있다.[38]

④ 아시아의 굴기: 일본, 네 호랑이, 용

지난 50여 년 동안 세계경제의 지도에 커다란 변화를 가져 온 것은 아시아, 특히 동아시아의 굴기로 볼 수 있다. 1980년대 초의 관측자들은 지난 200년 동안의 '북대서양 경제'보다는 21세기는 '태평양 시대'가 될 것을 논하기 시작했다. 그러나 예기치 않았던 1997년의 동아시아 금융위기는 일부 불운의 도래로 받아들이기도 했으나 10년이 지나면서 아시아 찬미자들은 다시 되돌아왔다. 이번에는 그 초점이 다소 바뀌어 '중국'으로 모아졌으며 인도도 관심을 모으는 새로운 지평이 논의된다. 그리고 아시아의 굴기는 다음과 같은 네 갈래의 주요 과정으로 파악된다.

- 제2차 세계대전 후 일본의 부상.
- 네 마리 호랑이(홍콩, 한국, 싱가포르, 대만)의 급격한 경제성장, 기타 아시아 발전국가들(인도네시아, 말레이시아, 태국)의 출현.
- 세계시장경제에의 주요 참여국으로서의 중국 - 용(龍) - 의 출현.
- 인도의 잠재적 경제동력.

---

38 *Ibid.*, pp. 28~29.

가. 일본의 부상과 경제적 기복

일본은 전후 세계경제의 변환에 큰 몫을 하였고 특히 동아시아의 경제발전에 상당한 기여를 하였다. 1960년대 초만 하더라도 일본은 세계경제에서 5위를 차지했으나 1980년에는 세계 2위의 지위에 올라섰고 60년대의 제조업 성장은 연간 13.6%에 달함으로써 미국의 2.5배, 영국의 4배를 기록하고 있다. 특히 일본 경제는 1970년대와 1980년대를 통하여 높은 성장률을 보였다. 외국직접투자(FDI)는 1960년의 1%에서 1990년에는 12%로 증가하였고, 그 결과로서 이른바 '일본 주식회사(Japan Inc.)'는 논쟁적이고 보호주의적인 문헌의 범람을 통하여 미국과 유럽, 특히 미국에 커다란 위협으로까지 인식되었다.

그러나 1980년대 종반에 이르러 일본 경제의 급성장은 '거품 경제(bubble economy)'의 붕괴로 마치 1960년대의 급성장처럼 극적인 하락을 보인다. 1990년과 2003년 사이의 일본 GDP 성장은 1.2%에 머물렀고 제조업 분야는 0.7%로 떨어졌다. 1980~1990년 9%였던 상품수출은 1990~2003년 3%로 감소되었으며 2000~2007년에는 1.7%로 더욱 줄어들었다. 일본의 위협에 대한 미국의 두려움은 줄어들었고 '일본 때리기(bash Japan)' 문헌들은 사라졌다. 엔저 현상과 엄청난 정부 부채 등으로 인한 저성장의 늪에서 심지어 2012에는 중국에 세계경제 2위를 물려줄 정도가 되었다. 그러나 일본경제는 2013년부터 이른바 '아베노믹스'로 불리는 과감한 금융·재정정책과 민간투자 치중의 성장전략을 통하여 회복의 전기를 맞이하는 것처럼 보이고 있다. 비록 일본경제의 새로운 변환에는 여러 가지 어려움이 예상되지만 일본이 세계경제에서 차지하는 전래의 위상과 잠재력은 지속될 전망도 나온다.

나. 네 마리의 '호랑이'

일본이 산업화된 선진국으로 부상하는 시기에 맞추어 동아시아의 작은 네 나라들(싱가포르, 홍콩, 대만, 한국)이 노동집약적인 제조업에서 급속한 성장을 하게 되면서 세계의 주목을 끌게 되고 이들의 놀라운 도약을 '네 마리의 호랑이'로 비유하게 된다.

• 한국은 제조업 분야에서 1960년대에는 18%, 1970년대에는 16%, 1980년대에는

13%, 1990년대 2003년까지는 7%의 성장률을 이루었다.

  • 대만은 같은 시기에 16%, 14%, 8%, 6%의 성장을 기록하고 있다.

   그리고 말레이시아, 태국, 인도네시아 등도 제조업성장에서 높은 성장을
보였다.

   이들 동아시아 나라들의 상대적 중요성은 수출 분야에서의 성취가 매우
두드러진다. 이른바 동아시아의 '신생산업국가'(NIE)로 불리는 일곱 나라들(한
국, 홍콩, 싱가포르, 대만, 인도네시아, 말레이시아, 태국)은 세계제조업수출에서 차지
하는 비중이 1963년의 1.5%로부터 1999년의 20%로 증가한 것으로 되어 있다.
비록 중국의 진출로 이 비율은 2008년 현재 12%로 낮아졌으나 이들 나라들이
수출을 경제발전의 기본 동력으로 삼는 특성은 지속되고 있다. 2000~2007년
간 이들의 경제의 연간 평균 성장률은 5.2%로서 세계경제의 평균보다는 상회
하는 꾸준한 추세를 보인다.

다. '용'의 부활: 중국

   동아시아에서 최근 가장 두드러지는 발전은 중국의 부상이다. 따라서 이
전의 '일본 때리기'에서 이제는 '중국 때리기(China bashing)'로 마뀌는 판국이
벌어지게 되었다. 앞으로 50년 내지는 100년 동안 중국의 노동력이 세계경제
에 심대한 영향을 미칠 것으로 진단된다. 특히 중국은 방대한 값싼 노동력뿐
만 아니라 무역에 대한 개방으로 그 영향력은 더욱 두드러지게 된다. 그것은
세계적 성장의 추진력으로서 뿐만 아니라 노동, 자본, 재화 및 자산 등에서의
상대적 가격들에 혁명적인 변화를 가져 온다는 점이 강조된다.

   1980년부터 2003년까지 GDP 및 제조업 분야에서 중국의 성장률은 최고
에 달하였으며 연간 성장률은 10%에 달했다. 이 성장추세는 2007년까지 계속
되었고 비록 2008 세계경제 위기에 잠시 주춤하다가 2009년에는 다시 지속되
고 있다. 상품 수출은 1980년대에는 13%였고 1990~2003년에는 14%가 된다.
GDP에서의 수출 비율은 2002년 38%였던 것이 2007년에는 67%의 증가로 나
타난다. 결과적으로 중국은 세계 제2의 제조업 생산자며, 최대 농업 생산자이
고, 제2위 상품 수출자이자, 세계 3위의 수입국으로 자리매김되고 있다.

   중국의 (1) 제조업부문과 (2) 연료 및 광산물의 무역비율은 매우 두드러

진 대조를 이룬다. 제조업에서는 수출이 지배하고 있으며 아시아 지역은 40%, EU는 21%, 미국은 18%에 달한다. 그러나 연료와 광산물의 경우, 수입이 지배적이며 중동으로부터는 24%, 아시아는 34%, 아프리카는 16%, 남미는 13%로 나타났다.

대체로 중국의 세계경제에 대한 영향력은 다음과 같이 요약될 수 있다.

- 자원 집약적 성장(Resource-intensive growth): 2006년까지 중국은 세계 강철의 32%, 세계 알루미늄의 25%, 세계 동의 23%, 세계 아연의 30%, 세계 니켈의 18%를 소비하고 있다. 그리고 2000년부터 2006년까지 세계 석유의 31%에 달하는 점진적 수요(incremental demand)를 충족시키고 있는 것으로 나타난다.

- 제조업과 상품의 가격(Prices of manufactures and commodities): 중국의 세계경제 참여의 초기 영향력은 제조업 산품, 특히 중국이 값싸게 방대한 양을 생산할 수 있는 노동 집약적인 제품들의 가격을 내리는 것이었다. 그러나 한편으로는 이에 필요한 '자원'(resources)에 대한 탐욕은 세계적인 상품의 가격을 높이는 데 도움을 주었다.

- 자본의 수출(Exports of capital): 중국은 상품의 수출뿐만 아니라 점차로 자본도 수출하는 나라가 되고 있다. 중국의 경상수지 흑자는 크게 증가하여 2004년에는 3.6%, 최근에는 11.9% 정도에 이르고 있다. 2007년 현재 그 규모는 세계에서 가장 크며 독일과 일본의 흑자 규모를 합친 수준이 되고 있다. 그리고 중국의 외화보유고는 일본보다 5,000억 달러 정도 많은 것으로 나타난다.[39]

1982년 이후 연평균 12%의 고도성장을 기록한 중국경제는 2014년 7.3%, 2015년 6.9%의 하락세로 접어들자 새로운 조정과 변환의 과정으로 접어들고 있다. 무엇보다도 종래의 제조업과 수출주도의 '무역 의존적(trade-dependent)' 형태로부터 서비스와 국내소비에 무게를 두는 '국내 초점의(domestically focused)' 형태로 그 모습을 바꾸어 나가고 있다. 특히 과감한 산업 구조조정(철강, 석탄, 조선 등), 국영기업축소 등에 병행해서 IT 부문이 선도하는 이른바 '미래산업'의 신장에 무게를 두는 방향전환이 시도되고 있다. 비록 이 전환의 과정에 여러 가지 어려움이 예견되고 있기는 하나 중국경제의 새로운 변환에는 문제가 없을 것으

---

39 *Ibid.*, pp. 29~32.

로 전망된다.[40]

⑤ 인도의 장래

세계경제의 미래와 관련해서는 중국의 부상이 주목의 대상이 되고 있지만 최근에는 인도의 경제적 잠재력도 관심의 대상이 되고 있다. 중국은 주로 제조업으로 그리고 인도는 IT 서비스로 특징지어지는 상호비교로서 인도의 장래에도 다소 과장된 전망이 나돈다.

인도는 2014년 '모디(Modi)'의 집권 이후 신자유주의의 틀 속에서의 민영화와 노조 개혁 및 기업 과세 경감 등을 통한 경제 진흥책을 펴고 있고 '인도에서 만들기(Make in India)'의 기치 아래 과감한 '외국인직접투자(FDI)'를 실현해 나가고 있다. 대외적으로도 '다변 동맹정책(multi-alignment policy)'을 내세워 동아시아와의 투자 협력, 이슬람권과의 우호, 주변국(네팔, 방글라데시 등)과의 관계호전으로 본격적인 경제발전의 틀을 조정해 나가고 있다. 특히 복합적인 '주(州)' 단위의 경쟁적 연방제의 이점을 살려 외자 유치에서 어느 정도의 성공을 거두고 있으며 테크놀로지 면에서도 이른바 '창업 인도(Start Up India)'의 목표 아래 세계 최대의 전자제품회사인 '폭스콘(Foxcon)'이 '마하라슈트라(Maharashtra)'에 50조 달러의 공장과 R&D 지부를 건설하도록 하는 데 성공했다. 비록 중국과 같은 빠른 속도는 되지 못하더라도 연평균 5~6%의 경제성장세를 유지해 나갈 것으로 전망되기도 한다.[41]

⑥ 남미와 기타 주변지역

남미국가들은 세계에서 가장 자원이 풍부한 나라들이다. 그리고 몇몇 나

---

40 중국은 IT 분야에서 3대 인터넷기업(Baidu, Alibaba, Tencent)에 대한 지원과 함께 메모리 반도체 분야에서의 '인수 합병'(M&A)에 나서고 있다(예: 이미지 센서 업체 옴니비전의 인수). 그리고 '중국제조 2025'와 '인터넷플러스'라는 실행계획에는 전통 제조 공정에 IT, 로봇 기술 등을 결합해 싼 임금에 의존해 왔던 제조업을 독일·일본 수준으로 끌어 올리는 과제가 포함되어 있다. 철강, 석유화학 등 전통 제조업을 로봇·전기차·항공우주·바이오 등 첨단 산업으로 바꾸는 구조개혁안도 포함되어 있다. Michael Levi and Douglas Rediker, 'Can the world adjust to China's new normal?,' *World Economic Forum*(2016.2.10.); '하이브리드 中國경제(1),' *조선일보*(2016.6.21.), p.A4.

41 Ruchir Sharma, *The Rise and Fall of Nations: Forces of Change in the Post-Crisis World*(New York: W. W. Norton & Co., 2016), pp. 373~375.

라들은 산업화의 오랜 역사를 가지고 있다. 브라질이나 멕시코 같은 나라들은 인구도 많다.

그러나 대부분의 나라들은 세계경제의 지도를 다시 그리는 과정에서 동아시아의 여러 나라들에 비하여 두드러지는 면이 없다. 예를 들면 2000~2007년 사이의 연평균 GDP 성장률은 세계 평균을 약간 상회하는 정도이다. 그리고 남미 안에서도 칠레나 멕시코처럼 비교적 빠르게 성장하는 나라들이 있는가 하면 대조적으로 아르헨티나나 브라질처럼 느리게 성장하는 경제도 있다. 모두가 수출로서 두각을 나타내지도 못하며 지난 20여 년 동안 동아시아 나라들 보다 평균 수출성장이 훨씬 저조하다.

남미국가들 중에서도 멕시코와 브라질은 산업화와 수출 분야에서 비교적 선도적인 위치를 점하고 있으나 여러 가지 어려움에 직면하고 있다. 멕시코만 하더라도 1990년대에는 주로 '북미 자유무역 협정(NAFTA)'을 통한 미국경제와의 통합을 통하여 14%의 수출 증대를 이룩한 바 있다. 그러나 2000~2007년 사이에는 2.6%의 하락으로 이어졌고 주로 중국과의 경쟁에서 뒤쳐짐으로써 여러 가지 불리한 국면을 맞고 있다. 브라질도 비록 산업화(예: 자동차 산업의 시동)의 역사는 오래되지만 2000~2007년 사이의 BRIC 나라들 중에서 최하위에 머무는 실정이다. 주로 세계경제와의 연결은 일차 상품(농업, 광업 산품)에 비중이 가 있는데 국제적인 상품가격의 변동에 크게 좌우되며 그 가격이 하락할 때는 경제가 매우 취약하게 되는 약점이 지적된다.[42]

그러나 2015년에 들어서면서 남미에는 커다란 변환이 오기 시작하였다. 1999년 출범한 베네수엘라의 차베스 정권의 선심 무상복지정책이 남미 전역에 전염되면서 이것이 경제의 침체와 정치적 불안으로 이어지게 되자 아르헨티나(2015. 12.), 칠레(2018. 3.), 콜롬비아(2018. 8.), 브라질(2018. 10.) 등에서 잇따라 우파정권이 들어서면서 친기업, 친시장 정책을 앞세우는 새로운 방향전환이 이루어지고 있다. 그동안 좌파정권들이 저소득층을 무상 지원하는 복지

---

42 *Ibid.*, pp. 34~35. 남미 경제의 수행력에서 한 가지 약점으로 논의되는 것은 지나친 자원의존과 무리한 복지재정 정책이다. 브라질이나, 특히 베네수엘라의 경우처럼 농산물이나 자원(광물자원, 원유 등)일변도의 수출지향은 그 가격하락이 불황의 결정적 요인이 될 수 있으며, 또한 자원수출 수입에 의존하여 지나친 사회복지지향(포퓰리즘) 정책과 함께 사회간접자본에 대한 투자를 소홀히 하는 점 등이 지적된다.

정책에 국가 예산을 쏟아 붓는 과정에서 국가 인프라나 산업은 침체되고 부채 증가의 악순환을 면치 못했다는 전제에서 공기업 민영화와 감세들을 내용으로 친기업 부흥정책으로의 전환이 시도되고 있다. 2019년에 들어 베네수엘라의 마두라 좌파정권은 퇴장을 거부하면서 좌우 갈등은 유혈상태로 접어든 상태이고 국민의 90%가 빈곤 상태(식량, 의약품 부족, 회사도산, 실업, 생산성 하락)이고 2017년 이후 약 230만 명이 국외로 빠져 나갔다.

비록 남미경제는 이상에서 지적되는 여러 가지 문제점이 있기는 하지만 브라질, 멕시코, 아르헨티나 등은 넓은 국토와 많은 인구, 풍부한 자원을 가진 나라들로 이루어진 경제권을 형성한다. 따라서 나라마다의 특성에 맞는 적절한 경제구조와 성장실행계획이 뒷받침된다면 남미 경제는 아직 '실현되지 않은 잠재력(unfulfilled potential)'을 지닌 것으로 인정받을 수 있다.

한편 지금까지 언급되지 않은 세계경제의 변두리, 즉 주변지역(peripheries)을 생각하지 않을 수 없게 된다. 아프리카 대륙의 대부분, 아시아의 일부, 남미의 일부는 세계적 지도의 '구유(troughs)'를 이룬다. 사하라사막 이남의 아프리카(Sub-Saharan Africa)는 가장 큰 경제적 주변 지역이 된다. 이들 주변 지역들은 21세기 최대의 사회적 도전을 제공하기도 하는 최악의 빈곤과 박탈에 휘말린 지역이기도 하다.[43]

⑦ 역동적 세계경제의 지도

이상에서 살펴 본 역동적인 세계경제의 지도는 몇 십 년 전에 비하면 매우 복잡하게 변하고 있는 것이 사실이다. 비록 분명한 '계속성'이 있는 것도 사실이지만 매우 극적인 변화도 일어나고 있다. 세계적 경제성장의 궤도는 분명히 휘발성(volatility)을 보이고 있으며, 경제성장에 있어서의 단기적인 큰 파도(short-lived surge)는 하락과 깊은 경기후퇴기로 중단되는 과정이 전개되고 있다.

이러한 평탄치 않은 궤도 속에서도 중대한 지리적 재구성(reconfiguration)이 나타난다. 비록 오랜 핵심제국들의 경제는 아직도 지배적이지만 최근의 가장 중요한 하나의 세계적 변천은 무엇보다도 잠재적인 '거인' 중국을 포함하는 동아시아의 출현으로 볼 수 있다. 그리고 이 역사적 변환은 1989년 동유럽과

---

43 P. Dickens, *op. cit*, pp. 35~36.

구소련에서 일어난 정치적 사건과 함께 세계경제의 변천하는 지도에 가장 의미 있는 영향을 미친다고 볼 수 있다.

그러나 경제적 활동에 있어서의 세계적 변천의 정도는 오히려 제한적임을 깨닫게 된다. 극히 소수의 발전도상국들만이 실질적인 경제성장을 경험하였을 뿐 많은 나라들은 극심한 금융상 어려움을 겪고 있으며 또한 주변지역의 많은 나라들은 생존의 한계점에 머물고 있는 실정이다. 따라서 우리들은 새로운 세계적 분업으로 생각하기 쉽지만 그 '정도'는 흔히 주장되는 것보다는 훨씬 제한적인 것으로 나타난다. 비교적 단순하던 세계 지리적 분업은 이제 훨씬 복잡하고, 복수 규모(multiscale)의 구조로 바뀌었으며, 계속적인 흐름의 상태에 있는 '불균형의 모자이크(a mosaic of unevenness)'로 대체되었다고 볼 수 있다.[44]

02 사회적 영역

세계화가 진행되면서 민족 국가의 영역을 넘어서는 다양한 주체들(개인, 집단, 조직 등)의 상호작용이 증대되고 이러한 상호작용으로 만들어지는 매우 복잡한 구조와 질서가 형성되기 마련이다. 그리고 이 과정에서 발생하는 갈등과 여러 문제들을 해결하고자 하는 인류의 노력도 늘어나게 되어 있다. 이러한 새로운 현상을 초점으로 우리들은 전 세계를 하나로 묶을 수 있는 이른바 '세계사회(global society)'의 형성과 그 구조적 변환을 다룰 수가 있다. 또한 이 거대한 세계사회는 그 경제적 차원, 정치적 차원, 문화적 차원 등과 차별화되는 사회적 측면에 초점을 두는 또 하나의 연구 분야가 될 수 있다.

우선 세계화의 사회적 차원과 관련해서는 국경을 넘어서 다양한 개인과 집단 및 조직들이 만들어내는 세계적인 사회적 질서의 변환과 갈등의 조정과정을 '글로벌 사회운동(global social movement)'으로 다룰 수 있다. 특히 최근의

---

44 *Ibid.*, pp. 47~48; M. Stoper and R. Walker, 'The spatial division of labour and the location of Industries,' in L. Sawers and W. K. Tabb(eds.), *Sunbelt/Snowbelt: Urban Development and Regional Restructuring*(New York: Oxford Univ. Press, 1984), p. 37.

사회학에서 관심을 모으고 있는 '사회운동'의 개념적 틀과 이론적 구성은 이러한 세계적인 사회운동의 이해를 증진시킬 수 있는 시의적절한 촉매가 될 수 있다고 보인다. 여성운동, 환경운동, 세계적 인권과 정의 운동 등이 이러한 연구 분야의 적절한 예가 될 수 있다. 그리고 최근에 이르러서는 1999년 세계무역기구 각료회의를 항의하기 위한 이른바 '시애틀의 전투(The Battle of Seattle)'와 그 후 2011년 미국발 금융위기로 촉발된 뉴욕의 '월가 점령(Occupy Wall Street)' 항의 등도 글로벌 사회운동의 사례들로 취급될 수 있다.

한편 세계화의 사회적 차원에서 두드러지는 세계적 규모의 갈등과 관련해서는 '이민' 문제가 중요시된다. 최근 '시리아' 내전으로 촉발된 유럽의 이민 문제는 유럽각국의 수용을 둘러싼 새로운 현안으로 발전되고 있으며 2016년 6월의 영국의 EU 탈퇴(Brexit)에서는 유럽경제에 있어서의 이민 노동인력을 둘러싼 갈등이 크게 작용한 것으로 되어 있다. 세계화와 관련되는 또 다른 사회적 현안으로서는 세계적인 규모의 '범죄'에 대한 대응과 처방이 문제시 된다. 국경을 넘나드는 범죄 네트워크의 규모와 복잡성을 감안한다면 이에 대한 다국적 간의 대응에는 엄청난 격차가 불가피해진다. 범죄자와 범죄 집단들은 솔기 없는 세계적 불법공간에서 관할권이 혼주하는 틈새를 이용하여 인적, 금융적, 물질적 자산들을 마음대로 다룰 수 있는 기동성을 갖출 수 있다. 이에 대한 대응은 글로벌한 다국적 과제로 부상하고 있다. 대체로 세계화로 인한 사회적 차원은 그 기본에 있어서 세계적인 정의의 추구라는 규범적인 논리가 전제되어 있는데 이러한 숭고한 인류의 이상이 실현될 수 있는 '글로벌 시민사회'의 형성과 관련된 논의도 다루어 볼 수 있다.

이러한 세계화의 사회적 차원의 기본 구조와 갈등 및 규범적 대응을 둘러싼 논의들을 (1) 글로벌 사회운동, (2) 세계적 이민 문제, (3) 세계적 범죄, (4) 세계적 정의 구현 등으로 정리하여 다루어 보기로 한다.

1. 글로벌 사회운동(Global Social Movement)

1990년대에 들어서면서 사회운동은 민족 국가를 넘어서는 행동 영역과 세계적인 안목의 실천으로 변모하기 시작하였다. 이제 민족국가는 정치적 또는 지역적 갈등의 주요 장소(locus)로 취급되기에는 적절치 못하다는 인식하에 초국가적인(supranational) 경제적·정치적 제도의 구성과 운영이 집단적 행위의 표적으로 바뀌기 시작한다. 그리고 그러한 인식과 대응은 구체적으로 20세기 후반에 들어 자리 잡은 '신자유주의 세계화(neoliberal globalization)'에 대한 저항운동으로 나타나게 된다. 이 '신자유주의'라는 이데올로기는 시장에 지나친 비중을 두고 있다는 비판적 전제하에 '워싱턴,' '시애틀,' '러스톡' 등의 집단적 항의운동으로 나타났고 '세계사회포럼(World Social Forum)'의 형성으로까지 이어지게 된다.[45]

① 새로운 분석 틀: 신사회운동(New Social Movement)

사회운동의 연구에서는 최근 '신사회운동'이라는 새로운 분석의 틀이 관심을 모은다. 지금까지의 사회운동의 분석에 있어서는 현존하는 정치체제 안에서 노사의 계급적 대립을 전제로 하는 노동운동이 초점을 이루어 왔으며 주로 노동자들의 이해와 해방을 추구하는 집단행동으로 다루어져 왔다. 이러한 노동운동에서는 서로 산업적으로 대립적인 계급 간에 이루어지는 경제적인 재분배(redistribution)가 대중동원의 일차적 명분으로 받아들여져 왔다. 그러나 지금은 노동계급이 반 헤게모니 세력을 대표하던 응집성은 대폭 감소되었으며 이제는 헤게모니가 공장에서 만들어지던 시기는 갔다는 진단이 지배적이다. 1960년대의 유럽 반전 학생운동은 심지어 마르크스 이론에 도전하는 새로운 양상을 보인 것이 그러한 흐름을 나타낸다는 것이다. 그리고 이러한 종래의 분석 시각에서는 집단 및 계급 간의 응집과 행동을 좌우하는 '자원동원이론(Resource Mobilization Theory)'의 논리가 지배적인 틀로 군림해 왔다고 볼 수 있다. 즉 사람들은 집단적 행동을 하려면 자원(예: 일자리, 돈, 재화와 서비스에 대한 권리, 권위, 언약, 우정, 기능 등)을 필요로 하게 되는데, 특히 조직과 네트워크가 중요한 자원이 된다는 것이다. 그리고 이러한 자원동원의 이론적 구성에 있어서는 집단행동에의 참여가 손익 계산 면에서 다루어지기 마련인데 합리적 선택(rational choice)모형과 M. Olson의 '집단행동이론(theory of collective choice action)'이 각광받는다. 또한 사람들은 잠재적인 '이득'이 기대되는 '비용'을 초과할 때 집

45 Vincenzo Ruggiero and Nicola Montagna(eds.), *Socal Movements: A Reader*(New York: Routledge, 2008), p. 297.

단행동에 참여한다고 본다. 특히 집단행동에 사람들을 유인하는 정치적 기회가 결정적인 역할을 하게 되는데 이러한 기회를 만들어내는 정치적 환경으로서는 국가의 힘과 억압의 정도, 정당체제, 엘리트의 분열 등이 열거된다.[46]

그러면 '신사회운동'이란 무엇인가? 무엇보다도 '자원동원이론'의 기본전제인 '합리적 선택'에 따른 행동의 논리를 받아들이지 않는다. 집단행동에의 참여는 쟁점과 맥락에 관한 인간의 '인지적인' 측면을 강조한다. 즉 자기이해에 맞느냐, 이런 행동이 어떤 결과를 가져올 것인가는 개인이 가지는 '생각'과 '의미부여'에 따라 좌우된다는 '문화'의 측면이 중요하다고 본다. Mario Diani에 의하면 '신사회운동'이란 개인, 비공식적 집단, 또는 조직들로 이루어지는 다양한 주체들이 어떤 사회적 갈등에 있어서 공동의 행동과 의사소통을 통하여 서로를 '같은 편'으로 자리매김하고, 갈등의 발생과 쟁점에 관한 공통의 의미를 부여하며 '집단적 정체성(collective identity)'을 만들어나가는 과정으로 정의하고 있다.[47] 그는 구체적인 특성을 다음과 같이 제시한다.

첫째로 개인들, 집단 및 조직들로 이루어지는 다수의 주체들로 이루어지는 비공식적인 상호작용의 네트워크(network of informal interactions)로 정의된다. 여기서 비공식적이란 이러한 항의운동이 공식화될 수도 있고 또한 침전된 망상(submerged networks)으로 지속되어 나갈 수 있다는 것이다. 둘째로 사회운동의 경계(범위)는 운동 참여자들의 공유하게 되는 '집단적 정체성(collective identity)'에 의해 결정된다. 참여자들은 서로가 운동에 관한 일련의 믿음과 소속감(a sense of belonging)을 갖게 된다는 것이다. 사회심리학에서 논의되는 집단적 정체성이란 대체로 특정 사회적 단위가 다른 사회적 행위자들과 차별화되는 소속감, 특수성, 존경, 이해 또는 의미, 행위주체성 등을 지칭한다. 즉 남들과는 차별화되는 '우리(we)'라는 특성이 전제되며 자기들 집단은 특수하다는

---

46 집단 행동이론은 M. Olson, *The Logic of Collective Action*(Cambridge, MA: Harvard Univ. Press, 1968), 정치적 기회와 환경에 관해서는 S. Tarrow, *Power in Movement: Social Movements Collective action and mass politics in the modern state*(Cambridge: Cambridge Univ. Press, 1994), 특히 국가의 역할과 관련해서는 C. Tilly, 'Social Movements and National Politics,' in C. Bright and S. Harding(eds.), *Statemaking and Social Movements: Essays in History and Theory*(Ann Arbor: University of Michigan Press, 1984) 참조.

47 Mario Diani, 'The Concept of Social Movement,' *Sociological Review*, 40(1), 1992, pp. 2~3.

자부심, 서로가 존경하고 이해하는 공감대의 형성 그리고 우리 모두가 합치면 강하다는 생각들이 집단적 정체성으로부터 나온다고 볼 수 있다. 운동의 전개 에서 가장 중요한 부분이 된다. 셋째로 사회운동 참여자들은 정치적, 문화적 갈등에 접어들게 되며 체제 면에서 또는 탈체제 면에서 사회적 변화를 추진하 거나 또는 반대하게 된다. 즉 운동참여자들은 똑같은 사회적 가치라 할지라도 그것을 적대적인 것으로 해석하는 상대방과 갈등관계에 들게 된다는 것이다. 어떤 사안이나 가치와 관련하여 서로 다르게 적대적으로 '해석'하게 되는 갈등 관계가 만들어진다는 이른바 '문화적 전환(cultural turn)'이 강조된다.[48]

② 반'신자유주의' 운동

세계화가 진행됨에 따라 환경, 이민, 민주화, 여성해방 등의 인류의 다양 한 현안을 둘러싼 세계적인 규모의 사회운동이 전개되어 왔다. 그러나 이러한 쟁점별 현안을 포괄하는 보다 통합적이고 혁신적인 '글로벌 사회운동'이 있을 수 있는데 바로 그것은 20세기 후반에 들어서면서 전개되고 있는 '신자유주의 (Neoliberalism)' 이데올로기에 대한 저항운동으로서 '반자본주의'의 성격을 띠 는 세계적 규모의 항의와 시위로 나타나고 있다.

1980년대에 들어서 영국과 미국에서는 경제적 불황의 늪(스태그플레이션, 고용불안, 수출부진, 재정위기 등)에서 시달리게 되는데 여기서 빠져나오기 위한 대응책으로서 현대자본주의를 시장기제에 매끼고 국가의 간섭과 규제를 과감 히 청산하는 과감한 정책적 전환에 들어서게 된다. '신자유주의' 또는 '시장근 본주의(market fundamentalism)'로 불리는 이 방향전환은 자본주의에서는 모든 것을 시장에 매끼고 국가의 지나친 간섭과 규제는 금물이라는 긴급처방이었 다. 영국의 '대처' 수상, 미국의 '레이건' 대통령 등이 주도한 이 정책적 전환(각 종규제 철폐, 민영화, 유연한 노동시장, 수출증대, 건전재정 등)은 자본주의의 불황을 어느 정도 완화하고 자본주의 체제의 세계적 지속화를 가능하게 만든 계기가 된 것은 분명했다. 그리고 '신자유주의'는 국가의 부정적 간섭과 규제를 제어 함으로써 시장의 자율화와 경제성장의 길을 열었고 시민사회의 활성화와 국가 복지능력의 확대 그리고 자본주의의 세계화는 지속적 성장이 가져올 수 있는

---

48 *Ibid.*, pp. 8~11.

'낙수효과'로서 후진 및 발전도상국들에게도 개발과 성장의 기회를 열어주는 긍정적 효과가 있는 것으로 정당화되었다.

　그러나 이러한 '신자유주의'의 세계적 정당화는 그대로 수용되지는 못했다. 즉 시장이 모든 것을 해결해 준다는 생각자체가 잘못되어 있다는 전제하에 자본주의에 대한 강한 비판적 이데올로기를 만들어내게 된다. 무엇보다도 자본주의하의 사회관계는 인간의 마음, 정서, 느낌, 생활의 잠재력 등에 대한 통제를 목표로 하고 있으며 국가 및 세계적 시장경제에 대한 반대나 그에 관한 지식조차도 통제하는 것으로 비판된다. 자본주의는 인간생활의 모든 측면을 철저히 장악하고 있으며 시민들로 하여금 중요한 정책결정으로부터 소외시킴으로써 대의민주주의의 심각한 위기를 초래하고 있다고 본다. 따라서 신자유주의를 비판하는 '반자본주의'의 입장에서는 이러한 총체적 위기에 대응하여 부(wealth)와 권력의 재분배, 물질적 부의 형평성 증대, 일반 시민들의 정치적 참여와 영향력 확대, 비계층적(non-hierarchical) 정치의 정착, 경제적 독립과 반소비주의(anti-consumerism) 등의 절실한 과제들을 위한 공동투쟁을 주창한다.[49]

　이상 열거된 자본주의에 대한 비판적 주제들을 중심으로 강력한 '집단적 정체성'이 형성되면서 저항운동의 세계적인 네트워크가 구성되고 급기야 1999년의 미국 시애틀에서 전개된 '세계무역기구(WTO: World Trade Organization)' 창설을 거부하는 격렬한 시위로까지 이어지게 된다. 이러한 항의·시위운동과정을 거치면서 2001년 하나의 세계적 대응의 산물로서 '세계 사회 포럼(World Social Forum)'이 출범하게 된다. 이 새로운 공론장은 세계화된 자본주의에 대한 대항적 상징으로서 그리고 세계적 자본주의에 비판적인 목소리가 보다 포괄적으로 공개적으로 탈계층화된 방식으로 표출될 수 있는 역사적 공간으로 등장한 것으로 받아들여진다.[50] '세계사회포럼'은 그 창설 목적을 다음과 같이 선명하게 제시하고 있다.

　'세계사회포럼'은 자성적 사고, 아이디어의 민주적 토론, 제안의 작성, 경험 의

---

49 Irina Velicu, 'Peopling the Globe: New Social Movements,' in Manfred B. Steger, Paul Battersby and Joseph M. Siracusa(eds.), *The Sage Handbook of Globalization*, Vol 2(Los Angeles: SAGE reference, 2014), pp. 633~634.

50 *Ibid.*, p. 636.

자유로운 교환, 다양한 집단들과 시민사회의 상호 연계된 효과적 행동을 위한 공개적인 만남의 장소이며, 신자유주의, 자본에 의한 세계의 지배, 어떤 형태의 제국주의도 반대하며, 인류 모두와 그리고 지구와의 풍부한 결실의 관계를 지향하는 행성적 사회(planetary society)를 건설할 것이다(세계사회포럼 헌장, 원칙 1조).

2. 세계화와 이민

세계화가 진행되면서 나라마다의 국경을 넘나드는 이민도 증가하기 마련이다. 흔히 돈, 정보, 상징 등의 이동뿐만 아니라 사람들의 이동을 통하여 많은 사람들이 자기나라를 떠나 다른 나라에 정착 거주하게 되는 이민(immigration)이 증대하게 된다. 특히 세계화가 통신과 수송의 편의를 증가하게 됨에 따라 이민의 규모도 커가게 됨은 자연스러운 변화로 받아들일 수밖에 없다. 그러나 세계적 이민의 증대는 국가 간의 인적·물적 교류를 증대하여 성장과 발전의 전기를 마련하기도 하지만 이민자가 새로운 정착지에서 조성되기 쉬운 여러 복잡한 문제(치안, 내국민대우, 인종 간 갈등 등)를 야기시킬 수 있다. 따라서 세계적 이민 문제는 그 원인과 결과 그리고 세계적 대응과 처방을 둘러싼 다양한 논의를 가져오게 된다.

역사적으로 볼 때 1648년의 '베스트팔렌' 체제의 확립으로 민족국가의 형태가 잡히면서 이민은 여러 가지 장벽에 놓이게 되었으나 19세기에 들어서면서 1870년경부터는 상당한 증가세를 보이다가 제1차 세계대전(1914)으로 급강하 된다. 그리고 제2차 세계대전 후에는 다시 이민은 증가 추세로 돌아섰고 유럽연합의 등장 및 세계무역기구의 창설, 냉전의 종식과 동구권의 변화 등의 경제적 세계화의 추세를 타고 이민은 계속적인 신장세가 지속되었다. 20세기 후반에 들어서는 신자유주의의 경제적 맥락에 따라 이민을 수용하는 나라들의 경우 노동인력의 감소, 다국적기업의 노동인력의 필요성, 인구노령화, 국가복지에 도움이 되는 이민자들의 세금 등으로 이민에 대한 나라마다의 정책은 수용적인 방향으로 전환되어 왔다. 이러한 최근의 이민 추세를 감안하여 이민의 형태를 다음과 같은 세 가지로 분류해 볼 수 있다.[51]

---

51 George Ritzer, *Globalization: The Essentials*(Oxford: Wiley – Blackwell, 2011), pp. 181~183.

1. 난민(refugees): 자기의 모국을 떠날 것을 강요당했거나 자기의 안전을 위하여 본의 아니게 떠난 자.

2. 망명자(asylum seekers): 자기가 망명한 나라에 계속 머물러 있으려고 하는 피난민.

3. 노동이주자(labor migrant): 자기 모국 밖에서 일자리를 찾도록 강요당하는 자(자기 모국에서의 실업, 낮은 임금 / 이주국에서의 높은 임금, 직장보장, 언어와 문화 등의 좋은 조건).

대체로 '난민'의 경우 주로 아프리카 및 중동지역의 전쟁과 내란상태의 소산이며 한 통계에 의하면 2015년 말 현재 약 6,000만 명의 난민이 발생한 것으로 나타나고 있으며('유엔 난민 기구' 발표) 최근 몇 년 사이에는 특히 시리아, 아프가니스탄, 소말리아 등의 내전으로 엄청난 난민들이 유럽연합의 선처를 기다리는 것으로 되어 있다. 그리고 유럽에서는 동구권의 정치적 변화에 따라 많은 '노동이주자'가 발생하면서 이들의 정착과정에서 이주국(이민을 받아들이는 나라)의 노동자들의 노임감소 및 원주민들과의 인종적 갈등을 조성할 수 있게 된다.

① 세계적 이민의 이론적 접근

세계적 이민의 증대를 가져오게 되는 사회적, 정치적 과정들의 저변에 깔린 주요 원인과 결과들을 밝혀내는 일은 매우 절실한 학문적 과제가 된다. 이와 관련하여 최근에 논의되는 주요 '이론적 접근'을 Anne McNevin은 세 가지 형태로 나누어 다루고 있는데 그 요점을 정리해 보기로 한다.

첫째로 이민의 연구는 20세기 후반에 들어서면서 '신고전 경제학'과 계량적·사회학적 접근에 바탕을 둔 이론적 접근으로서 이민을 개인의 합리적 선택(rational choice)의 결과로 보는 접근이 지배적인 추세를 이루었다. '저소득 국가'에 사는 사람들은 '고소득 국가'로의 이민을 통하여 자기들의 소득을 극대화할 수 있는 이른바 '밀어주는 요인'(push-factors)으로 이민을 가게 된다는 것이다. 그리고 최근에는 '고소득 국가'의 경우 이민자들의 저렴한 노임과 언어 및 문화적 적응성 등을 내세워 이민을 환영하게 되는 '끌어당기는 요인'(pull factors)이 크게 작용하는 것으로 이론화되기도 한다. 이민자들의 합리적 선택 그리고 이민을 받아 주는 나라들의 합리적 선택 등으로 이민이 증대될 수 있게 된다는 논리가 된다. 이렇게 되면 대부분의 경우 이민을 받아주는 나라의 경우 자기들의 노동자들은 높은 임금과 안정된 직장이 보장되고 이민자들은 낮은 임금과 열악한 환경이 만들어지는 '분할된 노동시장'(segmented labor market)이 조성될 가능성이 커진다. 또한 세계적인 경제재편이 진행되면서 전문적 지식 분야와 비숙련 노동자들의 직업적 분리(occupational divide)가 이루어질 수 있게 되는데 이것이 현대국가의 도시마다의 특수한 이민문제를 야기시킬 수도 있다.

둘째로 마르크스주의와 종속이론(dependency theory)의 계보에 속하는 구조적 접근이 있다. 1970년대에 나타나기 시작한 종속이론의 '세계체제론'(World Systems Theory)은 개인과 사회에 작용하는 외부적 힘(external forces)을 강조한다. 합리적 선택론에서 주창되는 밀어주거나 끌어당기는 요인들을 넘어서 이민의 다양한 통로(paths), 제국주의의 정복과 근대화의 역사들이 합류하는 구조적 측면에 관심을 돌린다. 저소득 국가로부터 고소득 국가로의 이민은 세계체제이론에 의하면 제국주의시대의 '주변'(periphery)에서 '중심'(center, core)으로의 인구이동인데 이것은 합리적 선택에서가 아니라 세계적 자본주의의 중심에 의한 주변의 정복이자 수탈로 단정된다. 즉 중심과 주변의 '불평등 교환'(unequal exchange)에 의한 중심의 강요이자 수탈과정으로 이론화된다. 이러한 구조적 설명에 대해서는 여러 가지 비판도 있지만 이민에 관한 거시적 분석과 이민과 연계되는 정치·경제적, 지리 전략적 측면을 다루는 데 나름대로의 비중을 인정받는다.

셋째로 개인적 합리성과 구조적 제약을 융화시키는 종합적인 입장에서, 특히 '행위자 중심의'(agent-centered) 접근, 경제 결정론적 해석에 사회학적인 것을 접목시키는 접근이 있을 수 있다. 1990년대로 들어서면서 이민연구는 종래의 민족국가를 초점으로 이민을 분류하던 '방법론적 민족주의'를 극복하고 사람들이 다양하게 세계적인 단위들을 넘나드는 '행위'의 측면을 중시하기 시작한다. 즉 국경을 중심으로 국내냐 국외냐를 가르고 그에 따른 법적, 재정적, 인도적 조치를 취하는 경우 내부적으로 소외되는 자보다는 이민자가 더 혜택을 받는 역설적인 사례도 지적되기도 한다. 따라서 국경의 내외를 기준으로 정착여부가 갈라지는 정태적인(stasis) 분석보다는 사람들이 움직이는 '유동성'(mobility)을 기준으로 여러 가지 행동적, 규범적 틀과 구조들에 역점을 둘

것이 종용된다. 예를 들면 학생, 여행자, 기업인들은 세계 어느 곳에나 갈 수 있고 또한 장단기로 체재하면서도 여러 나라의 산업과 서비스에 심대한 작용을 미칠 수 있다. 호주와 캐나다에서는 유학생과 관련되는 교육 사업이 새로운 국정운영의 일익을 담당하며, 여러 나라를 넘나드는 '노동이주자'(labor migrants)는 나라마다의 산업뿐만 아니라 모국에 대한 엄청난 송금(remittances)을 통하여 그 기여도를 인정받는다. 1980년대만 하더라도 사우디아라비아, 카타르, 쿠웨이트, 오만, 아랍에미레이트 등 중동국가의 노동인력의 절반은 인도, 방글라데시, 필리핀 등지에서 온 외지인, 즉 '노동이주자'들로 이루어졌다고 한다(유엔 인구담당국, 2003: 1, 61). 그리고 문화와 관련되는 서비스업, 주로 여러 국경을 넘나드는 트럭 운전기사, 선원 등도 이러한 세계화된 유동성을 표출하고 있다고 볼 수 있다. 또한 2012년 당시만 하더라도 전 세계적인 '망명자'는 900,000명에 이르고 이들의 신분이 '이민'에 속하느냐는 나라마다의 사정에 좌우되는 형편으로 되어 있다. 이상을 종합하면 세계화가 진행되면서 인구의 이동은 폭발적으로 증대하고 그 형태도 다양하게 전개되기 때문에 종래의 민족주의적인 접근이 전제하는 좁은 분류방식과 국경위주의 정태적인 파악은 분석적인 한계에 직면하게 되어 있다. 좀 더 인구이동의 '유동성'에 초점을 두는 동태적인 이론적 구성에 무게를 둔다.[52]

② 세계적 이민의 '거버넌스'(governance)

세계적으로 늘어나는 이민들에 대한 '규제'(regulation)는 어떻게 이루어지고 있는가는 매우 중요한 분석적 과제가 된다. 경제적 발전, 인권의 보호 그리고 국경통제 등의 세계적인 관심사와 관련하여 이민의 규제와 그 통제는 어떻

---

52 Anne McNevin, 'Global Migration and Mobility: Theoretical Approaches, Governing Rationalities and Social Transformations,' in Manfred B. Steger et. al., *The Sage Handbook of Globalization, Vol 2, op. cit.*, pp. 645~648. 이러한 세 가지 이론적 접근과 관련해서는 ① 개인적 합리적 선택에 있어서는 G. Borjas, Economic theory and international immigration(1989); A. Golini et. al., South－north immigration with special reference to Europe(1991); I. Light, The ethnic economy(2005) 참조 ② 종속이론, 구조적 접근에 있어서는 R. Cohen, The New Helots: Migrants in the International Division of Labor(1987), I. Wallerstein, The Capitalist World Economy(1979) 참조 ③ 유동성 초점 '종합적 접근'에 있어서는 M. Sheller and J. Urry, The new mobilities paradigm(2006), P. Adey, Mobilities(2010) 참조; A. McNevin, *op. cit.*, pp. 645~661.

게 진행되고 있는가의 문제가 된다. 여기서는 (1) 신자유주의적 거버넌스, (2) 인도주의적 거버넌스, (3) 세계적 안전 거버넌스 등의 세 가지 형태의 분류를 소개해 보기로 한다.[53]

첫째로 1980년대에 등장한 '신자유주의적 거버넌스'(neo-liberal governance) 로서 '시장근본주의'에 바탕을 두는 이민 규제 형태이다. 시장이야말로 성장과 번영을 가져오는 가장 효과적인 메커니즘이며, 형평보다는 성장의 우선시, 시장의 성공과 실패에 대한 책임의 개인주의적 추궁 등이 강조된다. 예를 들면 '국제통화기금'(IMF)의 경우 채무국에 대한 구제금융은 신자유주의적 구조조정과 신자유주의적 의제들을 세계적 발전 전략에 반영할 것이 조건부로 되어 있다.

우선 '시장기준'(market criteria)이 이민허가의 기준이 되는데 호주나 캐나다의 경우 이민 지원자들에 대한 인종적 기준보다는 노동시장의 필요에 따르는 기능과 경험에 치중하는 '점수 체제'(points systems)를 도입하고 있다. 세계적으로 연결된 지식경제와 전략적 차원에서 유용한 고도로 숙련되고 다문화적적응에도 무난한 전문가와 기업가들을 그 이상적인 대상으로 삼는다. 그 다음으로 이민을 보다 '신축성 있게'(flexible) 산업의 현장과 연결시키고 노동생산력을 증대하는 방향이 권장된다. 예를 들면 정부는 생산비용이 낮은 지역으로 투자를 옮길 수 있으며, 부유한 선진국의 경우 이민자들을 자국민들이 싫어하는 오염되고 위험하고, 어려운 작업에 종사할 수 있는 특수한 '적소'(niche)를 만들어 놓고 자기들의 산업으로 하여금 비용절감과 경쟁력을 늘리려고 한다.

대체로 '세계은행'(World Bank)이나 '이민과 발전의 글로벌 포럼'(Global Forum on Migration and Development)은 이민이 세계적인 발전 전략이면서 매우 중요한 수단임을 전제하고 있다. 즉 가난한 나라들의 경우 노동의 수출을 통하여 그들의 노동자들이 모국으로 보내는 '송금'과 그들이 귀국하면서 체득하고 오는 기능과 다양한 지식은 모국의 경제발전에 크나 큰 몫을 하는 것으로 단정되고 있다. 예를 들면 2010년 발전도상 국가들의 송금소득은 약 3,250억 달러에 이르고 있으며, 이들 나라 중 멕시코, 모로코, 인도네시아, 자메이카, 비율빈 등에서는 국민소득의 가장 중요한 원천이 되고 있고, 어떤 면에서는 외국의 직접투자나 원조보다도 그 규모가 큰 것으로 나타나 있다. 그뿐만 아

---

53 A. McNevin, *op. cit.*, pp. 648~654.

니라 이민의 신자유주의적 접근에서는 노동이민의 '여성화'(feminization)가 하나의 권장할 만한 추세로 지적된다. 페미니스트 학자들은 남성들은 '한 가정의 일하는 사람'(breadwinners)이고 여자는 그들의 동반자라는 종래의 통념을 넘어서 이제는 여성들의 경우, 서비스 위주의 일들(돌봄, 가사, 위락 등)뿐만 아니라 보다 '신축적인' 일들(부지런함과 적은 불평)을 수행할 수 있는 길이 열리는 것으로 전망한다.

둘째로 '인도주의적 거버넌스'에서는 인간의 존엄과 기본적 인권이 존중되고 그 실천이 인류의 가장 숭고한 의무이자 덕목으로 자리잡는 '인본주의'(humanitarianism)에 바탕을 두는 이민의 규제를 지칭한다. 이 숭고한 인류의 이상과 전통은 20세기에 들어서 인종, 성, 신조, 국적 및 기타의 차이에 구애되지 않고 모든 인간에게 주어지는 '인권'의 법전화를 통하여 구체화되면서 국제법의 체계와 국가 간 인권 담당 기관(agencies)들의 형성 및 제도화의 길을 열었다고 볼 수 있다. 그리고 이 '인권체제'는 가정이나 공동체보다는 '개인'에 무게를 두는 자유주의 정치철학의 전통에 기초하고 있다는 점이 강조된다.

이러한 인본주의적 감성과 인권의 법제화는 무엇보다도 인간이 당면하는 '강요된 이민'(forced migration), 즉 '난민' 문제와 밀접히 관련된다. 1950년 창설된 '유엔난민기구'(UNHCR)는 난민에 대한 돌봄, 모국송환, 재정착 등에 관한 일차적 책임을 지고 있으나 여러 가지 난제에 직면해 있는 것으로 나타난다. 무엇보다도 이민들의 모국 내란이 지속되면서 정치적 경제적 불안이 해결의 기미를 보이지 않고 수많은 이민들을 임시로 수용하고 있는 주변국들의 경제적, 물질적 능력에도 한계가 있는 점이 지적된다. 특히 '난민'의 정의에 따른 수용과 처리의 문제도 겹치면서 난민의 상태가 환경의 파괴에서 오는 것인지, 물질적 생계수단의 문제인지, 일반적인 폭력사태로 인한 것인지의 '정의'의 문제들이 개재되고 있기 때문이다. 다만 '인권'에 관한 것이 결정적인 기준이 되어야 한다는 일반론이 인권관련 기구의 의견으로 수렴되는 경향으로 지적되고 있다.

그러나 난민에 대한 구제조치는 그 인도적인 배려에도 불구하고 뜻하지 않은 부작용이 초래될 위험도 문제시된다. 예를 들면 난민수용소에서 제공되는 시혜의 형태가 모욕의 형태나 난민의 정신적 외상(trauma)과 같은 부작용을 초래할 수 있다는 연구결과(B. Harrell-Bond, The Experience of Refugees, 1999)

도 있다. 그리고 1990년대 후반에 들어서는 이민에 관한 인도주의적 거버넌스가 매우 가부장적이고(paternalistic) 무기력한 의존심을 조성할 수도 있고, 특히 인도주의를 앞세운 군사적 개입이 때에 따라서는 지리적·전략적인(geo-strategic) 정치적 타산에 좌우되는 위험이 비판된다.

셋째로 세계적 '안전 거버넌스'는 이민이 뜻하지 않은 사회적 혼란이나 갈등 및 폭력과 같은 사태를 가져올 것을 걱정하는 입장이다. 이민을 받아들여야 하는 나라들은 '주권'과 관련되는 생존상의 위협에 직면하게 될 경우를 전제한 '안전화'(securitization)의 문제가 국정의 주요한 당면과제가 될 수 있다. 우선 1980년대 냉전의 종식과 더불어 유럽에서는 망명이나 난민의 증대로 새로운 나라마다의 안전문제가 발생하기 시작하였고, 특히 미국의 9·11 사태이후로는 이민이 과격분자와 테러 분자들의 통로로 부상하게 되면서 나라마다의 새로운 이민통제의 길을 열게 된다. 유럽에서는 국경관리담당으로 '프론텍스'(Frontex)가 창설되었고, 아시아-태평양, 미국-카리브 지역, 서남부 아프리카 지역 등에서 이민의 규제와 통제를 위한 지역별 담당기구들이 창설되었다. 특히 미국과 멕시코 국경의 통제에 있어서는 높은 강철 벽이 건설되는가 하면 최근의 시리아 난민상태와 관련해서는 위험한 해상 수송을 통한 불법적 이민밀수 사업 등이 횡행하는 심각한 안전화의 문제로까지 이어진다. 이와 병행해서 이민의 수용과 정착에 있어서는 나라마다 특정 인종을 중심으로 이민공동체가 형성되기 마련인데 이러한 주변화된 환경에서는 이주자들의 경우 자칫 소외감과 불안감에 사로잡힌 과격화(radicalization)의 가능성이 높아진다. 특히 최근 '지하드'를 앞세우는 이슬람 과격주의는 이러한 이민공동체 내의 과격화와 맞물리면서 폭력사태의 원천으로 국제적인 우려를 모으고 있다. 그리고 이민의 국경통제와 불법이민의 단속에 있어서의 최근의 독특한 테크놀로지(생물측정학, 전자 및 드론 감시, 연안 및 탈 영토적 경찰행위, 난민 입국 저지 및 구류 등)의 발달도 이민의 합법적 규제에 많은 도움이 되지만 이러한 테크놀로지가 외부로 유출되어 악의적인 용도로 전용되는 가능성에 대한 우려도 아울러 제기되고 있다.

3. 세계화와 범죄

세계화는 국경을 넘나드는 세계적인 범죄를 증대시키기 마련이다. 물론 국제적인 범죄의 다양한 형태는 역사적으로 거슬러 올라가서 논의되는 오랜 인류의 과제이지만 특히 20세기에 들어서 통신과 교통의 편리가 증가하여 사람들의 국경을 넘는 상호작용이 폭증하면서 범죄의 종류와 규모도 다양하고 커지는 경향은 불가피한 추세를 이루게 된다. 특히 근래에 들어서는 마약과 테러가 세계적인 범죄의 주종을 이루어 왔으나 최근에 이르러는 금융범죄처럼 범죄의 양상이 초국가적이고 조직화된 형태로 변모하고 있으며, 특히 경제성장을 위한 국가 간 경쟁이 치열해지고 이에 인터넷으로 인한 사이버공간의 확대가 접목되면서 종래에 보기 드문 '기업범죄'가 새로운 쟁점으로 등장하고 있다. 이에 대한 세계적인 관심과 대응이 절실한 인류의 현안이 되고 있다. 우선 이러한 세계적인 범죄의 형태를 살펴보고 이와 관련되는 기본인식과 대응책을 둘러싼 여러 가지 논의들을 정리해 보기로 한다.

① 세계적 범죄의 형태

최근 미국 '국제마약 및 법 집행처'(INLEA)의 '국제 마약통제 전략 보고' (2008~2011)에 의하면 국제적 '돈세탁' 및 '신분 사칭' 등에 관한 금융범죄는 10배의 증가로 나타나고 있다. 그리고 연간 세계적 지하경제(shadow economy)는 15조 미국 달러에 달하며 주로 탈세와 여러 가지 금융부담의 회피로 이루어지고 있으며 돈세탁은 세계 GDP의 4~5%가 되는 것으로 나타난다. 그리고 금융범죄에 대한 믿을 만하고 포괄적인 데이터가 마련되기 힘든 상황인 만큼 그 실제의 규모의 파악이나 대책에도 엄청난 어려움이 전제되고 있다.

마취제(narcotics)무역은 지난 10년 동안 배로 늘어난 것으로 되어 있다. 코카인(cocaine)은 약 720억 달러, 헤로인(heroine)은 550억 달러의 불법거래로 나타나고 있으며 주로 거리에서 자행되는 이 마약거래의 2/3는 미국과 유럽에서 이루어진다. 그리고 식량 분야에서도 예외가 없이 2010년 '식량 및 농업기구'(FAO)의 보고에 따르면 불법 어업의 경우 100~230억 달러 규모에 달하고 있으며 이와 관련해서는 불법 어업은 어족체(fish stocks)의 남획으로 어업자체의 붕괴현상으로 이어질 수도 있게 된다. 발전도상의 많은 나라 국민들은 어류의 단백질에 의존하고 어업은 중요한 생계수단이라는 점이 지적된다.

가장 두려운 세계적 범죄는 '인신매매'(trafficking)가 된다. 2008년 ILO 통계에 의하면 세계적인 이민(임시 또는 장기적인)의 수는 약 2억1,400만 명(214 million) 정도가 되는데 이 중 인신매매는 2,400만 명(2.4 million)에 달하는 것으로 되어 있다. 대부분 젊은 여인과 아이들로 구성된 이들 희생자들은 강제이민, 사기, 폭력과 수탈 등의 수법에 의해 처참한 변을 당하고 있으나 인신매매 집단에만 의한 것이 아니라 국가 관리들에 의한 응징적 조치도 개입되어 있는 것으로 파악된다. 그리고 이러한 인신매매는 단순히 돈을 벌기 위한 국제적이며 '변칙적인'(irregular) 사람들의 이동이라기보다는 세계도처에 현존하는 성적 차별, 노동수탈 그리고 불법적 인력시장에 연루된 자들을 범죄화하고 처벌하는 '거버넌스 체제'에도 문제가 있다는 주장도 나온다.

세계적 범죄의 연구에서는 언제나 그 '조직된'(organized) 특성이 문제가 된다. 범죄는 여러 사람의 집단적 공모와 결행에 좌우되는 만큼 그 조직의 정도와 강도가 언제나 주요 관심사가 된다. 예를 들면 일본의 '야쿠자'는 130년 이상의 역사를 가지는 범죄 집단으로서 2011년 현재 80,900명의 구성원을 가지고 있는 것으로 나타난다. 비록 갱 집단 특유의 규율로서 '반사회인'(sociopaths)이나 '정신병질자'(psychopaths)들의 치료에 도움을 주는 사회적 효용이 어느 정도 인정되지만 이들의 횡포와 잔인성을 다스리기 위해서는 불법적인 물건이나 서비스에 대한 수요자체를 차단하는 특별한 조치가 필요하며 특히 문화적 대응책 등이 논의된다. 멕시코에서는 2006년 칼데론(Calderon)정부 이후로 주요 도시가 코카인 마약거래를 둘러싼 정부와 마약 '신디케이트'(syndicates) 간 그리고 신디케이트 서로 간의 전쟁터로 바뀌었으며, 이러한 난맥상은 오랜 세월에 거쳐 지역적으로 묵인 되어 온 마약생산과 거래를 단번에 척결하려는 정부의 무리한 시도와 더불어 멕시코의 정치, 그 민주주의 자체의 천박함에도 문제가 있는 것으로 풀이된다.

멕시코의 마약전쟁과 관련해서는 그 조직이 국경을 넘는 '네트워크'의 특성이 문제가 된다. 인신매매와 마찬가지로 '마약거래'도 다수의 행위자들을 연결해 주는 광범위하고 신축적이며 적응적인 보급사슬(supply chain)을 요하게 되는데, 이 사슬은 하나의 연결고리에 단절이 오더라도 견디어낼 수 있고 그것을 수리하고 재생시킬 수 있는 탄력적이고 유기적인 특성을 지니는 '네트워크'임이 지적된다. 그 작동도 유기적이고 탄력적인 만큼 그 대응과 징벌에 있어서도 혁신적인 노력이 필요하다는 것이고, 이러한 범죄 네트워크의 파악에 있어서는 그 진화과정에 대한 사회생물학적인(sociobiological) 비유와 은유의 적용이 종용된다.[54]

② 사이버공간과 '기업 범죄'

범죄가 많은 세포들의 연결로 그 규모가 확대되는 네트워크를 만들어내게 되면 그것은 정보통신에 의한 사이버공간(cyberspace)과 접목되면서 범죄의 유기적인 성장으로 이어질 수 있게 된다. 인터넷(Internet)의 변환적 특성에 관해서는 그 자유화 및 평준화(leveling)의 잠재력에 관하여 많은 논의가 있으나 한편으로는 불법적 교환과 대결 및 조직화된 폭력을 가져오는 새로운 미개척 영역을 만들어낸다고 볼 수 있다. 증가 일로에 있는 다양한 인터넷 범죄의 범주를 살펴보면 단순한 사기에서부터 정부와 회사의 '데이터베이스'의 해킹(hacking)을 통하여 공식적으로 분류된 문서, 사회보장 및 은행계좌 번호 등의 절도행위로 이어지는 다양성을 보이고 있다. 사이버 범죄로 인한 손실은 계산하기가 매우 어렵다. 도난당한 은행 수지뿐만 아니라 사라진 지적재산권의 시장가격, 고객 신용의 폭락, 사이버 공격으로 인한 체제 수리비 등과 같은 다양한 변수들이 개재하기 때문이다. 그리고 세계적인 사이버범죄의 밑그림은 정보통신기술(ICT)의 진화과정의 본질뿐만 아니라 사이버 범죄자들의 약삭빠른 따라잡기와 국가에 의한 사이버 범죄기술의 채택 등으로 매우 복잡하고 불투명하게 된다. 또한 컴퓨터 바이러스(virus)도 국가가 그들의 적에 대하여 사용하는 새로운 전쟁 무기가 되고 있으며 그 복잡성과 작전효과에 있어서 급속히 진화되고 있다. '스틱스넷'(Stuxnet)은 웜 바이러스로서 2010년 6월 미국이 이란의 산업통신 체제에 침투하여 이를 무력화시키기 위하여 작성된 악성 코드로 구성되어 있는 것이 그 구체적인 예가 된다.

공격적인 사이버 전쟁에 관한 교리는 미국뿐만 아니라 중국, 러시아 및 여타 지역에서도 진화의 과정에 들어섰다고 볼 수 있다. 어떤 정부는 심지어

---

54 Paul Battersby, 'Global Crime and Global Security,' in Manfred B. Steger et. al., The Sage Handbook of Globalization, *op. cit.*, pp. 702~704.

자국의 범죄집단이나 또는 정당한 개인 소유 통신네트워크를 통하여 적대국들과 그들의 국민들에 대한 스파이 활동을 전개하고 있다는 증거는 확대일로에 있다. 미국 정보당국은 적대적인 통신 회사들이 '스파이웨어'(spyware)나 '킬 스윗치'(kill switches) 등을 함유하는 소프트웨어나 통신도구 등을 적대세력들에게 마련해주는 이른바 '세계적 보급 사슬 취약성'(global supply chain vulnerability) 을 찾아내는 데 온갖 노력을 경주하는 것으로 되어 있다. 이러한 사이버 범죄와 그 안전에 관한 상호작용을 감시하고 통제하는 국제적인 합의나 기구의 창설은 이루어지지 않고 있다. 이 유동적인 사이버 공간에서는 통신의 거리화(distanciation)로 말미암아 적과 동지의 구별도 모호하고 범죄자와 전투원(범죄자와 국가 공무원)의 구별도 애매한 상태가 지속될 수 있다.[55]

한편 사이버 범죄와 병행해서 문제되는 것은 '기업 범죄'(corporate crime) 이다. 기업의 세계에서는 존경받는 많은 '기업인들'의 경우 상업적인 사리추구에 매달리다 보면 세계적인 안전의 문제를 외면할 수 있게 된다. 세계금융위기나 '유로존 위기'(Eurozone crises)는 일반적인 초국가적 범죄자들에 의해 초래되었다기보다는 범죄적 무책임성(criminal irresponsibility)에 좌우된 '존경받는' 세계적 금융 위기 브로커들에 의해 저질러졌다는 견해가 지배적이다. 세계화되어 가는 기업환경에서는 기업 간의 경쟁이 불가피하고 특히 은행과 금융분야의 경우 그 복잡한 상호관계로 기업이 만들어내는 '비합법성'(unlawfulness)은 불가피할지도 모른다. 그러나 그러한 기업환경 속에서도 유달리 비합법성과 무책임성을 보이는 기업들이 만들어질 수 있다. 예를 들면 '바크레이즈'(Barclays)는 영국의 오래된 예금은행 — 신탁회사로서 여러 가지 기업상 스캔들(예: 돈세탁, 세금포탈, 환율 조작 스캔들, 미국 전기시장조작, 금값 조작 등)에 휘말려서 화제를 모은 대표적인 기업으로 알려져 있다. 그리고 '홍콩·상하이 은행기업'(HSBC)도 미국 상원 조사위원회 보고(2012)에 의하면 돈세탁에 관련된 것으로 되어 있다.

미국은 '패트리엇 법'(Patriot Act)에 의한 이란 제재를 계기로 돈세탁을 널리 통제할 수 있는 길을 열었다. '해외 부패소송 법안'(FCPA: Foreign Corrupt Practices Act)도 시장주도 세계화의 보급을 저해하는 부패와 기업·정부 담합에 대한 반대운동의 일익으로 받아들일 수 있다. 탈영토성을 전제하는 이 FCPA

---

55 *Ibid.*, pp. 704~705.

의 기본입장은 미국뿐만 아니라 어느 나라의 기업이라 할지라도 정부 관리에게 제공하는 '변칙적 지급'(irregular payments)은 미국 법무부의 조사에 응해야 한다는 규범적 성격을 부각시키고 있다.[56]

③ 범죄 대응의 기본접근

세계적 범죄는 중앙집권적 권위가 존재하지 않는 무정부적 환경에서 국가주권에 집착하는 정부와 그 관할하에 있는 범죄 집단 간의 갈등, 저항, 폭력의 상호작용에다가 외부세력(이해당사국들)이 개입되는 복잡하고도 예측불능의 정치－경제－문화적 맥락의 소산으로 볼 수 있다. 따라서 이러한 범죄 형성과정의 복잡성을 감안하여 그 현실적인 파악과 대응책에 있어서 요청되는 몇 가지 고려 사항을 정리해 볼 필요가 있다.

우선 국제 정치학에서 논의되어 온 전통적인 '국가 중심적 현실주의'는 재검토될 필요가 있다. 이 현실주의적 감각에 의하면 역사적으로 밝혀지는 인간의 극심한 권력투쟁, 갈등, 잔악성 등은 인간의 본성이자 인간사회의 본질이라는 전제하에 자기보전(self－preservation)과 체제유지(system maintenance)가 정의라든가 법, 권리와 같은 보편적인 이상에 우선한다는 입장이다. 그러나 이러한 현실주의적 결정론에 반하여 최근에는 인간이 보여주는 폭력성이 역사적 상수(constant)라고 단정할 수는 없으며 인간과 인간의 사회는 보다 나은 방향으로 변할 수 있다(change for the better)는 주장에 힘이 실리고 있으며, 인간의 본성은 역사적 검증보다는 철학적 명제에 지나지 않으며 그것은 인간의 노력 여하에 따라 바뀔 수 있다는 주장이 신경과학(neuroscience)이나 인지심리학(cognitive psychology) 등으로 뒷받침되고 있는 것으로 인용된다. 즉 인간의 본성에 대한 불신이나 현상유지보다는 보다 긍정적인 미래를 위한 인간의 구성적 노력이 제안된다.[57]

세계적 범죄의 연구에서는 현실파악 못지않게 개선과 변혁이라는 인도주의적 이상의 개입이 불가피하게 된다. 즉 인도주의적 실천(난민 구호, 사회봉사,

---

56 *Ibid.*, pp. 708~710.

57 *Ibid.*. p. 701; 현실주의를 넘어서 인간본성의 재인식을 주장하는 입장으로서는 Steve Pinker, *The Better Angels of Our Nature; Why Violence Has Declined*(2011), Hedley Bull, *The Anarchical Society: A Study of Order in World Politics*, 3rd Ed.(2002) 등이 인용되고 있음.

지역사회 재건 등)이 주요과제가 된다. 그러면 이러한 인도주의적 당위성은 어떻게 구체화되어야 할까? 주로 세계적인 범죄의 현장에는 '비정부기구'(NGOs)의 인도주의적 개입이 불가피하게 되는데 이들에게는 현지 사정에 입각한 매우 실용주의적 접근이 필요하다는 점이 강조된다. 예를 들면 아프리카나 중동지역에서 벌어지는 내전 상태에서는 현지정부와 반정부세력 간의 폭력관계가 되는데 인도주의적 실천 면에서는 그 어느 쪽도 무시할 수 없는 경우가 발생할 수 있다. 권위주의적 정부의 주권적 요구에도 수용할 것은 수용하고, 또한 반정부세력과의 대화와 협력도 필요한 극히 유동적인 상황이 전개될 수 있기 때문이다. 현지의 인도주의적 긴급 사안을 해결하기 위한 구체적인 과정은 복잡하고도 위험이 개재되는 유동성을 전제하는 만큼 그 대응에서도 매우 실용적인 접근이 절실하다는 이야기가 된다. P. Battersby는 이 모든 것이 인도주의라는 이상적이고 보상적인 사명감보다는 현지의 힘겨운 사정과 제약을 감내해야 하는 극히 '비위에 거슬리는 선택'(invidious choice)이 될 것이며, 봉사자들에게는 '세계적인 마음과 기능의 묶음'(global mind and skill set)이 요구되는 도전적인 과제가 될 것으로 보고 있다.[58]

4. 세계화와 사회적 정체성: 젠더(gender)와 섹슈얼리티(sexuality)

세계화는 다양한 사회적 정체성을 만들어낸다. 사람들은 통신기술, 이주와 이민의 세계적 하부구조의 확대 등으로 인종(ethnicity), 민족성(nationality) 등과 관련되는 새로운 정체성을 만들어내기 마련이다. 그러나 이러한 사회적 정체성 중에서도 '젠더'(성, 성별)와 '섹슈얼리티'(성에 대한 태도, 개념, 행동 등)에 관한 분야는 사회적 정서의 구성 면에서나 정치, 경제적으로 특별한 영향력을 갖게 되는데, 여기서는 이와 관련되는 최근의 논의들을 다루어 보기로 한다.

① 젠더와 성적 다양성(sexual diversity)의 새로운 형태

세계화로 인한 성적 다양성의 증가에 관한 최근 사례들을 살펴 볼 수 있

---

58 P. Battersby, *op. cit.*, pp. 710~713; E. Kavalski(2008), 'The complexity of global security governance: An analytical overview,' *Global Society*, 22(4), pp. 423~443.

다. 우선 중국의 '모수오'(Mosuo) 모계사회는 '여자가 지배하는 땅'으로서 결혼이라는 언약이 없는 '주혼'(走婚: walking marriages)이 인정되는 공동체로서 최근 사회과학자들이나 다큐멘터리 필름 제작자들, 특히 여행객들의 관심을 모으고 있다. 주로 중국과 홍콩으로부터의 관광객들이 몰려들자 모수오 문화와 정체성은 구상화(reified)되고 관광객들의 소비품목화되어 많은 모수오인들의 생계수단을 마련해 줄 정도가 되었다 한다. 관광객들을 위한 여관과 성적 종사자들의 증가뿐만 아니라 관광객들의 기대에 맞는 행동양식을 보이게 되면서, 모수오 사회는 점차로 그들의 문화에 관한 인식과 그 보존에 관한 새로운 정체성 확립에 관심을 두게 되는 것으로 분석되기도 한다.

세계화로 인한 성적 표현이나 성관계의 변화는 '베두인' 여성(Bedouin women)의 결혼생활에서도 나타난다. 전통적인 남녀결합은 어른들에 의해 주선되었으나 베두인 여성들은 점차로 스스로 배우자를, 특히 인종적으로 다른 부유한 이집트(Egypt) 남자들을 선택하는 경향이 두드러진다고 한다. 그리고 젊은 여성의 매력을 증대시키는 여성화 의류들을 갖기를 선호하게 되는데 이러한 경향은 구 세대 어른들을 당혹스럽게 만들고 있으며, 여성들을 소비주의(consumerism)의 세계로 인도하고 도시생활에서 남편에게 의존하는 풍토를 만들어낸다고 한다.

이러한 성의 형식변화(reconfiguration)는 이슬람교도(Muslim)가 다수를 차지하는 국가에서도 서구에서 이해되는 '동성애 정체성'(gay identity)이 동성애 지향의 남자들한테서 두드러지게 나타날 수 있다. 특히 미군에 의한 점령으로 어떤 이라크 남자들은 서구화된 동성 정체성을 갖게 된 것이 밝혀지고 있으며, 이것은 인터넷의 보급과 서구적 동성애 남자들과의 접촉으로 '게이'(gay)의 의미에 대한 서로의 이해가 가능하였기 때문인 것으로 풀이되고 있다. 그리고 이러한 경향은 중동의 일부 국가뿐만 아니라 세계의 여러 나라들의 주요 수도의 경우, 세계화가 국가 간과 상호작용의 결정적 마디를 이루고 있는 관계로 다양한 성적 정체성에 대한 노출의 결과로 전통적인 성적 정체성에 변화가 오게 된 것으로 보고 있다. 일부 남미 국가들의 산업화된 지역에서는 서구적 성적 정체성, 특히 '동성애 정체성'이 외부 문화세계에의 노출뿐만 아니라 동성애 관광여행(gay sex tourism) 등에 영향을 받는 것이 지적되기도 한다.[59]

---

59 Julian CH Lee, 'Constructing and Obstructing Identities: Ethnicity, Gender and Sexuality,'

② 성적 다양성과 도덕성

세계화로 인한 성적 다양성은 성에 대한 나라마다의 또는 지역적 특성에 따른 여러 가지 형태의 변화로 이어지게 마련이나 성적 정체성은 변환의 과정에서 도덕성의 문제와 분리될 수 없게 된다. 동성애를 부정하는 전통적 문화의 맥락에서는 다양성의 수용에 있어서 항상 '합의'의 문제가 제기되고 설혹 대립과 갈등이 존재하게 되면 이를 수습해야 하는 도덕성 논의와 정치적 합의의 문제가 결부되어 있기 때문이다.

제2차 세계대전 후의 많은 신생독립국가의 경우 서구화의 물결을 수용해야 하는 전환기에서 전통적인 유산과의 융화를 성사시켜야 하는 나름대로의 진통이 없을 수 없었다. 특히 말레이시아에서는 1980년대에 들어서 마하틸 모하마드(Mahathir Mohamad: 말레이시아 총리; 1981~2003)에 의한 '아시아적 가치'(Asian values)의 중요성이 주창되었고, 가족제도의 존중과 아울러 결혼의 '이성애적·재생산적'(heterosexual and reproductive) 특성의 준수가 강조되었다. 이때의 '아시아적 가치'란 서구적인 것과는 차별화되는 것으로서 개인적 표현보다는 사회적 융화가 역설되었고, 권위에 대한 존경, 가족에 대한 충성, 결혼이라는 제도에 대한 존중이 강조되었다. 비록 이러한 아시아적 가치에 관한 담론(discourse)은 그것이 권위주의적 지배를 정당화하는 구실에 지나지 않으며, 학문적인 설득력이 미미하다는 비판도 만만치 않았으나 이 이색적인 담론은 당시 상당한 영향력을 인정받은 것으로 되어 있다.

이러한 아시아적 가치에서 가장 강조되는 부분은 '결혼'이다. '마하틸'과 그의 일본인 동료에 의해 제시된 '서구문명의 쇠잔'의 밑그림에는 종교적 가치의 부정과 함께 '단일 부모 가족'(single-parent families)의 증가로 말미암은 도덕적 토대의 붕괴가 특징적으로 그려져 있으며, 동성애와 동거를 수반하는 근

---

in Manfred B. Steger et. al., The SAGE Handbook of Globalization, Vol. 2(2014), *op. cit.*, pp. 685~686; 모수아 모계사회에 관해서는 ER Walsh, 'From Nu Guo to Nuer Guo: Negotiating desire in the land of Mosuo', *Modern China*(2005) 31(4), pp. 471~477 참조; 베두인에 관해서는 L. Abu-Lughod, 'The romance of resistance: Tracing transformations of power through Bedouin women', *American Ethnologist*(1990), 17(1), p. 50 참조; 이라크 동성애 연구와 관련해서는 MT Luongo, 'Gays under occupation: Interviews with gay Iraqis,' in H. Samar(ed.), *Islam and Homosexuality*(Santa Barbara: Praeger, 2010), pp. 99~110 참조.

친상간(incest)을 조장한다는 것이다. 이와는 대조적으로 아시아인들은 이성애적이고 재생산적인 '결혼의 제도'를 구축할 수 있었다는 논리이다.

마하틸 말레이시아 총리의 서구에 대한 비판과 아시아적 가치(특히 결혼과 가정의 화목)에 대한 존경은 비록 담론적 선호의 측면이 두드러지지만, 한편으로는 권력지향적인 정치적 의도가 개재된 것이 지적된다. 예를 들면 당시 부총리로 대립구도를 형성하던 '안와 이브라힘'(Anwar Ibrahim)은 소돔(sodomy)의 죄목으로 법정투쟁으로까지 진전되었으며, 양자의 정치적 대립은 '아시아 금융위기'에 즈음한 정책적 대결로까지 이어졌다. 금융위기의 타결에 국제통화기금의 도움을 주장한 '안와'와는 달리 '마하틸'은 IMF 구제 금융과 같은 '신식민지 지배'를 배격하고 보호주의적 조치를 고집하였던 것으로 나타난다. 여기서 성생활과 성적 정체성의 구성은 나라마다의 특정한 정치적 목적의 달성에 전용될 가능성이 제기된다. 성적 생활의 실천적 과정이 특정국가가 당면하는 내부적 및 대외적 위기와 합류될 가능성이 있다는 점이다.[60]

③ 성적 다양성에 대한 세계적 대응

세계화로 인한 성적다양성의 논의는 구체적으로 여러 관련국들의 국정현안으로 부각되면서 구체적인 정책적 대응의 문제로 이어지게 된다. 특히 동성애문제가 가장 민감한 사회적 통합의 쟁점으로 논의되고 있으며, 동성애자들의 자유로운 의사소통과 그들의 결혼을 허가할 것인가가 중요한 나라마다의 정책적 현안으로 구체화되고 있다.

일반적으로 서구 선진국들의 경우에는 동성애 문제는 기정사실화된 사회적 통념으로 그들의 자유로운 의사소통과 조직화 및 국정반영에의 통로가 마련되는 방향으로 진전되고 있다. 이미 미국의 대법원은 2015년 동성 결혼을 합법화하는 단계로까지 나가고 있으며 많은 선진국에서도 유사한 움직임이 전개되고 있는 것이 사실이다. 국제적인 동성애 허용 움직임은 2006년 저명한

---

60 Julian CH Lee, *op. cit.*, pp. 687~689; 마하틸 말레이시아 총리의 '아시아적 가치'와 관련해서는 WL Williams, 'Islam and the politics of homophobia: The persecution of homosexuals in Islamic Malaysia compared to secular China,' H. Samar(ed.), in *Islam and Homosexuality*(Santa Barbara: Prager. 2010), pp. 1~22; M. Mahatir and S. Ishihara, *The Voice of Asia: Two Leaders Discuss the Coming Century*(Tokyo: Kodansha International, 1995), pp. 80~81 참조.

국제 인권 문제 전문가들이 만들어낸 '요기아카르타 원칙'(Yogiakarta Principles)에 잘 나타나 있다. 여기서는 인류의 기본적 인권의 보호를 위한 모든 국가들의 의무를 명시한 29개의 원칙들이 제시되고 있으며, 특히 성적 성향과 젠더 정체성(gender identity)에 관한 국제적인 원칙의 준수가 강조되어 있다.

그러나 성적 권리의 개선을 지향하는 국제적 공조에 있어서는 한계가 있다는 점이 드러나고 있다. 예를 들면 2003년 동성애 행위자에 대한 처형이나 투옥을 종식시키고자 했던 UN 결의는 말레이시아, 이집트, 사우디아라비아 등의 이슬람 국가들이 주동이 된 '이슬람 협력기구'(OIC: Organization of Islamic Cooperation, 57회원국)의 반대로 좌절되었다. 그리고 2012년에는 'UN 인권위원회'(UNHRC)가 성적 오리엔테이션과 젠더 정체성에 관한 인권침해와 관련된 세계적 관심의 표명 결의를 제안하게 되자 OIC 회원국들은 항의퇴장을 결행한 적이 있다. 특히 이슬람 국가들의 경우, 동성애 문제와 관련되는 국제적 공조에 있어서는 강경한 반대 입장이 지속되고 있는 실정이다. 그리고 일부 이슬람국가들의 경우 이러한 성적 자유의 문제는 민주화 회의론이나 권위주의적 가치관에 대한 집착과 같은 정치적 환경이 조성되면서 그 해결이 매우 복잡하게 얽힐 수 있게 된다. 세계화로 인한 환경적 변화는 성적 자유의 범위를 넓히는 작용력으로 등장하게 되지만 이와 관련된 나라들의 경우, 정치적 목적을 달성하려고 하거나 또는 정치적 반대자들을 견제하려는 '정치적 편의주의'가 개입되는 복잡한 환경적 요인이 문제가 된다.[61]

┌── 03 문화적 영역

세계화가 진행되면서 문화가 사회, 경제 및 정치적 변환에 미치는 역할이 새로운 관심을 모으게 된다. 경제가 상품의 생산과 교환 및 소비의 측면과 관련되고, 정치는 사회의 권력과 가치의 권위적 배분에 관련되는 것이라면 문화는 인간의 인지적 능력과 아이디어의 잠재력을 통하여 세계화의 의미와 그 진

---

61 Julian CH Lee, *op. cit.*, pp. 690~693.

행에 관한 파악 및 실천적 대응에 심대한 영향을 미칠 수 있게 된다. 세계화의 모든 영역에서 사건과 현상의 '의미 만들기'를 좌우하는 문화의 역할과 그 특성에 관한 연구는 새로운 학문적과제로 부상되고 있다고 볼 수 있다.

세계화로 증대되는 문화적 교류에서는 우선 여러 나라들과 지역들을 넘나드는 대중문화의 작용력이 두드러진다. 일상적 문화의 '아이콘'으로서의 코카콜라, 블루 진, 록과 팝 음악, 맥도널드의 햄버거, 스타벅스 커피 등이 두드러지는가 하면, 미국과 유럽으로 대표되는 서구적인 상징적 품목으로서는 할리우드 영화, 프랑스 철학, 영미의 실용주의와 합리적 조직원리 등이 있다. 그리고 이러한 교류의 특징은 그 문화적 근원이 미국이나 유럽이라는 점에서 '미국화' 또는 '서구화'의 파급으로 단서가 붙는다.

그러나 세계화의 문화적 차원에서는 이러한 일상적 문화의 전파 못지않게 좀 더 사회나 세계와 같은 확산된 경험적 대상에 초점을 두는 '세계적인'(global) 상징적 구성과 표상 및 보급에 관심을 돌릴 필요가 있게 된다. 예를 들면 현대사회의 변환과 인류가 당면하는 복잡다단한 현안의 해결에 있어서 다양하게 논의되는 개인주의라든가 소비주의, 신자유주의, 및 다양한 종교적 담론 등이 그 적절한 사례가 될 수 있다. 그리고 이러한 우리 시대의 지배적인 상징적 '의미체제'는 특히 인터넷과 기타 새로운 통신 기술의 획기적인 발달로 나라와 지역을 자유롭고 폭넓게 넘나들면서 사람들의 일상생활에 작용을 미칠 뿐만 아니라 사회, 경제, 정치변환과 혁신에 중대한 영향을 미칠 수 있다는 점이 강조될 수 있다.

이러한 세계화의 문화적 차원의 이해에 있어서는 무엇보다도 '문화'를 하나의 흐름(flow)으로 파악하면서 그 흐름의 기본 형태를 몇 가지 기준에 따라 구조적 특성을 조명하는 방법이 권장될 수 있다. 우선 문화의 흐름을 동양성(similarity)과 차이(differences)에 근거하여 세 갈래의 기본 형태로 분류하여 각각의 특성을 다루어보는 분석 방법(J. Pieterse) 등을 소개해 보기로 한다. 또한 세계화는 21세기에 들어서면서 문화적으로 다양한 집단적 정체성을 만들어내게 되는데, 특히 정보·통신 분야의 비약적 발전으로 그러한 집단적 정체성이 '네트워크화' 됨으로써 사회적 변환과 때에 따라서는 항의와 저항의 격렬한 투쟁(예: 아랍의 봄, 미국 월가 점령 등)으로까지 이어질 수 있다. 그러한 집단적 정체성이 형성되는 과정을 세 가지 형태로 파악하고 특히 최근에 관심을 모은

'좁은 형태'의 특성도 다루어 보기로 한다.

1. 세계화와 문화

세계화란 많은 사회관계들이 영토적 지리로부터 상대적으로 탈결합됨으로써 인간생활이 세계적으로 단일 장소에서 이루어지게 되는 과정을 지칭한다. 즉 사람들이 상호작용하고 영향을 미치는 무수하게 복잡한 양식으로서 사회관계가 빠른 속도로 하나의 '지구적 단위'의 기초 위에서 행하여지고 조직된다는 의미가 된다. 세계는 빠르게 상대적으로 국경 없는 사회적 영역으로 바뀌어 감으로써 세계정치와 관련된 영토성이 개념은 희석되어 버린다는 것이다.[62] 주로 종래의 민족국가 중심의 세계적 상호관계가 정보통신과 물류수송의 획기적인 발달로 인한 인적·물적 교류의 증대로 말미암아 이제는 그 영토성이 희석되면서 새로운 권력, 경쟁, 갈등의 관계가 '지구적인 하나의 상호의존관계'로 변환되는 과정으로 파악될 수 있다.[63]

이러한 세계화의 특성에 상응하는 문화에 관한 최근의 정의와 그 특징적인 논의들을 다루어 볼 수 있다.

> 세계적 문화(global cultures)란 사람들의 실천이나 행동들을 지배하는 일관되고 광범하게 공유되는 가치와 믿음으로서, 시장자유주의(market liberalism)와 그 사회적 세습재산(social entailments), 기업경영문화, 신시대(New Age)사고와 같은 다양한 내용으로 나타난다.[64]

> 만약 우리들이 '문화적인 것'을 이야기한다면, 우리들은 의미의 상징적 구성(symbolic construction), 표명(articulation) 그리고 유포에 관한 것으로 파악하게

---

62 Ian Aart Scholte, 'The globalization of world politics,' in John Baylis & Steve Smith(eds.), *The Globalization of World Politics: An Introduction to International Relations*, Second Ed.(Oxford: Oxford Univ. Press, 2001), p. 15.

63 Urlich Beck, *What is Globalization?* (Cambridge, UK: Polity Press, 2000), pp. 20~21.

64 David Held and Henrietta L. Moore, 'Introduction: Culture Futures,' in David Held and Henrietta L. Moore(eds.), *Cultural Politics in a Global Age: Uncertainty, Solidarity, and Innovation*(Oxford: Oneworld Publications, 2008), p. 6.

된다. 그리고 언어, 음악, 이미지 등이 상징적 구성의 주요 형태를 이루고 있으면 그것들은 문화의 영역에서 특별한 의의를 차지할 것이다.[65]

문화란 넓은 의미로 전승된 전통, 이야기, 집단적 경험, 아이디어, 가치, 기대감 그리고 사람들을 사회적 집단으로 함께 묶는 정체성 또는 소속감(belonging)으로 정의될 수 있다.[66]

대체로 세계화의 문화는 '의미'를 만들어내는 가치, 믿음, 아이디어, 기대감 등의 상징적인 구성물이라는 점이 강조되고 있으며, 21세기의 현황과 관련해서는 신자유주의, 특히 '시장자유주의'라든가 최신 기업경영문화, 신시대의 미래상 등이 그 지시물로 부각된다. 이러한 기본 특성에 몇 가지를 부연하면 다음과 같다.

첫째로 문화는 상징적 구성이라는 점이 강조될 수 있다. 흔히 사회과학의 경험주의적 입장에서는 문화란 사건이나 사회적 현실을 있는 그대로 표상하는 '거울'과 같은 것이어야 한다는 실증주의적 입장에 집착할 것이 아니라 위에서 지적된 대로 문화란 인간에 의해 만들어지는 상징적 '구성'(construction)이라는 점이 강조될 수 있다. 구성된 것은 표명되고 또한 유포(disseminated)된다는 동적인 연계성이 첨가된다. 최근의 사회학이나 국제정치학에서 논의되는 구성주의(constructivism)의 논리가 많이 반영된다고 볼 수 있다.

'스테거(M. Steger)'에 의하면 세계화로 만들어지는 상징적 구성으로 '글로벌 상상'(global imaginary)을 개념화하고 있는데 사람들은 이제 종래의 '민족국가'의 영역을 넘어서는 '세계'라는 새로운 공동체에 소속된다는 의식을 갖게 된다는 것이다. 이 새로운 '상상'의 의식은 인간의 자아(self)와 성벽(dispositions)에 깊숙이 스며들면서 인간의 사고와 행동에 작용하는 새로운 인조 기준을 만들어내고 사람들로 하여금 새로운 집단적 정체성을 습득하게 만들 수 있다고 본다.[67]

둘째로 새롭게 형성되는 '세계적 문화'는 사람들의 소속감과 정체성에 변화를 불러일으킬 수 있으며 새로운 세계적 현안에 대한 인식과 그 구체적인

---

65 Manfred B. Steger, *Globalization*(Oxford: Oxford Univ. Press, 2009), p. 71.

66 Paul Battersby, 'Principles of Global Diversity,' in Manfred B. Steger et. al.(eds.), *The Sage Handbook of Globalization*, Vol. 2 (Los Angeles: Sage Reference, 2014), p. 920.

67 M. Steger, Globalization, *op, cit.*, p. 10, 15.

실천의 길을 열 수 있다. 예를 들면 소비자 보호, 지구환경의 보존, 페미니즘처럼 새로운 글로벌 상상에 앞서는 사람들을 서로 다양한 '망상'으로 묶고 강한 소속감을 갖게 만드는 집단적 정체성을 만들 수 있다. 이러한 집단적 정체성은 강한 소속감과 응집력 그리고 단합된 힘과 노력으로 세계화에서 논의되는 다양한 쟁점과 그 처방에 있어서 새로운 계기를 마련할 수 있게 된다. 물론 이러한 새로운 문화적 정체성에 관해서는 그것이 나라마다의 엘리트에 의해 주도되고 서구적인 개인주의적 환경에서의 선택에 국한됨으로써 세계인구의 극히 일부분에 해당되는 현상이라는 비판도 있다. 그러나 세계화로 확대되는 광범한 새로운 상상의 무대에서 전개되는 혁신의 변화는 부정할 수 없게 된다. 비단 일부 지역의 엘리트뿐만 아니라 노동자, 기업가, 소비자, 다양한 연령층과 배경을 가진 수많은 사람들에게 일어나는 새로운 변화를 직시할 필요성이 지적된다.[68]

2. 문화적 흐름의 기본 형태

세계화의 진행은 문화의 '흐름'을 크게 바꾸어 놓는다. 주로 아이디어, 문자, 이미지, 음악 등의 일상 문화는 점차로 디지털 형태로 교류되기 마련이어서 '인터넷'은 영화라든가 비디오, 음악, 서적, 문서, 신문, 사진 등의 디지털 문화 품목들을 세계적인 규모로 다운받고 나눌 수 있는 길을 열기 마련이다. 사람들은 이러한 문화적 매체들을 통하여 서로 대화의 상호작용을 만들고 가꾸어 나갈 수 있다.

그러나 모든 문화는 전파와 교류에 있어서 일률적인 형태를 유지한다고 볼 수는 없게 된다. 문화의 흐름에 있어서는 그 내용과 교류의 통로에 따라 차이가 발생할 수 있으며 어떤 문화는 순탄하게 교류가 가능하지만 어떤 문화는 장애가 발생할 수 있게 된다. 예를 들면 인터넷의 활용에 있어서는 그 보급 정도에 따라 선진과 후진의 지역 차이가 발생할 수도 있고 특히 경제적으로 앞선 강대국의 문화는 세계적으로 그 교류가 확장되고 정착될 수 있다. 또한 문화의 내용에 따라 그 흐름이 좌우될 수도 있다. 팝 음악은 손쉽게 전 세계를

---

68 D. Held and H. Moore, *op. cit.*, pp. 6~7.

누빌 수 있지만 과학적 지식이나 혁신적인 사회과학의 지식들은 그 교류의 범위나 속도에서 여러 가지 제약이 있을 수 있다. 그뿐만 아니라 문화는 그 기본적 세계관이나 외부 문화에 대한 수용태세 등에서 다양한 형태를 나타낼 수도 있고, 경우에 따라서는 문화권의 오랜 차별화로 상호대립과 극심한 갈등관계를 만들어낼 수도 있다. 이러한 문화적 흐름을 (1) 문화적 차별, (2) 문화적 혼성, (3) 문화적 수렴 등의 세 가지 형태로 나누어 다루는 연구들을 정리해 보기로 한다.[69]

① 문화적 차별화(cultural differentiation)

세계화가 진행되더라도 문화는 영향을 받지 않으면서 기존의 형태를 유지하게 되고 다른 문화와의 차별은 그대로 지속된다는 입장이다. 비록 문화전체로 그 일부나 주변에 소규모의 변화가 있더라도 그 핵심(core)에는 변화가 없고 다른 문화와는 차별화가 된다고 보는 것이다. 20세기 말엽에 접어들면서 동·서냉전이 종식되고 그 군사적·정치적 대립은 희석되었으나 2001년의 9·11 사태가 돌발하고 이어서 아프가니스탄과 이라크 전쟁이 발발하게 되자 세계적 문화의 흐름은 서구와 이슬람이라는 두 문화권의 새로운 충돌의 징후로 인식되기에 이른다. 특히 미국이 적극 개입하게 된 이라크 전쟁은 그 후 시리아의 내전으로 연계되면서 이른바 'IS'(이슬람 국가)라는 새로운 종교적 대항세력의 출현으로 이어지게 되자 이 현상은 서구와 이슬람문화권의 새로운 대립과 갈등의 모습으로 부각되기도 한다. 즉 문화는 그 본질에 있어서 독자성과 폐쇄성을 띠게 마련이고 그에 따른 마찰과 갈등을 유발할 수 있다는 '차별화'의 논리가 학계의 관심을 모으게 된다.

이러한 세계정세의 변화에 따라 1990년대에 발표된 Samuel P. Huntington의 '문명의 충돌'(The Clash of Civilizations)이 새로운 관심을 모으게 되면서 문화차별화의 논의를 활성화시키고 있다.[70] 그는 세계사의 기본단위를 문명으로

---

69 Jan Nederveen Pieterse, 'Globalization and Culture: Three Paradigms,' in George Ritzer and Jeynep Atalay(eds.), *Readings in Globalization: Key Concepts and Major Debates*(Malden, MA: Wiley－Blackwell, 2010), pp 309~318; George Ritzer, *Globalization: The Essentials* (Oxford: Wiley－Blackwell, 2011), pp. 153~177.

70 Samuel P. Huntington, 'The Clash of Civilization,' *Foreign Affairs*, 72, 3, Summer 1993; *The Clash of Civilization and the Remaking of the World Order*(New York: Simon and

잡고 중국, 일본, 힌두(Hindu), 이슬람(Islamic), 정교(Orthodox), 서구(West), 아프리카(African) 등의 주요 문명권들의 상호견제와 갈등의 세계적 질서를 제시하고 있다. 문명 간의 갈등이 상존하는 데 대한 그의 설명은 다음과 같다. 첫째로 각 문명들은 신과 인간, 개인과 집단, 시민과 국가, 부모와 자식들, 남편과 아내 등에 관한 기본 관계들에 관하여 서로 다른 견해(views)를 가지고 있으며, 권리와 책임, 자유와 권위, 평등과 계층 등에 관해서도 그 비중에 대한 중요성에 관하여 서로 다른 견해를 가지고 있다. 둘째로 문명 간의 상호작용이 근대화 등으로 증대하면서 문명 간의 차이가 두드러지게 인식되고 역사 속에 사라졌던 적대감 등이 재생된다. 셋째로 문명 간 상호작용으로 민족국가의 의식이 감소되면서 그 공간을 종교가 메꾸게 됨으로써 이슬람 근본주의 같은 것이 힘을 얻게 된다. 넷째로 근대 이후의 서구(West)의 우월적 지위는 '비서구'의 경쟁과 추격 심리를 부추기면서 갈등조성에 기여한다. 다섯째로 문화적 특성이나 차이는 정치나 경제적 요인보다 훨씬 견고하여 서로의 대화나 타협의 여지를 만들어내지 않는다. 끝으로 경제적 지역주의가 증대하면서 일본이나 기타 동아시아 나라들의 지역주의 강화를 가져오게 되어 비서구적 문화의 특수성을 재인식시키는 계기를 만들어나갈 수 있다. 특히 최근에는 중국의 경제적 부상이 문제될 수 있다.[71]

역사적으로 여러 문명권의 상호작용은 우선 B.C 1500년부터 A.D 1500년까지의 3000년간(1단계)은 시간과 공간 면에서 매우 저조하였으며, 그 다음단계인 1500년부터 제2차 세계대전까지의 기간(2단계)은 서구문명의 우세로 이어졌고, 제2차 세계대전 이후 1990년까지(3단계)는 동서냉전으로 자본주의와 공산주의의 이데올로기 대결로 특징지어진다. 1990년대에 들어서의 공산주의의 몰락은 서구의 우월을 지속시키고 있으나 그것은 동시에 서구의 몰락을 예고하는 과도기로 파악된다. 1993년 그의 논문에서 Huntington은 앞으로의 문명 간의 상호작용을 '서구와 기타'(the West and the Rest)의 충돌로 보고 있다. 기타의 문명권들 중에서도 이슬람권과 동아시아, 특히 중국의 부상에 각별한 비중

Shuster, 1966).

71 Samuel P. Huntington, 'The Clash of Civilizations?' in Frank J. Lechner and John Boli(eds.), Second Ed. *The Globalization: The Reader*(Malden, MA: Blackwell Publishing, 2004), pp. 37~39.

을 두고 있다. 그리고 '기타'의 이른바 '비서구문명권'(non-Western civilizations)
들은 미얀마나 북한처럼 고립을 고집하든가, 기타 여러 나라들은 서구대열에
참여하기 위한 '편승'을 시도할 수도 있고, 또한 일부는 경제 및 군사력의 발전
과 함께 비서구 사회들과의 협력으로 서구에 대한 균형유지를 시도하면서 서
구화와는 차별되는 토착적인 가치와 제도들을 만들어 나가는 방향을 모색할
수도 있다.72

　　이러한 문명 충돌론에 대한 비판이 없는 것은 아니다. 예를 들면 이슬람
문화에 대한 지나친 부정적 견해로서 '이슬람'과 '비이슬람'이 가까이 사는 곳
에는 폭력적인 갈등이나 격렬한 적대감이 조성될 수 있다는 대목이다. 이슬람
은 칼을 가진 종교로서 군사적 가치를 찬미하는 이슬람주도의 정복의 역사를
지적한다. 그리고 이슬람권의 인구증가 추세 등은 비이슬람권과의 접촉을 증
대시키면서 보다 많은 갈등을 유발하게 될 것이라는 지나친 전망을 내놓는다.
또한 종교적인 관점에서 이슬람과 유교의 연대 가능성도 제기하고 있는데 이
것은 동남아시아(말레이시아, 인도네시아 등)의 사례에서도 맞지 않는 것으로 지
적된다.73

　　그러나 문명 충돌론이나 서구 몰락의 가능성 등은 세계화의 이론적 구성
의 논의에서 꾸준히 제기될 수 있는 여지를 남긴다. 무엇보다도 1990년대 이
후 이슬람권에 일기 시작한 반서구의 움직임은 구체적으로 2001년의 9·11 사
태, 미국의 이라크 침공, 그 후 시리아 내전과 연계된 'IS' 테러의 국제적 확산
(프랑스, 미국, 아프리카 일부지역) 등으로 진전됨으로써 계속적인 세계평화와 안
전의 난제로 이어지고 있다. 그뿐만 아니라 Huntington의 전망에서는 중국의
부상도 논의되고 있는데 앞으로 중국이 늘어나는 국력을 바탕으로 유교적 문
화의 독자성을 주창하게 될 가능성도 열려 있다. 비서구의 많은 나라들은 계
속 그들의 경제와 군사력을 증대시킬 것이고 병행해서 그들이 이룬 근대성과
전통적인 문화의 조정을 시도할 것이 분명하다. 이러한 세계화의 추세에 대하
여 그는 서구의 대응을 다음과 같이 시사하고 있다. 무엇보다도 서구로서는
이들 비서구권을 견제하고 자체의 이익을 보호하기 위한 경제 및 군사력을 유

---

72 *Ibid.*, pp. 41~42.
73 G. Ritzer, Globalization: Essentials, *op. cit.*, p.158; J. Pieterse, *op. cit.*, p. 312.

지해나가야 하며, 다른 문명권 사람들이 자기들의 이익을 파악하는 기본적인 종교 및 철학적 전제들을 이해해 나갈 것을 제안한다. 그리고 서구와 비서구의 '공통성'(commonality)을 찾아낼 것을 첨가한다. 앞으로의 세계에는 보편적인 문명이라는 것은 있을 수 없고 서로 다른 문명들이 함께 공존할 것을 배워야 한다는 점을 강조하고 있다.[74]

일반적으로 문화적 차별화의 논리에 의하면 세계화는 문화적 흐름에 있어서 여러 가지 장애를 만들어내기 마련이다. 근대화에 따른 정치·경제적 과제에 대응하는 엘리트들의 상징적 구성과 유포, 국민적 단합을 위한 정체성 확립 등을 통하여 나라마다의 문화는 다른 나라와는 차별되는 특이성(distinctiveness)을 띠어 가게 된다. 따라서 문화는 나라에 따라 또한 지역에 따라 나름대로의 차별화를 띠게 마련이고 다른 문화와의 잠재적인 갈등을 만들어낸다고 보게 된다.[75]

② 문화적 혼성(cultural hybridization)

세계화는 '세계적인 것'(global)과 '국지적인 것'(local)이 서로 통합되어 특별한 '혼성적인' 문화를 만들어낼 수 있다. 세계화는 통합의 과정을 통하여 특이한 혼성적인 문화를 만들어내게 되는데 비록 그것은 동질화보다는 이질화된 문화의 성격을 띠면서도 매우 창조적인 문화적 현실을 만들어내는 과정으로 파악된다. 차별화에서 오는 갈등적 측면보다는 통합이 만들어내는 매우 긍정적이고 심지어 낭만적인 문화적 흐름의 과정으로 인식될 수 있다.[76]

이러한 혼성적인 문화의 흐름은 몇 가지로 정의된다. 우선 '글로컬리제이션'(glocalization)이라는 정의는 문화가 세계 여러 지역에 따라 나타나는 차이에 착안하여 개인들이나 지역적 집단들이 국지적인 차원에서 적응하고 혁신하며 환경에 대응해나가는 힘과 능력을 가지고 있는 점을 크게 참작한다. 동시에 모든 사회과정은 관계지향이면서(relational) 여러 가지 당면과제에의 대응과 관련되는 우연성(contingency)을 갖는다는 점을 중요시한다. 그리고 상품이나 미

---

74 S. Huntington, 'The Clash of Civilization,' in F. Lechner & J. Boli(eds.) Globalization: Reader(2004), *op. cit.*, p. 42.

75 G. Ritzer, *op. cit.*, p. 159.

76 G. Ritzer, Globalization: The Essentials, *op. cit.*, p. 159.

디어는 전적으로 강압적인 것으로 보기보다는 세계화의 과정에서 개인들이나 집단들로 하여금 무언가를 이룩하게 만드는 '재료'의 구실을 할 수 있다고 보는 입장이다.[77] 그리고 '혼성'이라는 개념적 구성도 세계화가 문화적으로 '획일성'(uniformity)을 가져오기 보다는 '세계적인 것'과 '국지적인 것'의 독특한 혼합으로 인한 다양성의 증대를 만들어낸다는 뜻이 된다. 이러한 문화적 혼성물은 둘 내지는 그 이상의 상이한 문화적 요인들로 이루어지며, 예를 들면 '암스테르담'(Amsterdam)을 방문하는 '우간다' 여행객이 '모로코' 여인이 겨루는 태국 복싱을 관람하는 경우도 있을 수 있고, '아르헨티나'인이 '사우디 아라비아'인이 경영하는 런던의 어떤 클럽에서 남미 밴드에 의해 연주되는 '아시아 랩'(Asian rap)을 보는 광경도 있을 수 있다. 미국인들이 흔히 아일랜드 베이글, 중국 만두, 코셔 피자(Kosher pizza) 등을 즐기는 광경도 해당된다.[78] 이러한 문화적 혼성에 관한 다음과 같은 보다 구체적인 사례연구를 살펴보기로 한다.

가. 이슬람 걸 스카우트(Muslim Girl Scouts)

미국에서의 문화적 혼성의 흥미 있는 사례로서는 '걸 스카우트'라는 순수한 미국적 제도에 참가하는 이슬람 여성들이다. 이들은 미국 국기, 군번, 훈장 뱃지 등이 새겨진 걸 스카우트 현장(sash)을 전통적 이슬람 의류인 머리목도리와 함께 걸치고 다닌다. 일부 이슬람 여자들에게는 이러한 걸 스카우트 의류는 비이슬람 사람들과의 접촉에서 생기는 긴장을 완화시켜 줄 수 있다. 야외 파티 같은 데서는 핫도그나 '스모어'(s'mores) 등이 제공되는데 이러한 음식들은 이슬람 율법에서 요구되는 다이어트 규정(핫도그는 돈육이 아닌 소고기로 만들어짐)에 부합되기도 한다. 따라서 어떤 걸 스카우트 여성은 '라마단'(Ramadan) 기간 중 핫도그를 먹으면서 '정말 맛있다. 내 금식을 깨기 위한 매우 좋은 방법이 되는군'이라고 외쳤다고 한다.

미국 이슬람 '걸 스카우트' 체제는 이슬람 문화와 서구문화가 혼성되어 적

---

77 *Ibid.*, pp. 157~158; 이 '글로커리제이션'은 Roland Robertson, 'Globalization Theory 2000 Plus: Major Problematics,' in George Ritzer and Barry Smart(eds.), *Handbook of Social Theory*(London: Sage, 2001), pp. 458~471), Jonathan Friedman, *Culture Identity and Global Processes*(London: Sage, 1994) 참조.

78 G. Ritzer, Globalization, *op. cit.*, p. 160.

응해 나가는 적절한 사례가 될 수 있다. 특히 대부분 이슬람들로 구성된 군부대의 서약에서는 '나는 나의 명예를 걸고 알라(Allah)와 나의 조국에 봉사할 것이며 국민들을 돕고 걸 스카우트법을 지켜나갈 것이다'라는 약속이 명문화되어 있다고 한다. 걸스카우트 체제가 이슬람과 통합되어 혼성을 이루는 적절한 예로 소개된다.[79]

나. 문화 흐름의 5대 구성요소(scapes): A. Appadurai

'아파두라이(A. Appadurai)'는 문화의 흐름을 만들어내는 다섯 가지 구성요소(scapes)들을 제시하고 그것들의 상호 '분리'(disjunctures)가 유동적이며, 비규칙적이고, 변형적인 혼성문화들을 형성해 나간다고 보고 있다.[80]

• 인종적 스케이프(ethnoscapes): 유동적인 집단이나 개인들의 움직임에 관한 실제의 운동 및 환상(fantasies)[예: 관광객, 이민, 난민, 망명자, 초청노동자, 및 기타 유동적인 집단과 개인들]

• 기술적 스케이프(technoscapes): 지구를 자유롭고 빠르게 회전하는 유동적이고 세계적인 테크놀로지와 광범위한 자료(material)[높고 낮은 기계적(mechanical) 및 정보(informational) 기술과 다양한 자료(다운로드 되는 파일, e-mail 등)]

• 금융적 스케이프(financescapes): 막대한 돈(세계적 자본)이 엄청난 속도로 상품 투기, 화폐시장, 국가주식거래 등을 통하여 민족국가와 세계 전반으로 유통한다[예: 2007년 금융위기의 세계적 파장]

• 미디어 스케이프(mediascapes): 정보와 이미지(images)를 만들고 전달하는 전자 능력(electronic capability)[예: 온라인(online)에서의 '블로그'(blogs) 담당자, 세계적 필름 제조 및 배포자, TV방송국(예: SkyNews), 신문과 잡지]

• 이데오 스케이프(ideoscapes): 두드러진 이미지들의 연결. 국가주도의 이데올로기(ideologies)와 국가권력이나 그 일부를 장악하고자 하는 저항운동 이데올로기

---

79 *Ibid.*, pp. 160~161; Neil MacFarquhar, 'To Muslim Girls, Scouts Offer a Chance to Fit in,' *New York Times*(November 28, 2007), A22.

80 Arjun Appadurai, 'Disjuncture and Difference in the Global Cultural Economy,' in Frank J. Lechner and John Boli(eds.), The Globalization Reader, Second. Ed., *op. cit.*, pp. 103~104; G. Ritzer, Globalization: The Essentials(2011), *op. cit.*, pp. 161~162.

(counterideologies)[예: 계몽운동 세계관(Enlightenment worldview)].

　　이러한 문화의 구성요소 간의 '분리'형성은 다양한 문화적 현상에 벌어지는 '동양성'(sameness)이나 '차이'(difference)를 밝혀낼 수 있다. 예를 들면 일본인들은 여러 가지 '아이디어'(ideas)에 호의적이고 상품 수출은 무조건, 그 수입은 필요한 만큼 찬성하지만 이민에 관해서는 스위스(Swiss)나 사우디(Saudi)처럼 매우 부정적이다. 그런데 '스위스'나 '사우디'의 경우는 외부로부터의 '초청 노동자'(guest workers)는 환영함으로써 그 주변국들(터키, 이태리, 일부 지중해 연안국들)에 노동인구의 이산 현상을 만들어낸다. 초청 노동자들의 경우, 모국과의 계속적인 접촉은 지속하지만 노동현장의 나라에서 정착되기를 원한다. 이러한 사례들은 문화 구성요소들의 '분리'의 과정으로 설명이 가능하게 된다.

　　대체로 국가는 소비주의(consumerism)를 부추기는 미디어, 테크놀로지, 여행 등의 작용력에 개방되어 있으며, 이로 인하여 심지어 비서구 지역에서도 새로운 상품과 장관을 바라는 국민들의 열망에 대응하지 않을 수 없게 된다. 그러나 이러한 소비주의 열망은 새로운 '인종 스케이프'나 '미디어 스케이프'에 파급되면서, 궁극적으로는 중국에서처럼 '민주주의'를 바라는 '이데오 스케이프'로 번질 수도 있다. 이때 국가는 국민의 '아이디어' 통제와 체제유지에 대한 이러한 위협을 쉽사리 받아들이기 힘들게 되며 국가의 난처한 입장은 지속될 수밖에 없게 된다. 민주주의의 '이데오 스케이프'가 강렬하고 근본적인 양상을 띨 때, '이데오 스케이프'와 '기술 스케이프' 사이가 심각하게 분리될 때(현대적 생산과 정보 기술이 없는 저개발 약소국가들), '이데오 스케이프'와 '금융적 스케이프'가 분리될 때(멕시코, 브라질 등), '이데오 스케이프'와 '인종 스케이프'가 분리될 때(국지적, 탈 국지적 치열한 분파 간 투쟁에 허덕이는 베이루트), '이데오 스케이프'와 '미디어 스케이프'가 분리될 때(국내 및 외국 TV나 영화에 방영되는 생활 스타일이 국내 정치를 압도하는 중동이나 아시아지역) 국가는 심각한 정치적 위기에 봉착할 수밖에 없게 된다.[81]

---

81 A. Appadurai, *op. cit.*, pp. 105~106.

③ 문화적 수렴(cultural convergence)

'차별화'는 문화들의 계속적인 차이에 바탕을 두고 있으며, '혼성'은 세계적인 것과 국지적인 것의 상호작용에서 이루어지는 차이에 초점을 두고 있으나, 문화적 '수렴'은 세계화가 문화들의 '동양성'(sameness)을 꾸준히 늘려 나간다고 보는 입장이다. 문화는 세계화에 따른 문화의 흐름이나 장애의 정도에 따라 경우에 따라서는 급격한 변화가 오더라도 결과적으로는 '유사한'(similar) 내용으로 되어 나간다는 논리가 된다.[82] 이러한 문화적 수렴현상은 '리처(G. Ritzer)'의 '맥도널드화(McDonaldization)'의 개념적 구성에서 적절히 다루어진다.

'맥도널드화'는 일찍이 '막스 베버(Max Weber)'가 제시한 서구의 합리화(rationalization)이론에 근거한다. Weber는 서양뿐만 아니라 그 이외의 지역서도 이 합리화 과정은 주로 관료(bureaucracy)에 의해 확산되어 나갈 것으로 보았으나 20세기 말엽에 논의되는 이 맥도널드화는 '간이식품매점'(fast-food restaurant)을 그 모형으로 하고 있다. 맥도널드 모형은 세계적인 문화적 수렴을 이루어 나갈 것이라는 기본 명제가 된다. 21세기에 들어서는 세계는 간이식품매점의 기본 특성(합리화)이 확산 수렴되어 나갈 것이라는 이론적 구성이다.

'맥도널드화'는 다음과 같은 다섯 가지 기본원칙과 그 실행과정으로 이루어진다. 첫째로 맥도널드화되는 사회에서는 '효율'(efficiency)이 강조된다. 즉 어떤 목적이 주어지면 그것을 달성하는 최선의 방법(means)을 추구하게 된다. 간이식품매점의 종업원들은 효율적으로 자기 몫을 수행한다. '햄버거'는 그 재료가 일관 작업(assembly line) 형태로 신속하게 조리되고 제공되며 고객들은 자기들이 원하는 것을 효율적으로 주문하고 먹을 수 있게 된다. 그리고 자동차 '드라이브 스루'(drive through) 방식은 고객에게는 매우 효율적인 식사를 그리고 점원들에게도 신속한 시혜형태를 마련해 줄 수 있다. 다양한 규범, 규칙, 규정, 절차 그리고 구조 등이 고객과 점원들의 음식서비스에 매우 효율적으로 동원될 수 있는 길을 마련해준다.

둘째로 '계산성'(calculability)이 매우 중요시되며 상당 부분 '질'보다는 '양'에 치중된다. 점원들의 일과는 시간표로 확정되고 지나치게 '속도'에 치중하다

---

82 G. Ritzer, Globalization(2011), *op. cit.*, p. 163.

보니 점원들의 불만이나 소외 및 대체현상으로 이어질 수도 있다. 그리고 고객들도 시간에 쫓기는 식사를 감수해야 한다. '드라이브 스루'는 시간단축의 최선의 방법이지만 실내에서도 20분 정도의 시간제한이 요구된다. 대체로 시간단축에의 집착은 음식서비스의 질에 부정적인 결과를 가져오는 것은 부득이한 결과가 된다.

셋째로 '예측성'(predictability)이 중요시된다. 음식, 식당환경(settings), 점원과 고객들의 행동 등의 기본구조는 지리적으로 세계 어느 곳에서나 똑같은 형태로 나타나게 되어 있다. 점원들이나 고객 모두가 각자가 할 일을 알고 있으며 음식마련의 각본에 따라 모든 과정을 예측할 수 있을 정도로 실행에 옮긴다. 고객의 경우 무엇을 원하고 그것을 어떻게 주문하고 계산하며 언제 식당에서 나와야 하는 것을 알고 있다. 그리고 점원들은 또한 언제 손님들이 떠나고 감사를 표시하여야 하는 절차를 인지하고 있다. 매우 '예측 가능한 의식'이 이루어지며 모든 지역과 공간에 걸쳐 예측 가능한 음식이 제공되게 만든다.

넷째로 맥도널드 체제에서는 대단한 '통제'가 가능하게 되는데 그것은 '기술'에서 나온다. 음식 마련을 위한 기술은 점원들을 통제하기 마련이지만 점차로 기술은 점원들을 대체할 수 있다. 예를 들면 '감자튀김' 기계의 경우 튀김이 다 되면 벨이 울리게 되어 있는데 이것이 기름통에서 자동으로 나오게끔 기술이 진전될 수 있으면 점원의 일을 대체할 수가 있게 된다. 음식마련의 모든 과정에 점원의 개입이 필요하게 되어 있으나 기술의 발달은 점원의 도움을 대체할 수가 있게 된다. 그리고 고객들도 기계가 할 수 있는 일의 성격에 따라 그 주문이나 서비스가 좌우되는 추세가 불가피하게 되어 있다.

끝으로 점원이나 고객들은 '맥도널드화'에 불가피하게 수반되는 '합리성의 불합리성'(irrationality of rationality)을 겪을 수 있다. 역설적으로 합리성은 가끔 그 정반대의 불합리성을 만들어낸다. 예를 들면 간이식품매점의 효율성은 '카운터'나 '드라이브 스루'에 늘어선 고객들의 긴 순번 대열과 같은 '비효율성'(inefficiency)을 조성할 수 있다. 그리고 또 다른 '합리성의 비합리성'은 인간존엄에 반하는 '비인간화'(dehumanization)이다. 점원들은 비인간적인 반복적 작업에 시달려야 하고 고객들은 차 속에서 또는 움직이는 가운데 음식을 들어야 하는 비인간적인 정황에 처할 수 있게 된다. 점원이나 고객 모두의 품성하

락의 근원이 될 수 있다.[83]

이상에서 논의된 '맥도널드화'의 5대 원칙들은 비단 간이식품매점뿐만 아니라 많은 사업체나 조직들에 있어서도 조직의 운영과 성공적인 적응을 위해서 여러모로 반영되어 가고 있다고 볼 수 있다. 비록 물건은 서로 다른 것을 팔더라도 구조적인 동양성을 지니기 때문에 그 확산과 동질성은 당연한 결과가 된다. 또한 최근의 여러 연구에서는 '맥도널드화'가 고등교육, 교회, 사회사업 등의 여러 분야에서 적용되면서 이 과정이 세계적인 추세로 수렴되는 것으로 나타나고 있다.[84]

세계화 이론으로서의 '맥도널드화'는 '수렴'을 강조하는 것이지만 그렇다고 모든 것이 동질화된다는 주장은 아니다. 대체로 맥도널드화의 기본 원칙에 따라 작동하는 다양한 체제들이 세계적으로 확산되는 것을 확인할 수 있다는 것이 그 기본입장이다. 그리고 그것은 어떤 분야나 중요 사안과 관련하여 '빅맥'(Big Macs)과 같은 특정 최종산품(end-products)에 초점을 두기 보다는 그것이 만들어지는 '체제'와 '원칙'들이 수렴되어 나간다는 주장임을 '리저(G. Ritzer)'는 강조하고 있다.[85]

3. 세계화와 '네트워크 정체성'

세계화가 진행됨에 따라 나라마다, 지역마다 또한 세계적으로 다양한 형태의 집단적 정체성이 형성됨으로써 세계적 질서의 형성과 그 변환의 소용돌이를 만들어낼 수 있게 된다. 정체성이란 인간이 자아(self)로서 가지는 특성(생활관, 세계관, 위미, 생활 스타일, 습관 등)을 지칭하는데, 자아로서의 개인은 다른 사람들과의 관계를 맺게 마련이고 여기에서 비롯되는 '유사성'이나 '차이'를 바탕으로 집단적 특성이 만들어질 수 있다. 인종, 성별, 유럽인, 아시아인, 한국인

---

83 G. Ritzer, Globalization: The Essentials(2011), op. cit., pp. 168~169.

84 고등교육, 교회, 사회사업 등의 여러 분야에서 나타나는 최근의 연구는 다음과 같다. Dennis Hays and Robin Winyard, The McDonaldization of Higher Education(Westport, CT: Bergin and Garvey, 2002); John Drane, After McDonaldization: Mission, Ministry, and Christian Discipleship in an Age of Uncertainty(Grand Rapids, MI: Baker Academic, 2007); Donna Dustin, The McDonaldization of Social Work(Burlington, VT: Ashgate, 2007).

85 G. Ritzer, op. cit., pp. 169~171.

등의 다양한 범주로 파악될 수 있는데, 이 경우에는 '집단적 정체성(collective identity)'으로 불리게 된다. 21세기에 들어서면서 형성되는 다양한 집단적 정체성들은 정보·통신 기술, 특히 인터넷과 소셜미디어의 비약적인 발전으로 새로운 형태의 망상적 구조를 이루게 되면서 격렬한 사회운동으로 번지기도 하고 '아랍의 봄'(2010~2012)이나 미국의 '월가 점령'(2011)과 같은 격렬한 민주화 운동을 가져오는 등 그 작용력은 전례 없는 세계적 관심을 모으게 된다. 나라마다 또는 지역마다 형성되기 마련인 정체성의 망상화, 즉 '네트워킹(networking)'은 비단 민주화뿐만 아니라 세계적 현안 분야(환경, 안보, 범죄예방 등)에서 그 긍정적인 작용력과 효과가 인정되고 있다. 그러나 경우에 따라서는 예기치 못한 과격성과 부작용도 지적되는 이 21세기의 새로운 동력의 확산에 관한 최근의 논의를 개략적으로 정리해 볼 수 있다.

① 정체성의 '네트워킹'

'카스텔(M. Castells)'은 인터넷 시대(internet age)에 들어서 전개된 (1) 이집트 민주화 운동, (2) 스페인 인디그나다스 혁명, (3) 미국의 월가 점령운동의 세 가지 사례를 중심으로 이를 21세기의 '네트워크화된 사회운동'(networked social movement)으로 이론화한다. 인류가 당면하는 '불의'(injustices: 경제적 수탈과 불평등, 정치적 탄압, 인종주의적 편견, 종교적 탄압 등)에 대한 정의로운 투쟁이 전제되며, 사람들의 이에 대한 격분은 행동으로 옮겨지는 일체감으로서 집단적 정체성이 형성된다고 본다. 그리고 집단적 정체성의 행동적 발현은 디지털 네트워크가 되는데 우리들 시대에 등장하는 '수평적 통신의 다양식적 디지털 네트워크'(multimodal, digital networks of horizontal communications)야말로 가장 빠르고 자율적이며, 상호작용적, 재프로그램화 및 자체 확장적 매체가 되고 있음이 강조된다. 이 디지털 네트워크는 사회운동에 참여하는 개인들을 강렬한 상호작용의 의사소통으로 묶어 주고 운동자체를 덜 수직적이고 보다 참여적인 형태로 유도할 수 있다고 보고 있다. 바로 이러한 '네트워크' 형태는 현대 사회운동의 새로운 조류를 대표하는 것으로 파악하고 있다.[86]

---

86 Manuel Castells, *Networks of Outrage and Hope: Social Movements in the Internet Age*(Malden, MA: Politty, 2012), pp. 12~15.

구체적인 사례로서 미국의 '월가 점령'의 경우, '우리들은 99%이다'라는 구호는 미국인들의 상위 1%가 경제성장의 58%를 장악하는 불평등구조 그리고 금융위기 당사자들의(CEO) 보수는 일반 노동자들의 350배(2010년 현재)에 달하는 소득 불평등의 참상을 적절히 반영했다. 특히 미국을 경제위기에 빠트리고도 수백만 달러의 퇴직금을 챙겨 떠나는 월가 최고 경영자들에 대한 분노가 그대로 나타난다. 운동 참여자들의 신분은 대체로 20~40대의 젊은 직업인들과 학생들로서 약 절반가량은 풀타임 직업인들이고 상당수는 실업 또는 시간제 직업층으로 이루어졌으며 여성의 참여가 남성을 약간 상회하는 것으로 나타난다. 미국의 중간 소득층에 속하고 모두가 교육을 받았고 반은 대학 학위를 소지한 것으로 나타났다. 중간 노조 회원들, 50대의 노동자층도 합세했다. 대체로 운동에 참여한 상당부분은 다양한 사회운동에 참여한 경험이 있고 비정부조직과 정치적 선거운동에 간여한 경력의 소지자들로 많았다고 한다.

그러나 '월가 점령'에서 가장 두드러지는 것은 그 격분과 점령의 소용돌이가 다양한 블로그(blogs: Adbusters, AmpedStatus, Anonymous 등)에서 만들어져서 페이스북(Facebook)에 실리고 트위터(Twitter)로 확산되었다는 점이다. 운동이 확산되면서 특히 트위터는 점령 캠프 내의 내부적 통신의 주요 수단으로서 또한 다른 점령 거점과의 연결 및 구체적 행동의 계획수립에 결정적인 몫을 했다. 그리고 '텀블러'(Tumblr) 페이지에 등장한 '우리들은 99%이다'라는 구호는 인용으로 그리고 그림으로, 비디오 및 연결 고리로 폭발적인 인기로 확산되었으며, 익명의 이야기 전달, 비디오에서의 얼굴 가리기, 그러면서도 사건을 불의에 대한 분노로 표출하는 방식으로 2012년 당시 225페이지에 달하는 포스트를 기록한 것으로 되어 있다. 또한 미국의 생방송 사이트로서의 '라이브스트림'(Livestreams)도 생방송 플랫폼을 제공하고 사용자들로 하여금 실시간 비디오 컨텐츠를 페이스북으로 방송함으로써 운동의 주요 기술을 제공해 주었는데, 특히 경찰의 단속과 폭행에서 생생한 현장을 보도해 주는 몫을 담당했다고 한다. 운동 참여자들은 인터넷 네트워크의 자율적인 유동공간을 통하여 세계적인 권력이 인간 생활을 지배하는 세계적 공간을 점령하고 바로 그곳에 그들의 메시지를 전달하는 상징적 공간(symbolic spaces)을 장악하게 된 것이다.[87]

---

87 *Ibid.*, pp. 156~178.

이상에서 논의된 정체성 네트워크는 2011~2012년의 중동의 '아랍의 봄' 및 미국을 비롯한 다른 나라의 민주화 열기를 확산시키는 데 결정적인 작용을 한 것은 분명하다. 그러나 이집트를 비롯한 여러 나라에서의 민주화는 당초의 예상과는 달리 권위주의 체제로의 회기로 이어졌고 미국의 월가 점령도 분노의 표출과 발산이라는 소강상태로 매듭지어졌다. 무엇보다도 이러한 운동의 경우 중동에서처럼 독재체제의 타도라는 하나의 두드러진 쟁점이 우선하는 반면 여러 가지 복합적인 요구가 제기되면서 임시적인 저항을 어떤 구체적인 '프로그램'으로 정리하여 제도적으로 실행에 옮기는 과제는 힘들었다는 점이 지적된다. 어떤 구체적인 목적이 실현될 수 있는 방편이 마련될 수 없었다는 것이고 이 점은 미국의 월가 점령에서 더욱 두드러진다. 어떤 면에서 국지적 공동체와 가상 공동체에 바탕을 둔 '네트워크화된 민주주의'의 새로운 '유토피아'의 추구로 받아들여질 수도 있는 문제이다. 다만 젊은 세대의 '마음'에 파고 들어 그들의 자각과 능력화(empowerment)를 만들어냄으로써 정치적 공공영역의 활성화를 통한 정치인들의 각성과 제도적 실천의 값진 동력으로 인정되어야 한다는 점이 강조될 수 있다.[88]

② '네트워크 정체성'의 세 가지 형태

일찍이 '카스텔'은 현대의 '네트워크 사회'(network society)의 문화 및 정체성의 구성을 세 가지 형태로 분류해 보았다. 첫째로 국민들의 정체성으로서는 사회의 지배적인 단위로서의 국가 또는 다양한 제도들이 사회적 행위자들에 대한 지배를 합리화하기 위한 '정당화의 정체성'(legitimizing identities)이 있다. 국가가 일정하게 상정된 국민성의 기준에 따라, 또는 교회, 조합, 이익결사, 정당 등에 의한 정당성 만들기가 이에 해당되며, 이렇게 만들어진 정체성은 사회적 지배가 이루어지는 '시민사회'를 형성하게 된다. 둘째로는 사회의 지배적 제도들에 의해 낙인찍히거나 천시되는 자들에 의한 '저항 정체성'(resistance identities)이 있다. 이들은 주류 사회제도나 관행들에 도전할 수 있는 원칙에 따라 '저항의 참호'를 만들어 대항한다. 이러한 정체성은 지배적 제도들에 도전하는 코뮌(communes)이나 공동체의 형성으로 이어진다. 대체로 '아랍의 봄'

---

88 *Ibid.*, pp. 227~228, 234~237.

(중동 및 북아프리카, 2010~2012) 및 미국의 '월가 점령'(2011)의 사례들이 이에 해당한다. 셋째로 '프로젝트 정체성'(project identities)은 사회적 행위자들로 하여금 사회 내에서의 그들의 지위를 재정의하도록 만든다. 자신들의 사회적 지위를 다시 정의함으로써 이들은 사회질서의 전면적인 변환을 추구하게 된다. 이제 이들로 이루어지는 공동체는 '주체'(subjects)가 되며 집단적·사회적 행위자로서 그들의 처지와 그들의 경험에 대한 전체적인 이해를 터득하게 된다는 것이다. 페미니즘에 나타나게 되는 '엘 문도 주로도' 운동이라든가 2001년에 출범한 '세계사회포럼'(WSF)이 이 범주에 해당된다고 볼 수 있다.[89]

    '프로젝트 정체성'에 대해서는 부연 설명이 필요하다고 생각된다. 세계화가 진행되면서 생활세계의 상품화에 병행해서 물질적 평등에 대한 요구가 분출하게 되자 이를 둘러싼 '저항적 정체성'이 격화될 수 있으나 점차로 문제해결을 위한 사회적 정의와 인권의 신장에 무게를 두는 '프로젝트 정체성'이 나타나는 보다 창조적이고 다양한 단계로 접어들 수 있게 된다. 민족, 인종, 젠더, 성별 등을 둘러싼 대립과 '저항'의 정체성과 함께 프로젝트를 앞세우는 창조적인 변환이 전개될 수 있다. '데사이'(Manisha Desai)는 이러한 프로젝트적 전환이 페미니즘(feminism)연구 분야에서도 나타나고 있음을 지적한다. 예를 들면 '엘 문도 주로도'(El Mundo Zurdo)라는 새로운 부족주의는 차별(difference)이 서로 반대하는 것이 아니라 서로 관계적이고 연합 가능성의 세계관으로 인정된다. 즉 풋내기, 동성애 여성, 복지여왕(welfare queens) 등으로 이루어지는 이러한 주변적 여성들의 세계도 서로의 통합으로 보다 진보적이고 변환적인 연합관계로 이행될 수 있다는 정체적 구성이 된다.

    2001년 브라질에서 탄생된 '세계사회포럼'(WSF: World Social Forum)도 '프로젝트 정체성'의 대표적인 사례가 된다. 이 포럼은 그동안 신자유주의 기치 아래 기업적 세계화를 대변해 해마다 '다보스'(Davos)에서 열려 오던 '세계 경제포럼'(World Economic Forum)에 대응하기 위해 만들어졌다. 남미에서 태어난 이 모임의 특성은 이 지역이 1990년대에 들어서 신자유주의 세계화로 인한 구조적인 위기와 불평등에 직면하게 되자 당시의 민주화 열기로 이를 해결하고

---

89 Manuel Castells, *The Power of Identity*, Second Edition(Oxford, UK: Blackwell, 2003), pp. 8~10.

자 한 역사적 모임으로 평가된다. 신자유주의와 자본의 지배를 반대하는 여러 사회운동, 네트워크, NGOs 및 열성가들이 참여하는 이 모임은 그들의 이상과 목표를 민주적으로 토의하고 대안을 만들어내며 서로의 경험을 나누고 효과적인 행동의 네트워크를 구성하여 신자유주의 정책에 대한 대안을 만들어내고자 한 역사적 운동으로 부각된다. 이 모임의 언어에 있어서는 각국의 정당으로부터의 자율과 독자성이 강조되었고 모든 형태의 운동(여성, 청년, 토착민 등) 참여자들과 NGOs들의 운동 공간이 되었으며 그 '프로젝트 정체성'은 '다른 세계가 가능하다'(Another World is Possible)는 구호에서 선명하게 나타난다. 그리고 그 초점은 신자유주의에 대한 집단적 대안을 만들어내고 그 계획을 공유하고 실천에 옮기는 데 있음이 강조된다.[90]

③ 새로운 정체성 정치: '좁은 정체성'

21세기에 들어서면서 정체성 정치(identity politics)는 새로운 변화를 겪고 있음을 주목한다. 무엇보다도 지금까지의 정체성 논의는 주로 경제적 불평등이나 정부의 권한과 같은 '넓은 정체성'(broad identities)을 둘러싼 이해관계의 갈등이었으나 이제는 사회의 소수집단이나 인종적 차별을 둘러싼 '좁은 정체성'(narrow identities)의 권익이 문제시되는 추세가 지적된다. 최근 미국의 정치적 판도에 나타나는 새로운 경향으로서는 '검은 삶이 중요하다'(Black Lives Matter)운동은 흑인들에 대한 경찰의 가혹한 단속에 대항하여 경찰의 주변 집단에 대한 대응을 개선시키려는 운동이며, '미투(#MeToo)'운동은 성적 공격에 대한 사람들의 이해를 넓혀 현재의 형법체제의 미비점을 일깨움으로써 직장에 있어서의 남녀 간 상호작용을 쇄신시키고자 하는 움직임으로 이해되고 있다. 매우 구체적인 인권 운동으로서 이전보다는 '좁은 정체성'에 바탕을 두는 새로운 움직임이다.

'후쿠야마'(F. Fukuyama)는 이러한 좁은 정체성의 사회정의 운동이, 특히 미국의 '우익' 진영에 확산되는 것을 우려하고 있다. 2016년 미국 대선에서 트럼프(Trump)는 미국의 엘리트들에 무시당하고 있는 농촌 지역 '백인 노동자

---

90 Manisha Desai, 'From This Bridge Called My Back! to This Bridge We Call Home: Collective Identities and Social Movements,' in Margaret Wetherell and Chandra Talpade Mohanty(eds.), *The Sage Handbook of Identities*(Los Angeles: Sage, 2010), pp. 429~430.

계급'의 희생과 주변화를 내세워 '극우 정체성 정치'(right-wing identity politics)를 만들어내어 당선되었다는 점을 지적하고 있다. 이 새로운 형태의 '백색 민족주의'(white nationalism)는 그 독특한 언어와 프레이밍을 좌파로부터 이전받아 백인들이야말로 일방적으로 희생되었으며 이러한 상황을 사회 및 정치적 구조, 즉 미디어와 정치적 장치들에 의해 가려져 왔기 때문에 차제에 이를 철저히 파괴해버려야 한다는 결론에 도달한 것으로 보고 있다. 따라서 '후쿠야마'에 의하면 이러한 사태진전에 대응하기 위해서는 무엇보다도 미국의 경우 중서부 및 농촌지역에 연관되어 오는 '이민'으로 인한 직업구조의 변환이 문제되기 때문에 가장 중요한 대응적 노력으로서는 역사적으로 전래되어 오는 이민의 '동화'(assimilation)에 관한 정책적 과제를 재인식시키고 있다. 미국뿐만 아니라 최근 유럽에서도 이민문제는 새로운 정치적 현안이 되고 있지만 국경에 대한 통제권 및 불법 이민에 대한 법적 제도 등에 관한 대응책과 함께 보다 포괄적인 이민 집단들에 대한 복지 정책(예: 오바마 케어, ACA: Affordable Care Act) 등이 종용되고 있다.[91] 지난 1980년대 미소 냉전의 종식으로 인하여 양대 진영마다의 이념적 통제력이 약화되고 동시에 비약적으로 발달된 세계적 '인터넷' 통신망은 네트워크 형태의 저항운동을 '좁은 형태'로 무수히 확산시킬 있는 새로운 토양을 만들어내었다. 이에 대한 국가별 대응은 물론 세계적인 관심과 대응이 절실하다고 보인다.

04 정치적 영역

20세기 후반에 본격화된 세계화의 흐름은 1980년대의 냉전체제의 종식과 자본주의의 세계적인 확산으로 미국이 주도하는 '신자유주의적' 국제질서의 형성으로 이어졌다. 시장이 자원의 효율적 배분과 성장의 밑거름이 되고 그 자유로운 작동은 동시에 자유민주주의의 정치체제와도 적절히 융합될 수 있다는

---

91 Francis Fukuyama, 'Against Identity Politics: The New Tribalism and the Crisis of Democracy,' in *Foreign Affairs*, September/October 2018, Vol. 97, No. 5. pp. 90~100.

논리가 신자유주의 질서의 바탕을 이루게 되었다. 그리고 이 신자유주의적 담론은 세계화의 새로운 정치적 판도를 형성하고 정착시켜 나가는 것으로 이해되었다.

그러나 21세기에 들어서면서 세계경제는 중국이라는 경제적 대국을 등장시킴으로써 미국의 위상에 변화를 가져오게 되고 일찍이 18세기에 나폴레옹이 예견한바 '중국을 잠에서 깨우지 말라, 만약 깨어나면 세계를 흔들어 놓을 것이다'라는 전설적인 격언이 관심을 모으게 된다. 중국의 경제력은 곧 미국을 따라 잡을 것이라는 진단이 내려지고 바로 21세기의 세계화는 중국의 부상을 둘러싼 미중 간의 새로운 헤게모니 경합이 될 것으로 예견된다. 국제정치의 기본구조와 그 변환과정을 이론화하는 데 있어서 최근에 와서 관심을 모으게 되는 (1) 헤게모니 안정이론 (2) 레짐 이론, (3) 네오 그람시의 헤게모니론, (4) 권력 이행 이론 등이 이러한 새로운 세계질서 변환에 대한 적절한 이론적 접근이 될 수 있다.

한편 세계화 과정은 정치적 판도의 변환과 관련하여 주요 열강 간의 상호 견제와 이해의 대립에 초점이 모이면서 그것이 양극현상, 삼각관계 및 기타의 '세력균형'의 형태로 나타나는 데 대한 이론적 구성이 절실하게 된다. 20세기 후반에 접어들면서는 이른바 '브릭스'(BRICs: 브라질, 러시아, 인도, 중국)로 불리는 새로운 열강의 등장이 두드러지며, 이들이 미국과 어울려서 만들어내는 새로운 세력균형의 추이를 다루어 보는 것도 전향적인 연구 분야가 될 수 있다. 예를 들면 냉전의 양극체제하에서도 미소의 대립에 편승하여 미중의 화해가 이루어지기도 하였고 최근에는 시리아 사태로 미소가 가까워지는 등 주요 열강의 상호작용을 미묘한 '균형화'의 유형으로 파악해 볼 수도 있다. 이러한 세계화의 최근 정치적 판도를 (1) 세계화와 헤게모니 질서, (2) 새로운 국제관계와 세력균형으로 나누어 최근의 논의들을 다루어 보기로 한다.

1. 세계화와 헤게모니 질서

20세기 말엽에 들어서면서 중국은 연평균 10%의 경제성장을 이루는 경제 강국으로 등장하게 되면서 세계적인 헤게모니국인 미국을 언젠가는 대체하게 될지도 모른다는 관망이 짙어지게 되었다. 미국이 제2차 세계대전 후에 누려온 초강대국의 이미지는 월남전의 실패, OPEC의 등장으로 인한 오일 쇼크 등으로 인한 경제적 침체 그리고 그 후의 EU의 및 일본의 경제적 경합자들의 부상 등으로 크게 손상되면서 이른바 미국과 같은 초강대국의 '쇠퇴론'의 논의로 관심을 모아 오다가 최근에는 중국의 등장으로 그 헤게모니적 지위가 크게 흔들리는 국면에 접어들게 된 것이다. 이러한 미국을 중심으로 한 헤게모니의 안정과 변환의 과정에 얽히는 최근의 이론적 구성을 다루어 보기로 한다.

① 헤게모니의 이론적 구성

국제관계이론에서 지금까지 논의되어 온 헤게모니에 관한 이론적 구성을 (1) 헤게모니 안정 이론, (2) 레짐 이론, (3) 네오 그람치 헤게모니론, (4) 권력 이행론 등으로 나누어 정리해 보기로 한다.

가. 헤게모니 안정 이론(HST: Hegemonic Stability Theory)

'헤게모니 안정 이론'이란 국가들이 어떻게(how) 그리고 왜(why) 상대적인 권력(power)의 우위를 차지하게 되는 '세계적 헤게몬'(global hegemon)이 되는가를 설명하고자 하는 이론이다. 보다 구체적으로 이 이론은 국제체제는 한 국가가 헤게모니적 지위(패권적 지위)를 차지하고 국제적인 '게임의 규칙'을 만들어 강행할 의도를 분명히 가지고 있을 때 가장 안정화된다고 주장한다. 즉 세계적 질서는 한 패권국가의 등장으로 안정이 유지된다는 것이다. 이 이론의 창시자로서는 '킨들버거'(CP Kindleberger)가 꼽히고 있는데 그는 제1, 2차 세계대전의 중간시기에 국제적인 금융체제가 대공황의 늪에서 벗어나지 못한 것은 당시의 영국이 세계경제의 리더로서의 지위를 유지할 수가 없는데다가 또한 미국은 힘은 있었으나 사태 수습의 경제적 역할을 담당하기를 주저하였기 때문이었던 것으로 분석하고 있다. 즉 '킨들버거'에 의하면 경제적 리더십은 국가의 자기이익과 함께 국제적인 경제적 개방성과 통상 및 국제금융에서 오는 '이득'이 뒤따라야 한다는 점도 강조되고 있다.[92]

국제정치 연구 분야에서는 '현실주의'(realism)를 대표하는 '로버트 길핀'(Robert

---

92 M, Scott Solomon, Hegemonic Stability and Hegemonic Change: 'Transitioning' to a New Global Order?, in Manfred B. Steger, Paul Battersby an Joseph M. Siracusa(eds.), *The Handbook of Globalization*, Vol. 1(Los Aneles: Sage Reference, 2014), pp. 252~253.

Gilpin)도 헤게모니 안정론을 주창한다. 그에 의하면 '헤게몬'(hegemon)이란 냉전시대에 '소비에트'와 대결하던 서방 '진영'(alliance)의 지도자로서의 미국처럼 자유로운 세계경제를 창설하고 경영하는 목적을 달성하기 위하여 '권력'을 행사하는 주체를 지칭한다. 즉 어떤 '진영을 통솔하는 지도자'를 가리킨다. '킨들버거'는 이러한 '헤게몬'이 자유로운 세계경제를 창설하는 것이 자국의 이익과 동시에 코스모폴리탄적인 대국적 이유라는 두 가지 근거를 들고 있으나 '길핀'은 '크라즈너'(Krasner)와 함께 '자국의 이익'(its own interest) 및 정치적·안보적 이익을 증진시키기 위하여 세계경제를 창설·경영한다는 점을 강조한다. 자기이익이 앞선다는 이야기가 된다. 즉 자신들과 같은 '국가 중심적 입장'(state–centric version)에서는 국제적인 공공재(public goods: 자유무역 및 통화 안정)의 마련은 자유세계경제에 대한 이익과 함께 이를 달성하기 위한 경제적·정치적 자원을 지출하고자 하는 '자발성'이 절실하다는 점이 부연된다.

'헤게모니 안정이론'은 자유무역, 통화안정, 자본의 자유로운 이동에 바탕을 두는 국제적인 경제를 구축하고 경영하기 위하여 스스로의 자원과 영향력을 사용하는 지도자가 없는 한 자유로운 국제경제는 존재할 수 없다고 주창한다. 특히 안전한 항해를 보장하는 '등대'와 같이 자유경제체제의 공공재는 개방된 무역체제와 안정된 국제통화체제를 유지하는 데 결정적인 역할을 하게 되는데, 이 공공재의 경우 무임승차의 사례가 있을 수 있으나, 지도자로서의 '헤게몬'은 전체를 위하여 그 비용을 마련해주어야 하고 경우에 따라서는 회원국들에게 공동부담을 강요할 수도 있다. 그뿐만 아니라 '헤게몬'의 역할에 있어서는 그것이 궁극적으로 '자기이해'의 기준이 강조된다는 점이다. 만약 자기가 주도하는 경제체제의 작동이 스스로의 이해에 역행하는 사태가 발생하는 경우에는 국제적 자유경제체제라 할지라도 불이익을 완화하기 위한 '새로운 보호주의'(New Protectionalism)의 채택이 불가피해질 수도 있다. 바로 1970년대 중반 일본의 급격한 경제적 추격에 직면했던 미국 '레이건'(Reagan) 행정부의 일본 제품 수출에 대한 제한조치(예: Plaza 협정)가 그 적절한 예가 될 수 있다.[93]

'존 아이켄베리'(G. John Ikenberry)는 미국이 어떻게 제2차 세계대전 후에

---

93 Robert Gilpin, *Global Political Economy: Understanding the International Economic Order*(Princeton and Oxford: Princeton Univ. Press, 2001), pp. 93~102.

세계의 '헤게몬'으로 등장하게 되었는가를 잘 보여준다. 우선 냉전에 대응하는 동맹체제(alliance system)를 만들어 집중적인 제도구축(instituion building)을 하였는데 UN, Bretton Woods, GATT, NATO, 미일 동맹 등을 성사시킴으로써 광범한 자유주의적 다변 질서를 확립하였다. 그리고 이 바탕위에서 세계적인 다변적 규칙, 개방된 시장, 민주적 공동체, 지역적 파트너십 등이 구체적으로 만들어졌다.

미국은 냉전에 대응한 '동맹체제'를 바탕으로 구체적인 '헤게모니 프로젝트'(hegemonic project)를 실행하게 되는데 그 핵심은 '개방된 세계경제'를 구성하는 것이었다. 우선 자국 시장을 개방하고 제도와 규칙을 만들며, 체제의 위기와 불균형을 관리하는 것이었고, 다른 나라들도 이러한 개방된 경제 질서하에서 활동할 것에 동의하고 헤게몬에게 자원과 병참적 지원을 보내게 되면 모두가 이득을 보게 됨으로써 세계시장은 점차로 통합되기에 이른다는 것이다.

그러면 왜 시장개방의 확산과 상호의존성의 증대가 헤게몬의 정치적·전략적 이해와 부합될 수 있을까? 그 이유로서는, 첫째로 영도국(미국)은 개방경제가 자국의 세계시장, 테크놀로지, 및 자원에 대한 접근을 증대시킴으로써 국내의 경제성장과 부(富)를 증대시켜 결과적으로 안보와 국가권력을 증진시킬 것으로 계산하게 된다. 미국의 정책담당자들은 무역 장벽의 타파와 같은 비차별화 다자간 규칙으로 관리되는 개방된 세계경제가 미국의 국익에 크게 부합된다는 믿음을 갖고 있었다. 둘째로 시장개방 정책은 다른 나라들과 지역들의 정치적·경제적 성향에도 작용하여 폐쇄적이고 경쟁적인 '지역적 블록'(regional blocs)의 폐해를 줄일 수 있다고 보았다. 제2차 세계대전 중 독일이나 일본이 추구하던 지역적 블록화가 군사적 침략으로 이어졌다는 과거를 교훈삼아 시장개방만이 모든 나라와 지역들, 특히 미국경제의 번영에 크게 기여할 것으로 내다보았다.

셋째로 개방되고 통합된 시장은 또한 권력 균형화(power balancing)와 전략적 경합(strategic rivalry)을 줄이는 데 도움이 되는 탄탄한 경제적 유대를 만들 수 있다. 이 방식은 '전략적 상호의존'(strategic interdependence)으로 불리기도 하는데 영도 국가로서의 미국이 스스로와 다른 열강들을 서로의 경제에 얽어매어 놓는 경제적 유대를 형성한다. 전후 미국은 일본이나 서유럽과 경제적 유대를 두텁게 함으로써 이들 나라들이 '권력 경합자'(power rivals)가 될 것을 미리 예방하였으며, 이들 나라들이 경제적 성장을 이룩하도록 배려했다. 그리고 미국은 반공 아시아와 서유럽을 미국이 영도하는 '자유 세계'로 만들고자 하였는데 상호의존의 경제적 연결은 이러한 전략의 일부가 되었다.

끝으로 정치와 경제에 대한 자유주의적 사상을 가지고 있었던 미국 관리들은 세계적인 무역과 투자의 확산은 간접적으로 모든 국가들의 자유민주주의로의 운동을 촉진시킬 것을 기대해 왔다고 볼 수 있다. 그리고 민주주의로의 이행은 안보에 대한 위협을 감소시키고 미국으로 하여금 그 국제적인 목표를 달성할 수 있도록 만든다고 믿어왔다. 자유롭고 개방적인 무역은 경제성장만 촉진하는 것이 아니라 세계적으로 민주적인 레짐을 강화하여 전쟁의 가능성을 줄여줄 수 있다고 믿었으며, 심지어 한때 미국의 '헐'(Hull) 국무장관의 말대로 '무역이 국경을 넘을 때 군대는 넘지 못한다'는 믿음이 그러한 민주화에 대한 신념을 표상한다고 보고 있다.[94]

한편 미국주도의 헤게모니적 구조에서는 그 독특한 '권력'과 영향력이 두드러지게 되는데 다음과 같이 정리해 볼 수 있다. 첫째로 미국의 권력은 우선 전후의 독일과 일본의 점령, 재건, 재통합과정에 있어서 유감없이 발휘되었고, 그 후의 냉전의 지속상태에서도 계속적으로 유지되어 세계적 통제와 영향력을 과시할 수 있었다. 둘째로 미국의 헤게모니는 '달러'의 보유 및 거래 수단의 제도화로 그 영향력과 위세가 가중되었다. 달러의 특별한 지위는 미국에 '화폐주조이차'(seigniorage)를 부여함으로써 전쟁자금의 조달이나 기타의 국내지출을 필요에 따라 늘릴 수 있고, 다른 나라들이 경험하는 고통 없이 빚을 질 수도 있게 만든다. 많은 나라들이 이러한 미국의 달러 기반 경제적 통제력에 순응하게 만들 수도 있게 된다. 전후 미국의 제공하는 안보조치와 달러의 위력적 수단은 세계경제의 안전과 개방성을 유지시키는 결정적인 역할을 하였다고 볼 수 있다.

셋째로 미국이 주도하는 자유주의적 헤게모니 질서는 많은 나라들로 하여금 정치적 소통과 상호영향력의 기회를 늘리게 됨으로써 안보나 경제성장에 있어서 돌발 사태를 줄이고 서로 이익이 되는 대화와 소통의 민주적 환경을

---

94 G. John Ikenberry, 'Globalization as American Hegemony,' in David Held & Anthony McGrew(eds.), *Globalization Theoy: Approaches and Controversies*(Cambridge: Polity Press, 2007), pp. 41~48.

만들어낼 수 있다. 많은 나라들이 활동적이고 지속적인 파트너십을 통하여 보다 장기적인 전략적 이해의 구축에 기여할 수 있게 만들 수 있다. 끝으로 미국의 헤게모니 질서는 '핵무기'로 보다 안정화가 강화될 수 있었다. 핵무기는 전통적인 전쟁방식으로 인한 무력충돌을 오히려 완화시켜주는 억제수단이 될 수 있기 때문에 핵무기로 인한 세계적 질서의 현상유지는 긍정적인 평가를 받을 수도 있게 된다. 이상에서 열거된 '권력'의 구성요인들로 전후의 미국은 일반적인 안정, 상호 협력의 틀, 안전보장의 제공 등의 헤게모니적 정치적 구조를 마련할 수 있었다고 볼 수 있다.[95]

나. 레짐 이론(Regime Theory)

국제관계론 및 세계 정치경제에서 논의되는 '레짐'이란 '어떤 주어진 쟁점 분야에서 행위자의 기대가 수렴되는 명백하거나 암묵적인 원칙(principles), 규범(norms), 규칙(rules), 정책 결정 절차(decision making procedures) 등의 집합'을 뜻한다. 어떤 쟁점 분야(예: 무역, 인권, 집단안전보장 등)에서 행위자들의 기대가 수렴되는 원칙이나 규칙으로 정의됨으로써 무정부상태로 특징지어지는 국제관계에서도 질서가 잡히고 서로의 '협력'이 가능하다는 이론적 전제가 된다. 즉 헤게모니 안정론에서 전제되는 '헤게몬'의 권력과 강제가 없어도 국제관계에서는 레짐을 통한 협력이 가능하다는 이야기가 된다.[96]

'로버트 케오헤인'(Robert O. Keohane)의 레짐이론은 게임이론에서의 '반복되는 죄수의 딜레마'(Iterated prisoner's dilemma)의 '팃포탯'(Tit-for-tat)의 전략에서 도출된다. 즉 이 전략은 (1) 첫 번째 게임에서는 서로가 협력한다. 그리고 (2) 그 다음에서는 전번게임에서의 상대자의 전략을 모방하도록 하라는 전략이 된다. 이 '팃포탯'은 게임의 당사자들이 서로가 협력하는 것을 지속시킬 수 있으며 이렇게 만들어지는 레짐은 국가들의 협력적 균형(cooperative equilibrium)을 만들어낼 수 있다고 본다. 서로 협력하는 두 당사국들은 협력에서 오는 이득을 취득할 수 있으며 그 이후의 협력에 대한 기대를 가지게 된다는 것이다. 또한 이렇게 형성되는 레짐은 불확실성의 감소, 거래 비용의 최소화, 시장 실

---

95 *Ibid.*, pp. 47~48.

96 Stephen D. Krasner(ed.), *International Regimes*(Ithaca, NY: Cornell Univ. Press, 1983).

패의 방지와 같은 매우 긍정적인 결과를 가져올 수 있다. 특히 그는 전후 미국의 헤게모니적 리더십이 현대 국제경제의 레짐 형성에 결정적인 역할을 한 것은 인정하나 그 헤게모니적 영도력은 계속해서 절실한 것은 아니라는 입장이 된다. 즉 미국이 만들어 놓은 자유주의적 국제질서는 미국의 쇠퇴나 심각한 경제적 침체에도 불구하고 레짐의 작용력과 힘에 의해 살아남을 수 있다는 것이다.[97]

레짐 이론은 국제관계에 있어서 모든 나라들은 서로가 이해를 공유하고 있으며 서로의 반복적인 국가관계를 통하여 소통을 통한 '협력'이 가능하다는 전제에 서 있다. 당사자들의 대화와 협력이 강조되는 자유주의, 또는 '신자유주의'의 입장을 정당화하는 것이다. 그리고 그러한 신자유주의적 질서는 어떤 헤게몬의 권력이나 강요에 의한 것이 아니라는 분명한 논리가 전제된다.

그러나 이러한 레짐 이론에도 문제점은 지적되고 있다. '수잔 스트레인지'(Susan Strange)에 의하면 레짐 이론은 세계경제에 있어서의 미국의 계속적인 지배를 정당화하기 위한 '지나가는 유행'(passing fad)에 지나지 않으며, 무역과 재정을 지배하는 자들이 경제적·정치적·이데올로기적으로 미국을 배려하게끔 만들어진 체제이다. 그리고 이러한 체제는 미국의 권력으로 만들어졌고, 미국의 이익을 반영하고, 정치적 및 경제적으로 절대로 중립적일 수 없다는 점이 강조된다. 세계경제를 괴롭히는 근본적인 문제들은 잘못 고안되고 수탈적인 미국의 경제정책에서 비롯되고 있다는 주장이다.[98]

다. '네오 그람치'(Neo-Gramscian) 헤게모니론

1980년대에 들어서면서 국제정치학에서는 이태리의 마르크스주의자였던 '안토니오 그람치'(Antonia Grmasci)의 헤게모니론이 국제관계의 통치체제에 대한 새로운 접근으로 관심을 모으게 된다. 우선 그람치에 의하면 '헤게모니'란 지배계급이 피지배계급으로부터 동의를 얻어내는 능력을 말하는데, 이 과정은

---

97 M. S. Solomon, *op. cit.*, pp. 254~255; Robert O. Keohane, *After Hegemony: Cooperation and Discord in the World Political Economy*(Princeton: Princeton Univ. Press, 1984).

98 Robert Gilpin, Global Political Economy, *op. cit.*, p. 85; Susan Strange, 'Cave! hic Dragones: A Critique of Regime Analysis,' in Stephen D. Krasner(ed.), *International Regimes*, pp. 337~354.

피지배계급의 이해는 지배계급의 지위를 지탱해주는 체제에 의해 보장될 수 있다는 것을 피지배계급에게 확신시켜주는 이른바 '지적이며 도덕적인 리더십'(intellectual and moral leadership)에 좌우된다고 주창하였다. 전통적인 마르크스주의에서는 사회의 '토대 상부구조'(base-superstructure)의 관계에서는 경제적인 토대가 일방적인 인과관계로 법, 정치 및 문화 등의 부수현상(epiphenomena)을 결정한다는 것이었다. 그람치는 이러한 경제주의에 바탕한 단순한 토대 상부구조의 은유를 비판하고 지금까지 부수현상으로 변방화되어 온 문화와 이데올로기의 영역이 새롭고 역동적인 역할을 하게 된다는 방향전환을 만들어낸다. 사람들은 이른바 허위의식에 얽매이는 수동적인 존재가 아니라 자기가 처한 역사적 여건 하에서 그들의 일반적인 상식을 통하여 판단하고 결정을 하게 되며 어떤 면에서는 사람들은 모두가 '철학자'로서(all men are philosophers) 헤게모니적인 이데올로기에 대항할 수 있는 예지와 능력을 가지고 있다고 전제한다. 즉 사람들은 헤게모니적인 이데올로기를 일반적 상식으로 가지고 있으면서도 그것을 혁신하고 비판적으로 만들 수 있는 능력을 가지고 있고, 또한 거기서 대항적인 '반헤게모니 프로젝트'(counter hegemonic project)를 실행에 옮길 수 있다. 이러한 그람치의 이론은 주로 '로버트 콕스'(Robert Cox)에 의해 국제관계의 연구에 많이 원용되기에 이르는데 그는 지금까지의 국제관계이론들이 헤게모니 현상에 있어서 국가의 경제적 및 군사적 능력에만 치중한 점을 비판하고, 헤게모니의 구성에 있어서는 사회구성원들의 동의를 만들어내는 '아이디어'와 이를 뒷받침하는 물질적 자원과 제도가 중요하며 이를 실행에 옮기는 '사회적 세력'(social forces)의 역할을 강조하게 된다.[99]

그러면 헤게모니는 구체적으로 어떻게 만들어지는가? 주로 '콕스'를 비롯한 '네오 그람치' 학자들에 의하면 제2차 세계대전 후에 형성된 각종 국제기구들, 특히 UN안보리, 국제통화기금(IMF), 세계은행, GATT 등의 다양한 국제적 제도들이 자유주의적 규범을 지지함으로써 쉽게 미국적 헤게모니를 정당화할 수 있었다. 그리고 다국적기업이나 국제적 금융기관들, 기업집단, 및 경제적 조직들로 이루어진 '초국적 역사적 블록'(transnational historic bloc)이 형성되기

---

[99] Solomon, *op. cit.*, pp. 255~257; Robert Cox, 'Social Forces, States and World Orders: Beyond International Theory,' *Millennium-Journal of International Studies 10*(1981), pp. 125~55.

에 이른다. 이 역사적 블록의 핵심적 권력은 초국적 자본의 힘과 유동성으로 이루어지고 있으며, 신자유주의 이데올로기를 전 세계적으로 확산시키는 데 결정적인 역할을 한다. 특히 '초국적 자본'과 다국적 기업은 한나라에서 다른 나라로의 이전을 통하여 비교적 비유동적인 국가적 노동 집단들을 쉽게 매수할 수 있고, 다국적 기업에 취업하는 노동자들로 하여금 '초국적 자본'의 편을 들게 함으로써 전체 노동계급을 서로 분열시켜 대항 헤게모니 형성을 예방할 수 있게 만든다. 결국 이 역사적 블록은 나름대로의 헤게모니적 이데올로기를 동원하여 자본의 유동이 경제적 효율, 소비자 복지, 경제성장 등에 크게 도움이 된다고 설득할 수 있다. 특히 이와 관련해서는 '마크 루퍼트'(Mark Rupert)는 미국이 주도한 '역사적 블록'에 의해 만들어진 헤게모니 프로젝트의 경우, 생산과정의 주요 이데올로기로서의 '포드주의'를 크게 부각시키고 있다. 포드주의는 자동차 생산 공정에 있어서 주어진 과제를 여러 구성요소들의 결합과정을 통한 대량생산의 기술인데, 표준화된 저비용 제품을 만들어내고 비숙련공들에게도 적절한 임금이 돌아가며, 경제적 성장과 기술적 발전을 위한 최적의 프로젝트라는 주장이 된다. 이 포드주의는 미국이 전후의 냉전시기에 경제적 성장과 자유주의적인 세계적 질서를 만들어내는 데 결정적인 역할을 하였다는 것이다.[100]

그러나 자본주의 체제하에서는 기존의 헤게모니 구조는 그에 대항하는 이른바 '반 헤게모니'(counter hegemonies)를 만들어내게 되는데 예를 들면 관세보호, 국가보조 등을 앞세우는 '신중상주의자들'(neo-mercantilists), 후진국 연합, 페미니스트, 환경운동단체들로 이루어지는 반헤게모니적 '역사블록'이 형성될 수 있다는 점이 강조된다.[101]

라. 권력이행이론(Power Transition Theory)

'권력이행이론'(PTT)은 주로 '오르간스키'(AFK Organski)에 의해 주창되어온 헤

100 M. S. Solomon, *op. cit.*, pp. 256~257; Theodore H. Cohn, *Global Political Economy: Theory and Practice*, Fifth Edition(Boston: Pearson, 2010), pp. 112~113; M. Rupert, 'Producing Hegemony: The Politics of Mass Producton and American Global Power,' *Cambridge Studies in International Relations*(Cambridge: Cambridge Univ. Press, 1995).

101 R. J. Barry Johnes, *Routledge Encyclopedia of International Political Economy*(Routledge, 2001), p. 1106.

게모니 변동이론으로서 세계사에 있어서의 헤게모니 전쟁은 매우 규칙적인 현상임을 전제한다.[102] 즉 역사적인 헤게모니의 변화는 '지배적인 강국'(dominant power)과 그 '도전자'(challenger) 사이에 발생하는 상대적 권력의 격차가 좁혀지면서 생기는 '헤게모니 전쟁'에서 빚어진다. 주로 지배적인(헤게모니적) 국가는 게임의 규칙을 정하는 능력을 가지고 있지만 그러한 지위를 영구히 유지할 수는 없게 된다. 굴기하는 국가들(부와 권력 면에서)은 당시의 지배적인 국가에 도전하게 되는데 그 시기는 도전자가 지배국가와 비등한 지위에 다가설 때가 된다. 비록 전쟁의 결과는 미리 결정되지는 않지만 그 충돌로 인한 전쟁의 주기성만은 확실해진다.

역사적으로 모든 국가들은 흥망성쇠를 겪게 되지만 특히 도전자들의 경우 헤게모니 국가에 의한 권력과 자원의 독점에 불만이 생기면서 그 지위에 도전하려는 욕망이 생기게 마련이고 양자의 갈등은 전쟁으로 이어질 수 있다. 대체로 이러한 '권력이행이론'은 헤게모니적 전쟁의 예측에 있어서 지나치게 결정론적이고 기계적인 점을 비판받게 되며, 경험적인 검증이 빈약한 점이 지적된다. 특히 핵무기의 세계적 확산은 이 이론의 설득력을 감소시키고 있는데, 헤게모니국가와 그 외의 주요 열강 모두가 핵무기를 소유하고 있어 그 상호억지력(deterrent value)으로 실제적인 전쟁은 힘들게 되어 있다는 점이 지적된다. 그리고 이 권력이행이론은 영미계통 국제 관계론에서는 인기가 별로 없는 연구 분야가 되고 있으나, 아시아에 초점을 두는 입장에서는 그런대로 많은 학자들과 정책수립자들에게 관심을 모으는 연구소재로 인정받고 있다.[103]

② 세계화와 헤게모니 경합자들: 일본, EU, BRICs, 중국

제2차 세계대전 후에 형성된 미국의 헤게모니는 우선 20세기 후반에 들어서 일본과 유럽연합(EU) 등에 의해서 그 지위가 다소 흔들리는 듯 하였으나 미국은 이에 잘 적응할 수 있었으며, 21세기에 들어서는 중국의 부상이 각별한 관심을 모으게 된다. 또한 최근에 이르러서는 '브릭스'(BRICs)의 도전도 고

---

102 A. F. K. Organski, *World Politics*(New York: Knopf, 1958); A. F. K. Organski and J. Kugler, *War Ledger*(Chicago: Univ. of Chicago, 1980).

103 M. Solomon, *op. cit.*, p. 258; R. N. Lebow and B. Valentino, 'Lost in transition: A critical analysis of power transition theory,' *International Relations* 23(2009), pp. 389~410.

려의 대상이 되고 있다. 이러한 실제적 상황에 대한 최근의 논의들을 다루어 볼 수 있다.

가. 일본과 유럽연합의 등장

전후의 일본은 1950년대 이후로 1970년대에 이르기까지 연평균 10%의 경제성장을 이룩하였으며 미국을 위협하는 경제대국으로 비약하였다. 공교롭게도 미국은 (1) 소련의 스푸트니크(Sputnik) 발사, (2) 1960년대 이후 독일과 일본의 수출을 통한 경제적 추월, (3) OPEC에 의한 1차 오일 쇼크와 Bretton Woods 환율체제의 종식, (4) 워터게이트 사건과 월남전의 군사적 난맥 등으로 헤게모니 쇠퇴의 징후가 두드러지는 한편, 일본은 대조적인 경제적 호황으로 미국 헤게모니에 대한 도전자의 이미지를 만들어낼 수 있었다.

그러나 1980년대에 들어서면서 미국은 대소위협에 대한 대응과 경제적 난국의 타개를 모색하기 시작하였으며 1985년 레이건 대통령이 주도한 선진 5개국의 '프라자 협정'(Plaza Agreement)은 그 새로운 전환점이 된다. 이 협정으로 미국은 무역적자가 해소되고 수출이 증대되어 경제적 재생의 길이 열리는 반면, 일본은 수출경쟁력 약화에 직면하게 되자 동남아 각지에 생산시설 이전으로 활로를 모색하게 되고, 또한 그 후로 이어지는 부동산 가격 급등 및 주식시장의 버블 등이 복합적으로 작용함으로써 기업과 은행이 도산·마비되기도 하는 장기 불황의 사태를 맞이하게 된다.

또 한편으로 전후의 일본은 군사적으로도 헤게모니 도전자로서의 위상은 갖추지 못했다. 일본은 전후 헌법에서 전쟁포기를 명시하였고 전력 보유를 하지 않을 것을 국제적으로 공약하였으며, 자국의 방위는 주로 미국에 의존하는 군사체제를 유지해 왔다. 이 점 때문에 일본은 군사적으로 세계적인 영향력 증대의 길이 막혀 있어 미국에 대한 군사적 경쟁자로서의 이미지는 전무하다시피 되어 왔고 오히려 군사적으로는 서방적 안보체제 내의 무임승차(free ride)의 이득을 챙길 수 있었다고 인정된다.

2012년 아베 총리가 이끄는 자민당이 출범하면서 일본 경제는 장기 침체의 늪에서 벗어나고 있으나 이미 국제경제의 무대에서는 유럽연합(EU)이나 중국의 경제적 위상이 두드러지게 되어 일본의 헤게모니 도전자로서의 위상은 크게 위축되어 있다. 1980년대의 헤게모니 도전자로서 일본이 자아내던 세계적인 두려움과 경각심은 이제 중국의 몫으로 되어 버린 새로운 국면이 전개되고 있다고 볼 수도 있다.[104]

한편 유럽연합도 그 경제적 규모면에서 하나의 통합된 단위로서 미국적 헤게모니의 대항마로서의 가능성이 제기되어 왔다. 그러나 EU는 여러 민족국가의 연합체라는 구성상의 문제도 있고 창설 이후의 여러 가지 통합상 과제들로 그 가능성은 극히 희박해졌다고 볼 수 있다. 첫째로 군사적으로 NATO는 대소 연합체로 구성되어 있지만 계속적으로 회원국 간의 긴박한 상황하의 대응에는 어느 정도의 임시적 협조가 가능하나 여러 면에서의 보다 종합적인 군사적 조정 문제가 제기되어 오고 있으며, 대외문제에 있어서도 무력사용에 있어서의 각국의 서로 상의한 입장이 개재되어 통합적인 외교정책의 수행이 어렵다는 문제점이 제기된다. 둘째로는 2007년의 미국발 금융위기의 확산으로 일부 국가들은 채무이행의 난제에 직면하게 되고 이에 대한 종합적인 대응 면에서도 매우 어려운 경제적 시련에 직면해 있다. 그리고 이러한 정치적·경제적 도전에서 유럽연합이 추구해 온 여러 가지 주요 프로젝트들이 보다 전향적인 통합의 과정으로 연결될 것인가에 대해서는 극히 회의적인 전망도 나타나고 있다.[105] 특히 2016년 영국의 국민투표에 의한 EU 탈퇴 결정은 유럽 연합의 앞날을 더욱 어둡게 만드는 계기가 될지도 모른다는 분위기가 조성되고 있어 세계적 헤게모니의 경합에 있어서는 고려의 대상에서 제외된다고 볼 수밖에 없다.

나. 중국의 부상

21세기에 들어서면서 브라질, 러시아, 인도, 중국 및 남아프리카 등의 5개국이 합쳐서 '브릭스'(BRICs)로 불리는 하나의 구성체를 만들어 그 영향력의 확대와 국제사회의 각별한 관심을 모으고 있다. 비록 2008년 이후의 정상회의 등의 상호작용이 이루어지고 있으나, 이 모임은 미국을 향한 군사적 협의체도 아니고 또한 각별한 경제적 유대의 형성도 아닌 점에서 현 단계에서는 미국에 대한 대항 헤게모니 구성시도로 볼 수는 없게 된다. 다만 이 구성체의 일원인

---

104 M. S. Solomon, *op, cit.*, pp. 256~257.
105 *Ibid.*, p. 253.

중국만은 앞으로 미국적 헤게모니 질서에 대한 강력한 도전자로 인정되고 있는 만큼 중국의 부상을 둘러싼 최근의 논의를 다루어 보기로 한다.

우선 중국은 21세기에 들어서면서 경제적으로 미국을 추월할 수 있다는 잠재력을 인정받고 있는 것은 사실이다. 2014년 현재 인구가 이미 13억 명에 이르고 현재와 같은 성장률을 감안한다면 앞으로 세계 최상의 경제대국이 될 것으로 전망되며, 일부 관측(예: Subaramanian, 2011)에 의하면 2010년 이미 미국을 추월하였다는 견해도 나온다. 중국의 규모, 급속하고 지속적인 경제성장, 군 현대화에 대한 과감한 투자 그리고 방대한 경상수지 흑자 등에 미루어 보아 지역적·세계적으로 거대한 권력과 영향력을 행사하게 될 것으로 예상되고 있다. '헤게모니 안정이론'(HST)나 '권력이행 이론'(PTT)에서 예측되듯이 미국의 헤게모니는 그 지속성이 의문시되고 중국이 그 후계자로 인정받을 정도가 되어 있다.[106]

한편 미국의 헤게모니는 국내적으로나 국제적으로 여러 가지 난제로 그 지속성에 한계가 다가온 것으로 논의되고 있다. 국내적으로는 2007년 주택 거품으로 빚어진 경제적 불황에서 완전히 헤어나지 못하고 있으며 상당한 경상수지 및 예산 적자에다가 의회의 적절한 대응이 지지부진을 면치 못한 것으로 나타난다. 국제적으로는 중동지역(이라크, 아프가니스탄)에 대한 군사적 개입, '아랍의 봄'에서 나타난 민주화에 대한 적절한 대응의 부족, 이스라엘–파레스타인 문제 등에서 미국의 대외적 적응능력에는 여러 가지 문제점이 지적된다. 이와는 대조적으로 중국은 아시아에서 영토 및 해양 관련 사안에서 여러 나라들과의 관계에서 점차로 단언적이며 군사적 시위 등을 앞세우는 새로운 움직임을 보이고 있다. 이러한 양국의 국제적 행보와 관련해서는 (1) 미국 쇠퇴론(declinism)과 (2) 미국의 부활론(renewalist)이 대조적으로 나타나게 되는데 그 개략적인 내용을 소개해 보기로 한다.

미국 '쇠퇴론'에 의하면 21세기에 들어서는 미국이 그동안 누려온 '단극지배'(unipolarity)는 다른 강대국에 의한 '균형적 행동'(balancing behavior)을 가져오게 됨으로써 미국적 헤게모니에 대한 도전이 불가피하게 되고 중국이 이를 담당하게 된다고 본다. 이러한 견해를 대표하는 '레인'(C. Layne)에 의하면 첫

---

106 *Ibid.*, pp. 359~360.

째로 미국의 상대적인 권력은 이미 21세기에 들어서면서 엄청나게 쇠퇴되었으며 국제체제의 권력분포는 이미 '다극체제'(multipolarity)가 되어 있었음을 지적한다. 둘째로 '쇠퇴론'은 냉전이 종결되면서 등장한 1980년대의 '개선주의'(triumphalism)에 고무되어 나타났으며, 이미 미국은 이 쇠퇴론의 예견대로 만성적인 예산 및 경상수지 적자, 과잉소비, 저축감소, 탈산업화(deindustrialization) 등으로 경제적으로 극심한 난국에 처해 있었다. 셋째로 '레인'은 미국이 연성권력(soft power)이나 제도적 감금효과(institutional lock-in)로 이 쇠퇴과정을 극복할 수 있다는 주장을 강력히 비판한다. 이것은 제2차 세계대전 후 미국이 구성한 자유주의적 질서의 산물임을 지적하고 중국은 그 경제력이 증가할수록 이러한 미국이 마련한 '감금효과'에 점차로 대항적이고 덜 수용적일 수 있다고 본다. 또한 중국의 증가하는 권력은 여러 가지 '거래 사안'(bargaining table)에서 두드러지게 반영될 것으로 전망한다.[107]

한편 이러한 '쇠퇴론'에 대한 반론, 또는 미국 '부활론'은 '조셉 나이'(Joseph Nye)에 의해 대표된다. 그는 헤게모니는 세 가지 체스게임 수준의 비유에서 고려되어야 한다고 주문한다. 첫째로 최상의 수준은 군사력 부문이 되는데 미국은 냉전시기(GDP의 10%)보다는 적지만 2012년 현재 GDP의 6%로서 최대의 군사력을 견지하고 있다. 두 번째 수준은 경제력인데 세계적인 경제력은 아세아로 널리 확산되고 있지만 이것은 아시아나 중국의 지배적인 지위로 이어진다고 단언할 수는 없으며 유럽이나 기타지역에의 세계적인 확산도 고려될 것을 주장한다. 세 번째의 최하위 수준은 직접적인 국가통제의 범위에서 벗어나는 '초국적인 활동' 수준이 되는데, 이른바 '초국적 기업,' 테러 집단, 사이버 범죄, 기후변화 등에 대한 통제력이나 권력은 매우 확산적이어서 미국이냐, 중국이냐의 '양극화'(polarity)로의 범주 파악이 힘들게 되어 있다. 그뿐만 아니라 중국의 경우 정부의 불안정성, 급속한 노령화로 인한 인구문제, 방대한 농업 분야, 점증하는 경제적 불평등, 소수민족들의 불만 등이 권력구성에 미치는 복잡한 효과 등도 지적된다. 또한 이와 병행해서 중국은 건강, 교육, 환류장치가 구비되지 않은 독재 정부, 기타의 환경적 도전 등의 문제도 제기된다.

---

107 *Ibid.*, p. 260; C. Layne, 'This time its real: The end of unipolarity and the pax Americana,' *International Studies Quaterly 56*(2012), pp. 203~214.

그리고 중국의 부상은 미국에게만 걱정되는 사안이 아니라 일본이나 인도와 같은 아시아의 인접 국가들에게도 비상한 관심과 경계심의 대상이 된다는 점도 지적된다.[108]

　　이상 중국의 헤게모니적 도전과 관련된 내용을 중심으로 몇 가지 앞으로의 전망을 시도해 볼 수 있다. 우선 경제적으로 중국의 미국 따라 잡기는 비록 시간은 걸리겠지만 언젠가는 이루어질 수 있다고 보인다. 또한 이와 병행해서 중국의 군사력 증강도 이루어질 수 있으나, 여기에는 군사적 수단이 '핵무기'의 경쟁으로 진행되는 한 그 강약은 효과가 의문시될 수밖에 없게 된다. 핵은 실제의 사용이 힘들게 되어 있기 때문이다. '헤게모니 안정이론'(HST)이나 '권력이행이론'(PTT)은 모두가 핵전쟁 이전의 전통적 군사대결을 전제한 이론이라는 점을 참고해야 할 것이다. 또한 경제나 군사 면에서의 경합뿐만 아니라 두 헤게모니 경쟁자들의 내세우는 세계적인 이념적, 이데올로기적 수단도 중요한 몫을 한다는 점을 간과해서는 안 될 것 같다. 즉 자기들의 국력뿐만 아니라 자기들이 다른 모든 나라들의 '동의'를 얻어낼 수 있는 아이디어와 설득의 수단도 중요하게 된다고 볼 수 있기 때문이다.

　　'네오 그람치' 이론에 따르면 중국이 그러한 헤게모니적 지위를 정당화할 수 있는 '이데올로기적 시멘트'(ideological cement)를 제시할 수 있을까의 문제가 된다. 18, 19세기의 영국이나 20세기의 미국은 자유주의, 신자유주의적 국제질서를 주창하여 왔고, 이를 바탕으로 하는 시장우선주의와 민주주의적 통치 구조를 헤게모니의 주요 이념적 골격으로 주창하고 실행에 옮겨 왔다. 그리고 이것이 헤게모니 국가뿐만 아니라 모든 나라의 경제발전과 민주주의의 형성에 이득이 된다는 점을 설득할 수가 있었다. 이미 위에서 살펴 본대로 '루퍼트'에 의하면 '포드주의'가 그 구체적인 실행 가이드가 된 것으로 이론화되기도 한다. 중국이 세계가 공명하고 수용할 수 있는 나름대로의 대체적인 '이념적 구성물'을 제시할 수 있을까? 아직은 탐색 단계이지만 중국의 전통적인 문명관에서 제기되었던 개념적 틀로서 '천하'(天下), '중국'(中國)과 같이 자기들이 세계, 또는 문명의 중심에 서 있고 '천자'(天子)가 다스려야 한다는 계층적

---

108 Solomon, *op. cit.*, pp. 260~261; Joseph S. Nye, 'The twenty−first century will not be a post−American world,' *International Studies Quartary 56*(2012), pp. 215~217.

질서에서 도출되는 전체적이며(holistic) 총괄적인(inclusive) 헤게모니적 구상 등이 논의가 되고 있다. 중국이 현재와 같은 권위주의적이고 중앙집권화된 거버넌스 구조를 어떠한 내용으로 헤게모니적 문화로 연결시킬지는 매우 복잡하고도 힘든 과제가 될 수 있다.[109]

2. 새로운 국제관계와 세력균형

1991년 소련의 붕괴로서 냉전의 양극체제가 종식됨으로써 미국이 주도하는 '단극체제'(unipolarity)가 등장하게 되었다. 이러한 미국적 헤게모니 질서의 출현을 놓고 그것이 상당기간 지속될 것이라는 관점도 있는가 하면, 새로운 패권 도전자(예: 중국)의 등장으로 헤게모니 질서의 교체가 불가피하다는 논의가 또한 활발해지고 있다. 이와 관련해서는 이미 위에서 세계적 '쇠퇴론'을 둘러싼 여러 관점들을 어느 정도 정리해 보았다.

그러나 미국주도의 '단극체제'의 출범과 함께 나타나는 새로운 변화로는 우선 국제정치의 주요 열강으로 등장하게 된 이른바 '브릭스'(BRICs)의 작용력이 있다. 이들 주요 열강들의 상호작용이 미국주도의 단극체제와 결합되는 새로운 정치적 판도가 최대의 관심사가 아닐 수 없다. 미국과 이들 주요 열강 간에 벌어질 새로운 이합집산이 어떠한 형태의 세력균형의 형태가 될 것인가의 문제가 된다.

한편 냉전이라는 양극체제의 후퇴는 지금까지 두 진영 간의 긴장상태를 종식시키면서 동시에 두 초강대국이 만들어 놓은 두 개의 정치질서의 이완으로 각 진영마다의 통제력의 약화와 함께 수많은 민족국가들의 재배열과 세력균형의 다양한 형태를 만들어낼 수 있게 된다. 어떤 의미에서 단극체제는 세계적인 헤게모니의 정립으로 이어지지만 동시에 종래의 양극적 통제력의 약화로 인한 상호대립과 충돌 및 새로운 균형조절상의 혼돈을 가져올 가능성을 배제할 수 없다. 즉 종래에는 진영지도자(미국 및 소련)의 통솔을 받아들이고 동시에 안보, 경제 등에서 상당한 무임승차의 혜택도 가능하였으나 이제는 자기의 의지와 선택의 폭이 넓어지는 만큼 자기희생과 노력이 절실해지는 각박한

---

109 Solomon, *op. cit.*, pp. 261~263.

환경에 처할 수밖에 없게 된다. 이러한 새로운 환경 하에서 주요 열강을 비롯한 모든 나라들이 선택할 수 있는 다양한 생존과 적응을 위한 '균형 전략'의 형태를 살펴 볼 필요가 있게 된다.

① '단극체제'와 '브릭스'(BRICS)

가. 미국 '단극체제'(unipolarity)

냉전의 종식으로 미국이 만들어내는 '단극적 세계'(unipolar world)는 그 헤게모니가 상당기간 지속될 것이라는 전망이 나온다. 비록 '세계적 쇠퇴론'에서는 헤게모니의 변화는 불가피한 것으로 이론화되었으나 미국적 '단극체제'는 쉽사리 동요되진 않을 것이라는 전망이 관심을 모은다.

우선 '월포스'(W. C. Wohlforth)에 의하면 단극체제의 존속은 첫째로 헤게몬과 그 도전자 간에 벌어지는 종합적인 '권력의 격차'(power gap)에 좌우될 수 있는데, 미국에 도전할 만한 위협적인 도전자는 당분간 없을 것으로 전망된다. 둘째로는 지리적인 요인이 되는데, 미국과 같이 대양에 둘러싸인 '해양권력'(offshore power)은 '단극 주도'의 이점이 있다는 것이다. 캐나다나 멕시코 이남의 남미 등 여러 나라들의 도전도 없고, 또한 유럽이나 아시아에서의 대항적인 헤게모니 세력이 구축되기도 힘들게 되어 있다. EU의 지역적 통합은 경제적인 성격이 위주가 되고 정책결정의 단일화를 이루는 '국가'의 성격을 띨 수는 없다는 한계가 지적된다. 태평양으로는 중국과 일본의 합치는 단일 도전자로의 전환은 힘들다는 점이 지적된다.[110]

'아이켄베리'(G. J. Ikenberry)도 미국이 주도하는 서구적 질서는 '제도화'된 성격을 띠고 있기 때문에 쉽사리 동요되거나 심지어 붕괴될 가능성은 희박하다고 본다. 전후 유럽부흥이나 전 세계적으로 확산된 자유주의적 경제 질서는 전후의 유럽뿐만 아니라 세계 도처에서 꾸준히 진행된 근대화 과정을 통하여 여러 지역, 많은 나라들의 경제적 번영을 가져 왔다. 무엇보다도 전후의 세계적 질서는 NATO와 같은 안보체제를 통하여 자유세계의 기본질서를 마련해

---

110 William C. Wohlforth, 'American Power and the Balance of Power,' in Robert J. Art and Robert Jervis(eds.), *Internatonal Politics: Enduring Concepts and Contemporary Issues*, Sixth Edition(New York: Longman, 2003).

주었고 이를 바탕으로 하는 '브레턴우즈'(Bretton Woods System)와 GATT체제는 그 후로 '국제통화기금'(IMF) 창설로 이어지고 또한 세계무역의 자유로운 집대성을 기약할 수 있었던 '세계무역기구'(WTO)의 결실로까지 발전하게 된다. 이 처럼 안보를 바탕으로 하는 세계적인 '다국적 경제 제도'(multilateral economic institutions)의 확립은 범세계적인 개발의욕의 확산과 번영의 길을 열었다고 볼 수 있다. 그뿐만 아니라 미국의 다원주의적이고 개방적인 정치체제는 여러 나라들로 하여금 자기들의 목적에 부합되는 적절한 요구를 할 수 있게 만듦으로써 민주적인 상호협력의 기틀도 만들 수 있었다는 장점이 추가된다. 그리고 이렇게 형성된 세계적인 경제적·민주적 제도는 모든 참여국들에게 이득이 되고, 또한 늘어나는 '수익'(returns)을 안겨다 줄 수 있기 때문에 앞으로도 큰 동요 없이 지속될 수 있다고 보게 된다. 미국주도의 단극체제는 지속될 것이라는 장기적인 전망이다.[111]

나. '브릭스'

'브릭스'는 2001년 '골드만 삭스'의 '짐 오네일'(Jim O'Neill)에 의해 소개된 합성어로서 브라질, 러시아, 인도, 중국과 같이 거대한 인구, 영토, 자원과 같은 비슷한 경제적 특성을 지닌 네 나라들을 지칭하게 되었으며, 2008년부터는 매년 정상회담을 개최하는 외교적 격식을 갖추게 된다. 그리고 2010년에는 남아프리카가 참여하게 되고 2012년에는 '신개발은행'(NDB BRICS: New Development Bank BRICS)을 창설하게 된다. 이러한 '브릭스'의 위상과 영향력을 둘러싸고 다양한 관점이 나타나고 있으나 여기서는 두 가지로 나누어 정리해 보기로 한다.

우선 '브릭스'의 운영과 관련해서는 경제적인 통합을 지향하는 공동체구성보다는 세계화에 따르는 정치 및 경제적 환경의 변화에 긍정적으로 적응해 나가려는 시도가 두드러지고 있다. 미국 주도의 단극체제에 대한 저항감이나 대안적인 제도적 구성보다는 현존하는 서구 중심적 세계질서 속에서 나름대로 각국이 당면하는 현실적 과제를 해결하고 이를 위한 상호협력의 계기를 마련

---

111 G. John Ikenberry, 'The Stability of Post-Cold War Order,' in R. J. Art and R. Jervis, *op. cit.*, pp. 477~483.

해 보고자 하는 면이 두드러진다고 볼 수 있다. 이들 5개국 중 중국과 인도는 꾸준한 경제성장의 길로 가고 있고 브라질은 다소의 정치적 혼선은 있어도 남미경제의 지주로서의 위치는 견지되어 가고 있다. 러시아는 냉전종식으로 인한 일시적 후퇴 속에 에너지 수출에 의존하는 경제적 특수성이 지적되고 있으나 그 막강한 군사력과 냉전시대의 외교적 특성을 앞세우는 영향력이 두드러진다고 볼 수 있다. 가장 관심을 모으는 것은 중국의 부상을 둘러싼 '브릭스'의 앞으로의 행로가 되는데, 중국은 현 단계로서는 경제성장과 이를 위한 상호협력을 우선시하는 온건한 입장으로 인식되고 있다. '마크 브롤리'(Mark R. Brawley)에 의하면 현 단계의 '브릭스' 회원들은 서로의 협력적 유대를 강화하고 부담을 함께하는 책임 있는 '좋은 시민'(good citizens)으로의 면모를 지켜나갈 것으로 전망하고 있다.[112]

그러나 '브릭스'의 성격에 관해서는 또 다른 관점이 관심을 모으게 된다. 이 모임은 당초 세계적인 경제적 유망주들에 관한 호칭으로 시작되면서 서로의 경제적 유대와 우호의 협의체로 출발하였으나 그 기본적인 특성에 있어서는 미국이 주도하는 서구적 질서에 대한 차별화된 인식과 이해가 개재되어 있다는 사실이 중요한 의미를 지니게 된다. 특히 이 모임의 주도적 역할은 중국과 러시아의 몫으로 받아들여져 왔는데 그러한 조직적 특성에서 나타나게 되는 몇 가지 미래 관련 시나리오를 다루어 볼 수 있다.

우선 중국의 경우 미국주도의 서구적 자유주의 질서에 비판적이거나 견제적인 특이한 움직임은 보이지 않고 있으며, 특히 세계적인 자유무역 체제에 대한 긍정적인 태도에는 변함이 없다고 보인다. 이 자유주의 경제적 질서가 그동안 중국의 비약적인 경제성장을 가져온 데 대한 꾸준한 지지도일 수밖에 없다. 그리고 '브릭스'를 반서구적인 대항체제로 움직여 보겠다는 징후는 나타나지 않고 있다.

그러나 중국과는 달리 매우 대조적인 움직임은 러시아의 행보에서 나타나고 있다. 푸틴 대통령은, 예를 들면 2014년 브라질의 '포르타레자'(Fortaleza) 정상회의 참석 길에 하바나에서 '피델 카스트로'를 만나고 베네주엘라의 '마두

---

112 Mark R. Brawley, 'New Rulers of the World? Brazil, Russia, India and China,' in M. B. Steger et. al., The Sage Handbook of Globalization, Vol. 2, *op. cit.*, pp. 524~541.

로', 보리비아의 '모라레스' 등과 회동하였으며, 우루과이의 '페프 무지카'와는 심해항구의 설립논의를 하는 등의 독특한 행보를 기록하고 있다. 그리스 사태에도 다소 동정적인 입장을 보였고 시리아 내전에는 본격적인 군사개입으로까지 이어졌으며, 2015년의 러시아의 '우파'(Ufa) 정상회의에서는 '상해협력기구'(SCO: Shanghai Cooperation Organization, 2001년 결성)와의 통합 움직임에도 선봉적인 역할을 하고 있다. 반서구적인 세계적 세력규합(anti-Western constellation of forces)을 의심케 하는 이러한 러시아의 움직임은 그것이 냉전시대의 권위적 위상으로 되돌아가려는 의도로도 풀이될 수 있는 특징적인 형태로 받아들여진다.[113]

러시아가 보이고 있는 이러한 반서구적인 '지정학적 차원'의 움직임은 현 단계로서는 체계적이라기보다는 간헐적이고 '엉성함'을 보이고 있으나 때가 되면 언제든지 구체화되고 중국이나 다른 '브릭스' 회원들로 이에 가세할 가능성은 있다고 보아야 할 것이다. 그런 점에서 이러한 '엉성함'과 경우에 따른 '신축성'은 '브릭스'의 지구력(staying power)을 마련해 주고 있는 것으로 보아야 할 것이며 결코 과소평가해서는 안 된다는 진단도 나오고 있다.[114]

② 새로운 국가적 적응전략

21세기로 들어선 새로운 국제관계는 나라마다 새로운 적응전략을 마련하게 만든다. 냉전이 종식되는 1980년대 이후로 미국이 주도하는 단극체제와 계속적인 '힘의 우월'(preponderance of power)을 강조하는 입장도 있으나, 점차로 '브릭스'와 같은 새로운 열강의 등장과 그로 인한 세계적인 권력의 분산과 '다극체제'(multipolarity)의 출현에 대한 적절한 대응도 절실하다는 견해에도 힘이 실리게 된다. 이러한 세계적 정치·경제적 변환에 따르는 앞으로의 열강 간의 관계를 비롯하여 모든 민족국가들이 겪게 될 새로운 국제관계와 그에 따르는 적응 전략은 어떠한 형태가 될 것인가의 문제들을 다루어 보기로 한다.

---

113 Andrew F. Cooper, *The BRICS: A Very Short Introduction*(Oxford: Oxford Univ. Press, 2016), pp. 111~113.

114 *Ibid.*, pp. 114~116.

가. 균형화(balancing)와 편승(bandwagon)의 전략

세력균형(balance of power)이론은 '고전' 및 '신현실주의'(neorealism)의 핵심논리로서 모든 나라들은 자조(self-help)의 수단 밖에 없는 무정부 상태의 세계에서는 자신들의 권력을 유지하거나 증가시키는 방법으로 생존을 유지해 나갈 수밖에 없으며 이를 위해서는 세력 균형의 방법뿐이라는 기본 전제가 된다. 국가는 '내부적 균형화 노력'을 통하여 경제적 능력을 늘리고 현명한 전략의 수립 및 군사력 증강을 도모할 수 있으며, '외부적 균형화 노력'을 통해서는 여러 나라들과 연합하여 안보를 증진시킬 수 있다. 그리고 이러한 균형 상태에 만족하는 나라들은 '현상유지 국가'로 불리고, 현재의 세력균형을 자신에게 유리하도록 고치고 헤게모니를 추구하여 균형을 수정하고자하는 나라들은 '수정주의 국가'로 지칭된다.[115]

'편승'은 균형화에 반대되는 개념으로서 약한 국가가 경쟁관계에 있는 강자 편을 드는 경우가 된다. 예를 들면 두 강대국의 갈등, 또는 경쟁에 있어서 강자의 편을 들어서 그에 상응하는 이득을 취하는 사례가 된다. 승리하는 강자는 편승국에 영토적 이득이나 통상 배려 또는 보호조치 등의 유인책을 제시할 수 있다. 현실주의적 관점에서는 국가들은 균형화를 위한 동맹의 형성이 힘들거나 또는 지리적 환경(예: 적으로 둘러싸인 경우)이 균형형성을 힘들게 만드는 경우 편승의 전략을 택한다고 보고 있다. 제2차 세계대전 초기에 불가리아(Bulgaria)와 루마니아(Rumania)는 나치 독일 편을 들다가 전쟁말기에 들어서는 소련에 편승한 것이 적절한 사례로 지적된다.[116]

③ '방어적 현실주의'와 '공격적 현실주의'

국제정치학에서의 '신 현실주의'는 최근에 들어 '방어적 현실주의'(defensive realism)와 '공격적 현실주의'(offensive realism)이라는 두 가지 관점으로 나누어진다.

---

115 Kenneth Waltz, *Theory of International Poltics*(Reading, Mass.: Addison-Wesley Publishing co., 1979), pp. 118~121; John J. Mearsheimer, 'Structural Realism,' in Tim Dunne, Milja Kurki, Steve Smith(eds.), *International Relations Theories: Discipline and Diversity*(Oxford: Oxford Univ. Press, 2007), p. 73.

116 K. Waltz, *op. cit.*, p. 126; John J. Mearsheimer, *The Tragedy of Great Power Politics*(New York: W. W. Norton & Company, 2001), pp. 162~163.

전자는 주로 '왈츠'(K. Waltz)에 의해 대표되는데 국가는 세계적 권력에 있어서의 그들의 몫을 극대화하려는 것은 현명치 못하며, 그들이 만약 지나친 권력을 얻으려고 덤비면 처벌을 받게 된다고 본다. 특히 헤게모니의 추구는 매우 어리석은 일임을 지적한다. 그런데 후자는 주로 '미어셰이머'(J. Mearsheimer)에 의해 주장되는데 이들은 국가가 가능한 최대의 권력을 얻으려고 하는 것은 좋은 전략적 선택이며 만약 상황이 허용되면 헤게모니를 추구해도 된다는 입장이다. 즉 정복이나 지배가 그 자체로서 좋다는 것이 아니라 압도적인 권력을 가지는 것은 자국의 생존(survival)을 추구하는 최선의 방법이기 때문이라는 것이다. 고전적인 현실주의자들의 경우 권력은 그 자체로서 목적이 되지만 자기와 같은 '구조적인 현실주의자'(structural realists)의 경우 권력은 목적을 위한 수단이며, 궁극적인 목적은 생존임을 강조한다.[117]

좀 더 부연하면 '방어적 현실주의'에서는 국가가 지나친 권력 확대나 공격에 치중하는 데서 오는 부담과 한계도 있지만 만약 정복에 성공하더라도 피정복자의 끈질긴 민족자결의 민족주의적 저항에 직면할 수 있게 되고 이득보다는 손실이 클 수가 있다고 본다. 따라서 국가는 헤게모니 추구와 같은 과잉팽창(overexpansion)보다는 '적당한 수준의 권력'의 취득에 만족하는 자제력을 가져야 한다. 주로 국가의 안전에 치중하고 국가 간의 세력균형에 대응하는 '균형화' 전략에 의존하는 온건한 '현상유지'가 바람직하다고 주장한다. 그러나 이와는 대조적으로 '공격적 현실주의'는 국가가 무정부 상태의 국제관계에서 당면하는 '두려움의 수준'(the level of fear)을 무엇보다도 강조한다. 자조가 유일한 생존수단이 되는 세계에서 강력하게 되면 그 만큼 공격당할 위험은 감소된다. 예를 들면 남미권에서 미국은 그 어느 이웃보다도 강력하기 때문에 어느 나라도 감히 미국을 공격할 수 없다. 이러한 단순논리로 말미암아 강대국들은 세력균형을 자기들에게 유리하도록 만들며, 경쟁자들 간의 부단한 국력증강과 힘겨루기를 통하여 '현상유지국가'가 아닌 '수정주의국가'를 지향하게 된다. 문제는 강대국들의 의중은 서로가 알 수 없다는 데 있다. 간혹 상대방의 경우 현상유지국가로 보일지라도 실제로는 수정주의 국가일 수 있기 때문에 국가

---

117 John J. Mearsheimer, 'Structural Realism,' in Tim Dunne, Milja Kurki, Stevle Smith, *op. cit.*, p. 72.

들은 항상 최악의 시나리오를 염두에 두지 않을 수 없게 되며, 바로 이러한 무정부 상태의 세계가 '강대국 정치의 비극'(the tragedy of great power politics)인 것이다.[118]

이상에서 논의된 '방어'와 '공격'의 두 가지 '신현실주의'의 관점을 최근에 화제를 모으는 중국의 부상과 관련시켜 볼 수 있다. 우선 '공격적 현실주의'의 설명에서는 중국의 부상이 장차 미－중 간의 강렬한 안보상 경합으로 인한 전쟁 잠재성을 전망하게 만든다. 중국은 1980년대 이후로 인상적인 경제성장을 이루었고 다가오는 몇 십년 동안 그러한 성장률은 유지될 수 있으며, 그 방대한 인구와 지리적 조건을 바탕으로 특히 막강한 군사력들 만들어낼 것으로 내다본다. 초강대국의 목적은 헤게모니의 장악인데 그것은 생존을 위한 최선의 보장이기 때문이다. 그리고 강대국의 경우 미국이 우선 '서반구'에서 '지역적 헤게몬'(regional hegemon)으로 등장하고 그 위상을 전 세계적으로 확산시켰듯이 중국도 미국처럼 우선 아시아에서 러시아나 일본의 경쟁을 이겨내는 과정을 밟게 될 것이 예견된다. 미국으로서는 이러한 중국의 움직임을 어떻게 해서라도 견제·지연시키는 데 최선을 다할 것이다. 또한 이러한 중국의 부상에 직면하여 아시아에서도 인도, 일본, 러시아를 비롯한 열강들과 싱가폴, 한국, 월남 등의 약소국들도 중국에 대한 견제망 형성에 호응하는 기미도 보이고 있다. 냉전시대에 소련의 위협에 대응하기 위하여 영국, 프랑스, 독일, 이태리, 일본 심지어 중국까지 서로 합세하여 대소 견제세력을 만들었듯이 아시아에서도 위에서 열거된 여러 나라들이 미국의 대 중국 '균형화 동맹'(balancing coalition)에 합세할 수 있다. 그러나 중국의 지역적 헤게몬을 형한 노력은 지속될 것으로 볼 수 있다.

한편 '방어적 현실주의'의 입장에서는 중국의 부상에 대해서 보다 낙관적인 전망을 내린다. 중국은 그 이웃 나라들이나 미국과 평화적으로 공존하기를 원하고 있고 그의 인접 국가들이 미국과 함께 자기들의 의도를 좌절시킬 균형적 동맹을 형성할 것이 분명하다고 보기 때문에 매우 신중하고도 온건한 대응 전략을 취할 것으로 본다. 독일의 경우 '카이저'(Kaiser Wilhelm) 황제나 '히틀러'(A. Hitler)처럼 성급히 헤게모니를 추구하다가 파국에 접어든 사례보다는

---

118 *Ibid.*, pp. 73~75.

'비스마르크'(Bismarck)처럼 유럽을 지배하려고 나서기 보다는 독일을 우선 선진대열에 올려놓은 전략적 지혜를 참고할 가능성이 크다는 것이다. 중국이 아세아에서의 권력 확장을 시도하지 않을 것이라는 의미가 아니라 무모한 패권추구보다는 한정된 목적과 성공 가능한 수단을 중요시하면서 주변과 서방에 대한 협력에 무게를 둘 것으로 본다. 그뿐만 아니라 군사적으로도 당분간 중국은 핵무기를 비롯한 군비 경쟁에서 미국 주도의 세계적 안보 체제 면에 뒤처져 있다는 점에서 무모한 대외적 모험을 삼가게 되어 있다. 특히 경제적으로는 중국은 지속적인 경제성장을 기록하고 있기 때문에 대외적 모험이나 침략적 행동에 의존할 필요가 없으며 현존하는 국제경제의 제도적 환경에 순응적인 행보를 유지해 나갈 것이 분명하다.[119]

중국이 앞으로 당분간 지속적인 경제성장에 무게를 두고 현존하는 세계경제의 주요 '제도적 틀'(UN, WTO, IMF, G-20 등)의 규범적 질서를 최대한 활용하는 온건한 방향을 택할 것은 당연하다. 그리고 세계적 안보를 앞세우는 불필요한 군사적 개입을 자제하고 아시아를 비롯한 세계 여러 나라들과의 협력적 유대를 넓혀 나갈 것이 기대된다는 점에서 '방어적 현실주의'의 설명이 설득력을 얻게 된다. 그러나 중국이 언젠가는 미국경제에 비등한 발전수준에 달함으로써 '잠재적인 헤게몬'의 지위에 올라서게 되면 사태는 달라질 수 있다. 2016년 현재 중국의 남중국해의 인공섬 건설 및 군사화, 해외자원개발 투자, 군사 및 사이버부문에의 집중투자 등 중국의 전 세계적인 국력신장 움직임은 전혀 '세계적 헤게몬' 추구와는 무관하다는 판단은 곤란하게 되어 있다. 바로 '공격적 현실주의'가 새로운 설명적 틀로 재평가될 것이 분명해진다.

④ **삼각관계(triangular relations)의 형태**

국가 간의 관계에 있어서는 '삼각관계'가 매우 흥미롭고 다양한 관계를 만들어낼 수 있다. 특히 세 개 이상의 강대국들이 서로 만들어내는 갈등과 긴장관계는 매우 중요한 국제관계의 변수로 작용할 수 있으며, 여기서 나타나는 상호작용의 두드러진 유형을 살펴보는 것은 국제정치학의 주요 과제가 된다. 일찍이 '칼 슈미트'는 정치의 본질을 '적과 동지의 구별'로 전제하고 이것이 근

---

119 *Ibid.*, pp. 82~85.

대사의 주요 갈등과 전쟁의 소용돌이를 만들어낸다고 보았다.[120] 바로 이러한 국가 간의 상호작용을 '적과 동지'의 3자 관계로 구성해 보는 연구들을 정리해 보기로 한다. 특히 21세기의 국제관계가 미국 주도의 '단극체제'에서 '다극체제'로의 이행이 논의되는 만큼 이러한 3자간 '적대·우호' 관계가 매우 적절한 설명적 틀이 될 것으로 기대해볼 수 있다.

우선 국제관계에 있어서 국가는 서로 편을 가르면서 적을 견제하고 자기 편을 도와주는 부단한 제휴와 동맹을 대외 정책의 기본으로 삼는다. 다음과 같은 아랍의 격언은 이러한 국가 간의 상호 작용과 제휴의 형태를 주로 '삼각관계'로서 잘 표현해 주고 있다.

> '나의 친구의 친구는 나의 친구이다: 나의 친구의 적은 나의 적이다: 나의 적의 적은 나의 친구이다.(The friend of my friend is may friend: the enemy of my friend is amy enemy: the enemy of my enemy is my friend)'[121]

국제정치에서 논의 되는 '체제'란 상호 연결되어 있기 때문에 두 행위자 간의 관계는 경우에 따라서는 서로의 공동의 혹은 양자 간 이해(bilateral interests)에 의해서보다는 다른 행위자와의 관계에 많이 좌우될 수 있다. 따라서 양자 간의 관계에 변화가 오면 그 결과는 제3자와의 관계조정으로 말미암아 연쇄적인 결과를 가져오게끔 되어 있다. 어떤 행위자의 겨우 그의 적의 친구는 적이 되며, 또한 그의 적의 적과는 친구가 될 수도 있음은 매우 흔한 일이다. 이렇게 되면 상호 간의 전략적 상황이 바뀌면서 새로운 위험과 기회를 만들어내게 되고 그 다음에 올 제휴(alignment)와 동맹(alliances)에 작용을 미치게 된다. 제2차 세계대전 직전의 독일과 일본의 제휴는 공동의 적에서 비롯되는 것이었는데, 독일은 유럽에서의 영국, 일본은 아시아에서의 미국과의 각각의 적대 관계에서 서로가 제휴하는 결과로 분석될 수 있다. 1969년 3월의

---

120 Carl Schmitt, *Der Begriff des Politischen*(Berlin: Duncker & Humblot, 1963), 김효전 역, *정치적인 것의 개념*(법문사, 1992), pp. 31~33.

121 Robert Jervis, *System Effects: Complexity in Political and Social Life*(Princeton: Princeton Univ. Press, 1997), p. 211; 사회심리학에서는 이러한 3자 관계의 심리적 갈등의 상호작용이 T. M. Newcomb의 A-B-X 모형으로 보다 상세하게 다루어지고 있다. T. M. Newcomb, 'A Study of Communication Acts,' *Psychological Review*, Vol. 60(1953), pp. 393~404.

중·소 국경 충돌에 즈음하여 소련은 북경의 모택동 추종자들이 미국과 서독에 추파를 보내는 일련의 움직임을 통렬히 비난하면서 이 충돌은 중공의 의도적인 도발이라는 점을 강조한 바 있다. 이러한 제휴관계에서 나타나는 어느 정도의 일관성은 어떤 목적론적인 관점에서 해석될 것이 아니라 행위자의 힘과 이해를 둘러싼 철저한 '타산'에다가 다소의 감정이 개재되어 비롯되는 것으로 보아야 할 것이다. 어떤 제3자와의 싸움에 휘말리는 두 나라의 경우 힘을 합쳐서 대항하면 득을 보게끔 되어 있다. 예를 들면 걸프전 당시 이라크가 '쿠웨이트'를 침공하자 미국은 지금까지 분쟁관계에 있던 아랍국가(예: 시리아)들과의 관계를 일단 접어 두고 가장 불편한 관계에 있던 '이란'과도 관계개선을 시도하고 심지어 소련의 외교적 영향력도 활용해 보고자 했다.[122]

국제정치의 냉혹한 현실은 '나의 적의 적은 나의 친구이다'라는 대목에서 가장 두드러진다. 국가 간의 제휴를 가장 일관되게 만드는 것은 '공동의 적'에 대한 대항망의 구축이다. 제2차 세계대전에 즈음하여 당시 영국의 '처칠' 수상은 소련에 대하여 매우 적대적이었으나 나치 독일의 등장이 위협이 되자 만사를 제쳐 놓고 소련과의 제휴를 주장하게 된다. 유럽의 나폴레옹 전쟁 시 영국 외상은 모든 나라에 대해서 프랑스를 공동의 적으로 삼을 것을 강력히 주장하였다. 또한 1949년 당시 미국의 '아이젠하우어' 대통령은 소련을 반대하는 모든 나라는 친구가 될 수 있다고 선언한 바 있다. 한때 베트남이 캄보디아를 침공했을 때 인도와 소련만이 베트남과 좋은 관계를 유지 하였는데, 그 이유는 이 두 나라는 베트남의 주적인 중공의 적이었기 때문이었다.

한편 국가 간의 적대관계의 형성에 있어서는 '주적'(主敵: main enemy)이 누구냐가 가장 중대한 선결과제가 된다. 즉 주적이 결정되면 그 이외의 나라는 제휴와 동맹의 대상이 될 수 있다. 중국의 모택동의 '통일전선'(united front) 이론에 의하면 결정적인 역사적 전환기에서는 하나의 주요 반동적인 적이 확정되어 '일차적 적'(primary enemy)으로 공격목표가 되면 그 이외의 덜 반동적인 세력들은 이 주적을 쓰러트리기 위하여 통일되어야 한다는 논리이다. 어느 국가가 가장 치명적인 위협이 되는가가 결정되면 다른 모든 고려는 부차적인 문제가 된다. 1960년대와 1970년대를 거치면서 모택동에게는 이것이 일차적

---

122 R. Jervis, *op. cit.*, pp. 211~218.

인 문제였는데, 그들은 주적이 미국이 아니라 소련이라는 결론에 도달하게 된다. 공교롭게도 이때를 즈음하여 미국도 베트남 사태에도 불구하고 소련의 힘보다는 중공이 선동하는 '인민전쟁'(people's war)이 덜 위험하다는 결론에 접근하고 있었다. 결국 어떤 나라의 경우 두 나라와 갈등관계에 있으면서 그중 한 나라를 자기편에 끌어 오려면 다른 3자가 주적이라는 것을 확인시킬 필요가 있게 된다.[123]

삼각관계에서 또 한 가지 간과해서는 안 될 것은 '추축국'(the pivot)의 등장이다. 세 나라 중 다른 두 나라와 얼마든지 친해질 수 있는 신축성을 가지는 나라가 있을 수 있는데, 다른 두 나라에 비해 유리한 입장에 있는 이 나라는 세력균형에 있어서의 '균형자'(holder of the balance)와 흡사하다. 추축국은 자기의 경제적, 군사적 자원에 비해서 훨씬 많은 이득을 챙길 수 있는 유리한 고지에 서게 된다. 가장 적절한 예로서는 제1차 세계대전 직전의 이태리가 두 대립진영과 효과적으로 협상할 수 있었는데, 이는 자기의 군사적 능력이 과대평가되어 있는데다가 양측 어디에나 기울 수 있는 행동의 자유를 가지고 있었기 때문이었다. 그뿐만 아니라 추축국은 여러 당사자의 광범위한 이익과 자기 자신의 이익을 위해서 다른 나라들에 적절한 영향력을 행사할 수가 있다. 한때 중－소의 틈새에 파고들었던 미국의 '키신저'(Kissinger) 국무장관은 소련이나 중공 어느 쪽에도 기울지 않는 것이 중요함을 역설한 적이 있다. 만약 미국이 분별없이 소련에 기울어지게 되면 중공은 소련과 관계개선을 하려고 할 것이고, 만약 미국이 중공에 지나치게 기울게 되면 소련이 중공을 선제공격하도록 유도함으로써 오히려 중공에 도움이 되지 않을 수도 있다는 주장을 편 적이 있다. 현상유지를 지향하는 나라는 추축국의 역할을 할 수 있는데, 그것은 그 나라가 다른 나라들을 위협할 필요가 없어 여러 나라와 동맹을 맺을 수 있기 때문이다. 1871년 이후의 '비스마르크'(Bismarck)의 외교적 성공이 이를 뒷받침한다. 반면 항상 현상파괴에 앞장선 나라의 경우 다른 나라에 추축국의 지위를 갖다 바치게 된다. 그리고 특히 삼각관계에 있어서는 다른 두 나라들이 공히 필요로 하는 자산을 통제할 수 있는 나라가 추축국이 된다. 1980년대의 미국은 러시아와 중국이 공히 필요로 하는 무역과 기술을 가지고 있었던

---

123 *Ibid.*, pp. 221~227.

것이 그 좋은 예가 될 수 있다.[124]

⑤ 연성균형화(soft balancing)

국가 간의 균형화는 '경성균형화'(hard balancing)와 '연성균형화'로 나누어질 수 있다. 전자는 전통적인 세력 균형의 방법으로서 국가가 잠재적인 헤게몬에 대응하고 국제체제에서 보다 효과적으로 경쟁하기 위하여 내부적으로 자원과 군사력을 증가시키는 '내부적 균형화'와 밖으로 헤게몬에 대항하고 신흥국가를 견제하기 위하여 여러 나라들과의 동맹관계와 상호협력관계를 강화하고 확대하는 '외부적 균형화'로 이루어진다. 후자는 국가 간의 관계를 전통적인 군사적 차원의 동맹관계에 치중하기보다는 다소 '부드러운'(soft) 방법을 택하는 경우가 된다.

구체적으로 '연성균형화'는 어떤 막강한 초강대국이 군림하는 상황, 특히 '단극체제'하에서의 헤게몬이 비록 관대함을 내세우지만 경우에 어긋난다든가 지나친 일방적 선택이나 횡포가 발생할 때, 그 지배하에 있는 나라들, 특히 중견국가(secondary powers)들이 선택하는 균형화이다. 즉 단극체제의 리더(예: 미국)의 일방적인 결정이나 전략을 주로 '비군사적인 수단'을 통하여 '지연시키거나 좌절 그리고 훼손시키는' 시도가 된다.[125] 이러한 '연성균형'의 매커니즘에는 개발도상에 있는 중견국가들에 의한 외교, 외교적 협의체, 국제적 제도 및 합의 등이 포함되며, 초강대국을 제외하는 경제적 발의와 다자간 및 지역적인 경제적 노력 등이 포함된다.[126] 미국은 제2차 세계대전 후의 당분간은 단극체제의 자비로운 지배적 이미지의 정착에 힘써 왔으나, 20세기 말엽부터 특히 부시(Bush) 행정부에 이르러서는 '교토의정서'의 폐기, 탈퇴, 2003년 이라크 전쟁 등으로 매우 일방적인 외교 · 군사적 조치로 인하여 세계적 여론이 악화되

---

124 *Ibid.*, pp. 181~184; 2016년 현재 러시아가 '브릭스'의 운영에 있어서 그 반서구적 추세에 작용하면서도 '시리아' 내전에서는 미국과의 공동보조의 일면도 보이고 있으며, 특히 트럼프 미국 대통령의 등장에 있어서는 각별한 우호적 관계가 문제되고 있는 점 등은 러시아가 이러한 미 - 중 관계에 있어서의 '추축국'의 역할에 관심을 두는 것으로 생각해 볼 수도 있다.

125 Robert A. Pape, 'Soft Balancing against the United States,' *International Security*, 30/1(Summer 2005), p. 10, 17.

126 T. V. Paul, 'Soft Balancing in the Age of U. S. Primacy,' *International Security*, 30/1(Summer, 2005), p. 53.

자, 중견국가들의 '연성균형화'의 움직임이 가시화된 것으로 분석된다. 2001년부터 시동이 걸려 2010년에 타결된 '아세안-중국 자유무역협정'(ACFTA)은 중견국가들의 미국주도의 단극제체에 대한 하나의 '연성균형화'의 시도로 풀이되기도 한다.[127] 특히 2017년 미국 '트럼프' 행정부의 등장은 미국 우선주의를 앞세우는 보호무역주의의 움직임, '파리기후변화협정'의 탈퇴 등의 극히 일방적인 정책적 전환으로 이어짐으로써 전통적 우방(EU)의 비판과 새로운 형태의 '연성균형화'의 가능성을 열고 있다고 볼 수도 있다.

세력균형의 작동은 역사적 환경의 변화에 좌우되기 마련이다. 무엇보다도 세계화는 비단 경제적 상호의존관계를 심화·확산시켰을 뿐만 아니라 국가 간 군사적 균형수단에도 엄청난 변화를 가져왔다고 볼 수 있다. 경제적 상호의존관계의 교란 또는 파괴가 가져오게 될 심각한 사태를 비롯하여 군사적으로도 핵무기 사용의 한계가 깊이 인식되어 있고 재래식 무기사용도 그 피해가 심대한 만큼 국가 간 균형화는 종래의 '경성'에서 '연성'으로 무게가 실리는 방향전환이 불가피하다. 단극체제와 그 이후의 사태진전에서 나타나는 '연성균형화'에 대한 새로운 논의가 활발해질 것이 예상된다.

---

127 Evelyn Goh, 'Great Powers and Hierarchical Order in Southeast Asia: Analyzing Regional Security Strategies,' *International Security*, 32: 3(2007), p. 140.

CHAPTER 03

주요 변환

01 제4차 산업혁명

　　제4차 산업혁명은 2016년 2월 다보스의 세계경제포럼에서 본격화된 ICT 융합의 새로운 시대를 표상한다. 제1차 산업혁명은 물과 증기기관으로 생산을 기계화하였다면 제2차는 전기의 힘으로 대량생산을 창조해냈고 제3차는 생산을 자동화하기 위하여 전자공학과 정보기술을 사용하였다. 제4차 산업혁명은 지난 20세기 중반에 시발된 제3차 산업혁명인 디지털 혁명에 추가하여 물리적, 디지털 그리고 생물학적 영역의 다양한 기술들이 융합되어 나타나는 새로운 혁명적 변화이다. '슈왑'(Klaus Schwab)에 의하면 이 혁명에서 이제 사람들은 전례 없는 처리능력, 저장능력, 지식에의 접근을 가능케 하는 '모바일 디바이스'(mobile device)로 연결되어 있으며, 이러한 능력은 새로이 등장하고 있는 기술적 도약(technological breakthrough)과 합쳐짐으로써 실로 혁명적인 변환을 가져온다는 것이다. 인공지능, 로봇 공학, 사물인터넷, 3D 프린팅, 나노테크놀로지, 바이오테크놀로지, 물질과학, 에너지 저장, 양자 컴퓨터 등의 다양한 분야에서 구체화되는 것으로 파악되고 있다.[128]

---

128 Klaus Schwab, 'The Foutth Industrial Revolution: What It Means and How to Respond,'

우선 제4차 산업혁명에서 논의되고 있는 주요 추진 동력의 형태(인공지능, 3D 프린팅, 사물인터넷 등)를 간략히 살펴보고, 이러한 변화가 경제에서 만들어 내는 노동과 자본의 구성변환을 정리해 볼 수 있다. 그리고 세계화과정에서 문제되는 기술선진국 대 후진국 관계, 주요 선진국(미, 중, 유럽 등) 간의 ICT 경합과정 등을 다루어 본 다음 세계화 과정에서 논의될 수 있는 새로운 쟁점과 처방 등을 간략히 정리해 보기로 한다.

1. 기본 추진 동력

제4차 산업혁명의 추진 동력은 매우 다양하다. 이 분야의 연구자마다 다양한 범주로 그 형태를 분류할 수 있기 때문이다. 여기서는 최근 대표적으로 관심을 모으는 분야를 몇 가지로 정리해 보기로 한다.

① 인공지능(AI: Artificial Intelligence)

'인공지능'은 기계로 구현된 '지능'이다. 현대사회의 디지털 환경 하에서는 컴퓨터가 사고, 학습, 자기개발 등 인간 특유의 지능적인 행동을 모방할 수 있도록 하는 컴퓨터공학 및 정보기술의 한 분야가 된다. 컴퓨터 공학에서는 이상적인 '지능적 기계'란 환경을 인지하면서 어떤 목표를 성공적으로 달성하게 하는 신축성 있는 합리적인 행위를 지칭한다. 그러나 현 단계에서 논의되는 이러한 합리적 능력에 관한 한, 인간의 언어행위의 이해, 전략적 게임{예: 체스, 바둑(알파고의 사례)}, 자율 자동차, 드론, 복잡한 데이터 해석 등과 같은 분야가 해당한다. 미국 IBM이 개발한 인공지능 소프트웨어 '왓슨'(Watson)은 2011년 TV퀴즈쇼인 '제퍼디'에서 인간 챔피언을 꺾으며 등장하였으며, 2014년부터는 IBM의 클라우드(가상 저장 공장) 서비스와 함께 상용화되기 시작했다. 현재 왓슨은 질병 진단 같은 헬스 케어 분야부터 빅 데이터 분석을 통한 상품추천, 고객 자동차 응답, 자동 번역 서비스 등 다양한 분야에서 활용되고 있다.

2017년 12월 5일 '딥 마인드'(DeepMind: 인공지능회사)는 '알파 제로'(AlphaZero)

---

in *Foreign Affairs, Special Collection: The Fourth Industrial Revolution*, A Davos Reader(January 20, 2016), pp. 3~4.

라는 기계 학습 알고리즘(algorism)이 체스(chess)뿐만 아니라 쇼기(Shogi: 일본 장기), 바둑(Go) 등의 모든 게임을 이길 수 있는 길이 열린 것을 선언하였다. 이러한 일상적 게임 분야의 기발한 알고리즘의 등장은 사람의 사고방식을 컴퓨터에게 가르치는 기계학습의 한 분야로서 '딥 러닝'(심층학습, deep learning)의 새로운 연구 영역을 만들어 가고 있다. 그리고 이 새로운 연구 분야는 자동 음성 인식, 이미지 인식, 시각 예술 처리, 자연 언어 처리, 약물 발견과 독성학, 고객관계 관리, 각종 제안 시스템, 생물정보학, 모바일 광고, 이미지 복구, 금융사기 발견, 군사 등의 다양한 영역으로 확산되고 있다. 한 가지 체스 게임에서 최근에 두드러지는 현상은 그 알고리즘이 단순한 기계적 반복의 측면뿐만 아니라 인간의 지능(intellect)을 보이기 시작하였으며, 여러 게임에서 책략과 모험, 진퇴의 움직임 등의 새로운 지능적 대응으로서 상대방을 제압하는 능숙함을 보여주고 있다는 점이다. 그리고 이러한 '딥 러닝'은 최근 의료진단에 도입되어 병리학에서의 정확한 지단, 응급환자(뇌졸중, 뇌출혈, 심각한 신경학적 상황 등)의 처리 등에 폭넓게 적용되고 있다. 언젠가는 '알파제로'는 보다 일반적인 문제해결의 알고리즘으로 발전되어 우리들의 모든 병을 치료해 주고 모든 과학적 문제를 해결해 주고 우리들의 모든 지적인 활동을 관장하는 '알파 무한대'(Alphainfinity)의 시대를 전망해 볼 수도 있다. 그러나 그러한 사태는 인류를 하나의 구경꾼으로 전락시킬 위험도 지적된다.[129]

　　그러나 '딥 러닝' 알고리즘은 인간의 인지적 메커니즘에 비견될 정도의 의미구성 차원(비젼, 청각, 언어, 일반적 인지 등)에서는 한도가 있다는 신중론이 제기되고 있으며 만약 서투른 인식에 머무를 때는, 예를 들면 공항 안전 체제가 특정인을 범죄자로 잘못 인식하거나 자율자동차가 예기치 않은 광선으로 인한 판독미스로 보행자를 덮치는 오류를 범하게 되는 끔찍한 결과를 초래할 가능성 등이 제기된다.[130] 그리고 인공지능의 사회적 활용이 증폭되면서 그 사회적 결과의 장래와 관련되는 장기적인 현안 등이 활발해지고 있다. 가장 두드러지

---

129 *Deep learning, Wikipedia(https://en.wikipedia.org/wiki/Deep_learning)*(2019); Steven Strogatz, 'A chess-playing machine heralds a new age of insight,' *The New York Times International Edition*(January 2, 2019), p. 1.

130 Melanie Mitchel, 'A.I. hits the barrier of meaning,' *The New York Times International Edition*(November 7, 2018), pp. 14~15.

는 사안으로서는 '슈퍼인텔리전스'(Superintelligence)의 출현 가능성이다. 이는 가장 총명하고 재능 있는 인간정신(human minds)마저 능가하는 가상적인 행위자이다. 특히 과학적인 창조성이나 일반적 지혜 및 사회적 기능(skills)과 같은 모든 분야에서 인간두뇌 보다 훨씬 앞서는 지능을 지칭한다. 그리고 인간지능을 넘어서는 슈퍼인텔리전스 출현의 역사적 기점(예: R. Kurzweil의 2040년설)을 '기술적 특이점'(technological singularity)으로 부르고 있으며, 이로 말미암아 인류의 능력적 한계와 더불어 끔찍한 재앙으로 이어질 수도 있다는 전망도 나오고 있다.[131]

② '사물인터넷'(IoT: Internet of Things)

사물에 센서가 부착되어 실시간으로 데이터를 인터넷 등으로 주고받는 기술이나 환경을 의미한다. 인터넷으로 연결된 사물들이 데이터를 주고받아 스스로 분석하고 학습한 정보를 사용자에게 제공하거나 사용자가 이를 원격 조정할 수 있는 인공지능 기술이다. 개인의 일상생활과 관련해서는 심장박동, 운동 등의 정보를 제공하여 개인의 건강증진에 기여하게 만들 수 있다. 공공생활 부문에서는 가로등에 센서를 부착하여 주변 교통상황을 파악하고 필요시 가로등을 켜는 방식으로 전력소비량을 절감시킬 수 있다. 주차 공간에도 센서를 부착하고 시민들로 하여금 스마트폰 애플리케이션을 통하여 주차 공간에 대한 정보를 얻게 해준다.

사물 인터넷은 사물과 사물뿐만 아니라 사물과 사람 사이의 연결을 통해 데이터를 수집·분석하고, 이를 활용해 새로운 가치를 발굴·제공할 수 있다. 상호연결로 수집된 대량의 데이터를 기반으로 한 객체 간 상호작용을 통해 새로운 가치창출이 가능하다. 사물에 칩셋을 연결하고 컴퓨팅 기능은 클라우드에서 처리하고, 수집된 대량의 데이터에서 의미 있는 정보를 이끌어내기 위한 빅데이터 분석으로 이어질 수 있다. 예를 들면 비닐하우스, 축사 등에 센서를 부착하여 온습도를 단순 제공하는 데 그치지 않고, 한발 더 나아가 수집된 환경정보와 생육정보를 클라우드에 저장하고 이를 분석하여 작물의 최적 생육환

---

131 Ray Kurzweil, *The Singularity is Near: When Humans Transcend Biology*(The Biking Press, 2005); Nick Bostrom, *Superintelligence: Paths, Dangers, Strategies*(Oxford: Oxford Univ. Press, 2014).

경을 자동으로 제어하는 서비스로 진화하게 된다.[132] 최근의 사물인터넷 B2C 제품으로서는 날씨 및 공기 상황 모니터기, 무선아기 돌보미, 수면/식습관 모니터기, 만보기, 스마트 체중기 등이 열거된다. 그리고 미국의 통신사 AT&T는 보안사업 역량을 확대하여 홈 시큐리티 및 오토메이션 서비스 디지털 라이프를 출시하였는데 스마트폰이나 태블릿의 애플리케이션을 통하여 가정 내 설치된 보안카메라, 온도조절기, 도어락 등을 제어할 수 있으며, 커넥티드 카의 경우에는 운전자가 차내에서 가정 내 비치된 냉난방기, 출입문 등도 제어할 수 있도록 하여 IoT 서비스 공간을 적극 확대할 수 있게 된다.[133]

③ '사이버 물리 체제'(CPS: Cyber-Physical System)

이 체제는 물리적인 것과 소프트웨어의 두 구성요소들이 깊숙이 통합됨으로써 (1) 각자가 서로 상이한 공간적, 시간적 스케일에 따라 작동하면서, (2) 복합적이면서도 특이한 행동양식을 보이고, (3) 양자가 서로 맥락에 따라 무수한 형태로 상호작용하는 메커니즘이다. 스마트 그리드(smart grid), 자율자동차 체제, 의료 모니터링, 과정제어 체제, 로봇 체제, 자동 항공 조종학(avionics) 등이 해당된다. 위에서 검토된 '사물인터넷'과 비슷한 기본 구조를 가지고 있으나 물리적이고 컴퓨터 사용 면에서 보다 높은 수준의 결합이 추구되는 점이 다르다. 현 단계에서의 선구자들은 항공우주산업, 자동차 분야, 화학 공정, 민간 인프라, 에너지, 헬스 케어, 제조업, 수송, 오락, 소비기구 등의 분야에서 나타나는 것으로 되어 있다. CPS의 구체적인 최근의 사례로는 MIT의 '분배 로봇 정원'(Distributed Robot Garden)이 화제가 되는데, 여기서는 로봇으로 구성된 팀이 토마토 공장을 운영하는 경우가 된다. 그리고 CPS의 최근 연구에서는 미국 아이다호 국립연구소(Idaho National Labatory)의 경우처럼 '제어체제'(control systems)의 입장에서 사이버 안보, 인간 상호작용 및 상호의존성 등을 다루고 있어 관심을 모으고 있는데, 계량화면에서는 다소 느슨하게 연구가 진행되는 것으로 되어 있다.[134]

---

132 KT경제경영연구소, *2016 한국을 바꾸는 10가지 ICT 트렌드*(한스미디어, 2016), pp. 102~111.
133 *위의 책*, pp. 114~119.
134 *https://en.wikipedia.org/wiki/Cyber-physical system*(2017), pp. 1~2.

이상 CPS의 작동에 있어서는 '사이버네틱스'의 목표추구행위에 초점을 두는 '제어'(control)가 중심개념으로 되어 있음을 알 수 있다. 이 점에서 물리적 체제뿐만 아니라 사회, 정치체제와의 융합도 가능할 수 있는데 최근에 각광을 받는 '클라우드'나 '빅 데이터'의 계산능력으로 '사이버 정치 체제'의 본격적인 연구 가능성도 열려 있다.[135]

④ 3D 프린팅(3D Printing)

컴퓨터의 제어(control) 아래 어떤 물체를 창조해내기 위하여 물질(material)의 계속적인 '층'(layers)이 형성되게 함으로써 3차원의 물체(three dimensional object)를 합성해내는 과정을 지칭한다. 이때 만들어지는 물체는 어떤 형태이거나 입체물이라도 상관없으며, 3D 모형 또는 '가법적 제조업 파일'(AMF, Additive Manufacturing File)과 같은 디지털 모형 데이터를 사용하여 만들어진다. 부연하면 입체적으로 만들어진 3D 디지털 설계도나 모형에 원료를 층으로 쌓아 올려 물체를 만들어내는 기술이다. 얇게 썬 빵을 한 층씩 올려 빵 한 덩어리를 만드는 것으로 비유될 수 있다. 플라스틱, 알루미늄, 스테인리스강, 세라믹 심지어 다양한 첨단 재료를 사용할 수 있고, 예전에 공장 전체가 가동되어야 할 수 있는 일을 이제 3D 프린터가 해낼 수 있게 된다. 이 기술은 풍력 터빈 제조에서 장난감 제조까지 여러 분야에서 폭넓게 확산되고 있다.[136]

3D 프린터는 일반적인 물품뿐만 아니라 인간의 장기도 제작할 가능성을 열고 있다. 이른바 바이오프린팅(Bioprinting)에서는 물건을 프린트하는 것과 동일한 방식으로 인간의 장기 역시 3D 디지털 모형을 바탕으로 층층이 프린트된다. 물론 그 소재는 일상적인 소비품과는 다를 수 있다. 그리고 인공뼈를 만드는 데 쓰이는 티타늄 파우더처럼 활용 가능한 재료에 대한 실험이 진행될 수 있다. 그뿐만 아니라 3D 프린터의 등장으로 소비자들은 매장에서 물건을 구입하는 대신에 필요할 때 직접 물건을 제작할 수 있는 기회가 커짐으로써

---

135 정치학에서는 이미 1960년대에 K. Deutsch에 의해 정치의 목표추구 행위에 사이버네틱스의 '제어' 논리가 적용될 수 있다는 주장이 제기된 바 있다. Karl W. Deutsch, *The Nerves of Government: Models of Political Communication and Control*(New York: The Free Press of Glencoe, 1963), pp. 182~199 참조.

136 클라우스 슈밥 지음, 송경진 옮김, *제4차 산업혁명*(새로운 현재: 2016), pp. 234~235.

자기의 선호에 따라 적은 비용으로 소비재에 접근할 수 있는 기회가 증가된다고 볼 수 있다.[137]

제조업 분야의 응용에 있어서는 (1) 클라우드 기반 가법적 제조(cloud-based additive manufacturing), (2) 대중 고객화, (3) 신속한 제조과정, (4) 신속한 표준화(prototyping), (5) 조사연구, (6) 식량, (7) 의료 응용, (8) 기민한 세공(tooling) 등이 열거된다. 산업 분야의 응용에서는 (1) 의류, (2) 자동차 산업, (3) 건설, (4) 무기, (5) 의료, (6) 의료 디바이스, (7) 바이오 프린팅, (8) 컴퓨터와 로봇, (9) 우주(space) 등이 예시된다. 사회문화 분야에서는 (1) 예술, (2) 통신, (3) 가정, (4) 교육 및 조사연구, (5) 환경, (6) 문화 유산, (7) 특수제품 재료(specialty materials) 등이 있다.[138]

3D 프린팅에서는 그 기본 구조는 디지털이지만 사용되는 재료(materials)는 아날로그(analog)라는 단서가 붙는다. 즉 투입되는 재료의 경우 일단 사용되면 다시 다른 용도에 전용하기 어렵게 되기 때문에 폐기물이 엄청나게 늘어나는 결과가 된다. 어린이들의 장난감 레고(LEGO)처럼 디지털화되는 재료는 수없이 재활용이 가능하지만 3D 프린트 제품은 그것이 힘들게 되어 있다. 이 점 때문에 3D 프린팅이 아니라 재료의 디지털화로 재활용이 가능해지는 '3D 조립'(3D assemblers)의 방향으로 전환되어야 한다는 논의가 활발해지고 있다.[139]

⑤ 빅 데이터(Big Data)

빅 데이터란 디지털 환경에서 형성되는 다양한 형태의 데이터를 의미하며, 특히 테크놀로지의 비약적인 발달로 인하여 기존의 데이터와 차별화되는 텍스트, 사진, 동영상, 위치 정보 등의 정형화되지 않은 데이터까지를 포함하게 됨으로써 보다 다양하고 신뢰성 있는 분석의 길을 트이게 된다. 그리고 이러한 다양하고도 방대한 데이터의 분석과 활용으로 개인에게는 맞춤형 서비스 이용 등을 통한 삶의 질제고, 기업에게는 생산성 향상 등 기업의 경쟁력 강화

---

137 *위의 책*, pp. 238~241.

138 *https://en.wikiedia.org/wiki/3D-printing*(2017-01-15), pp. 8~15.

139 Neil Gershenfeld, 'How to Make Almost Anything: The Digital Fabrication Revolution' in Foreign Affairs: The Fourth Industrial Revolution, Special Collection(2016), *op. cit.*, pp. 19~22.

와 신시장 창출, 정부에게는 데이터 기반 국정혁신 및 사회현안에의 선제적 대응을 가능하게 하는 등 큰 효용을 창출해낼 수 있다.[140]

빅 데이터가 종래의 데이터와 차별화되는 점을 구체적으로 다루어 볼 수 있다. 첫째로 전통적으로 통계학자들이 선호하던 자그마한 양의, 또는 '표본'(sample)에 의존하기 보다는 방대한 양의 데이터를 지칭한다. 둘째로 극히 순박한(pristine) 데이터에만 매달릴 것이 아니라 어질러진 것도 받아들임으로써 여러 상황하에서도 다소의 부정확성(inaccuracy)을 받아들이는 방향이 권장된다. 적확한 소량의 데이터에 매달리기 보다는 방대한 양의 데이터를 사용하는 것이 훨씬 이득이 많을 수 있기 때문이다. 셋째로 모든 분석에 있어서 사물이나 사건의 '원인'(cause)의 발견에 치중하기 보다는 '상관관계'(correlations)를 찾아내는 데 만족할 필요가 있다. 왜 엔진이 파열되었는가, 왜 약의 부작용이 없어졌느냐를 정확히 알기 보다는 연구자로서 이러한 사건이나 그와 관련된 사안들에 관한 많은 정보를 수집하고 분석함으로써 그 '유형'(patterns)을 찾아내어 미래의 발생을 예측하는 데 기여할 필요가 있다. 빅 데이터는 '왜'(why)가 아니라 '무엇'(what)인가에 대한 대답이 되는데 이것으로 만족할 필요가 있다.[141]

빅 데이터는 세계적인 여러 주요 현안에 관한 적절한 대응에 있어서 매우 효율적인 방안을 제시할 수 있다. 특히 환경문제에 있어서는 공해에 관한 데이터가 절실한데 세계도처에 비치된 센서를 통하여 엄청난 데이터를 기후학자들에게 제공해 주어 보다 정확한 지구온난화의 모형작성을 도와 줄 수 있다. 건강관리에 있어서도 특히 세계의 수많은 극빈층을 위하여 컴퓨터가 할 수 있는 일, 발암 세포의 생검(biopsy) 또는 증상이 두드러지기 이전의 전의 파악 등에 매우 효과적인 대응을 마련해 줄 수 있다. 물론 지나친 데이터 의존 심리는 복잡다단한 사회 병리적 맥락의 외면이라든가 부도덕성의 문제들을 야기시킬 위험도 있다. 그러나 빅 데이터는 이러한 부작용을 극복하고 보다 신속한 실험과 선도적인 해법을 마련해 줄 수 있다. 그것은 '자원'이며 '도구'로서의 장점을 지니며, 설명보다는 이해를 지향하며 인간의 창조성, 직관, 지적 야망 등

---

[140] KT경제경영연구소, 2016 한국을 바꾸는 10가지 ICT 트렌드, *앞의 책*, p. 60.

[141] Kenneth Neil Cukier and Viktor Mayer-Schoenberger, 'The Rise of Big Data: How It's Changing the Way We Think About the World,' in *Foreign Affairs: The Fourth Industrial Revolution*, A Davos Reader(2016), *op. cit.*, p. 41.

의 인간의 현명함(human ingenuity)을 전제하는 대응방식이 될 수 있다는 긍정론이다.[142]

2. 디지털 혁명의 충격과 '신세계질서'

제4차 산업혁명은 인류에게 경제적인 일대 변환과 함께 그에 따르는 사회적 변화와 정치적 파장에 있어서 심대한 충격을 가져올 수 있다. 우선 경제적·사회적 충격의 기본적인 윤곽을 중점적으로 살펴본 다음 새롭게 탄생되는 '신세계질서'의 모습을 간단히 전망해 볼 수 있다.

우선 경제적으로 노동과 자본의 구성에 있어서의 변화를 전망해 볼 수 있다. 노동의 경우 지금까지는 주요 제조업이 후진지역에서의 '아웃 소싱'을 통하여 그 지역의 노동자들의 반복적인 '비숙련 노동'(unskilled labour)에 의존하였으나 이제는 AI, 로봇, 3D 프린팅 등에 의한 자동화로 대체됨으로써 종래의 단순노동은 사라질 가능성에 직면하게 된다. 예를 들면 아이폰과 아이패드를 조립하는 중국의 '폭스콘'(Foxconn)은 약 백만 명의 저임금 노동자들을 고용하고 있으나 이제 이들 노동자들은 로봇으로 대체되는 처지에 놓이게 된다. 많은 제조업 일자리가 미국으로부터 중국으로 건너갔으나 이제는 이것마저 사라질 국면을 맞게 된다. 이러한 현상은 중국뿐만 아니라 많은 후진국 및 개발도상국가에도 다가올 수 있는 현상이다. 이들 나라들은 값싼 노동력의 제공으로서 산업화의 초기단계를 거쳐 그 이후의 성장의 길을 모색하고 있었으나 이제 그러한 기본 발전방향의 선택에 어려움이 중첩하게 된다. 빈곤과 저발전의 늪에서 헤어날 길이 더욱 험난하게 되어 버린다.

한편 자본의 세계적 구성에는 어떠한 변화가 올까? 경제에 있어서의 자본은 그 물질적 및 무형적인 자산이 노동과 결합됨으로써 경제에 있어서의 생산과 서비스를 창출해내는 막중한 역할을 담당한다. '피케티'(T. Piketty)에 의하면 자본의 수익률이 경제 성장률을 상회할 때는 경제에 있어서의 자본의 몫(share)은 늘어나게 될 것이며 이 조건은 미래에도 지속될 것으로 보았다. 미국의 경우 1947~2000년 노동의 몫이 64.3%에서 2011년에는 57.8%로 감소된

---

142 *Ibid.*, pp. 52~53.

것으로 나타나며 이것은 해외로부터 일자리를 다시 가져오는 '재귀'(re-shore) 노력에도 호전되지 않을 것으로 보고 있다. 노동의 감소와 자본의 상대적 증대추세는 지속될 것으로 보았다.

그런데 자본의 경우에도 그 몫이 계속 늘어난다는 보장은 없다는 전망이 나오는 것이 문제가 된다. 그것은 바로 자본에 대한 새로운 도전으로서의 '디지털 자본'(digital capital)의 출현이다. 자유로운 시장에서는 생산과정에 도입되는 희소한 투입(scarcest inputs)에 프리미엄이 붙게 되어 있는데 만약 소프트웨어나 로봇이 들어서게 되면 이것들은 쉽게 모사될 수 있기 때문에 그 한계 가치(marginal value)는 떨어지게 마련이다. 자본도입이 늘어날수록 현존하는 자본의 값은 하락하게 되어 있다. 소프트웨어나 심지어 하드웨어도 쉽게 복제되고 공장마다 값싸게 사용될 수 있게 되어 있다. 디지털 기술이 일자리를 쉽게 대체하게 되자 노동자가 불리하게 되듯이, 디지털 기술이 자본을 대체하게 되면 모든 자본의 소유자들도 종래와 같은 몫을 기대하기는 힘들게 된다.[143]

그러면 디지털 기술이 기계화에 획기적으로 접목되는 이른바 '제2차 기계시대'(the second machine age)로 불리기도 하는 새로운 전환기에 등장하는 가장 희소하고 가치 있는 '자원'은 무엇일까? 그것은 보통의 노동도 아니고 보통의 자본도 아니며, 새로운 아이디어와 혁신을 만들어낼 수 있는 사람들이다. 온라인에서 사진과 비디오를 서로 공유할 수 있는 플랫폼으로서의 '인스타그램'(Instagram)은 당초 물질적 자본이나 비숙련 노동자들의 도움 없이 단 14명의 혁신적인 기술인들로서 출발한 디지털 기업으로서 창업 1년 반 만에 7억 달러의 소득을 올린 성공사례를 기록하고 있다. 이러한 디지털 기술 분야의 '슈퍼스타'(superstars)들은 특출한 능력과 혁신으로 타의 추종을 불허하는 성공가도를 달리게 되어 있다. 그리고 이들의 출현과 활약은 소매업, 금융서비스, 제조업, 마케팅 등의 경제의 여러 분야에서 가능하게 된다. 특히 경영과 관련되는 CEO의 대우는 급상승하고 있는데, 이들은 정보기술 분야의 기능을 통한

---

143 Erik Brynjolfsson, Andrew McAfee, and Michael Spence, 'New World Order: Labor, Capital, and Ideas in the Power Law Economy' in Foreign Affairs: The Fourth Industrial Revolution, Davos Reader(2016), *op. cit.*, pp. 95~100; Thomas Piketty, *Capital in the Twenty-First Century*(Cambridge, Massachusetts: The Belknap Press of Harvard Univ. Press, 2014), p. 571.

독특한 능력을 바탕으로 유능한 정책결정자로서의 엄청난 보수가 약속된다. 무엇보다도 디지털 기술을 통한 직접적 경영이 절실해진 만큼 이 분야의 선두 주자들은 더욱 성공확률이 높아질 수 있게 된다.[144]

이제 디지털 기술이 주축을 이루는 '신세계질서'에서는 '국가 경영'에도 새로운 변화가 불가피해진다. 우선 디자인(design)과 혁신의 영역을 격상시키기 위해서는 교육체제의 경우, 기계적 암기 방법에서 탈피하는 온라인 학습(online learning)이 권장됨으로써 학생들이 우수한 교수, 수업내용, 연구방법 등에 연결되고 다양한 영역에서 '데이터 기반 접근'(data – driven approaches)을 통한 선별로써 그 장래가 좌우되는 교육적 혁신이 제안된다. 또한 디지털 환경에서 불가피하게 되는 경제적 불평등 문제에 대한 대응으로서는 국민들에게 교육, 건강관리 및 퇴직 연금과 같은 기본적인 복지서비스가 마련되어야 한다. 그리고 지속적인 경제성장을 위한 최선의 전략으로서는 '공공 부분 투자'를 증대하여 건강, 과학, 테크놀로지 분야의 기본적 조사연구(basic research), 교육, 도로, 공항, 공공용수, 위생체제, 에너지, 통신그리드 등의 인프라 구축에서 그 결실이 이루어지도록 재정적 지원이 보장되는 대책이 제안된다.[145]

한 가지 추가되어야 할 것은 최근 미디어 부문에서는 '제5세대 이동통신'(5G)의 도래가 크게 다루어지고 있으며 이 새로운 미디어 혁신은 제4차 산업의 강력한 동력이 될 것으로 기대되고 있다. 이른바 셀룰러 이동 통신(cellular mobile communications)의 다섯 번째 세대로서의 5G는 4G(LTE/WiMax), 3G(UMTS), 2G(GSM)를 이어받아 높은 데이터 속도, 저대기 시간(reduced latency), 에너지 절약, 비용절감, 고도의 체제능력, 대량 디바이스 연결 등을 가져올 것으로 전망된다. 1단계(Release – 15)는 2019년 3월, 2단계(Release – 15)는 2020년 완결될 것으로 되어 있다. 이 5G는 '퀄컴'(Qualcomme: 무선칩 제조업체)에 의하면 초당 4.5기가바이트의 다운 속도(download speeds)를 가지고 있으나 초기 평균 속도는 1.4기가바이트로서 4G보다는 20배 빠른 속도임을 밝히고 있다. 속도뿐만 아니라 신호의 대기시간(latency) 면에서도 4G에서는 보통 50에서 수백 밀리 초가 소용될 수 있으나 5G에서는 이를 몇 밀리 초(a few milliseconds)로 줄일

---

144 E. Bryniolfsson et. al., *op. cit.*, pp. 100~103.
145 *Ibid.*, pp. 103~105.

수 있다. 그리고 이러한 속도와 대기시간의 이점으로 산업 로봇, 보안 카메라(security cameras), 교통 데이터를 상호 교환하는 드론이나 자동차의 운행 면에서 상당한 변화를 가져올 것으로 기대된다. 사람들은 모든 영화를 4G에서는 6분 정도 소요되나 5G에서는 17초에 다운받을 수 있고 비디오 게임이나 스포츠 및 쇼핑 면에서도 두드러지는 변화를 가져올 수 있게 된다. 특히 가상공간에서의 대용량 영상과 게임을 즐기는 가상현실과 사진에 새로운 이미지를 덧씌워 보여주는 증강현실 서비스도 주목받게 된다. 2019년 상반기에 'AT&T의 5G network' 기반 '삼성 스마트폰'이 등장하게 되며, 미국의 여러 도시(Houston, Indianapolis, Los Angeles, Sacramento)에 보급되고 영국, 독일, 스위스, 중국, 한국, 호주 등으로 확산될 것으로 전망된다.[146] 특히 하나의 물리적인 영상에 여러 개의 논리적인 망을 만들어 비용을 절감해 줄 수도 있는데, 이 네트워크 슬라이스(network slicing) 구조는 예를 들면 (1) 통신인터넷, (2) 물류, 농업, 기후, (3) 차, 공장 등의 세 가지 슬라이스들을 하나의 5G망으로 만들 수 있다는 이점도 지적된다.[147] 앞으로 이러한 5G 기술이 사회적 형성 과정에서 '뉴 미디어'의 이른바 '재결합'의 형태를 어떻게 유지·발전시켜나갈 것인가, 또한 그 사회적 결과에 있어서도 '편재'와 '상호작용'에 어떠한 변화를 가져올 것인가는 새로운 연구과제가 될 수 있다.

02 세계경제

제2차 세계대전 이후로 세계경제는 그 규모와 파급효과에 있어서 거대한 변환을 기록하게 된다. 세계무역의 규모와 가치도 엄청난 증가를 보이고 있으며 세계적인 국가 간 해외투자의 증대에 병행하여 세계적 규모의 거대기업이 석유에서 컴퓨터, 자동차로부터 소매에 이르는 경제적 영역 전반에 등장하게 되었고, 이와 연계된 금융구조의 확대 등으로 세계경제는 전례 없는 발전과

---

146 Don Clark, 'What 5G will mean when it arrives this year,' *The New York Times International Edition*(January 2, 2019), p. 7.

147 유창모, 손장우, *5G and E2E Networking Slicing*(Netmanias: Nov. 23, 2018), p. 2.

번영의 도정으로 전망되기도 하였다. 그러나 이러한 세계경제의 확장은 그에 상응하는 상호의존적 통합의 과정으로 이어지면서 경우에 따라서는 상호마찰과 갈등적 국면의 전개로 이어지는 변환의 또 다른 시련도 동반하게 된다. 특히 1970년대에 들어서면서 서방 선진 산업 국가들의 경우 경제 성장률이 하락하고 실업과 인플레가 증가하게 되면서 각국은 보호무역주의의 경향으로 흐르게 되자 세계무역의 과제는 새로운 다자외교의 전환으로 이어졌고 긴 준비기간을 걸쳐 1995년의 세계무역기구(WTO)의 등장으로 이어졌다. 또한 세계화로 인한 새로운 금융구조의 형성은 1989년의 동아시아 경제위기 그리고 2007년에는 세계적인 미국발 금융위기를 만들어내게 된다. 이러한 금융위기에 즈음한 세계적 대응 노력은 지속되고 있으며 21세기의 주요 현안이다.

한편 경제적 세계화와 관련해서는 자본주의 경제의 구조적 특성에서 오는 불평등 문제를 외면할 수가 없게 된다. 팽창 일로에 있는 세계무역의 구조적 변환에서 발생하는 선진－후진국 간의 차별화된 이해타산 그리고 금융위기에서 노출되는 관리체제의 책임론과 대응책 마련에 있어서는 부단히 제기되는 불평등의 작용력이 문제가 된다. 그리고 보다 구체적인 차원에서 무역이나 세계적 금융질서의 불평등 형성문제에 어떻게 대처하여야 할 것인가의 장기적인 과제가 된다. 초근목피의 수준에 신음하는 이른바 후진 지역의 이른바 '밑바닥 10억'(The Bottom Billion)에 대한 긴박한 대응책이 요청되며, 세계적 소득불평등에 대한 장기적 개선책이 최대 현안으로 부각된다. 이러한 세계경제의 현안들을 (1) 세계무역과 금융의 영역, (2) 경제적 세계화의 당면 과제 등의 두 가지 분야로 나누어 다루어 보기로 한다.

1. 세계무역과 금융의 영역

제2차 세계대전 이후의 냉전으로 인한 서방 진영의 경제는 자유주의적 시장경제의 기본 틀에서 무역의 급속한 팽창으로 이어졌고 그 후의 경제적 상황 변화에 따라 '세계무역기구'에 의한 규제형태로 발전하게 되었으며, 이러한 무역 주도의 경제발전은 동시에 그에 상응하는 금융체제의 발달과 그에 수반되는 위기적 시련 등을 겪게 만들게 된다. 이러한 과정을 무역과 금융의 두 가지 영역으로 나누어 다루어 볼 수 있다.

① 세계무역의 발달과 규제기구

전후의 서방경제는 우선 자유주의 시장경제의 기본 틀로서의 '비교우위론(comparative advantage)'과 비차별 원칙으로서의 '최혜국 대우'(most-favored nation)에 근거한 1947년의 '관세와 무역에 관한 일반적 합의'(GATT: General Agreement on Tariffs and Trade)의 체결로 출발하게 된다. 전후 약 20여 년의 경제적 부흥과 발전의 초기 단계를 무난히 넘겼으나 1970년대에 들어서면서 선진국에 불어 닥친 실업과 인플레, 유럽경제공동체(EEC)와 일본의 진출 및 미국 지위의 동요, 중동 석유파동 등의 어려운 상황에 접어들자 각국은 보호무역주의의 난국타개의 선택이 불가피하였으며 그 시련은 선진 산업국간의 상당한 부담으로 이어졌다. 심지어 미국도 닉슨 대통령의 '신경제정책'(New Economic Policy)으로 제품수입에 대한 임시수입관세, 수입할당제 등의 보호주의 정책을 채택할 정도가 되었다.

그러나 이러한 경제적 어려움을 겪으면서 서방세계에는 세계무역질서에 대한 새로운 개혁과 발전의 전기를 마련하고자 하는 기운이 싹트기 시작하였으며 주요 선진국간의 '다자간 무역 협상'(Multilateral Trade Negotiation)이 전개되기 시작하였다. 1979년의 '동경 라운드'(Tokyo Round)는 비록 여러 가지 제약조건은 있었지만 관세율을 31% 인하하는 데는 합의한 것으로 나타난다. 그 후 1986년부터 1994년까지 지속된 '우루과이 라운드'(Uruguay Round)에서는 (1) 시장경제 분야, (2) GATT 규율 분야, (3) 신 분야(지적 소유권), (4) 신 분야(서비스) 등에 관한 포괄적인 논의와 의견합의가 이루어진 것으로 되어 있다. 그리고 이 '우루과이 라운드'는 그 다음해 1995년 '세계무역기구'(WTO: World Trade Organization)의 결성으로 이어졌다. 이 'WTO'는 전후의 일시적인 협정으로서 재화무역에만 치중하였던 'GATT'와는 달리 무형 서비스 분야(보험, 자문, 은행업)도 다루게 되고, 특히 '지적 재산권'(특허, 저작권 등)과 같은 서비스 분야에도 역점을 두는 국제적 조직이 된다. 그뿐만 아니라 분명한 '분쟁해결절차'(제소, panel의 구성, 1년 내 최종판결, 상고에 의한 15개월 내 종결 등)를 갖춘 명실상부한 국제조직이라는 특성을 지닌다. 그 기본 원칙에 있어서는 (1) 차별 없는 무역, (2) 내국민 대우, (3) 예측 가능성, (4) 공정경쟁의 촉진, (5) 개발 및 경제개혁의 장려 등이 강조된다.

'세계무역기구'의 출범은 세계무역의 계속적인 성장과 발전에 크게 기여하게 되었음은 의심할 여지가 없다. 특히 서비스 분야에 대한 각별한 배려(지적 재산권 보호)라든가 새로운 '분쟁해결 절차'의 도입은 국가 간의 무역을 둘러싼 마찰과 갈등의 해소에도 상당한 도움을 주게 되었다고 인정된다. 그러나 WTO는 그 운영에 있어서 몇 가지 문제점들이 지적된다. 우선 미국이나 EU 같은 강대국들의 영향력이 문제시된다. 주로 각료회의에 있어서의 의제설정이나 회의진행에 있어서는 이른바 '쿠아드'(Quad: 4대 열강)가 결정적인 역할을 하게 되는데 미국, EU, 일본, 캐나다, 브라질, 인도 등이 이에 선별될 수 있게 된다.

2013년부터 미국과 EU를 하나로 묶는 '환 대서양 무역과 투자 동반자 협정'(TTIP: Transatlantic Trade and Investment Partnership)의 체결이 시도되어 왔다. 이것은 미국과 EU의 양자 협정으로서 각자의 생산 조건의 자유화를 통한 이익을 속보적으로(in double-quick time) 챙기려는 협정으로 파악되었으나 한편으로는 WTO와는 달리 제3국의 발전 문제는 전혀 고려할 필요가 없는 협정이라는 비판도 제기되었다. 일찍이 WTO는 1999년(Seattle), 2003년(Cancun) 각료회의에서 세계적 시민사회의 과격한 항의시위를 겪은 바 있으나, 이러한 WTO가 전제하는 민주적인 제도적 특성은 TTIP의 등장으로 이제는 힘들게 되었다는 분위가 짙어지기도 했다. WTO가 그 '의제 설정권'(agnda-setting powers) 등으로 극빈국이나 개도국들의 정당한 욕구를 다소나마 수용할 수 있는 길을 완전히 막아 버리는 선택이 될 수 있다는 것이었다.[148]

그러나 WTO는 2017년부터는 미국의 트럼프 행정부의 출범으로 또 다른 시련의 단계에 접어들게 된다. 즉 미국이 표방하는 이른바 '미국 우선주의'는 우방과의 무역마찰의 조정은 물론 중국과의 '무역전쟁'으로 진전되는 또 다른 국면을 전개하게 된 것이다. 지적 재산권의 침해를 전제로 하는 미국의 중국에 대한 제재(강철과 알루미늄 25% 관세)에 대한 중국의 대응(미국 농산물 및 에너지에 대한 관세)이 세계무역의 새로운 현안으로 등장하게 된 것이다. 미국은 모든 불공정 무역 대상국들에 대한 시정 조치임을 내세우고 있으나 전통 우방(캐나다, 멕시코, EU, 일본, 한국 등)에 대해서는 관대한 조치로 임하는 움직임으로 보아 그 궁극적인 전략은 세계적 패권의 상대인 중국에 대한 제재임은 분명하

---

148 Matthew Wilson, 'Global trade and global finance,' in John Baylis et. al., The Globalization of World Politics, Seventh Ed., *op. cit.*, pp. 456~457.

며 중국의 '2015년 선언'(Made in China 2025)에 대한 반격으로 받아들여지고 있다.[149] 비록 이러한 미-중 무역전쟁은 세계경제의 벅찬 교란상태로 받아들여질 수 있으나 그것은 어디까지나 WTO의 기본 틀을 유지하면서 미-중 양강의 원만한 조정으로 해결될 것을 전망해 볼 수 있다.

② 세계적 금융위기와 규제방향

<u>가. 2008년 금융위기의 전말</u>

2008년 미국발 금융위기에 관해서는 몇 가지 두드러지는 원인들이 논의된다. 첫째로는 과거로부터 존재해 온 금융거품(financial bubbles)에서처럼 저렴한 신용대부가 그에 대한 사람들의 욕구를 부추겼고 잠재적인 대출업자들의 탐욕을 증대시켰다는 설명이 된다. 특히 21세기에 들어서 주요 산업 국가들의 낮은 이자율이 그 원인으로 지적된다. 미국, 유로(euro) 지역, 일본 등은 매우 낮은 이자율을 유지하였던 것으로 나타나는데 낮은 이자율로 인한 낮은 자금은 특히 일반 가정의 부채(debt)에 대한 욕구를 증대시킬 수 있었다는 것이다. 둘째로 이 당시에는 금융 분야에서 특출한 위험 감수(risk-taking)의 형태가 있었으나 특히 담보대출에 있어서의 '시작·배포 모형'(originate-and-distribute model), 부채 담보 증권(CDO), 위험통제수단의 약화, 신용평가기관의 미흡한 대응 등이 지적된다. 그리고 시간이 경과함에 따라 대출자(loan generators)와 평가기관(rating agencies)간의 이해갈등이 당시의 낙관적인 전망과 늘어나는 '레버리지'(leverage)의 분위기로 더욱 격화되었다. 미국과 그 이외의 나라에서도 이처럼 늘어난 매물(products)이 일단 그 가치가 하락하게 되자 국제적인 확산 이전의 조건을 만들게 되었고, 또한 나름대로의 위험과 대출에 대한 재검토로 이어지게 만들었다. 결국 이러한 작용력들은 금융회사들로 하여금 그들의 레버리지 수준을 급히 줄이고 위험으로부터 회피하는 방향으로 몰고 가게 되어 많은 시장에서의 유동성(liquidity) 증발로 이어졌다는 설명이다. 셋째로 이 당시의 주요 산업국들의 경우, 금융적 모험의 성장 추세를 억제할 수 있

---

149 Neil Irwin, 'For Trump, a strategy over trade takes shape,' *The New York Times*, International Edition(October 8, 2018), p. 8

는 '규제 체제'(regulatory regime)의 무능이 문제시 된다. 예를 들면 '시작·배포 모형'은 은행으로 하여금 그들의 활동을 '오프 밸런스 시트 수단'(off-balance sheet vehicles)에 돌림으로써 자본을 절약하고자 하는 노력으로 시동되었으나 이것이 전혀 통제가 힘든 영역으로 이전되어 버린 것이다. 금융적 혁신의 복잡성에 대처하기에 역부족인 분야에서 각종 규제조치가 응분의 대응 효과를 기대하기 힘들다는 점이 지적된다.[150]

이 금융위기는 통화, 금융 및 기타의 정책적 대응으로 이루어졌으며 대체로 두 갈래의 방향으로 정리해 볼 수 있다. 첫째로 즉각적인 대응으로서는 파손된 신용 대부 시장(credit market)의 정상화로 수요와 활동을 회복하는 과제가 되는데 주요 관련국 경제 당국자들은 금융 분야에 대한 즉각적인 지원을 통하여 사적 영역이 당면한 경직된 금융조건을 완화하기 위한 제반조치를 실행에 옮겼다. 중앙은행에 의한 유동성 마련, 특정 금융시장에서의 신용 장애의 제거조치, 정부 보증하의 금융기관에 대한 직접적인 자본 투자 등이 포함된다. 미국의 경우, 피해를 입은 금융 제도들의 '대차 대조표'에서 불량 자산(bad assets)은 삭제하고 담보 및 개인 신용시장을 지원하기 위한 장기증권(longer dated securities)을 매입하도록 하였다. 그리고 국제적으로는 IMF를 통한 후진 및 개발도상국들에 대한 공적 자금의 제공도 이루어졌으며, 주요 관련국 및 개도국들의 경우 이자율 삭감, 가계지원, 기업 감세, 인프라 투자 지원 등의 긴급구제책이 상당한 실효를 거둔 것으로 되어 있다.

둘째로 '중기적인 의제'(medium agenda)로서는 금융 규제 정책의 개혁이 시급한 과제가 된다. 여기서는 오랜 과제로서 어떻게 하면 경제체제를 보호할 수 있는 적절한 정부 규제와 금융 분야의 시장 혁신 간에 '균형'을 유지하느냐의 문제가 된다. 최대의 현안은 금융의 '위험 감수'를 줄이는 것인데, 이 시도는 '위험 감수'가 금융 분야에서 규제가 힘든 영역으로 밀려나간다는 사실이 문제가 된다. 그리고 금융체제가 정교화 될수록 위험감수도 비슷하게 되어 가는 추세가 됨으로 문제는 '규제의 틀'은 상황의 변화에 따른 적절한 적응적 대응이 절실해진다는 이야기가 된다. 즉 그 대응에 있어서는 은행들로 하여금

---

150 Malcom Edey, 'The Global Financial Crisis and Its Effects,' in Frank J. Lechner and John Boli(eds.), *The Globalization Reader*, Fifth Ed.(Malden, MA: Wiley Blackwell, 2015), pp. 210~211.

보다 많은 유동성과 자본을 준비토록 하고 '스트레스 테스팅 모형'(stress-testing models)의 참작, 금융상품의 투명성, 판정기관에 대한 적절한 인센티브 마련 등이 대안으로 논의될 수 있다.[151]

나. 세계금융의 규제체제

세계적 금융의 규제는 주로 '국제통화기금'(IMF)과 '세계은행'(World Bank)에 의해 수행된다. 전자는 금융 불안에 직면한 나라들에 대한 통화 원조를 담당하고, 후자는 자국 발전을 도모하는 나라들에 대한 장기적인 통화 원조가 그 주된 임무가 된다. 세계적으로 나라마다의 금융위기 국면은 다를 수 있지만 대부분의 경우 일단 금융의 위기 상황이 오게 되면, 개별 국가의 경우 IMF의 긴급 금융지원을 받게 되는데 이 경우 당사국과 IMF 당국(전문가) 간에는 위기 해법에 관한 수단에 있어서 문제가 발생할 수 있다. 특히 유로존(Euro Zone)에 속하는 여러 나라들의 경우에는 '삼인조'(Troika: 유럽위원회, 유럽 중앙은행, IMF)와 관련국 간에 이루어지는 하나의 규제체제가 형성되기 마련인데 위기 해법을 둘러싸고 갈등과 협의 과정이 복잡하게 전개될 수 있다.

우선 위기에 직면한 나라들의 경우에는 공공 재정의 불균형을 바로 잡는 데 있어서 내핍에 의한 해법(austerity solution)이 우선시되어야 한다는 입장이 있을 수 있다. 긴축재정과 연금혜택의 축소를 통하여 나라살림을 줄여 빚을 갚는 데 주력함으로써 금융위기로 촉발된 경제적 어려움을 국가권능의 축소로서 해결하고자 하는 방향이 된다. 그러나 또 다른 해법으로는 지나친 긴축으로 이미 위기국면의 상태를 '채무불이행'(default)으로 몰지 않기 위해서는 오히려 적절한 규모의 복지 혜택의 지속 및 기타의 경제적 자극을 통하여 성장을 유도함으로써 부채 탕감과 위기 국면 해소로 가야 한다는 입장이 있을 수 있다.

2008년 미국발 금융위기가 유럽에 확산되는 어려운 전파과정에 있어서는 이러한 두 가지 형태의 해법이 복잡한 이해당사자 간의 힘겨루기와 타협의 과정으로 이어지면서 두드러지게 되었다. 그리스의 금융위기의 경우 초기의 위기 상황으로 이른바 '트로이카'와 희랍의 협상 과정에서 당초에는 긴축을 앞세우는 트로이카의 입장이 우선시되었으나 2015년에 등장한 '시리자'(Syriza)정부

---

151 *Ibid.*, pp. 212~214.

는 어느 정도의 부채상환 완화와 복지지속 프로그램(연금혜택 복원, 공공부문 확대 등)을 내세워 이것이 오히려 많은 사람들에게 다양한 거시적 이득을 가져오게 할 수 있다고 주장하게 된다. 긴축 완화정책으로 성장률을 높일 수 있는 여유로운 소득(viable income)이 마련되며, 성장이야말로 사회의 극빈자들로 하여금 부당한 부담을 지지 않게끔 할 수 있는 공공재정의 '재균형'(rebalance)을 가져올 수 있다는 논리이다.[152]

금융위기와 관련되는 이상 두 가지 해법에 관한 한 그 어느 것이 적절한가 의 여부는 어려운 문제이다. 대체로 채권자들의 경우 긴축이 선행되어 채무 이행으로 이어지는 해법이 우선시될 수 있으나, 채무 이행은 위축된 경제의 회복과 성장이 뒤따르지 않으면 힘들게 되어 있다. 또한 채무상환능력을 확보하지 못하는 '유동성 지원'은 시간 벌어주기의 미봉책에 지나지 않는다는 비판을 면치 못하게 된다. 위기 당사국이 처한 주변적 상황, 특히 채무자들의 입장, 당사국의 장기적 지불 능력 등이 종합적으로 교차하는 복잡한 금융의 상호작용이 될 수밖에 없다. 그리스의 경우 2017년 7월 EU의 '재정지출규칙 위반 국가 명단'에서 빠졌으며 국제 채권시장으로의 복귀가 이루어졌는데, 이 과정은 그동안의 공무원 연금 삭감, 국가 자산의 매각 등의 조치들로 이루어 진 것으로 나타난다. 비록 위기 탈출의 청신호로 받아들여지고 있으나 앞으로 그리스 경제가 성장과 투자 및 일자리 창출로 이어질 것인가는 별개의 문제일 수 있다.

2. 경제적 세계화의 당면 문제

경제적 세계화는 결코 순탄치 만은 않은 여러 가지 장애와 개혁의 과제가 중첩되는 험로가 될 것이라는 전망이 나온다. 우선 세계 경제의 불평등문제와 관련해서 '극빈층 10억'의 시급한 문제가 제기된다. 그리고 지금까지의 경제적 세계화가 여러 개발 도상국가들에게 부당하고 비민주적이며 불이익을 가져왔다는 진단도 나오고, 또 한편으로는 지난 세계경제의 추세에서는 자본의 수익률이 경제성장을 앞지르면서 자본축적으로 인한 경제적 불평등의 심화로 이어질 수 있다는 견해도 나온다. 그러나 이러한 경제적 험로에 대응할 경제적 당

---

152 Mattew Watson, *op. cit.*, pp. 459~461.

면과제들이 제시되고 있는데 그 개략을 다루어 보기로 한다.

① 세계의 '극빈층 10억(The Bottom Billion)'의 문제

지난 40여 년 동안 약 10억 명의 세계적 부유층이 50억 명의 빈곤층과 대조되었으나, 이 추세는 2015년을 기준으로 세계인구의 약 80%를 점유하는 50억 명은 발전하면서 그 일부는 매우 놀라운 속도로 부유권으로 임박하고 있으나 약 10억 명은 바닥에서 헤매고 분열의 처지에 놓여 있다는 자료가 제시된다. 이들 밑바닥(약 10억)은 14세기(내란, 질병, 무지)에 머무르고 있으며 주로 아프리카와 중앙아시아에 산재해 있다. 그리고 냉전의 종식과 9·11 사태 사이의 1990년대에 있어서도 이들의 소득은 5%가 하락한 것으로 나타난다. 수적으로 종래의 50억 명의 빈곤층은 이미 번영의 길로 들어섰으나 아직도 10억 명은 바닥에 매어 있는 상황이 전개되고 있다.

'코리어'(Paul Collier)는 이 밑바닥 10억 명은 좀처럼 헤어나기 힘든 '함정'(traps)에 빠져 있는데 그것은 (1) 갈등 함정, (2) 자연 자원 함정, (3) 나쁜 이웃에 의한 '육봉된'(陸封: landlocked) 함정, (4) 작은 나라 안에서의 나쁜 거버넌스(governance)의 함정 등의 네 가지 형태로 이루어진다고 보고 있다. 많은 나라들이 이 네 가지 함정에서 벗어나고자 하나 그 과정은 결코 용이하지 않으며 일부가 일시적인 탈출에 성공하더라도, 예를 들면 1980년대의 세계적 여건(주로 세계시장)은 순탄한 여건을 지속시켜주기가 힘든 것으로 되어 있다. 2008년 현재 9억 8000만 정도가 이러한 불우한 환경에 처해 있으며 그중 약 70%는 아프리카에 산재해 있고 아프리카 이외의 지역에서는 아이티, 볼리비아, 라오스, 캄보디아, 예멘, 버마, 북한 등이 포함된다. 이들 나라들의 평균 수명은 50세로서 다른 발전도상국들의 67세와 비교되며, 유아 사망률(1년 기준)은 14%로서 발전도상국의 4%와 대조된다.[153]

대체로 극빈층 10억 명은 하나 또는 다른 함정에 빠져 있다. 약 73%는 내란에 시달려왔고 29%는 자연자원 수입의 정치에 얽매이고 30%는 육봉된 지리적 환경, 빈약한 자원, 악랄한 이웃 등에 시달린다. 78%는 오랜 나쁜 거버

---

153 Paul Collier, 'The Bottom Billion: Why the Poorest Countries Are Failing and What Can Be Done About It,' in Frank J. Lechner and John Boli(eds.), The Globalizaztion Reader, op. cit., pp. 202~204.

넌스와 졸렬한 경제정책의 함정에 놓여 있었다는 것이다.

이들 세계적 극빈층이 그들이 처한 함정에 벗어나 발전의 궤도에 들어서기는 매우 힘들게 되어 있다. 역사적으로 보면 후진에서 벗어나는 발전국가들의 경우 일단 어떤 역사적 계기에 초기의 성장 탄력으로 선진대열에 참여하는 이른바 '수렴'(convergence) 과정에 들어서게 되면 그 진전은 매우 속도가 붙게 되어 있다. 유럽의 경우 포르투갈, 아일랜드, 스페인 등이 그러한 역사적 선례가 되며, 1980년대 이후에는 중국과 인도가 그러한 전형적인 사례가 될 수 있다. 그러나 최근에 이르러서는 사태가 좀 달라진다. 비록 위에서 지적된 네 가지 함정에서 어느 정도 벗어나더라도 발전의 열쇠가 되는 세계적인 인력시장의 조건 및 해외투자 유치 등의 분야에 있어서 여러 가지 제약에 직면하게 되어 있다. 설혹 어느 정도의 경제성장의 초기 탄력이 붙더라도 다양한 세계시장에의 수출은 중국이나 인도와의 경쟁에서 힘들다는 점이 지적된다. 그리고 함정에 관한한 한 가지에서 헤어나면 다른 것이 다가오고 또한 몇 가지가 중층적으로 작용하게 되는 어려운 상황이 오게 되어 결국 그 진전은 '중간단계'(limbo)에 머무를 수밖에 없다는 이야기가 된다.[154]

② 세계주의의 불만(Globalism's Discontents): Joseph Stiglitz

'스티그리츠'(J. Stiglitz)에 의하면 세계화란 모든 나라들과 사람들의 통신과 수송의 비용 감소에 따라 이루어지는 밀접한 통합으로서, 재화, 서비스, 자본, 지식 및 일부 사람들의 '흐름'(flows)을 가로막던 인위적 장애물의 제거로 정의된다. 그리고 이 세계화는 모든 나라들 사이의 국경을 초월하는 세계적인 제도들을 만들어내는 것으로 파악되며, 그 현상 자체로는 좋다, 나쁘다고 단정할 수는 없으나 '무언가 좋은 것을 마련할 수 있는 잠재성'(potential to do something good)을 가지고 있다고 본다.[155]

그러나 무언가 좋은 것을 마련할 수 있는 '잠재성'이 실현되지 못했던 요인으로 그는 세계경제를 지배해 오던 이른바 '시장 근본주의'(market fundamentalism)를 지적하고 있는데 그것은 (1) 긴축 재정(financial austerity), (2) 민영화(privatization),

---

154 *Ibid.*, pp. 205~207
155 Joseph E. Stiglitz, *Globalization and Its Discontents*(New York: W. W. Norton, 2002), p. 9; J. Stiglitz, *Making Globalization Work*(New York: W. W. Norton, 2006), p. 20.

(3) 시장 자유화(market liberalization) 등의 세 가지로 이루어진다고 보고 있다. 우선 '긴축 재정'은 정부로 하여금 지출을 줄이고 재정을 축소하기 위하여 세금을 내리는 조치가 된다. 정부는 그동안 사적 영역(private sector)에 개입함으로써 경제성장과 번영에 장애가 되어 왔다는 생각이다. 이러한 이데올로기적 사고는 미국의 레이건(Reagan) 대통령과 영국의 대처(Thatcher) 수상에 의해서 더욱 구체화되었는데, 이들은 사회복지와 그 보호를 위한 공공재는 사기업에 의하여 보다 효율적으로 실현될 수 있다고 주장했다. 이러한 입장은 '민영화'로 이어졌고 '공영 사회적 서비스'의 축소 및 아동들의 사교육화(private schooling)'의 촉진으로 발전하게 된다. 그리고 '시장 근본주의'의 주창자들은 만약에 정부가 경제적 시장과 제도들에 대한 규제를 없애면, 특히 자본과 금융서비스 분야에 대한 규제를 축소하게 되면 사회복지 프로그램들은 더욱 좋은 성과를 올릴 수 있다고 주장하게 된다. 또한 이러한 이데올로기의 확산으로 국가 간의 무역이 관세의 축소와 기타 장애물 제거로 더욱 자유화되면 그만큼 세계적인 번영도 증대될 수 있다는 주장을 폈다.

이러한 시장근본주의적 처방은 해로운 세계화, 어두운 세계화로 이어졌다고 진단된다. 특히 가난한 나라들과 그 주민들에게 엄청난 고난을 안겨다 주었으며, 미국은 여러 부유한 나라들의 지지를 받고 국제적인 제반 제도들을 선도하여 이 이데올로기를 국제통화기금(IMF)에 부하하여 1990년대의 다자간 무역협상을 통한 세계무역기구(WTO)의 결성으로 구체화하였다. IMF는 이러한 신자유주의적 아이디어에 입각하여 가난한 나라들에게 자금 대출을 하되 지출을 줄이고 교육과 사회적 서비스를 민영화하며, 선진산업국가들의 강력한 다국적 기업들에게 시장을 개방하도록 유도하였다. 서방 국가들은 그들의 상품 수출에 도움이 되도록 무역자유화를 추진하였으나, 한편으로는 개발도상국들과 경쟁하는 분야에서는 오히려 자신들의 경제를 보호하는 방향으로 나갔다. 이러한 이중적 위선은 농업 분야에서 두드러지는데 가난한 나라들은 자기들의 시장을 개방하도록 하였고 OECD의 부유한 나라들은 WTO의 농업 분야의 규정에 따라 농업에 대한 보조금을 지급할 수 있고 자국 농산물 시장은 보호할 수 있도록 배려하였다. '스티그리츠'는 이러한 오도된 경제시책들과 관련해서는 국제기구들보다는 선진산업국들, 특히 미국의 역할에 비난의 화살을 돌린다. 즉 미국은 냉전의 종식과 더불어 유일한 초강대국으로서 공정성의 원칙과 가난한 자에 대한 배려를 위하여 세계경제와 정치체제를 재구성할 수 있는 기회를 맞이하게 되었다. 그러나 오히려 공산주의 이데올로기로부터의 경쟁이 없어지자 이제 미국은 자신들과 다국적 기업의 이익을 위하여 세계체제를 재구성할 기회를 갖게 되었다고 비판하고 있다.[156]

그러면 경제적 세계화에서 비롯되는 부작용과 해로운 결과를 완화하고 개혁해 나가기 위해서는 무엇을 해야 하는가? 세계화가 제대로 작동하여 진행되게 만들기 위해서는 무엇보다도 경제를 다스리는 '거버넌스'(governance)의 변화가 절실하다고 그는 주장한다. 첫째로 그는 IMF와 WTO의 두 국제기구의 거버넌스 체제에 문제를 제기한다. 즉 IMF에서 어떤 나라들의 현안을 대표하는 사람들은 관련국의 재무장관이나 중앙은행 상관들이고 WTO의 경우는 그 나라의 통상장관이 되는데 이들은 한결같이 자기 나라에서는 지배적인 기업이나 이익집단과의 밀접한 관계를 이루고 있으며, 통상장관들은 주요 다국적 기업들과의 협력이 절실한 과제가 된다. 결과적으로 이 두 주요 국제기구는 선진 산업제국의 통상 및 금융이익을 옹호하도록 되어 있다는 것이다. 둘째로 세계은행(World Bank)의 운영과 관련해서는 1997~1999년의 동아시아 금융위기를 다루고 있는데, 이들 나라들은 위기 대처와 경제정책의 수행에 있어서 '시장 근본주의'에 지나치게 얽매이지 않았다고 지적된다. 오히려 시장을 매우 적절한 계획에 따라 자유화하고, 대규모의 민영화나 긴축정책(austerity)도 없었으며, 특히 두 거대경제였던 중국과 인도는 필요에 따라 자본의 흐름을 제한하기도 하였다. 그는 동아시아의 경우 '워싱턴 컨센서스'(Washington Consensus)와는 다른 대응방향, 즉 시장근본주의하의 '정부 최소역할'보다는 확대된 정부의 역할이 성공을 가져오는 결정적인 사례로 파악된다.[157]

결론적으로 '스티그리츠'는 세계경제의 거버넌스에는 보다 민주적인 마음가짐과 운영절차의 민주화가 이루어지기를 권장하고 있다. 모든 나라들의 지도자들은 보다 민주적으로 세계적인 현안을 해결하고자 노력하여야 하고 특히 IMF나 WTO의 운영절차(투표과정)에 있어서는 개발도상국들에 대한 관심과 배려가 이루어져야 할 것이 강조된다. 세계화는 안으로부터 재구성될 수 있으며,

---

156 J. Stiglitz(2002), *op. cit.*, p. 60; J. Stiglitz(2006), *op. cit.*, p.277.
157 J. Stiglitz(2006), *op. cit.*, pp. 34~35.

정당하고 공정하게 운영되어 모든 나라들이 그들의 정치에 발언권을 행사할 때 경제의 성장은 지속가능하게 되고 휘발성이 덜하게 되며, 성장의 결실이 형평하게 나누어질 수 있는 '세계경제'를 만들 수 있다는 것이다.[158]

③ 21세기의 자본과 불평등 문제: Thomas Piketty

'토마스 피케티'(Thomas Piketty)는 21세기의 자본주의가 만들어내는 기본 구조와 그에 대한 적절한 개혁의 방안을 제시하고 있어 비상한 관심을 모은다. 그는 지난 약 250년의 자본주의 역사에 있어서 선진국들의 자본 수익률은 경제 성장률을 상회함으로써 불평등을 조성해 왔으며, 이에 대한 하나의 대응 책으로서는 자본 소득에 과세하는 누진적 방법을 건의하고 있다.

우선 불평등은 자본의 연간 평균 수익률(r)이 경제성장률(g)보다 클 때 (r>g), 발생한다는 것인데, 이 기본 명제를 주로 재정 서비스(특히 소득세) 관련 데이터에 의거하여 밝혀내고 있다. 자본의 수익률이 경제성장률을 앞설 때 '부를 세습받은 사람들'(people with inherited wealth)은 자기들의 소득의 극소부분을 저축하고 나머지 자본은 더욱 증가하도록 시도하게 됨으로써 근로소득자들보다도 그 증가율은 높아서 자본의 축적과 불평등으로 이어질 수 있다는 것이다.[159] 여시서 두드러지는 대목은 부의 세습자들은 근로 소득자에 비하여 자본의 축적에 미치는 상당한 효과가 부각된다는 점이다. 예를 들면 프랑스의 경우 2010~2011년간 상위 10% 부유층은 전체 국부의 62%를 차지하고 빈곤층 50%는 국부의 4%를 차지하고 있는 것으로 나타나며, 미국의 경우는 상위 1/10(decile)은 국부의 72%, 하위권 절반이 2%를 차지하는 통계를 제시하고 있다. 대부분의 선진국들의 경우 인구의 절반은 별로 소유하는 것이 없고 50%의 빈곤층은 국부의 10% 수준, 또는 그 이하(5%)에 머문다고 지적된다.[160]

'피케티'는 이러한 경제적 불평등을 개선하는 방법으로는 부에 대한 '누진적 글로벌 과세'(progressive global tax)를 통하여 해결할 것을 제의하고 있다. 이 세계적인 누진세부과는 불평등의 감소를 비교적 자유주의적 방법으로 실행

---

158 Stiglitz(2002), *op. cit.*, p. 21.

159 Thomas Piketty, *Capital in the Twenty-First Century*(Cambridge, MA: The Belknap Press of Harvard Univ. Press, 2014), pp. 25~26.

160 *Ibid.*, p. 135, p. 257.

에 옮길 수 있으며, 자유로운 경쟁과 사유재산제도가 존중되면서 개인적 경제적 인센티브가 언제나 민주적인 토론으로 다듬어진 규칙에 따라 과감하게 실행될 수 있게 만들 수 있다는 것이다. 바로 누진세야말로 사회적 정의와 개인적 자유 간의 이상적인 타협이 된다고 보고 있다.[161]

국가는 이러한 21세기 자본주의하에서 매우 적극적이고 강력한 이른바 '사회적 국가'(social state)가 될 수 있다. 이 국가의 경제와 사회에 대한 적극적인 역할은 이미 지난 20세기의 선진제국들의 세수(tax revenues)의 장기적 추세에 두드러지게 나타고 있으며, 특히 1920년부터 1980년 사이에 가장 현저한 증가추세에 있음이 지적된다. 〈그림 3-1〉에서 보는 바와 같이 이 기간 동안 국민 소득 중 세수는 10%에서 약 40%로 증가한 것으로 되어 있어 정부의 역할이 그만큼 증대되었다는 근거가 된다. 그리고 1980년부터 2010년 사이에는 세수 수준은 어느 정도 안정되어 미국은 30%, 영국은 40%, 유럽제국(독일, 프랑스, 스웨덴 등)은 45%서 50%수준으로 안정선을 유지하는 것으로 나타난다. 피케티는 이러한 '사회적 국가'의 출현으로 세계경제는 30년대의 '대공황'과 같은 엄청난 난국과는 대조적으로 2007~2008년의 미국발 금융위기는 비교적 적은 피해와 완화된 수습단계를 거쳐 해결이 가능하게 되었다고 보고 있다. 즉 사회적 국가의 적극적인 개입으로 인한 유동성(liquidity) 증대로서 위기를 극복할 수 있었다고 본다.

정부역할의 증대로 가능하게 된 '증가된 세수'는 주로 (1) 건강 및 교육 분야, (2) 이전 소득(replacement incomes)과 이전 지불(transfer payments) 분야로 각각 배정되는 것으로 되어 있으며, 정부가 세금을 통한 재분배정책으로 '사회적 국가'의 구체적인 실현단계로 접어든다고 보고 있다. 또한 이러한 근대적인 '재분배'(redistribution)는 모든 사람들에게 공평하게 혜택이 주어지는 권리이며 중요한 재화에 대한 평등한 접근 원칙(principle of equal access)에 근거하고 있음이 강조되며, 개인의 소득수준과 관련 없이 모두에게 공평성이 보장되는 '권리의 논리'(a logic of rights)가 적용된다.[162]

---

161 *Ibid.*, p. 444, p. 505.
162 *Ibid.*, pp. 474~480.

<그림 3-1> 선진 부유국의 세수입(1870~2010)

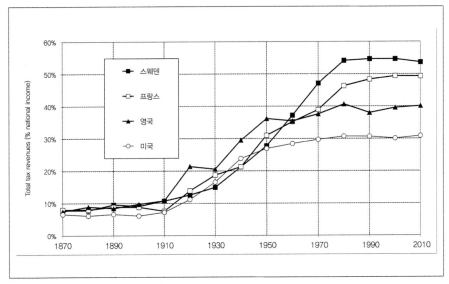

출처: Thomas Piketty, *op. cit.*, p. 475

　한편 늘어난 사회적 국가의 '공공영역'(public sector)은 그 운영에 있어서 조직(organization)의 문제가 제기될 수 있다. 즉 윤리적 기준에서의 '권리의 논리'는 현실적인 개인적 욕구 충족에 있어서 상호 조정의 문제를 야기시킬 수 밖에 없기 때문이다. 이와 관련해서 '피케티'는 교육과 퇴직수당 문제에 관한 조직문제를 다루고 있다. 첫째로 교육문제가 있다. 우선 교육은 사회적 유동성(social mobility)을 증대시키는 데 기여하여야 한다는 임무가 주어지는데 여러 가지 실행상의 문제가 발생하게 된다. 그러나 교육을 통한 세대 간 유동성은 미국보다는 스칸디나비아 제국의 경우보다 높게 나타나고 있는데, 이는 미국에서는 엘리트 대학들의 높은 수업료에 기인하며 결과적으로 상류층의 비중이 높다는 것을 알 수 있게 된다. 예를 들면 하버드 대학의 학부형 연간 소득은 약 450,000달러로서 미국상위 전체 소득 순위 2%이다. 비록 미국의 유수 대학들의 높은 수업료는 미국 대학의 독립성, 번영 및 에너지 발현에 크게 보탬이 된다는 합리화도 있지만 국가적인 능력주의(meritocracy) 면에서는 뒤처진다는 평가를 면치 못하게 되어 있다.

　둘째로 사회적 국가의 과제로서는 '퇴직'(retirement)에 관한 조직상의 조정 문제가 있다. 오늘날의 이른바 '수입·지출 균형 원칙'(PAYGO)은 '수입 자금'

(incoming funds)은 즉각 퇴직자들에게 지급되는 체제인데, 이 방식은 경제의 성장률은 하락하는 데, 자본의 수익률은 상승하는 데 문제가 발생한다. 피케티는 이러한 'PAYGO'체제가 근로자들의 기여가 퇴직자들에게 즉각 지불되기보다는 투자로 이어지는 '자본화되는 체제'(capitalized system)로 대체되는 것에 대해서는 반론을 제기한다. 즉 이때의 투자행위는 '휘발성'(volatility)의 문제로 이어질 가능성이 짙다고 보기 때문이다. 비록 'PAYGO' 방식도 여러 가지 문제가 있지만 모든 사람들에게 평등한 권리가 보장될 수 있는 방향으로 보완되는 '통합된 퇴직 계획'(unified retirement scheme)이 마련되어야 한다는 점을 강조하고 있다.[163] 발전도상국들의 경우, 중국은 인구 대부분에 적용되는 소득세 수준을 유지함으로써 상당한 세수입을 마련하고 있으며, 유럽, 미국, 아시아 각국의 '사회적 국가'의 방향으로 발전하고 있다고 보고 있다. 그리고 인도와 같은 나라는 낮은 수준의 과세에 의존하는 '균형'(equilibrium) 이상으로 발전하기에는 여러 가지 어려움이 있는 사례임을 지적한다. 앞으로 어떠한 형태의 재정적, 사회적 국가가 발전 도상제국에 출현할 것인가는 지구상의 가장 중요한 현안임을 강조한다.[164]

④ 지속 가능한(sustainable) 경제체제

21세기에 들어서면서 세계는 경제적인 어려움(금융위기, 실업, 불평등의 심화, 중산층의 감소, 심각한 환경문제와 자원 확보, 정부의 개혁 부진 등)에 직면하게 되자, 어떻게 하면 세계경제의 '안정'(stability)과 그 '지속 가능성'(sustainability)을 확보하느냐가 긴박한 현안이 되고 있다. 경제적 안정은 IMF(2012)의 정의에 의하면 주로 경제활동의 지나친 진동(swings), 인플레, 환율과 금융시장에서의 극심한 휘발성(volatility) 등을 피하는 일이 되며, 지속 가능성이란 '브란트랜드 보고서'(Bruntland Report, 1987)에 의하면 '미래 세대가 그들의 필요(needs)에 대응할 능력에 지장이 없도록 현재의 필요를 다룰 수 있는 발전'으로 정의된다. 즉 자원(resources)의 책임감 있는 사용과 관련된다. 이러한 인류의 절실한 미래와 연계되는 경제적 현안과 관련하여 제기되는 최근의 이론적 논의들을 세

---

163 *Ibid.*, pp. 484~490.
164 *Ibid.*, p. 492.

갈래로 정리해 볼 수 있다.

가. 복잡성 접근(complexity approach)

경제활동에서 '시장'은 가장 실질적이고 구성적인 요소가 된다. 근대 경제학에서의 시장에 대한 개념구성은 우선 모든 개인들이 이윤이라는 일원적인 동기에서 모든 것에 이해득실을 따라 관련된 정보에 접근하는 모형이 된다. 그리고 시장은 수요와 공급에 의한 균형으로 이루어지고 만약 외부적인 충격으로 그것이 교란되면 수급 균형의 힘으로 자동적으로 효율적인 균형 상태로 회복된다는 가정에 서 있다.

그러나 19세기 이후로 형성된 이 기계적인 패러다임은 21세기의 금융위기 등에서 나타나는 오늘날의 복잡한 경제체제를 다루기는 힘들게 되어 있다. 매우 다양한 상품, 보다 다양한 사람들의 선호와 필요, 보다 많은 공급자와 구매자, 그들 간의 신속한 커뮤니케이션, 보다 정교한 세계적 시장들의 상호작용 등으로 표출되는 '복잡성'의 증대는 종래의 단순화된 모형들로서는 다루기 힘든 새로운 변환이다. 예를 들면 금융시장은 일정 수준까지는 경제의 중요한 역할을 수행하는 하나의 '충격 완충기'(shock buffer)로 작동하다가도 충격이 매우 커지면 '충격 확대장치'(shock booster)로 바뀌면서 매우 비효율적인 균형 상태를 만들어내기도 한다.

그러면 어떻게 대응하여야 할까? 이제는 보다 경제에 대한 '전체적이고 유기적인'(holistic and organic)인 접근이 절실해진다. 무엇보다도 '사회체제'는 균형지향적인 구조적으로 비슷한 시장들로 구성되었다고 전제할 것이 아니라, 지능적이고 신축성 있는 행위자들로 구성된 동태적이고 비선형적이며 자체조직적인(self-organizing) 체제로 인식되어야 한다. 따라서 경제학도 심리학, 정치학, 사회학, 진화론과 신경·경제학을 포함하는 생물학, 복잡한 체제에 있어서의 불균형과 거품을 다루는 물리학 등으로 이루어지는 이른바 '학제 간 접근'(interdisciplinary approach)이 요구된다. 그리고 이러한 학제 간 접근은 현실 파악에 있어서의 '디지털 대리인'(digital surrogate)을 만들어 경제체제의 '에뮬레이션'(emulation)을 통한 안정과 지속가능성을 밝히는 데 큰 몫을 할 수 있다.

한편 경제정책이나 규제 면에서도 최근에 나타나는 새로운 복잡성이 반영되어야 한다. 공공기관은 복잡성의 문제에 대응하기 위하여 시장에 관한 구체적인 데이터를 수집하고자 하나 이때 고려하여야 할 점은 예를 들면 금융 분야에서는 '결정적인 행위자들'(crucial actors)을 찾아내는 일이 된다. 이들은 '대마불사'(大馬不死: too-big-to-fall)의 잠재력을 가지고 있어 도미노 효과를 좌우하는 역할을 할 수 있는데, 마치 악성 전염병에서의 '초전파자'(super-spreaders)와 흡사하다고 볼 수 있다. 그리고 어떤 정부는 금융시장의 제어에 있어서 거래 규모의 축소와 거품형성의 위험에 대응하기 위하여 국제 금융시장의 연결 컴퓨터 체제의 속도를 줄이는 방법도 고려하고 있다(이른바 HFT, 높은 무역 거래). 이러한 국제적 규제의 실행에 있어서는 여러 관련국들의 상호협의와 조정이 절실하게 되는데, 이와 관련해서는 단순한 합의수준이 아니라 합의를 구체화할 수 있는 구체적인 메커니즘이 만들어져야 한다. 즉 구체적인 사안과 처방에 있어서 결정적이고 힘 있는 행위자들의 결정과 실천이 절실하다는 이야기가 된다. 한 가지 적절한 방법으로서는 문제해결을 지역적인 합의(EU의 기후 관계 협의)로 구체화할 수 있으며, 세금 회피(tax evasion)에 있어서는 독일이 인접국들(스위스, 리히텐슈타인 등)과 협의하여 구체적인 데이터 수집 및 관련 조치를 선도하는 사례가 제시된다.[165]

나. 발전 모델(developmental models)의 다원성

1980년대 이후로 세계경제에 있어서의 주요 논의는 '신자유주의' 이데올로기의 급속한 확산으로 '시장'이야말로 사회적 조정과 진정한 성장조성 기계를 마련할 수 있는 가장 효율적인 수단이라는 내용으로 요약될 수 있다. 급속한 세계화에 병행해서 미국, 영국, 남미 등의 경제적 개혁, 공산주의의 붕괴와 같은 정치·경제적 격변은 이른바 '역사의 종말'이라는 분위기를 조성하였고 성장과 발전의 유일한 길은 시장에 초점을 두는 '워싱턴 컨센서스'(Washington Consensus)에서의 자유주의적 경제 질서의 정착으로만 가능하다는 분위기가 팽배하였다.

그러나 이러한 자유주의적 의제(agenda)는 몇 가지 문제를 안고 있었다. 첫째로 모든 나라들이 경제의 탈규제 방향으로 흐르다보니 휘발성과 전염효과

---

[165] Sebastian Plociennick, 'Sustainable Economic System,' in Manfred B. Steger, et. al.,(eds.), *The Sage Handbook of Globalization*, Vol. 2(Los Angeles: Sage reference, 2014), pp. 853~860.

가 짙은 금융위기(1990년대의 동아시아위기, 2008년 미국발 금융위기 등)가 지역적, 세계적으로 확산되는 심각한 상황이 전개된다. 둘째로는 시장의 우월성에 얽매이는 '단기 처방주의'(short-termism)에 집착하다보니 높은 휘발성이나 '외부효과'(externalities: 제3자에 미치는 비용과 이득)를 적절히 고려하지 못하고 지나친 효율성 강조는 불평등을 조성한다는 점도 문제가 된다. 셋째로는 시장 중심의 해법은 정당성 문제를 야기시킨다. 시장은 모든 관련 당사자들의 수용(acceptance)에 의존하기 마련인데, 시장과 관련되는 경쟁메커니즘과 관련되는 복지나 권력의 분배에 있어서 '신자유주의 의제'는 승자뿐만 아니라 패자에 대한 배려에서 문제가 생길 수 있다. 즉 사회적 정의의 문제에 대한 적절한 대응이 없다는 점이다. 시장의 기제는 사회적 정의와 같은 포괄적인 의제를 단독으로가 아니라 국가, 가족, 결사와 같은 다양한 주체들과의 상호 조정(coordination)으로 보완될 것이 주문된다.

이러한 시장근본주의의 문제점을 해결하기 위하여 정치경제학에서는 다양한 논의가 전개되어 왔으나 가장 최근에 관심을 모으는 접근으로서는 다양한 경제주체들과 그들의 상호작용을 좌우하는 '게임의 법칙'에 초점을 두는 '제도적 장치'에 관한 연구를 생각해 볼 수 있다. 그리고 이러한 제도적 접근은 자본주의의 다양한 형태와 관련될 수 있는데, '프로세키크'(S. Plociennik)는 (1) 자유시장경제(LME: liberal market economy)와 (2) 조정된 시장경제(CME: coordinated market economy)의 두 가지 발전 모형을 제시하고 있어 관심을 모은다. 첫 번째 모형에서는 경제적 자원에 대한 손쉬운 접근이 허용되며, 자본의 경우 주식시장에서의 자산형성으로 편리한 거래를 쉽게 만들어낼 수 있고, 노동의 경우도 유연한 조건으로 채용·해고의 결정이 손쉽게 이루어진다. 기능(skills) 분야에서는 개인들이나 노동자들도 지식에 투자하여 그것을 회사에 팔게 되나, 노동시장의 유연성으로 말미암아 해고당하지 않고도 높은 급여가 가능한 최적의 길을 선택할 수가 있다. 결국 이러한 자유 시장체제는 잘 디자인되고 적절한 인센티브가 주어지면 뛰어 난 기술혁신을 이루어낼 수 있다. 지나친 규제에 얽매이지 않으면서도 새로운 아이디어와 새로운 제품을 만들어내는 여건이 마련되기 때문이다. 원거리 통신기술(telecommunication technologies), 바이오테크놀로지(biotechnology), 미디어(media) 등의 새로운 분야의 적절한 혁신적 환경을 조성할 수 있는 장점이 주어지며, 주로 미국이 그 좋은 예로 꼽힌다.

두 번째의 '조정된 시장 경제' 모형에서는 경제적 거래가 보다 안정되고 장기 지향적인 특성을 지닌다. 자본은 은행에 의해 제공되며 회사와의 관계에 따라 '로열티'(loyalty)가 만들어져서 어떤 의미에서 회사의 은행접근은 환자에 비유될 수도 있다. 노동시장은 장기계약과 비교적 차별화되지 않은 임금수준으로 특징지어진다. 기능은 회사의 투자로 회사 내에서 만들어지며 자기들의 제품 윤곽(product profile)에 알맞은 구체적이고 특출한 형태로 개발된다. 노동자들은 장기 계약으로 채용되기 때문에 이러한 투자는 매우 생산적이라고 볼 수 있다. 일본과 독일이 이러한 CME의 전형적인 사례가 된다. 이 모형의 제도적인 비교우위(comparative advantage)는 매우 특화된 기능과 점증적 혁신이 요청되는 분야에서 두드러지게 나타날 수 있다. 이들은 낮은 임금으로가 아니라 높은 '질'로 경쟁한다. 주로 자동차나 정교한 기계류의 생산에 앞장 서는 독일이나 일본의 공장에서 이를 발견할 수 있다.

이와 같은 두 가지 형태(LME와 CME)는 매우 단순화된 분류임에 틀림없고 여러 가지로 혼합된 형태가 있을 수 있다. 예를 들면 스칸디나비아 제국의 경우 자유시장과 관대한 사회보장이 결합되어 매우 특화된 기술 분야에 투자가 이루어질 수 있으며, 동아시아 국가들(일본, 한국 등)은 국가가 시장을 주도하는 발전국가의 형태도 있다. 중요한 것은 경제를 주도하는 '제도'의 질에 달려 있으며 주요 경제주체들 간의 소통 및 조정을 통하여 안정과 지속가능성을 확보하느냐에 달려있다. 그리고 두 모형의 경우에도 그 특정한 역사적 역할이 중요시될 수 있다. 예를 들면 'LME'는 미국의 경우처럼 새로운 테크놀로지와 생산성으로 세계경제를 선도하게 되나, 혁신의 초기단계가 지나게 되면 'CME'가 최신 테크놀로지를 정교한 생산과정에 접목시킴으로써 세계시장에 고급 제품과 고학력 노동자들을 배출할 수 있게 되어, 결과적으로 새로운 혁신의 물결에 기여할 수 있다는 주장도 있다. 즉 미국과 유럽의 상호 보완적인 역사적 변환과정으로 볼 수 있다는 견해가 된다.[166]

다. 성장에 대한 접근: 의미구성의 문제

성장은 경제현상의 가장 핵심적인 개념이다. 나라마다의 경제성장은 국력

---

166 *Ibid.*, pp. 860~863.

의 기반이 되며 국민의 안녕과 복지의 증진에 결정적인 역할을 하게 되며, 나라마다의 GDP는 대외적 경쟁과 능력 평가에 있어서의 가장 중요한 측정 기준이 된다. 그러나 성장은 단순한 물량적 차원의 과다에서 끝나지 않고 나라마다의 소득 불균형, 교육수준, 평균 예상수명, 장기적 성장가능성 등의 다양한 기준에서의 의미구성이 이루어진다는 점도 중요하다. 이러한 성장에 대한 다각적인 '의미 구성'에 대한 접근을 다루어 볼 수 있다.

첫째로 성장은 '롤오버 효과'(roll-over effect)를 만들어낼 수 있다. 근대 자본주의는 지난 200년 동안 성장과 확대의 가정 위에 발전을 거듭하여 왔다. 니라마다 자기들의 제품을 많이 배송할수록 모든 사람에게 좋은 일이 되어 왔으며 이러한 태도는 국가경제 수행능력의 측정 기준이 되는 GDP로 표출되어 왔다. GDP는 세계의 모든 나라에 걸쳐 데이터의 수집 및 정리에 똑같은 기술을 적용하여 통계적 정확성과 비교적인 시각을 제공할 수 있으며, 동시에 어느 나라가 당장 높은 일인당 GDP를 달성하였는가를 서로 경쟁하는 환경을 만들어낼 수 있었다. 그러나 GDP도 결함이 없는 것은 아니다. 즉 성장은 여러 가지 예기치 않던 '롤오버효과'로 말미암아 경제발전의 왜곡된 그림을 만들어낼 수가 있기 때문이다. 예를 들면 만찬이 식당이 아닌 가정에서 가족이나 집안사람끼리 이루어지는 경우 경제의 성장 면에서는 부정적인 결과로 나타나게 된다. 담배 골초는 GDP 증가에는 매우 긍정적인 역할을 할 수 있는데, 담배의 판매는 그 매상의 증가뿐만 아니라 흡연으로 인한 병원진찰과 약물판매 증진에 일조를 한다는 역설적인 면도 있기 때문이다. 이혼의 증가는 부동산 시장과 가구 공장의 활성화 및 법률상담의 증대로 이어지게 만들 수 있다는 것이다.

한편 보다 일반적인 수준에서 GDP는 성장의 질과는 달라지는 의문을 제기한다. 단기간의 경제적 상황은 인플레라든가 실업률 등으로 그 안전성은 어느 정도 밝혀지나, 자원 접근성이나 그 재생가능성 및 건강, 교육, 안전과 같은 사회적 쟁점 등과 같은 장기적인 발전 지표들을 등한시하는 결함이 생길 수 있다. 현재의 GDP 상승은 잘 나타나지 않는 장기적인 사안에 '롤오버'(roll-over)될 위험이 있으며, 이러한 현상은 한 나라 안에 국한되진 않고 세계의 다른 나라들, 다른 지역들에 만연할 수도 있다. 이러한 '롤오버'의 예는 많다. 긴 노동시간은 노동의 보급을 급히 늘리나, 장기적으로는 출생률을 낮추고 발병률도 증가시키면서 특히 신경쇠약, 우울증, 심장혈관질환 등으로 모두가 노동시장에 대한 도전으로 바뀔 수 있다. 부채문제는 더 심각할 수 있다. 손쉽고 값싼 대출은 판매자의 급증으로 이어지는 GDP의 동요에 연결되기 십상이다. 근대 자본주의는 과잉소비와 그 대중영합성의 증대로 특징지어지게 되나 그 효과는 부채의 극적인 증대로 미래 세대가 해결해야 하는 난제를 안고 있다. 자원문제도 마찬가지이다. 오늘의 성장과 소비는 GDP면에서는 나무랄 것이 없지만 미래를 외면하는 번성으로 이어지면서 결과적으로 자원의 고갈 및 체제전반의 파국으로 치달을 수 있다. '롤오버 효과'가 만들어낼 수 있는 끔직한 종말적 시나리오가 될 수 있다는 진단이다.[167]

둘째로 성장에 대한 의미구성은 '수정된 성장론'으로 세계적인 관심과 동의를 얻어낼 수 있다. 즉 성장은 GDP로 표출되면서 계속적으로 추구되어야 하나, 동시에 인간생활의 질과 지속가능성과도 결부되어야 한다는 입장에 무게가 실린다. 그런데 생활의 질 향상과 지속가능성이 구체적으로 어떤 내용이 되어야 할 것인가는 토론의 여지가 있게 된다. 현재로서는, 예를 들면 1990년 파키스탄의 '마버브 울 하크'(Mahbub ul Haq)에 의해 제안된 '인간 발전 지표'(Human Development Index)가 있는데, 그 기본 구상은 소득, 평균 예상수명(life expectancy), 교육 등의 결합이다. 이 지표는 생태적 관점의 결여와 실질적 지식습득보다는 교육의 형식적 측면에 치우쳤다는 지적이 있다. 그 외에도 1972년 부탄의 '왕쳐크' 왕에 의한 '총국민 행복'(Gross National Happiness) 등으로 인간행복에 관한 관심은 상당히 고조되어가는 경향도 있다. 나라별로도 캐나다, 독일 등이 나름대로의 복지 지수(Index of Wellbeing), 진보 지표(Progress Index) 등을 개발하여 국제적으로 제의하고 있다.

끝으로 성장에 관한 의미구성은 이른바 '성장의 종말'(End of Growth)을 둘러싼 논의와도 연계될 수 있어 문제가 된다. 타이러 코웬(Tylor Cowen)은 생산의 급속한 성장과 그로 인한 복지의 상승은 멀지 않아 '거대한 침체'(great stagnation)에 접어들 것을 예언하고 있다. 1990년대의 일본의 '잃어버린 10년'과 유사한 경기후퇴가 '새로운 정상'(new normal)이 될 것이라는 것이다. 그에 의하면 자원에 대한 저렴한 접근은 이제 끝났고 노동력의 활발한 이민과 세계적 경쟁으로 인한 생산성의 급격한 상승도 이제는 소진되어가고, 특히 생산성

---

167 *Ibid.*, pp. 863~864.

증대의 결정적인 요인으로서의 '혁신'의 속도가 줄어들었다고 보고 있다. 이와 같은 진단은 '솔로우(Robert Solow)의 세계는 컴퓨터 시대로 들어섰으나, 그것은 생산성 통계에 불과하다'는 지적과도 상통하는 전망이다.

그러나 이러한 전망과는 대조적으로 앞으로의 세계경제에 대한 다소 낙관적인 견해도 있다. 데니스 메도우(Dennis Meadow)에 의하면 혁신이나 생산의 성장은 다양한 요인들의 '체제'의 균형에 좌우되며 여기에는 자원, 에너지, 소비 편향, 부채와 같은 다양한 요인들이 작용한다는 점을 강조하고 있다. 그리고 영국 경제학자인 '팀 잭슨'(Tim Jackson)은 이제 세계는 전통적인 성장의 논리를 벗어나서 좀 더 생활의 질, 서비스의 발전, 국지적 산품의 마련, 근로시간의 단축, 소비주의의 종식, 높은 공공투자 등의 과감한 방향전환을 시도하고 있음을 지적하고 있다.

이상 세계경제의 현안과 관련하여 성장의 복잡성 접근, 발전 모형의 다원성, 성장에 대한 의미구성의 접근 등을 최근의 논의와 관련시켜 다루어 보았다. 21세기의 시작은 급속한 성장추세와 그 미래의 어려운 퇴행 가능성을 둘러싼 하나의 돌파구의 마련에 관심이 집중된다. 분명히 19세기의 산업혁명에 버금가는 중요한 전환기임에 틀림이 없다. 첫째로 경제의 지속가능성은 경제 전반에 걸쳐 안정문제와 연계되어 언제나 미래와 관련되어 대응책이 마련되어야 한다. 둘째로 시장 중심 모형은 그 기본은 유지하되 효율적인 시장은 정보와 권력의 불균형(부조화)에 좌우되지 말아야 하고 복잡한 환경에 대응할 수 있는 좋은 정보에 근거할 것이 제안된다. 셋째로는 제도적 장치는 다원적이어야 하며 국가 경제의 경쟁적인 프로파일과 보다 안정된 세계경제를 조화시킬 수 있어야 한다. 끝으로 경제의 '교정된 목표'와 그 측정이 중요하다. 생산의 성장에만 치우치는 것은 '지속가능성'을 외면할 수 있다. 성장은 언제나 사회적 결합성(social coherence), 에너지 결합성 그리고 환경적 결합성 등으로 보완되어야 한다. 그리고 이러한 성장과 발전에 관한 통합된 접근(integrated approach)은 시간이 경과되면 현실로 다가설 수 있다.[168]

---

168 *Ibid.*, pp. 865~866.

03 환경

세계화는 지구의 환경 문제를 가져오게 되어 있다. 세계화로 인한 사람과 물자의 획기적인 유동으로 인한 경제적, 사회적 변화는 자연과의 상호작용에 있어서 지구적 자원구성과 환경의 훼손 가능성을 피할 수 없으며, 이에 대한 인류의 공동 대처의 움직임이 실효되지 못하게 되면 그것은 끔찍한 재앙으로 연결 될 수밖에 없게 된다. 특히 20세기 후반에 들어서 세계화로 인한 급속한 산업화 과정이 진행되면서 탈경계공해, 생태계의 파괴, 자연자원의 고갈 등을 비롯하여 보다 시급한 지구 오존층의 유지, 기후변화, 어족 자원의 보호 등의 지구적 차원의 해결을 요하는 중요한 환경문제들이 시급한 세계화의 현안으로 등장하고 있다. 이러한 환경문제 전반에 관한 그간의 논의들을 환경문제의 역사적 배경과 주요 현안, 세계적 대응노력과 기본조치, 환경문제에 대한 이론적 구성, 환경문제해결의 전망 등으로 나누어 다루어 보기로 한다.

1. 환경 문제: 역사적 배경과 주요 현안

인간의 환경에 대한 서구적 통념에 있어서는 자연은 인간의 일상생활과 복지에 있어서 '정복'의 대상으로서 그 개발에 대한 한계와 적절성은 고려되지 않았다. 동양적 사고(도교, 불교 등)에 있어서 자연과 인간의 조화 및 그 상호의 존이 전제되는 철학적 입장과는 대조되는 것이었다. 무엇보다도 '유태·기독교 인본주의'(Judeo-Christian humanism)의 이원적(dualistic) 가치체계에 있어서는 인간은 자연을 통제한다는 전제가 되어 왔다. 따라서 서구적 근대화는 환경이란 인간의 필요와 욕구를 충족시키는 '자원'의 의미를 지녀 왔으며 이러한 '인간중심의 패러다임'(anthropocentric paradigm)의 극단적인 표출은 현대적 소비주의(consumerism)로 구체화된다. 자본주의적 문화산업은 세계적 청중들에게 인간생활 최대의 의미와 가치는 물질적 재화의 끝없는 축적에 있음을 인식시켜왔다고도 볼 수 있다.

지난 몇 십 년 동안 특히 지구의 환경적 훼손이 심각해진 데 대한 역사적 배경과 그로 인한 주요 현안을 좀 더 구체적으로 다루어 볼 수 있는데, 첫째로는 세계의 북부(선진 지역)에 두드러지는 인구의 폭증과 그에서 비롯되는 과분한 '소비 유형'이 문제가 된다. 지구상의 농업 경제는 480세대(generations)의 역사를 기록하고 있으나 세계적 인구는 약 1,000배로 증가하여 2012년 현재 약 70억에 달하고 있으며, 이 엄청난 증가는 지난 30년 동안에 이루어진 것으로 되어 있다. 식량, 목재, 의류의 엄청난 수요가 지구의 생태계에 미치는 영향을 짐작할 수 있다. 그리고 식량의 경우 나라마다의 소비 경향이 문제시 될 수 있는데, 예들 들면 미국은 세계인구의 6% 미만인데 지구 천연자원의 30~40%를 소비하는 불균형을 만들어내고 있다. 이러한 지역적 과잉소비와 인구 증가의 일방적 추세는 그 모순이 지난 수년간 한발로 인한 아이티, 인도네시아, 비율빈, 중국, 카메룬 등지에서의 식량 폭동으로 나타나기도 한다. 그리고 유가의 상승, 곡류의 바이오 연료로의 전환 등은 이러한 식량 위기를 더욱 부추기게 되며, 현재의 식량위기는 세계화로 인한 정치, 경제, 생태계의 상호연계성에서 비롯된다는 것을 알 수 있다.

둘째로 인구 증가로 인한 생태계의 또 다른 문제는 '생물다양성'(biodiversity)의 감소이다. 약 45억 년 지구 역사에서 가장 급속한 생물체 종의 대량 소멸이 진행된다는 생물학자들의 진단이 나온다. 최근 OECD 보고에 따르면 세계 농지의 2/3가 어느 정도 퇴화되었으며 1/3은 심각한 퇴화 상태인 것으로 파악되고 있으며 그리고 세계 습지의 반이 벌써 파괴되었고 생수 체계의 생물다양성은 심각한 위기에 처해 있는 것으로 되어 있다. 농산물과 동물종축의 세계적인 유전적 다양성(genetic diversity)은 1900년 이후로 2/3가 손실되었으며 지구 남부의 식물 및 동물 종(species)의 50%가 금세기 내에 없어질 것으로 내다보고 있다. 이러한 '생물다양성' 위기를 극복하기 위하여 현재 백여 개 국가들에 '유전자은행'(gene banks)이 설치되어 있고, 그중 '스발바드 세계 종자 저장소'(Svalvard Global Seed Vault)는 널리 알려져 있다.

셋째로 인류의 집단적 생존에 절실한 '탈국경 공해'(transboundary pollution)의 문제가 있다. 합성 섬유의 공중 및 수중 방출은 인간과 동물 모두에게 심각한 생존 조건에의 위험을 가져 왔으며, '클로로 플루오로 카본(CFC)'의 공중 방출은 지구 오존층(ozone layer)의 파괴를 가져왔으며, 이에 대한 세계적 대책이 진행되고 있으나 최근에는 지구 기후변화로 인한 빈번한 태풍의 영향도 문제되는 것으로 알려져 있다. 또한 산업현장에서의 '유황 및 질소 산화물'의 공중 방출은

'산성비'로 인한 산림, 토양, 생수 생태계의 악화와 연계된다.[169]

그러나 세계화와 더불어 가장 문제되는 것은 인간이 만들어 놓는 '지구온난화'로 인한 '기후 변화'(climate change)로서 국내적으로 그리고 국가 간 정책 면에서 또한 대중적 운동 전개 면에서 가장 관심을 모으는 인류의 긴박한 현안이 되고 있다. '지구온난화'(global warming)'의 근본 원인은 대기 중의 '이산화탄소'(CO_2)의 증가이다. 대기 중에는 태양으로부터 열을 흡수하여 지구의 온도를 증가시키는 이른바 '온실 효과'(greenhouse effects)를 일으키는 기체들(수증기, 이산화탄소, 메탄, 아산화질소, 과불화탄소, 육불화유황)이 있는데 이중 온실효과에 가장 크게 작용하는 것이 '이산화탄소'로 되어 있다. 그리고 이산화탄소는 주로 화석연료(석탄, 석유, 자연가스)의 연소에서 비롯되기 때문에 지구의 산업화에 따른 전력과 수송의 증대가 지구 온난화의 결정적인 원인이 된다고 볼 수 있다. 2006년 '스턴 보고서'(Stern Report)에 의하면 지구의 온도는 산업화 이전에 비하여 섭씨 0.5도 높아졌으며, 앞으로 약 50년 동안 2도에서 3도까지 상승할 것으로 전망되고 있다. 그리고 그 다음 세기에는 섭씨 3도 정도 더 올라갈 것으로 예측하고 있다.

이 심각한 지구온도의 증가는 세계의 주요 빙하지대의 용해로 이어진다. 북극 빙하 일대는 1980년 이래 매 10년마다 약 15~18%의 용해로 멀지 않아 없어지고, 그린랜드(Greenland)의 큰 어름 덩어리의 용해는 해수 수준을 22피트 상승시킬 것으로 보고 있다. 태평양의 '투바루'(Tubalu)와 '기리바티'(Kiribati)와 같은 적은 섬들은 사라질 것이고 동경, 뉴욕, 런던, 시드니 같은 큰 해안 도시들의 일부 지역들은 침수될 것으로 내다보고 있다. 지구 해양의 건전한 유지를 위해서는 비단 지구온난화로 인한 해수의 수준(level)이나 온도(temperature)의 상승뿐만 아니라, 그 외에도 많은 위험요소들이 존재한다. 즉 어종 남획, 산호초의 파괴, 해안 오염, 산성화, 대량 석유 유출(mega－oil spills) 등이 지적되고 있으며, 특히 '거대 태평양 쓰레기 패치'(Great Pacific Garbage Patch)처럼 해양에 떠도는 유독, 유해 플라스틱이나 화학적 침전물로 이루어지는 거대한 쓰레기 소용돌이(미국 텍사스 주의 약 2배 정도)나 2011년 일본 후쿠시마 원전 파

---

169 Manfred B. Steger, *Globalization: A Very Short Introduction*(Oxford: Oxford Univ. Press, 2013), pp. 88~91.

괴로 인한 방사능 파편 쓰레기 같은 대형 위험 물질 떼가 방대한 대양을 종횡으로 누비게 되는 끔찍한 사태 등이 거론되고 있다.

이상에서 논의된 기후변화를 포함하는 지구적 환경 훼손(global environmental degradation)으로 인하여 두드러지는 21세기의 주요 현안들을 스테거(Steger)는 여덟 가지로 제시하고 있다. 그 현안들의 특색은 그 모두가 세계적인 상호 연결된 사안이라는 점이 강조될 수 있으며, 특히 '초국경 공해,' '지구 온난화와 기후변화,' '종의 멸종' 등은 어느 한 나라나 지역적 경계 안에서 해결될 수가 없는 세계적 현안이며 난제가 된다. 그리고 그 모든 현안들이 인류의 집단적 행동의 결과이자 동시에 인류 모두의 '조정된 대응'(coordinated global response)으로만 해결이 가능하다는 점이 강조된다.[170]

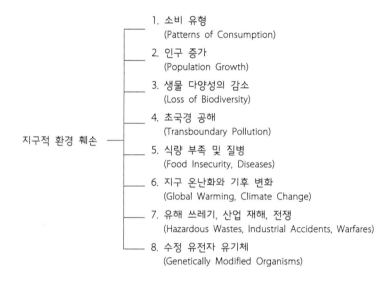

2. 세계적 대응: 주요 회의와 조약

환경문제의 현안을 다루기 위한 세계적인 대응조치로서는 우선 모든 관련 국가들이 참가 하는 '국제회의'(conferences)가 개최되면서 당면 현안을 논의하게 되고, 구체적으로는 당사자들을 법적으로 구속하게 되는 각종 '국제협약'(conventions)의 체결 그리고 좀 더 규범이나 규칙에 대한 협의의 단계로서는 '틀 협약'(framework convention)으로 발전된다. 그리고 당사간의 구체적인

---

170 *Ibid.*, pp. 92~95.

의무가 명시되는 '의정서'(protocol)의 단계가 되는데 기후변화에 관한 1997년의 '교토의정서'(Kyoto Protocol)가 그 좋은 예가 된다. 제2차 세계대전 이후 1970년대에 들어서 시동된 환경문제의 현안을 다룬 대표적인 대응 조치를 국제회의를 중심으로 살펴볼 수 있다.

① UN 인류환경회의(Stockholm, 1972)

이 회의는 전후 처음으로 열린 세계적인 환경 정상회의라는 역사적 의미를 지닌다. 비록 냉전으로 소련과 동구권은 참석하지 않았지만 당시에 시동된 주요 환경문제의 쟁점과 대응을 둘러싼 국제적인 관심과 노력이 적절히 반영된 역사적 전환점으로 기록된다. 주로 미국과 유럽에서 일고 있는 환경문제에 대한 관심, 특히 공기와 물의 오염에 대한 관심과 대책이 중요한 쟁점이 되었다. 그리고 당시의 환경문제가 풍요한 생활 스타일에서 비롯된다는 입장에 치우치다 보니 후진 지역에서는 환경문제가 두드러진 관심사가 되지 못한다는 분위기를 만든 점 등이 지적되기도 한다.

이 회의에서는 1968년에 발표된 '하딩'(G. Harding)의 '공유지의 비극'이 환경문제의 시급한 대책을 선도하는 분위기를 만든 것으로 되어 있다. 그에 의하면 가축을 기를 수 있는 공유지는 사용료 없이 무한정 개방되어 있어 목자의 개인적 이득을 위해 엄마든지 가축을 늘려 나갈 수 있게 되어 있다. 그러나 자기의 가축이 늘어나고 다른 목자들도 모여 들게 되면 언젠가는 공유지는 그 한계로 황폐해지기 마련이다. 목자 개인으로 볼 때는 극히 적은 비용으로 사용할 수 있어 이득이 될 수 있으나 사용자가 늘게 되면 공유지라는 자원은 고갈되고 황폐화되는 비극적인 결과가 올 수 있다는 이야기이다. 공기나 바다, 살림과 같은 인류의 공유 자원도 사용자 개인의 이해에 얽매이고 전체의 공익이 고려되지 않을 때는 이러한 비극으로 끝날 수 있다는 비유가 된다. 여기서 논의되는 세계적 공유지(global commons)란 특정 국가의 주권적 관할에 들지 않는 지역이나 자원을 지칭하게 되는데, 공해나 깊은 해저(200마일 경제영역 밖) 및 남극 대륙(Antarctica)이 해당된다. 대기권의 경우는 영공을 제외한 무한한 영역이 되는데 근대적 원거리통신, 방송, 항해, 감시 등과 관련되는 귀중한 공유지가 된다. 넓은 대양은 어업자원의 보존, 해수 오염 대비, 안전한 항해와 같은 환경문제가 관련되면서 그 작용력의 범위는 더욱 확산될 수 있다. 따라서 '공유지의 비극'에서 도출될 수 있는 환경문제에 대한 해법은 주권국가의 관할권을 초월하는 세계적 '거버넌스 레짐'(governance regime)의 구성으로 이어져야 할 것이며 이를 위한 보다 적극적인 국제적 협력이 절실하다는 이야기가 된다. 1972년 UN 인류환경회의는 이러한 '공유지 비극'의 비유가 바탕이 되는 새로운 환경문제에 대한 인류의 이해와 규범적 지표를 마련해 주는 것으로 평가된다.[171]

② 지구정상회의(Rio de Janeiro, 1992)

1992년 브라질의 리우(Rio)에서 열린 지구정상회의(Earth Summit)는 환경문제 해결을 위한 세계적 협력의 지표로서 '지속가능한 발전'(sustainable development)을 공식화한 회의가 된다. 이 개념은 경제성장이 자칫 부작용과 한계에 직면할 수도 있다는 종래의 유보적인 태도에서 벗어나 경제성장은 환경의 훼손이 없는 수용 가능한 발전을 가져올 수 있다는 전제하에 생태학과 경제 사이에 존재하는 긴장을 능히 조정할 수 있다는 입장을 그 내용으로 한다. 즉 경제와 환경적 변화는 인류의 현재의 필요(needs)를 충족할 수 있는 조정이 가능하며, 또한 인류의 미래를 위협하지 않을 수도 있다는 입장이 된다. 이 개념은 1987년의 '환경과 발전에 관한 세계위원회'가 발표한 '우리들 공동의 미래'(Our Common Future: Brundtland Report)라는 보고서에 나타난 것을 '리우' 회의에서 공식화한 것이다. 이 보고서에는 경제성장이 지구상의 자연자본(natural capital: 재생가능 자원과 비재생가능자원의 총체)과 주요 자연 지원체제(vital natural support system: 오존층과 기후체제)의 훼손과 파괴를 통하여 이루어져서는 안 되며, 모든 나라의 일인당 에너지 소비량을 줄이고 화석연료의 사용으로부터 재생에너지 자원에 의존할 것이 강조되고 있다. 그리고 인구증가의 문제, 선진·후진 지역 간의 격차해소, 미래 세대에 대한 각별한 배려 등이 첨가된다. 특히 정책결정에 있어서의 경제적인 고려와 생태적인 고려는 반드시 상반될 필요가 없으며 오히

---

171 Garrett Harding, 'The Tragedy of the Commons,' *Science*, 162(December 13, 1968), 1243~1248; Ken Conca and Geoffrey D. Dabelco(eds.), *Great Planet Blues: Environmental Politics from Stockholm to Johannesburg*, Third Ed.(Boulder, Colorado: Westview Press, 2004), pp. 19~20; John Vogler, 'Environmental Issues,' in John Baylis, Steve Smith, Patricia Owens, *The Globalization of Wolrd Politics: An Introduction of International Relations*, Seventh Ed.(Oxford: Oxford Univ. Press, 2017), pp. 391~392.

려 통합이 가능하다는 점이 역설되고 있다.[172] 이 회의는 인류의 장기적인 지속 가능한 발전을 위한 각국의 사회·경제 정책, 국제 경제관계, 세계적 공동 쟁점에 관한 협력 등에 관한 광범위한 합의를 도출하고, 이 '지속발전'을 위한 행동계획으로서 '아젠다 21'(Agenda 21)을 채택하였다. 비록 그 후의 실천면에서는 여러 가지 어려움이 나타났으나 이 구체적인 행동 지침은 활발한 학술적인 논쟁을 불러일으키고 공공의식을 높였으며 국가별 회계와 과세 규칙에도 다소의 조정을 가져오는 데는 나름대로의 기여를 하였다고 볼 수도 있다. 그러나 각국의 근본적인 변환에는 미치지 못했다는 지적도 있다.[173]

〈표 3-1〉 주요 세계적 환경 조약 및 회의(1971~2015)

조약/회의	내용	시일
람사 협약(Ramsa Convention)	이란 습지	1971
UNESCO 세계 유산(파리)	문화 및 자연유산	1972
유엔 인류 환경회의(스톡홀름)	일반 환경	<u>1972</u>
CITES 워싱턴	위험에 처한 종(species)	1973
해양 공해 조약	선박에 의한 해양 공해	1978
해양법에 관한 UN협약	해양 종, 공해	1982
비엔나 의정서(Vienna Protocol)	오존층(Ozone Layer)	1985
몬트리올 의정서(Montreal Protocol)	오존층(Ozone Layer)	1987
바젤 협약(Basel Convention)	유해 폐기물	1989
환경 기후변화 UN 리우 정상회의	생명 다양성(Biodiversity)	<u>1992</u>
자카르타 맨데이트(Jakarta Mandate)	해양 및 해안 다양성	1995
교토의정서(Kyoto Protocol)	지구 온난화(Global Warming)	<u>1997</u>
로테르담 협약(Rotterdam Convention)	산업 공해	1998
요하네스버그 세계 정상회의	생태적 지속 가능한 발전 (sustainable development)	<u>2002</u>
바리 행동 계획(Bali Action Plan)	지구 온난화	2007
UN 코펜하겐 기후변화 정상회의	지구 온난화	2009
UN 칸쿤 기후변화 정상회의	지구 온난화	2010
UN 리우 + 20 회의	지속 가능한 발전	<u>2012</u>
파리 기후협약	지구 온난화	2015

※자료 출처: Manfred B. Steger, *op. cit.*, p. 101; John Vogler, *op. cit.*, p. 388.

---

172 World Commission on Environment and Development, 'Toward Sustainable Development,' in K. Conca & G. Daeleko, *op. cit.*, pp. 234~244. Excerpted from Chapter Two of World Commission on Environment and Development, *Our Common Future*(1987).

173 Pavid L. Downie, Janet W. Brown, *Global Environment Politics*, Fourth Ed.(Boulder, Col.: Westview Press, 2006), pp. 30~35.

③ '지속 가능한 발전을 위한 세계정상회의(WSSD: 요하네스버그, 2002)' 이후

2002년 이 정상회의는 당시의 세계경제의 신자유주의적 성장의 전성기를 배경으로 하게 됨으로써 모든 나라들에 의한 무역과 투자를 통한 성장우선주의가 팽배하게 되어 상대적으로 환경에 대한 관심과 열의는 희석될 수밖에 없었다. 특히 많은 개발 도상국가들의 경우 엄격한 환경오염 조건이나 아동노동의 금지 등과는 무관하게 무조건 외국 투자를 수용하게 될 분위기가 감돌 정도였다고 한다. 따라서 이 정상회의는 이러한 '성장'과 '환경'의 미묘한 상호작용을 배경으로 하는 세계적 정상회의가 되었다.

그럼에도 불구하고 이 회의는 이미 '리우 정상회의'에서 합의된 '아젠다 21'의 실행을 주요의제로 삼고 빈곤퇴치, 지속 가능한 소비와 생산의 문제, 자연자원의 보호와 관리 등에 관한 다각적인 토의와 심의가 이루어졌다. 그리고 이 회의에서는 다음과 같은 세 가지 사항들이 타결되었다. 첫째로 이미 2000년 UN의 '새천년 선언'(Millennium Declaration)의 8개 발전 목표를 재확인하는 '요하네스버그 선언'(Johannesburg Declaration)을 발표함으로써 모든 나라들이 지속 가능한 발전에 힘쓸 것을 다짐하였다. 둘째로는 '요하네스버그 실천 계획'을 채택함으로써 지속 가능한 발전을 위한 구체적인 목표와 실시 기간을 정한 포괄적인 행동 프로그램을 확정하였다. 셋째로는 지속 가능한 발전을 위한 약 300개의 자발적인 파트너십이 체결되었다.[174]

'요하네스버그 선언'과 일부 파트너십의 체결에도 불구하고 이 정상회의는 성공보다는 당초의 기대에 미치지 못했다는 아쉬움을 남겼다. 목표나 방향에 관한 것은 다시 합의하고 확인하였지만 국가 간의 실천을 구체화하게 될 새로운 조약의 체결은 이루어내지 못하였다는 지적이다. 특히 회의 전반에 걸쳐 아프리카 대륙의 처참한 실정이 부각되고 특히 '빈곤'의 타파가 깨끗한 물, 위생, 농업개선 등의 현안과 함께 선명한 타결 과제로 강조되었다. 10년 전의 '리우(Rio)'보다는 못했다는 것이고 세계화에 지나치게 집착하게 되면서 지속 가능한 발전과 관련해서는 경제나 사회적인 기둥에 역점을 두다 보니 환경적인 기둥에는 소원해 졌다는 평가를 받는다.[175]

---

174 *Ibid.*, pp. 264~270.

175 *Ibid.*, pp. 270~271; John Vogler, *op. cit.*, p. 387.

한편 2012년에 열린 '리우(Rio) + 20'은 1992년의 '지속가능한 발전을 위한 정상회의'로부터 20년이 되는 역사적인 의미가 부여 되었으나 실질적인 성과는 보이지 못한 것으로 나타난다. 즉 지속 가능한 발전을 위한 '공동 비전'(common vision)을 재확인하는 정도에 그쳤으며, 기후 변화와 같은 부분에서의 온실가스 방출 감소에 관한 구속력 있는 조치에 합의하지는 못하였다. 각국은 지구 온난화를 제어하는 환경적 다자주의에 구체적으로 얽매이는 것에 대해서 극히 유보적인 태도로 일관 한 것으로 되어 있다. 그 후 2015년에는 미국의 오바마 대통령의 적극적인 역할로 기후변화의 진일보된 국가 간의 합의인 '파리 기후변화 협약'이 체결되었으나, 2017년 6월 1일 그의 후임 트럼프 대통령에 의한 미국의 일방적인 탈퇴선언으로 이어졌다. 미국의 전통적인 우방인 독일, 프랑스, 이탈리아는 '파리협약은 국제 협력의 주춧돌이며 재협상의 대상이 아니다'라는 공동성명과 함께 강력한 반발로 나오고 있으나 기후변화를 위한 국제공조와 앞으로의 세계적 환경 현안을 둘러싼 국제적인 흐름에 대해서는 예측을 불어하는 심상치 않은 기류가 나타나고 있다. 환경문제에 관한 과학적 이해가 확산되면서 그 심각성과 적절한 대응조치의 당위성은 폭넓게 인정되면서도 이를 위한 각국의 태도, 즉 구속력 있는 약속과 법적, 제도적 구축은 그에 따르지 못하는 아쉬움은 피할 수 없게 된다.

3. 기후 변화

21세기에 들어서 환경문제의 최대 현안은 지구 온난화로 인한 기후변화이다, 지구 온난화로 겪게 될 끔직한 재난의 심각성과 이에 대한 시급한 대책의 필요성은 세계적이 공감대를 이루어 나가고 있으며 이에 대한 주요 당사국들의 참여도 활기를 띠어 가고 있다고 볼 수 있다. 기후변화를 다루기 위한 UN의 노력으로 구성된 '기후변화에 관한 정부 간 위원회'(IPCC)의 2013년 보고서에 의하면 만약에 세계적인 대책이 마련되지 않는 한 2099년에 이르면 지구 평균 기온은 섭씨 1.5도에서 섭씨 4도까지 상승될 것으로 전망된다. 이미 2016년 현재 산업화 이전 수준에서 1도가 더 오른 것으로 되어 있다. 그리고 이러한 지구 온난화의 상승은 해수 수준의 상승과 극심한 기후변화를 가져 올 것은 분명하고 이러한 지구적 환란을 피하려면 적어도 지구의 평균 온도가 섭씨 2도 이하로 유지되어야 하며 가급적이면 1.5도 수준이 더 바람직하다는 진단이 나온다(2015년 파리 협약). 21세기에 들어선 지난 약 10년 동안 비정상적인 기후 유형(patterns), 폭풍우 빈발 재해, 북극 빙하 용해 등의 이변 등은 과학 분야의 그간의 연구결과에 대한 전례 없는 세계적 관심과 불안 심리를 자아내게 만들고 있다.

1997년의 '교토의정서'(Kyoto Protocol)는 주요 선진국들이 2008년부터 2012년까지 온실가스 배출량을 1990년과 비교하여 5.2% 감축하는 것을 골자로 하고 있으며, 선진국의 경우 EU는 8%, 미국은 7%, 일본은 6%의 감축을 약속 하였다. 그러나 미국은 이 의정서 비준을 거부하였으며, 부시 대통령은 2001년 3월 중국이나 인도 등 개발도상국들의 적극적인 참여가 없고 지구온난화의 원인과 해법에 대한 과학적 지식이 충분치 못한 점을 명분으로 제시했다. 그 후의 여러 가지 우여곡절 끝에 미국 오바마 대통령의 노력으로 2015년 '파리 기후 협약'이 체결되었으나 다시 2017년 6월 미국의 트럼프 대통령은 이 기후협약에서의 탈퇴를 선언하였다.

이러한 기후변화에 관한 국제적 공조의 어려운 점은 몇 가지로 정리가 가능하다. 우선 기후변화에 대한 UN의 적극적인 대책을 강조하는 '찬성론'의 입장은 다음과 같다.

(1) '파리 협약'은 미국 오바마 대통령의 말 대로 기후변화의 위기를 해결할 수 있는 영구적인 틀로서 UN 사무총장이나 교황과 같은 세계적 기후 외교의 당사자들의 일치된 의견이다(오바마 대통령: 2015년 12월).

(2) 각국 정부의 리더십이 결정적인 역할을 한다. 이들 지도자들만이 온실가스(GHGs) 축소에 필요한 국민들의 참여와 예산의 확보를 좌우할 수 있다. 그뿐만 아니라 각국 정부의 장기적 사업 투자결정도 화석 연료사용의 축소, 재생 에너지 개발, 세계적 단소 가격의 결정과 같은 '국제적 확약'(international commitments) 등의 영향을 받는다.

(3) 중심적 모니터링(central monitoring)의 결여는 기후기만(climate cheating)의 위험을 가져올 수 있다. 결정적인 사안으로서는 '파리 협약'에 의한 온실가스 축소를 위한 정부 기여도의 효과성(effectiveness) 여부가 된다. 2015년 각국 정부는 2.7도 온도 상승을 가져 오는 것으로 되어 있으며, 이는 보다 철저한 다자간 노력과 야심을 요하는 것으로 되어 있다. 2023년부터는 'UN 기후변화 협약 틀'(UNFCCC)에 따라 매5년 재고 조사를 실

행하기로 되어 있다.

반면 기후 변화에 있어서의 'UN 기후 변화 협약 틀'(UNFCCC)의 지금까지의 실패를 감안하여 이제는 다른 해법이 절실하게 되었다는 '반대론'의 입장은 다음과 같이 요약될 수 있다.

(1) 국제적인 행위자(international actors)들보다는 다국적(transnational) 및 국지적(local) 행위자들이 열쇠를 쥐고 있다. 오스트롬(Eliner Ostrom: 2012 노벨상 수상)은 기후변화에 관한 합의가 없는 한 모든 사회적 수준에서의 국지적 발의와 자발적 참여가 활성화되는 '다중심적 거버넌스'(polycentric governance)를 역설하고 있다. 예를 들면 '탄소 폭로 프로젝트'(Carbon Disclosure Project)가 기업들로 하여금 기후변화 대책에 협력토록 만들었듯이 미국의 약 천명에 달하는 시장들(mayors)이 온실가스를 축소하기 위한 '국지적 방식'(local ways)을 도입할 것을 합의한 것을 좋은 사례로 지적하고 있다. '탄소 박탈'(carbon divestment) 운동은 대학이나 기업들의 화석 연료에 대한 투자를 재고하도록 만드는 데 기여하였다.

(2) UN협약(conventions)은 전진(progress)보다는 정치적 인기 전술(political grandstanding)에 보탬이 되었다. 'UN 기후변화 협약 틀'(UNFCCC)이 그 다자간 접근(multilateral approach)으로 발효된 지난 20년 동안 온실 가스 배출 축소에는 실패하였다. 이 협약은 기후변화의 주요 조종자들(drivers)을 다루기를 기피하는 구조적인 결함을 가지고 있었으며, 그 당초의 목적과는 무관한 정치적 인기전술과 행동에 빠져 들었다.

(3) 자금 조달은 기후 변화에의 '적응'(adaptation)과 진정한 인간적 발전(human development)에 지출되어야 하고 '교토의정서'와 같은 기획에 할애되어서는 안 된다. 1997년 '교토의정서'는 당초의 기대에 못 미쳤고, 2009년의 '코펜하겐'(Copenhagen)에서의 새로운 시동은 좌절되었다. 이제는 가장 가난한 사람들도 '저 탄소 지속가능한 에너지'(low-carbon sustainable energy)에 접근이 가능하게 만들 수 있는 '국지적 행동'(local action)에 집중해야 할 때가 온 것이다.[176]

---

176 John Vogler, 'Environmental Issues,' *op. cit.*, pp. 394~397.

4. 환경 운동과 정당 조직

환경문제의 해결을 위한 전반적인 움직임은 그 기반이 되는 환경운동과 정당조직의 저변 확대 과정으로 우선 다루어 볼 수 있다. 즉 환경문제의 개선을 위한 세계적인 운동은 어떻게 촉발되어 발전되며, 정치적 차원의 정당으로 조직화되고 그것이 정책적 차원의 기반이 되느냐의 과정이 중요하게 된다.

① 환경운동(environmental movement)

환경운동은 19세기의 조류(鳥類) 보호나 국립공원 조성, 소규모 자치 부락 조성 등의 문제를 다루기 위한 운동의 형태를 띠고 출발하였으나 현대적인 환경운동으로 발전하게 된 것은 1960년대 이후로 유독성 폐기물이나 원자력, 최근에는 '유전적 수정 유기체' 등의 사안들과 관련되는 운동의 형태로 이어진 것으로 되어 있다. 최근에는 '디아니와 도나티'(M. Diani & P. Donati)의 '자원'(resources)의 형태와 정치적 영향력 면에 초점을 두는 분류가 널리 참고 되고 있다.

〈표 3-2〉 환경운동의 유형

	통상 압력 (conventional pressure)	교란 (disruption)
전문적 자원 (professional resources)	A: 공익 로비	B: 전문적 항의 조직
참여적 자원 (participatory resources)	C: 참여적 압력 집단	D: 참여적 항의 조직

※자료 출처: M. Diani and P. Donati, 'Organizational Change in Western European Groups: A Framework for Analysis,' Environmental Politics, 8/1(1999), p. 16.

'공익 로비 집단'(A: Public interest lobby)은 대규모 대중회원 조직으로서 정치인들이나 공무원들의 정치적 효율성 마련에 정보를 제공한다. 매년 회원 회비로 유지되며 미국의 '국립 야생연방'(National Wildlife Federation), '시에라 클럽'(Sierra Club) 등이 해당된다. '전문적 항의 조직'(B: Professional protest organization)은 보다 대결 지향적 전술을 사용하면서, 정책 결정자들에게 직접적인 영향력을 가하기보다는 환경문제를 격화시키고 공론화하여 변화를 만들어내는 데 목적을 둔다. 바로 '그린피스'(Greenpeace)운동이 이에 해당되며 이들은 매우 대담한 행동으로 소문나 있으며, 최근에는 2013년 '페초라 해' (Pechora Sea)에서의 러시아의 석유 굴착에 항의하다가 약 30명의 회원들이 해적으로 구속되었다가 석방되는 일화를 남기고 있다.

'참여적 항의 조직'(D: Participatory protest organization)은 소수의 열성적인 회원으로 구성되어 잠시, 또는 장기적으로 항의를 전개하는 집단이다. 1992년 영국 M3 도로의 확장공사를 저지하려든 '동가스 도로(Dongas road) 항의 집단,' 1970년대 이래로 지속되는 원양 포경선에 대한 항의 집단으로서의 '해양 목자 보존 사회'(Sea Shepherd Conservation Society) 등이 이에 속한다. 끝으로 '참여적 압력 집단'(Participatory pressure group)은 지속성, 전문적 지식, 신속한 정책 결정 등의 속성을 가지는 효과적인 로빙 집단으로서, 2007년 캐나다의 '빌 맥키벤(B. McKibben)에 의해 창설된 기후 변화(이산화탄소 축소) 조직으로서의 350.org,' 및 2014년 뉴욕시에서 결성된 '국민 기후 행진'(People's Climate March) 등이 이 부류에 해당된다.

이러한 분류에 정확히 해당되진 않는 다양한 형태도 있을 수 있으며, 특히 과격한 항의집단은 환경문제에 있어서 특별한 관심을 모은다. 예를 들면 19세기 영국에서 동물의 권리보호를 앞세우는 '동물 해방 전선'(Animal Liberation Front)이나 1980년 미국에서 창설 된 '지구 제일!'(Earth First!) 등은 그 과격성에서 두드러진다. 특히 '지구 제일!'은 비폭력 불복종을 앞세우는 '몽키 레닌'(mon-keywrenching)과 '나무 스파이크'(tree-spiking) 등을 포함하는 직접 행동으로 널리 알려졌다.

위에서 논의된 '다아니와 도나티'의 분류에 속하지 않는 또 다른 형태로서는 환경적으로 지속성 있는 가상적 사회를 미리 내다보고 그러한 사회에서의 생활을 미리 시도하는 집단들도 나타난다. 이른바 '의도적 공동체'(intentional communities)는 자기들의 식량을 직접 마련하고 모든 일을 서로 상의하고 결정을 내리는 생활 스타일을 실현해 보는 집단으로서, '케라라 코뮌'(Kerala Commune: 인도), '파인드혼 재단'(Findhorn Foundation: 스코틀랜드), '트윈 옥스'(Twin Oaks: 미국), '크리스탈 워터즈'(Crystal Waters: 호주) 등이 이에 해당된다.

한편 이와 유사한 또 다른 예시적인 환경정치의 조직으로서는 '전환 소도시 운동'(Transition Town movement)도 유명하다. 이 운동은 2006년 영국의 '토트네스'(Totnes)라는 소도시(town)에서 출발한 자급자족을 향상시키는 풀뿌리

공동체 프로젝트를 지칭한다. 즉 그 도시의 자급자족을 위해서는 '피크 오일' (peak-oil), 기후 파괴 및 경제적 불안정 등의 현안을 해결하는 지방 소도시 운동이 된다. 그리고 여기서 '피크 오일'이란 석유의 최대 추출 속도에 도달한 시점을 지칭하며, 그 후의 터미널 감소에 대비해야 한다는 환경론적 교훈이 된다. 2015년 현재 35개국에서 약 500여 공식 발의가 진행되고 있는 것으로 파악되고 있으며, 이 운동의 선도자들은 지역적 재생가능 에너지 개발, 식량 확보, 교육 기회의 조직화, 지역 공동체의 기본 필수품 충족 등에 대한 다양한 활동을 전개하고 있는 것으로 알려져 있다.[177]

② 정당 조직

환경문제의 정치적 표출은 민주주의 국가의 정당정치에 있어서 '녹색 정당'(Green parties)의 등장으로 나타난다. 1972년 호주와 뉴질랜드에서 환경문제를 앞세우는 정당들의 움직임이 싹텄으며 1983년 독일에서 처음으로 독일 '녹색 정당'이 5.6%의 득표로서 연방 의회의 28석을 기록한 이후로 지난 30여 년 동안 이 역사적인 움직임은 꾸준한 확장세를 유지하게 되었다. 특히 유럽에서는 독일, 스웨덴, 덴마크, 이태리, 아일랜드, 체코 공화국, 프랑스, 핀란드 등에서 녹색 정당은 다른 정당들과의 젊은 정치적 연합을 이루면서 그 정책적 영향력을 확산시키고 있다.

그런데 녹색 정당의 진출과 관련해서는 그 성공의 원인을 둘러싼 논의도 관심을 모은다. 예를 들면 '잉글하트'(R. Inglehart)는 현대사회가 물질적인 것으로부터 '탈 물질적'(post-materialist) 가치의 선호로 바뀜에 따라 사람들이 물질적인 것을 초월하는 환경과 같은 가치를 추구하는 데서 오는 경향으로 보는 견해도 있다. 그러나 2008년 유럽의 금융위기로서 사람들이 물질적인 가치에 집착하여 환경문제는 소홀이 하는 것으로 되어야 하나, 각국의 녹색 정당 지지도는 오히려 상승하였다는 반론이 제기된다. 따라서 녹색 정당 지지도의 꾸준한 상승세는 (1) 환경문제의 중요성에 대한 꾸준한 세계적 여론, (2) 녹색 정당들이 환경 문제뿐만 아니라 사회적 정의의 문제에도 지지표명을 하게 된

---

177 Andrew Dobson, *Environmental Politics: A Very Short Introduction*(Oxford: Oxford Univ. Press, 2016), pp. 47~58.

점, (3) 기존의 주류 정치와 정치인들에 대한 일종의 '항의성 투표'의 작용력 등이 제시된다.

한편 녹색 정당의 진출은 왜 영국이나 독일과 같이 비슷한 정치·경제적 특성을 가진 나라에서 그 진출도가 달라지느냐의 의문이 제기될 수 있다. 이와 관련해서는 녹색 정당의 진출은 국회의원 선출에 있어서의 '비례대표제' (proportional electoral system)가 크게 작용한다는 점이 지적된다. 영국은 '다수결 원리'(majoritarian)에 의한 선거제도인 반면 독일은 득표율(5% 이상 의석확보)에 비례하여 의석수가 확정되는 규칙에 의한 것으로 설명된다. 뉴질랜드에서도 1996년 '혼합 비례대표제'의 도입으로 3석을 확보하고 1999년에는 7석으로 늘어나는 결과로 이어졌다.[178]

5. 환경 외교의 방향

세계화가 확산되면서 환경문제는 그 연결고리의 복잡한 변환으로 그 대책에 있어서도 시급한 국제적인 외교적 현안으로 등장하게 되었다. 환경문제를 둘러싼 다양한 주체들(국가, 운동권 단체, 세계적 기업, 국제기구 등)의 상호작용에서 추출되는 긴급 현안들을 조율하고 구체적인 결실로 이어지는 합의를 가져오기 위한 세계적 환경 외교가 절실한 당면 과제가 된다.

'돕손'(A. Dobson)은 이러한 '환경외교'(environmental diplomacy)가 결실을 맺기 위해서는 다음과 같은 다섯 가지 조건들이 충족되어야 한다고 주장한다. 첫째로 현 국제 질서하에서의 국제적 합의가 이루어지기 위해서는 나라마다의 이익을 앞세우는 주권 국가 간의 타협, 특히 주요 열강 간의 타협이 절실하게 된다. 기후변화에 있어서의 미국의 일관된 유보적인 입장이 참고 될 수 있다. 둘째로 환경문제는 과학과 과학적인 데이터로 정확한 진단이 내려져야 하는데, 비록 이것은 상당한 논쟁이 있을 수 있으나 반드시 어떤 전반적인 합의가 이루어져야 한다. 셋째로는 환경문제에 있어서는 선진국 간에도 어느 정도의 의견 차이가 있을 수 있으나, 개도국의 경우는 환경문제란 근본적으로 선진국들의 산업화로 만들어진 것이고, 자기들은 환경보호의 부담을 질 필요가 없으

---

178 *Ibid.*, pp. 59~66.

며 앞으로의 발전에 부담이 있어서는 안 된다는 입장이 된다. 북(선진국)과 남(개도국)의 갈등이 어떠한 형태로던 '합의'로 결실되어야 한다는 조건이 된다.

넷째로는 '다자간 환경문제 합의'(MEAs: Multilateral Envionmenta Agreements)에 있어서는 세계적 주요 기업이나 '국제적 비 정부조직'(INGOs)들의 정치적 참여와 운동이 불가피하게 되는데, 특히 나라마다의 대기업은 환경 문제의 협상을 지연시키거나 파기시키는 결정적인 능력을 갖고 있다. 이들에 대한 설득과 합의도출이 절실한 성공조건이 된다. 다섯째로는 환경 문제 협상의 최대 전제가 되는 '하나의 행성 경제'(one planet economy)라는 공동체 의식이 그 기본이 되어야 하는데 이 기본인식은 극히 저조하다는 점이 지적된다. 특히 '성장의 한계'(limits of growth)에 집착하는 생태학적 구성은 환경외교의 발목을 잡는 결과로 이어질 수 있다. 이 점 하나의 행성에 우리 모두의 운명이 좌우될 수 있다는 기본 인식이 매우 중요하다고 볼 수 있다.

이상의 환경외교 성공의 다섯 가지 조건들과 관련하여 그동안의 '오존층'(ozone layer)과 '기후 변화'(climate change)의 두 성패 사례들을 다루어 볼 수 있다. 우선 오존 외교는 성공사례로 인정되고 있는데 그 구체적인 조건충족은 다음과 같다. 지구 표면에서 19~30킬로미터 거리의 공간은 오존(산소) 대기권으로서 대양의 자외선(UV)을 흡수하는 것으로 되어 있는데, 이 자외선은 인간의 질병(피부, 눈병) 유발, 수질 오염, 동식물 및 플랑크톤 등에도 위험한 것으로 밝혀지고 있다. 그리고 이러한 오존층의 파괴는 특히 '클로로 플루오로 카본'(CFCs: 냉동시설, 에어컨, 살충제, 용제 등에 사용)이 그 주범이라는 1988년 '오존 추세 패널'(Ozone Trend Panel)의 발표와 함께 그 이전의 '비엔나 오존층 보호 협약' 등으로 과학계의 전반적인 합의 조건이 이루어졌다.

그 다음으로는 'CFCs'를 생산하는 기업체가 문제되는데, 'ICI'나 '뒤퐁'(Dupont)은 수백만 달러의 손실을 보게 되어 있었는데 이들 기업들은 다행이도 CFC의 대행물질로서의 '하이드로 플루오로 카본(HFCs)'의 개발로써 이 문제를 해결하게 되었다. 기업들은 오존층 보존에 결정적인 역할을 한 셈이다. 그리고 그 다음으로는 환경외교의 궁극적인 열쇠를 쥐고 있는 '국가'의 역할이 되는데 여기에도 매우 유리한 조건이 조성되었다. 이미 1977년 '토론토 그룹'(Toronto Group: 노르웨이, 스웨덴, 미국, 캐나다)은 일방적으로 불필요한 살충제 자료들을 일방적으로 금지하는 결정을 내렸다. 그리고 유럽 공동체의 경우, 당시 CFCs 생산의 절반을 차지하고 있어 상당한 반대가 있었으나 '서독'이 이러한 분위기를 깨는 데 선봉에 섬으로써 사태를 역전시켰다. 이러한 성공적 환경외교의 결실은 국가, 과학, 기업의 역사적 '연합'에 의해 이루어졌으며, 1987년의 오존층에 대한 '몬트리올 의정서'(Montreal Protocol)의 체결은 대표적인 환경 외교의 성공사례로 꼽히게 된다.[179]

한편 '기후변화'의 환경 외교는 실패의 사례로 관심을 모은다. 1990년대 이후로 IPCC는 다섯 차례의 기후변화 평가 보고서를 발표하고 있는데 세계의 모든 나라들이 기후변화의 심각성을 받아들이는 방향으로 가고 있다. 2015년 현재 약 97%의 과학자들이 인간의 행동이 세계온난화의 주된 원인이 되고 있다는 점에는 합의를 보고 있는 것으로 되어 있다. 1997년의 '교토의정서'는 (1) 공동이행제도(Joint Implementation), (2) 청정개발사업(Clean Development Mechanism), (3) 배출권 거래제(Emission Trading) 등을 골자로 하고 있으며, 특히 선진국의 감축 의무가 두드러지며 1990년 기본 선으로부터 2012년까지 온실 가스 배출을 5.2% 감축할 것에 합의하고 나라마다의 감축 목표로서는 미국(7%), EU(8%) 등으로 합의를 보았다. 그러나 이 교토의정서는 그 출발에 있어서 선진국의 역사적 책임을 물어 '개도국'의 감축의무를 외면함으로써 선진국 특히 미국의 반대를 촉발하게 된다. 개도국에 대한 지나친 배려 등으로 미국은 2001년 교토의정서에서 탈퇴하고 있다. 그 후 2015년 미국 오바마 대통령의 적극적인 참여로 기후변화는 '파리 협정'의 체결로 이어졌으나 여기서도 각국은 온실가스 감축에 대한 각자의 의무가 아니라 '나라마다 결정하는 약속'(nationally determined commitments)에 따르는 이른바 '밑으로부터의'(bottom-up)의 성격을 띤 한계를 지적받고 있다. 그리고 기후변화에 소요되는 '녹색 기후 자금'(Green Climate Fund)도 배당보다는 각자의 기여 약속에 의존하는 것으로 되어 있다. 그뿐만 아니라 2017년 6월 미국 트럼프 대통령은 파리 협약의 일방적 탈퇴를 선언하게 된다.

기후변화와 관련되는 '환경외교'의 경우, 그 다섯 가지 성공요인 중에서 단 한 가지 요인, 즉 기후변화의 심각성은 온실가스 배출의 증대에서 비롯된다는 '과학적 합의'만이 충족되고 있다는 결론이 된다. 현 세계적 질서의 패권

---

179 *Ibid.*, pp. 85~90.

국이나 다름없는 미국의 참여가 결여되는 환경문제의 최대 현안은 그 전도가 극히 우려될 수밖에 없다. 미국의 경우 우선 개도국에 대한 지나친 배려에 문제를 제기하고 있는데, 2010년 현재 각국의 탄소 배출량만 보더라도 중국이나 인도는 선두에 서지만 1인당 배출순위는 중국 6위, 인도 8위가 되는 통계만을 중요시하는 환경회의의 분위기로 보아 그 불만의 근거는 인정될 수 있다. 그리고 경제적으로 각국의 기업이 중요한 몫을 차지하고 있는데, 기후 변화는 오존층의 'CFC'의 대체 요소의 발견과 같은 단순한 차원이 아니라 에너지, 수송, 농업과 같은 복잡한 요인들이 개재됨으로써 다양한 주요 기업들의 이해를 다스리기 힘든 점도 고려될 수 있다. 미국의 경우 우익으로 기우는 공화당이 기후변화의 '회의론'에 치우치는 점도 참고될 수 있다. 환경문제의 복잡한 현안과 관련해서는 국가의 이익이 앞서는 국가 중심적 '웨스트 파리아 체제'의 지속적인 특성이 반영될 수밖에 없다는 한계가 분명해진다. 기후변화를 위한 환경외교의 실패에서 나타나는 교훈이기도 하다.[180]

6. 환경 문제의 미래

환경 문제의 미래에 관한 인류의 대응에 있어서는 대체로 '환경적 지속성'(environmental sustainability)과 '사회적 형평성'(social equity)이 서로 충족되는 방향으로 수렴될 것이 주장된다. 즉 부유한 사회는 성장의 한계를 감안하여 그들의 경제를 축소하고 가난한 사회는 성장의 정당한 기대치에 맞추어 자기들의 경제를 확장하는 적정선이 권장된다. 이러한 큰 테두리에서 '돕손'은 세 가지 형태의 대응책이 가능하다고 보고 있다.

첫째로 '개혁주의'(reformism)이다. 환경문제 해결의 효율성을 증대하기 위한 인류의 기술적 발명력을 바탕으로 새로운 환경기술의 발전에 최선을 다해야 한다는 것이다. 2012년 '미국 환경보호협회'(EPA)는 미국 전체의 온실가스의 28%는 수송 분야에서 발생한다고 발표되고 있는데, 이는 차량 '엔진'의 작동을 보다 개량, 보완하는 방법이 권장될 수 있다는 것이다. 지구 온난화에 대해서는 지구 표면에 태양의 방사를 줄일 수 있는 방패(heat shields)를 고안해

---

180 *Ibid.*, pp. 90~99; John Vogler, *op. cit.*, pp. 394~397.

나는 '지구 공학적' 해법이 종용된다. 전력 생산과 산업과정에서 발생되는 '탄소채취와 저장'(CCS)도 새로운 연구 분야로 각광을 받고 있는데, 영국 정부는 10억 파운드(£ 1billion)를 이 기술 분야의 개발에 배당한 것으로 되어 있다.

둘째로 '과격주의'(radicalism)이다. 대체로 환경문제의 해결은 힘들다는 '회의론'은 세계적 탄소 배출은 우리들의 생태적 근대화의 노력에도 불구하고 해결되기 힘들다는 입장이며, 이로 말미암아 과격한 처방으로 발전되기 마련이다. 최근(2015) '네이쳐'(Nature)지의 한 보고에 의하면 환경문제의 해결에 있어서는 석유 비축의 1/3, 가스 비축의 1/2, 석탄 비축의 4/5를 지금부터 2050년까지 사용하지 말아야 한다는 이른바 '탄소 예산'(carbon budget)을 제의하고 나섰다. 즉 우리들의 생활에 맞게 세계를 변화시키는 것이 아니라, 세계에 맞게 우리들의 생활을 변화시켜 나가야 한다는 것이며 지금까지의 '성장'의 정치가 아니라 '충분한 자력'(sufficiency)의 정치가 제의된다. 그리고 석유의 매장과 관련되는 '피크 오일'(peak oil)의 논리와 '비성장'(degrowth)의 처방이 나오는데, '비성장'이란 인류의 복지와 생태적 조건 및 형평을 증대시키는 생산과 소비에 '규모 축소'(downscaling)를 가져오는 일로 정의된다. 모든 사회가 그들의 생태적 수단의 범위 내에서 생활하고 새로운 민주적 제도의 형태를 통하여 자원이 보다 평등하게 배분되는 개방되고 국지화된 경제 속에서 생존이 이루어지는 미래가 된다. 이러한 '과격론'은 1990년대에 들어서 다소 누그러져 개혁주의 선호의 방향으로 기울다가, 다시 최근에 들어 IPCC의 경고성 보고로 활력을 되찾고 있다.

셋째로 '대중 운동'(mass movement)의 전개가 있을 수 있다. 환경문제의 해결에 있어서 가급적이면 민주주의 원칙에 따라 대규모의 민중수준의 운동으로 세계적인 여론을 선도하려는 입장이 된다. 현 단계에서는 앞에서 논의된 '녹색 정당'의 역할이 이에 적합한 형태가 될 수 있다. 그러나 이 녹색 정당의 운동에서 나타나는 특색은 주로 유럽을 무대로 지난 100여 년 동안 제도화된 보수주의, 기독교 민주주의, 노동정당, 사회민주주의 지향의 대중 정당의 성격을 띤 것이 아니라, 환경이라는 단 하나의 쟁점에 얽매인다는 한계점이 지적된다. 그 만큼 대중정당으로서의 포괄적이고 확산된 지지를 얻어내기 힘들다는 점이다. 유권자들이 관심이 많은 다른 쟁점(경재, 주택, 교육 등)들을 다룸으로써 보다 대중에게 매력적인 운동 효과를 만들어내지 못하는 아쉬움이 지적된다.

　이상 환경문제의 미래에 관한 대응과 관련해서는 매우 불안한 진단이 나오는 것을 우려하지 않을 수 없게 된다. '스톡홀름 탄성 연구소'(Stockholm Resilience Center)의 최근 연구에 의하면 환경문제 9대 현안 중, 기후변화, 바이오 다양성 손실, 토지 사용, 니트로겐 순환 사이클 등의 네 가지 현안들은 이미 위험 경계선을 넘어서 버렸고, 나머지 해양 산성화(ocean acidification), 담수(fresh water), 오존 고갈(Ozon depletion), 대기권 에어러솔(atmospheric aerosols), 화학적 오염(chemical pollution) 등의 다섯 가지 현안들에 대해서도 불안한 미래가 예견되고 있다. 흔히 지구 환경문제는 기후변화가 전부인 것처럼 인식되고 있으나 다른 보다 많은 주요 쟁점들도 있다는 점도 강조된다.[181]

04 비폭력시위운동, 혁명, 새로운 전쟁

　세계화로 인한 세계적 사회변동에 따라서 정치, 경제, 및 사회문화 면에서 복잡다단한 변화가 일면서 정치적으로 불안정한 상태가 발생할 수 있고 이에 따르는 각종 시위운동, 혁명, 종교적 갈등과 폭력, 21세기의 새로운 전쟁 등의 다양한 정치적 변환이 논의될 수 있다. 세계화는 확대일로에 들어선 정보통신과 국가 간 또는 지역 간의 인적 및 경제적 교류로 소통과 대화의 보다 크고 다양한 세계적 화합 과 협력의 기틀을 마련하기도 하지만 동시에 복잡하게 얽히는 상호의존관계에서 빚어지는 국가내부의 갈등과 분쟁을 야기시킬 뿐만 아니라 국가 간 또는 지역 간의 마찰과 폭력적 대응의 소지를 확산 시켜나갈 수도 있게 된다. 이처럼 세계적 사회변동에 따르는 국내의 또는 국제간의 정치적 불안정 및 그로 인한 정치적 변화에 관한 최근의 연구동향을 살펴 볼 수 있다.

　20세기의 종반에 접어들면서 제2차 세계대전 후에 형성된 미소의 양극화 체제가 1990년대를 전기로 종식되자 냉전시대의 균형적 질서에 얽매이던 많

---

181 *Ibid.*, pp. 107~116.

은 나라들은 안으로 또는 밖으로 그 통치력의 계속적인 독점에 차질이 생기게 되었다. 국가들은 동시에 세계화로 인한 국내외의 복잡한 환경변화에 대응하여야 하고 특히 정보통신기술의 확산으로 인한 사회적 동요와 불안정에 직면하게 되면서 갈등과 정치적 시위, 혁명적 변혁이라는 새로운 국면을 마지하게 된다.

무엇보다도 이러한 새로운 세계적 환경변화에서 두드러지는 현상은 '비폭력'(nonviolence)에 의한 다양한 시위운동으로서 예를 들면 2010년 튀니지에서 촉발되어 확산된 이른바 '아랍의 봄'이 지적될 수 있다. 그 진행과 결과에 있어서는 서로 상의한 특성이 나타나고 있으나 21세기의 비폭력적 시위의 대표적인 사례가 될 수 있다. 또한 사회·정치적 저항운동은 그 폭력적 수단이 두드러지면서 '혁명'으로 이어지는 경우가 된다. 혁명은 학문적으로 인류역사에 점철된 가장 두드러진 연구소재가 되어 왔다. 21세기에 들어서는 세계는 전통적인 혁명이론으로서의 '마르크스주의'가 꾸준한 이론적 구성의 주제를 제공하고 있으나 최근에 이르러서는 '이슬람 근본주의'와 같은 종교적 지도이념이 주축이 되는 새로운 혁명론의 등장으로 이어지고 있다. 그리고 세계화는 폭력적 수단의 극치를 이루는 '전쟁'의 개념에도 새로운 변환을 가져오게 되는데 2001년 미국은 '테러와의 전쟁'을 위하여 이라크와의 전쟁을 감행한 바 있으며, 최근에 이르러서는 중동지역의 경우 서방세력이 주도하는 ISIS와의 본격적인 국지적 전행양태로 바뀌어 가고 있다. 21세기에 들어선 새로운 전쟁형태가 되고 있는데 그것이 재래식 무기수단이든 또는 제한적 핵무기수단이든 앞으로의 돌발 가능성을 배제할 수 없는 세계화의 또 다른 주요 현안이 될 수 있다.

이러한 세계화의 사회변동 및 정치적 불안정에서 비롯되는 다양한 정치적 변환의 두드러진 특성들을 (1) 비폭력의 시위운동, (2) 혁명, (3) 21세기의 새로운 전쟁 등의 형태로 분류하여 다루어 보기로 한다.

1. 비폭력의 시위운동

'비폭력'(nonviolence)은 세계화의 과정에서 나타나는 극적인 사회변화의 한 방법이 된다. 최근에 세계적으로 나타나는 민주화의 물결에 대한 연구에 있어서는 그 기본 동력이 비폭력이라는 수단에 의존하고 있으며 그 아이디어나 전략은 전적으로 세계화로부터 오는 결실임을 짐작하게 된다. 역사적으로는 이미 인도의 '간디'에 의한 독립 운동이나 미국의 킹 목사 주도의 인권운동 등에서 이러한 비폭력 운동의 성공사례는 충분히 입증되었으나, 20세기 후반부터 세계적으로 확산되는 비폭력 시위운동은, 예를 들면 폴란드 연대운동(Polish Solidarity campaign), 중국 학생·노동자 천안문(Tiananmen) 운동, 남아프리카의 반인종차별(anti-apartheid)운동, 미얀마 승려운동, 우크라이나 민주화운동, 레바논 민주화 항의, 2003년 2월 세계적 반전 항의, 아랍 및 아프리카의 저항운동, 점령운동(Occupy campaigns) 등의 다양한 형태로 전개되면서 세계적 관심을 모은다. 그리고 2010년 튀니지에서 촉발되어 중동 여러 나라로 확산된 아랍의 민주화 물결은 세계화와 비폭력 저항운동의 밀접한 연관을 나타내는 가장 두드러진 사례로서 권위주의국가에서 이루어진 비폭력적 시위의 가장 성공적인 경우로 평가 받는다.

① '비폭력' 시위의 특성

'샤프'(Gene Sharp)에 의하면 '비폭력'(nonviolence)이란 물리적인 폭력을 쓰지 않는 항의, 저항, 간섭 등의 일반적인 기술을 지칭한다.[182] 즉 순수한 비폭력은 갈등 및 적대관계에 있어서 적들을 친구로 만듦으로써 폭력의 악순환을 종식시킬 수 있다는 것이며, 인간은 본래 상호협력의 힘으로 사태를 평화적으로 수습할 수 있는 '인간적 사회성'(human sociability)을 지니고 있다는 전제에서 있다. 주로 인도의 간디의 비폭력 독립운동이 그 모범적인 사례 가 되고 있으며, 20세기 후반에 들어서는 (1) 벨벳 혁명(velvet revolution): 체코슬로바키아(1989), (2) 색깔 혁명(color revolution): 필리핀(1986), 세르비아(2000), 그루지야(2003), 우크라이나(2004), 레바논 및 쿠웨이트(2005), (3) 중동 및 북아프리카 봉기(아랍의 봄), (4) 점령운동: 미국 뉴욕 월가 점령운동(2011) 등이 열거된다.

이러한 비폭력 시위 참여자들의 기본 동기에 있어서는 인간의 도덕적, 윤리적 및 개인적 동기부여가 다양하게 논의될 수 있으나 세계화와 관련되는 비폭력 시위와 관련해서는 '샤프'의 지론이 각별한 관심을 모으고 있다. 그는 비

---

182 Gene Sharp, *Waging Nonviolent Struggle: 20th Century Practice and 21st Century Potential*(Boston: Extending Horizons Books, 2005), p. 547.

폭력 시위의 정책으로서 '민간 주도의 방위'(CBD: Civilian-based Defense)를 제시하고 있는데, 이 정책은 한 사회의 모든 주민들이나 제도들이 전투 요원이 된다는 것이며, 그들의 무기는 다양한 심리적, 경제적, 사회 및 정치적 저항과 반격이라는 것이다. 그리고 그들의 주적은 권력을 탐닉하는 폭군이나 외부의 침략자들로서 이들의 지배가 불가능하도록 공격을 저지하고 스스로를 방어하는 것이 최대의 과제로 확정된다. 이 방위개념의 구체적 실행사례로서는 1968년 동구의 체코슬로바키아의 '프라하의 봄'(Prague Spring)과 세르비아 비폭력 저항(Otpor: 1998~2004) 등이 지적된다. 구체적인 저항형태로서는 전자의 경우, 친교(fraternization), 해학(humor), 풍자적인 페인팅, 군부대 이동의 방해 공작 등의 기술적인 저항운동이 화제를 모은다.

그런데 '샤프'는 이러한 비폭력의 방위정책이 사람들에게 어떤 새로운 정치적 교리나 정당프로그램, 종교 등을 요구하는 것은 아니며, 비폭력의 도덕적, 종교적 원칙에 대한 믿음에서만 가능하게 되는 것은 아니라고 보고 있다. 문제는 사람들로 하여금 비폭력이 가급적 많은 사람들에게 다른 수단보다 '낫다고'(palatable) 믿게 하는 것이 그 핵심이 된다고 본다. 즉 '비폭력의 방위'는 순전히 하나의 '전략적 선택'으로서 어떤 가치나, 규범, 윤리, 또는 도덕성과는 연계되지 않으며, 오로지 어떤 주어진 갈등상태에서 사람들에게 요구되는 '거대전략'(grand strategy)의 한 부분이 되는 것으로 보고 있다. 비폭력이 갈등해결의 주류를 이루게 되면, 보다 많은 사람들이 그것을 전략적 선택으로 채택하게 된다는 것이다.[183]

② 비폭력 시위의 전개과정

비폭력의 본격적인 전개는 대체로 두 갈래의 기본여건에 좌우된다고 볼 수 있다. 첫째로 위로부터(from above)의 지원이 크게 효력을 발휘할 수 있게 되는데 외부적 지원(주로 자금지원)이 마련되는 경우가 된다. 1998년 세르비아의 '오트폴'(Otpor) 운동은 '미로세비치'(Milosevic) 대통령에 대한 저항시위인데 미국 CIA공작원을 포함하는 서방 측 지원이 주효한 것으로 되어 있다. 대체로

---

183 Amentahru Wahlrab, 'Nonviolence and Globalization,' in M. Steger et. al.,(eds.), The Sage Handbook of Globalization, Vol. 2, *op. cit.*, p. 734; Gene Sharp, *op. cit.*, p. 44, 50.

비폭력집단에 대한 국제적 자금지원이 증가하게 되면 시위집단은 '갈등운동'(conflict movement)으로부터 '총화운동'(consensus movement)으로 바뀌게 되며, 제도적이며 자원 의존적이고 '비갈등전략'(non-conflict strategy)이 채택된다. 이렇게 되면 비폭력 시위집단의 주동적인 역할이 약화되면서 운동의 확산력도 감퇴될 수도 있게 된다. 또한 경우에 따라서는 당사국의 권위주의 정부가 외부적 간섭을 문제 삼아 시위운동의 주동자들을 탄압하거나 국제적 인권단체들(NGOs)과의 상호작용을 감시하여 국제적인 연대를 약화시킬 가능성도 제기 된다. 일부 비판론자들은 이러한 외부적 지원은 강대국이 배후에서 조종하는 새로운 형태의 제국주의 또는 식민지주의의 등장으로 문제 삼기도 한다. 따라서 외부적 지원은 시위운동의 진행과 그 환경적 조건의 변화에 따라 시위의 강도가 달라질 수 있다고 보아야 할 것이다.

둘째로 '밑으로부터'(from below)의 작용력이 있다. '아랍의 봄'(Arab Spring: 2010~2012)은 밑으로부터의 비폭력 시위의 대표적인 사례가 된다. 우선 튀니지에서 촉발된 비폭력 시위는 리비아, 이집트, 에멘, 시리아, 이라크 등지로 확산되었으며 그 전반적인 과정에서는 새로이 등장한 트위터, 페이스북 같은 '사회적 미디어'(socail media)의 결정적인 역할이 지적된다. 이러한 정보통신 매체가 사람들의 상호관계를 밑으로부터 '네트워크'(network)로 조직화하고 거기에서 비롯되는 강한 응집력과 저항력을 바탕으로 항의(protests), 봉기(uprisings), 대규모 반란(rebellions) 등으로 권위주의 정부를 굴복시킨다는 기본 논리가 된다. 비록 그러한 강렬한 정치적 저항의 결과는 튀니지어의 경우처럼 권위주의 정부의 도태와 민주주의의 달성으로 이어지기도 하고 다른 많은 나라에서는 그렇지 못한 사례도 있으나 그 시발과 진행은 '비폭력'의 양상을 띠었다는 점이 강조될 수 있다. 그리고 이것은 사회적 미디어에 의한 '밑으로부터'의 비폭력 시위였으며, 북아프리카와 중동지역에 걸쳐 독재의 타도, 부패의 척결, 부당한 내핍조치에 대한 항의, 보다 나은 거버넌스와 민주주의를 지향하는 새로운 세계사적 변환을 표상한다고 볼 수 있다. 세계화가 만들어내는 정보통신 혁명이 세계적인 사회변동과 정치적 변혁을 가져온다는 기본 명제를 확인시켜주는 대목으로 받아들일 수 있다.[184]

---

[184] A. Wahlrab, *op. cit.*, pp. 734~736.

2. 세계적 혁명(Global Revolution)

세계화는 어떤 특정국가에 국한 되지 않은 세계적인 '국경을 넘는' 혁명을 가져올 수 있다. 즉 여러 나라에 걸쳐 대대적인 봉기나 반란을 통하여 기존의 정치제도를 새로운 것으로 바꾸는 세계적인 혁명적 변환이 발생할 수 있다. 예를 들면 기존의 군주제로부터 민주주의로, 혹은 자본주의를 사회주의로, 또는 특정 종교국가로 바꾸는 세계적 규모의 '혁명'이 된다. 사회과학의 전통에서는 주로 마르크스주의가 국제적인 혁명이론으로 꾸준한 이론적 논의의 틀을 지속해 왔으나, 제2차 세계대전 후의 세계에서는 후진국의 근대화(민주화)가 관심을 모아 왔고, 20세기 후반에 들어서는 신자유주의의 민주주의 대세론과 이에 도전하는 이슬람 교리를 앞세우는 ISIS와 같은 과격 혁명론이 무시 못 할 하나의 흐름을 이루고 있다. 이와 같은 세계적 혁명의 발생 원인들을 간략히 살펴 본 다음, 혁명의 기본 형태를 (1) 마르크스주의, (2) 이슬람 세계혁명운동, (3) 민주주의 운동의 세 가지 범주로 나누어 정리해 보고자 한다.

① 혁명의 발생원인

혁명은 비록 한 나라에서 시작되지만 국제적으로 확산되는 효과를 만들어낸다. 1776년 미국혁명은 1789년의 프랑스혁명으로 이어지는 민주화의 물결에 비유될 수 있으며, 1848년대의 유럽 민주화, 1911년의 중국 공화정 혁명, 1917년 제정러시아 붕괴 혁명 그리고 1952년 이후로는 이집트(1952), 이라크(1958), 이란(1979), 네팔(2008) 등의 반 군주제 혁명으로 확산효과를 보이고 있다. 1917년 러시아의 볼세비키 혁명과 당초 민족해방을 표방한 중국공산혁명(1921~1949)은 세계적인 마르크스주의 혁명이었다. 1979년의 이란 혁명은 20세기의 한 국가 내에서의 첫 이슬람 근본주의 혁명이었으나 그것은 그 후로 많은 다른 나라에도 확산된 이슬람 혁명운동이 되었다. 이러한 일련의 다양한 세계적 혁명의 일반적인 원인들을 간략히 다루어 볼 수 있다.

첫째로 '대중적 불만'(mass discontent)으로서 많은 국민들의 강렬한 불만족 상태가 그 원인으로 꼽힌다. 주로 (1) 가난한 경제상황, (2) 교육, 직장, 소득 기회에의 제한된 접근, (3) 부패의 만연, (4) 억압적인 권위주의 체제, (5) 외세의 지배와 수탈, (6) 이러한 모든 요인들의 결합 등으로 대중들의 강한 불만

상태가 빚어질 수 있다. 세계적인 혁명운동에서는 이러한 대중 불만의 원인이 한 나라에 국한된 것이 아니라 '초국가적인'(transnational)것으로서 그 해결은 세계적인 혁명의 완수로서만 가능하다는 주장을 펴게 된다. 둘째로 '반항적인 엘리트'(dissident elites)의 출현으로서 지도자로서의 특성과 기능, 특히 카리스마를 지닌 사람들이 기존의 체제에 저항하게 되며, 이들은 그 다음 세 번째 원인으로서의 혁명을 성공시키는 '통합적인 동기부여'(unifying motivation)을 만들어내는 데 성공한다. 즉 이들은 국민들을 감동시키면서, 인종, 종교, 연령, 성별, 및 기타의 특성들을 초월하여 서로가 합심·노력하여 혁명의 목적을 달성시킬 수 있는 혁명적 '이데올로기'(설화)를 만들어내어 확산시킨다. 세계적인 혁명이데올로기는 국경을 넘어서 여러 나라의 국민들을 하나로 묶게 하며 혁명의 주도 세력은 그 통합된 단합력을 구체적인 행동으로 실천에 옮긴다. 즉 결정적인 하나의 '혁명적 승리'를 거두어내는 과제가 된다. 결정적인 한 번의 '승리'는 세계의 이목을 집중시키게 되며 혁명의 대의를 널리 알리고 대중들의 국제적 참여와 그 다음단계의 성공으로 이어지게 만들 수 있다. 미국의 혁명과 프랑스의 혁명이 세계적인 민주화 혁명의 확산에 기여하였으며, 러시아에서의 볼세비키 혁명이 그 후의 세계적인 마르크스주의 혁명의 선도적인 역할을 한 것도 그 적절한 예가 될 수 있다.

네 번째의 원인으로서는 정부의 '정당성'(legitimacy)과 '행정적 및 강제능력'(administrative and coercive capacity)의 극심한 쇠퇴가 지적될 수 있다. 부당한 경제적 조건, 극심한 정부의 부패, 억압적 법률, 불법적 법집행과 통치 방식, 정치지도자들의 외세의존도 등이 국가의 정당성을 하락시키고 군부의 지지도를 잠식하며 국민에 대한 봉사의 길을 막아 버린다. 탈정당화되고 약화된 국가는 다른 국가들이 혁명진압에 가세하지 않는 한 혁명성공의 가능성을 결정적으로 높이게 마련이다. 다섯 번째로 유리한 '세계적 환경'이 마련되어야 혁명은 성공된다. 이 세계적 환경이란 다른 나라들의 경우 혁명을 지지할 것이냐 또는 반대하거나 주저하는 선택의 기로가 된다. 대체로 다른 나라들의 경우는 자기나라에도 혁명이 번질 가능성에 매우 민감하게 되며 반대의 입장이 될 가능성이 높아진다. 결국 혁명을 둘러싼 국가 간의 찬반체제가 구축될 수 있게 된다. 그러나 이때 한 번 내지 두 번 가량의 성공사례가 나타나게 되면 하나의 강력한 국제적 반대진영이 생겨날 수 있으며, 특히 그 반대진영에 부강하거나 테크놀로지 면에서 월등한 국가들이 참여하게 되는 경우에는 혁명수행은 성공가능성이 희박해질 수밖에 없다. 즉 혁명이 성공하려면 그것을 지속시켜 줄 '허용적인 세계적 맥락'(permissive world context)이 만들어져야 한다는 것이다. 여러 나라들을 자기편으로 만들든가 가장 발달되고 강한 나라들을 중립화 시키는 일이 성공의 비결이 된다. 그리고 세계적 혁명이 확산되려면 무엇보다도 테크놀로지가 발달된 나라에서 성공함으로써 그 기운을 세계적인 혁명으로 확산시키는 '허용적 환경'이 만들어져야 한다는 결론도 가능하다.[185]

② 혁명수행의 세 가지 형태

혁명이 성공하기 위해서는 그것을 주도하는 '혁명가들'(revolutionaries)과 그들이 내세우는 강렬하고도 설득력 있는 '메시지'(messages)가 결정적인 몫을 하게 된다. 이 과정을 다음과 같은 세 가지 분류로 다루어 볼 수 있다.[186]

가. 마르크스주의 혁명

마르크스와 엥겔스(Marx and Engels)는 1948년의 '공산당선언'으로 마르크스주의의 세계적 혁명을 주창하게 된다. 한 사회의 사회·정치적 특성은 경제체제의 본질에 따라 결정되게 되는데 현존하는 사회적 및 정치적 구조와 리더십이 그 이상의 경제적 발전을 저해하게 되면 혁명이 발생할 수 있다는 것이다. 19세기 중엽의 유럽은 봉건 농업사회로부터 자본주의의 산업화가 본격적으로 진행되고 있었는데, 마르크스에 의하면 기술적, 경제적 발전에 따르는 경제적 불평등과 사회적 불안 및 소외상태에 허덕이는 노동자 계급(프롤레타리아)은 부르주아 지배계급을 타도하는 혁명을 실행에 옮기고 이른바 '프롤레타리아 독재'에 의한 강력한 혁명프로그램(10개조)을 실천에 옮긴다. 사회주의하의 기술적 발전과 경제적 호전으로 빈곤, 범죄, 불평등 구조가 개선되면서 점차로 위로부터의 통제를 강요하던 '국가'는 소멸되고, 상호 협력과 평등 및 공동체주의가 내실화되는 공산주의 사회가 이루어질 수 있다고 전망하였다.

---

185 James DeFronzo and Jungyun Gill, 'Revolution Without Borders: Global Revolutionaries, Their Messages and Means,' in M. Steger et. al., The Sage Handbook of Globalization, Vol. 2, *op. cit.*, pp. 740~742.

186 *Ibid.*, pp. 742~751.

마르크스와 엥겔스는 1883년, 1895년 각각 타계하면서 1912년 러시아 혁명을 주도하게 되는 레닌(Lenin)이 각광을 받는 새로운 전환이 이루어진다. 우선 레닌은 그의 '제국주의론'으로 관심을 모으게 되는데, 선진 자본주의는 그 본질적인 모순을 타개하기 위하여 세계적인 후진 지역에 대한 제국주의적 지배를 통하여 시장개발과 원료취득의 활로를 모색하게 된다는 것이다. 따라서 혁명은 마르크스가 예견한 선진자본주의 국가가 아니라 이들 후진 지역에서의 수탈과 지배를 종식시키기 위한 가장 긴요한 과제가 되었다. 마르크스 혁명론은 우선 후진지역에서의 선진제국주의자들의 수탈과 억압을 종식시키고 그 다음으로는 선진자본주의국가의 혁명으로 이어져야 한다는 주장으로 바뀐다.

레닌은 또한 그의 혁명적 리더십에 있어서 독특한 논리를 전개하였다. 러시아 혁명 당시 그 지도형태를 둘러싸고 대중참여와 민주적인 지도를 앞세우는 '멘세비키'(Menshevik)와 강한 위로부터의 지도를 앞세우는 '볼세비키'(Bolsheviks)로 갈라지게 되는데 레닌은 후자에 속하였다. 레닌은 공산당에 의한 정부의 통제는 급속한 정책적 효과를 가져오고 국내외로부터 혁명을 옹호하고 지속시키기 위해서 절실하다는 입장이었다. 20세기의 마르크스주의 혁명에서는 대부분의 경우 멘세비키보다는 레닌의 볼세비키 교리가 선호된 것으로 나타난다.

또한 러시아혁명에서는 레닌의 사후(1924) 혁명의 아이디어와 실행 방법을 놓고 서로 대항하게 되는 두 사람의 혁명가들의 등장이 두드러지게 되는데 바로 '레온 트로츠키'(Leon Trotsky)와 '조셉 스탈린'(Joseph Stalin)의 대결이다. 트로츠키는 의사표현의 자유와 공산당 내에서의 지도자 선출 및 정당형성에 민주적 방법을 주장하였으나, 스탈린은 대조적으로 러시아 내전당시(1918~1922)에 시행된 당내민주주의의 제한을 계속 유지하고 권위주의적 정당체제를 주창하였다. 그리고 트로츠키는 '즉각적 세계혁명'을 역설하고 일국내의 혁명은 세계전체의 동시적인 '항구적 혁명'(permanent revolution)으로만 성공할 수 있다는 상호연계성 논리를 폈다. 이상에서 살펴 본 혁명과정에서 나타난 마르크스, 레닌, 트로츠키 등의 아이디어는 주로 서적과 팜플렛을 통하여 전 세계적으로 확산되었으며, 특히 러시아 혁명(볼세비키 혁명)이 성공한 이후로는 혁명가들이 마르크스와 레닌의 혁명론을 각종 회의와 특수학교 등을 통하여 세계적인 전파를 시도하였으며 1919년에는 이를 위한 국제적 협의체로서의 '공산주의 인터내셔널'(Comintel: Communist International)이 소련 내에 창설되기에 이른다.

한편 아시아에서는 중국공산당의 '모택동'이 등장하게 되는데 그는 중국과 같은 농업국가에서는 마르크스가 전제한 도시 노동자계급보다는 농민들이 혁명을 주도할 것을 주장하고 나선다. 중국의 농민들은 역사적으로 사회적 불의에 항거한 대규모 반란의 전통을 가지고 있으며, 이 혁명적 저력은 그대로 공산주의혁명에 동원될 수 있다고 보았다. 비록 초기 마르크스주의자들은 혁명의 성공은 도시에서 이루어질 것으로 믿었으나 중국의 경우는 광대한 농촌에서 조직되는 이른바 '인민의 전쟁'(people's war)을 제안한다. '인민은 물이고 혁명의 군대는 물고기이다. 물이 없으면 물고기는 죽는다'는 비유로서 그는 농민들이 주동하는 공산혁명의 필요성을 역설하였다. 특히 어떠한 사회체제라 할지라도 소수의 엘리트가 특권적 지위를 취득하고 물질적 이득을 챙기기 마련인데 이러한 적폐를 개혁하고 대중적 참여를 가져오기 위해서는 꾸준한 밑으로부터의 사회적 운동(예: 문화대혁명)의 전개에서 그 해법을 찾을 것을 강조하였다.

20세기의 공산혁명은 남미에서도 그 독특한 족적을 남기고 있다. 1959년 쿠바의 '카스트로'(Castro) 공산혁명에서 주역을 담당했던 '체 게바라'(Che Guevara)는 이른바 '게릴라 포코'(Guerrilla foco)라는 새로운 혁명기술을 만들어내었다. 즉 극심한 경제적 불평등에 허덕이는 나라에서는 약 30명 정도의 소수 혁명주도자들(게릴라 포코)이 탄압적인 정부세력에 공격을 가함으로써 궁극적인 승리를 거둘 수 있다는 작전이다. 당초에는 소규모의 공격으로 일시적인 성공을 거두나 국민들에게는 잔인하고 수탈적인 억압자들도 격파되고 응징될 수 있다는 것을 '초점화'(focus)시켜 널리 과시할 수 있다. 무엇보다도 가난한 사람들의 주의를 모음으로써 혁명가들은 사회적 정의와 기회평등의 메시지를 널리 확산시킬 수 있으며, 대중들의 폭발적인 인기로 혁명의 성공을 가져올 수 있다는 것이다. 비록 '게바라'는 1967년의 '볼리비아' 원정에서 살해되어 그의 접근은 실패에 끝났으나 그의 '포코' 개념은 여러 나라의 혁명가들에게 영향을 미친 것으로 되어 있다.

그 후 남미에서는 일단 마르크스에 의해 당초 제시되었고 레닌에 의해 구체화되었던 '프롤레타리아 독재'와 일당독재국가의 개념은 희석되었으며 그 대신 보다 민주화된 방법을 앞세우는 '민주적' 마르크스주의자들의 접근이 호응을 얻게 된다. 즉 민주적인 다수정당체제(multiparty democratic system)하에서는 혁명적인 정당이 승리할 수 있으며 만약 집권하게 되면 사회주의 프로그램을 통하여 경제체제를 바꿀 수 있다는 것이다. 1970년 칠레에서는 '살바도르 아옌데'(Salvador Allende)가 대통령에 당선되어 사회주의 혁명을 민주적으로 시행하려고 시도하였으나 군부의 쿠데타로 실각하고 극우 군사독재가 들어서게 된다. 그러나 1998년 베네수엘라에서는 '휴고 차베스'(Hugo Chavez)가 대통령으로 당선되었으며, 그는 사회주의 혁명을 민주적으로 달성할 것을 선언하였다. 2007년 재선되자 그는 '트로츠키'의 항구적 혁명론을 들고 나와 베네수엘라에서의 혁명성공은 남미의 다른 나라들(보리비아, 에콰도르 등)에도 전파되어 세계적인 민주적 사회주의 혁명의 길이 열릴 것을 내다보기도 했다.[187]

나. 이슬람 세계혁명운동

이슬람은 주로 아시아와 아프리카에 걸쳐 약 13억의 인구에 기반을 둔 종교세력으로서 '무함마드'(Muhmmad)를 예언자로 하며 '알라'를 단일 신으로 하는 종교이다. 이슬람의 경전은 '꾸란'(코란: Koran)이며 이는 예언자 무함마드가 천사 '가브리엘'로부터 받은 '알라'의 말을 기록한 것이라고 한다. 이슬람의 대표적인 종파로서는 전체 무슬림의 80~90%를 차지하는 '수니'(Sunni)파와 이란이 대표하는 10~20%의 '시아'(Shia)파로 갈린다. 주로 '이슬람 근본주의'(Islamic Fundamentalism)로 불리는 이 종교의 특징은 20세기에 들어서 증대된 서구 제국주의의 추세에 대항하기 위해서 1928년 이집트에서 '하산 알바나'(Hassan al−Banna)에 의해 창설된 '무슬림 형제단'(Muslim Brotherhood)에서 잘 표출된다. 이슬람 정치운동의 기본모형이 되고 있는 이 조직은 '비 이슬람권'과 기술적, 경제적으로 경쟁하기 위해서는 이슬람 종교의 근본적인 형태로 돌아가는 길만이 그 해법이 된다는 입장이다. 마르크스 이데올로기처럼 이슬람 근본주의는 서로 다른 민족적, 인종적, 계급적 배경을 가진 사람들을 단결시키는 잠재력을 가지고 있으며, 억압되고 착취당하는 사람들에게 강한 자긍심을 불러일으킬 수 있고, 혁명적 이슬람의 신조는 운동에 참여하는 사람들로 하여금 자기희생의 정신과 하나님의 의지를 실현할 수 있다는 결의를 만들어 줄 수 있다는 것이다. 그리고 이 운동

---

187 *Ibid.*, pp. 742~745.

은 제국주의세력에 대한 저항뿐만 아니라 그들에게 동조하는 것으로 보여지는 세속적인 이슬람 정부도 타도의 대상이 되고 있다는 점이 강조된다.

무슬림 형제단 소속으로서 '수니' 종파의 최고 이론가로 소문난 '세이드 쿠틉'(Ssyyid Qutb)은 이슬람 사회에서의 지도자 및 정부의 형태와 관련하여 각별한 자격조건을 제시하고 있다. 유대교의 지도자들은 모세(Moses)에게 전달된 하나님의 메시지를 왜곡하였으며, 기독교는 교회와 국가의 분리교리를 채택함으로써 엄청난 세속화가 기독교사회에 범람하게 되어 사람들은 그들의 부(wealth)에도 불구하고 행복하지 못하고 정신적 충족을 추구하기에 이르렀다고 비판한다. 그럼에도 유럽제국과 미국은 정-교 분리원칙을 제국주의적 침략에 활용하여 이슬람 사회를 도덕적으로 약화시키고 그들에 협력적인 부패한 지배자들의 통치를 강행하였다. 따라서 이슬람 혁명은 제국주의국가뿐만 아니라 그들에 협력하는 이슬람 정부와도 결전을 버릴 것을 제안한다. 공교롭게도 '쿠틉'의 동생인 '모하마드 쿠틉'(Mohmmad Qutb) 교수의 한 제자인 '오사마 빈 라덴'(Osama bin Laden)은 '알카에다'(Al Quaeda)의 창시자로 알려져 있다.

1979년 이란에서는 시아파를 대표하는 '아야툴라 호메이니'(Ayatolla Khomeini)가 입헌군주제 팔레비 왕조를 무너뜨리고 이슬람 종교지도자가 최고 권력을 가지는 사실상 신정체제나 다름없는 이슬람 공화국을 수립한다. 시아파 국민들은 그가 이란 국민을 외국 제국주의와 부패한 군주제로부터 구제할 신이 보낸 구세주로 받아들였다. 이 이슬람세계의 역사적 사건은 세계적인 이슬람 근본주의 운동을 위한 영감적인 사건임에도 불구하고 이란의 시아파는 전 이슬람인구의 1/6에 불과한 소수라는 한계가 있었다. 다수파인 수니파들에게는 세계적 이슬람 근본주의의 확산을 가져올 새로운 활력소가 필요했다. 공교롭게도 1979년 아프가니스탄에서는 소련군의 개입이 국제화되자 '수니' 이슬람세력은 소련군에 저항할 이슬람 반격세력을 형성하게 되는데 바로 '오사마 빈 라덴'과 '아이만 알자와히리'(Ayman al-Zawahiri)가 이 선봉에 서게 된다. 소련군에 저항할 수 있는 대공미사일과 미국, 파키스탄, 사우디아라비아, 아프가니스탄 이슬람 전사, 세계도처의 이슬람 지원전사들의 도움으로 소련군의 아프가니스탄 철수를 강행할 수 있었다. 이란의 호메이니 혁명과 아프가니스탄에 있어서의 소련군 추방은 이슬람 근본주의 운동의 기세를 확산시키는 결정적인 계기를 만들게 된다.

1988년 오사마 빈 라덴과 그의 일행은 아프가니스탄에서 싸운 자원 전사들을 '알카에다'(Al Qaeda: 기반이라는 뜻)로 재편성하여 세계적인 혁명조직망을 만들었다. 그 일차적 공격대상은 미국이 되었는데 그것은 이라크의 쿠웨이트 공격으로 진주한 미군을 사우디아라비아로부터 몰아내기 위한 것이었다. 빈 라덴은 미국이 사우디로부터의 철수뿐만 아니라 이스라엘에 대한 지원도 중지할 것을 요구하는 등 알카에다의 목적은 부풀어져 있었다. 그들은 이슬람 근본주의를 모든 이슬람국가에 확대하고 심지어 아시아의 인도네시아까지를 포함하는 세계적인 하나의 단일 이슬람국가를 건설하는 방대한 구상이었던 것으로 파악된다. 그리고 이를 위한 이른바 세계적인 '지하드 연합'(Jihad alliance: 성전연합), '유태인들과 십자군에 대한 이슬람 세계전선'(Islamic World Front Against Jews and Crusaders)을 구성하고 그 구체적인 실행은 1993년 뉴욕시 세계무역관에 대한 트럭 공격, 1998년의 미국대사관 폭격, 2000년의 USS Cole에 대한 자살폭탄 공격, 2001년의 9·11 공격 등에서 나타난다.

그러나 2010년에 들어서면서 중동지역에 불어 닥친 '아랍의 봄'은 이슬람권에서도 민주화의 바람이 불어 이슬람의 과격주의에도 변화의 조짐이 보이는 듯하였다. 이미 이슬람 근본주의에서도 아랍 팔레스타인계의 '하마스'(Hamas) 집단은 민주적인 절차에 의한 집권의 완화정책을 통하여 2006년 파레스탄 의회를 장악하는가 하면, 2010~2011년에 들어선 '아랍의 봄' 민주화 운동은 튀니지, 리비아, 이집트 등에서의 민주화와 이슬람 근본주의의 온건화를 가져오는 것으로 기대되었다.[188] 그러나 그 예상은 크게 빗나갔다.

2014년 6월 이라크와 시리아의 일부에 본거지들 둔 급진 수니파 무장집단은 '이라크 – 레반트 이슬람 국가'(ISIL: Islamic State of Irak and the Levant), 또는 '이라크 – 시리아 이슬람 국가'(ISIS: Islamic State of Iraq and Syria)로 불리는 세계적 이슬람 국가를 선포하였다. 고대 이슬람 국가와 같은 '칼리페이트'(caliphate)를 건설하는 목표에 따라 예언자 무함마드(Muhammad)를 계승하는 '칼리프'(caplipha)가 나타나서 정치와 종교를 아우르는 정신적 지도자로서 이슬람 율법인 '샤리아'(sharia)에 따라 통치하는 '이슬람 국가'가 등장한 것이다. 이 '칼리페이트'는 세계의 모든 이슬람 교도에 대한 종교적, 정치적, 군사

---

[188] *Ibid.*, pp. 746~748.

적 권위를 주장하고, 이슬람의 극단주의적 해석, 종교적 폭력의 권장, 그들의 해석에 불응하는 이슬람교도는 이단자, 배교자로 취급하는 과격한 무장집단으로 군림하게 된다. 그리고 이슬람 '성전'(Jihadism)에서는 적진에 대한 감시와 스파이활동, 살인과 납치를 비롯해서 민심을 동요시키는 테러화 수법과, 지지자를 동원하고, 적대관계를 양극화하여 중립·회색적 요소를 없애버리는 다양한 전략 등이 추구된다. 이 집단은 2015년 현재 연간 10억 달러 예산과 3만명의 전투요원으로 무장된 것으로 파악되고 있다. 이러한 ISIS의 등장에 관해서는 다음과 같은 몇 가지 요인들이 지적된다. 첫째로 2003년 미국이 주도한 이라크 전쟁은 이라크의 국가제도를 파괴해 버림으로써 인종 및 종파 간의 갈등과 분쟁을 유발하여 '알카에다'(AQI) 세력을 확산시키는 결과를 가져왔다. 둘째로 이라크의 경우 사담 후세인 몰락이후의 정치적 제도의 분절현상은 국민적 정체감의 동요와 공동체 연대의 약화로 수니파와 시아파의 분열을 더욱 악화시켰다. 셋째로 시리아의 내전으로 인한 정부(시아파 장악)와 반군(주로 수니파)의 내전상태는 ISIS의 세 확장에 크게 도움을 주었다. 끝으로 '아랍의 봄'으로 인한 민주화가 제동이 걸리면서 아랍권에 또 다른 전운이 감돌게 된 것도 작용한 것으로 볼 수 있다. 이러한 네 가지 요인으로 알카에다의 후신인 ISIS는 일정한 영토, 이슬람 주민, '칼리페이트'의 통치구조등의 세 가지 국가구성 요소들을 갖추었다고 '이슬람 국가'의 선포를 세계에 공표한 것이다.[189]

다. 민주적 세계혁명운동

약 2500년 전으로 거슬러 올라가는 '아테네'(Athens)의 민주주의는 많은 시민들이 법률과 정책을 만들고 국가의 지도자들을 뽑는 정부형태를 가리켰다. 비록 여성이나 노예들이 제외되고 도시국가와 같은 조그마한 정치적 단위에서의 모든 시민들의 참여였다는 단서가 붙고 있지만 다대수의 시민들이 국정에 직접 참여하는 민주주의는 꾸준한 인류의 이상이고 실천적 과제로 인정받아 왔다. 고대 아테네의 민주주의처럼 많은 시민들이 참여하는 정치형태가 어떻게 부활되고 개선되어 인류에게 보다 나은 보다 정의로운 형태의 정부를

---

189 Fawaz A. Gerges, *A History of ISIS*(Princeton and Oxford: Princeton Univ. Press, 2016), pp. 8~22.

만들어 줄 수 있을 것인가는 부단한 연구의 과제가 되어 왔다. 어떤 의미에서는 민주주의에 대한 열망은 특히 지난 200년 동안 인류의 가장 혁명적인 이상이 되어 왔다고 해도 과언이 아니다.

17세기말 존 로크(J. Locke)는 인간은 생명, 자유 그리고 재산에 관한 기본권을 가지고 있으며 정부는 이 기본권을 보호해 줄 의무가 있다고 전제하고 만약 정부가 이를 지키지 못하면 국민은 정부에 저항할 수 있는 혁명권을 주창하였다. 1776년 미국혁명과 1789년의 프랑스 혁명은 바로 이 민주적 혁명론의 결실로 받아들여진다. 그러나 18세기와 19세기의 역사에서는 이 민주적 혁명론이 그대로 이행되기 힘들다가 20세기 초에는 중국의 손문의 민주화론(3민주의)의 경우 어느 정도의 이행기 일당체제론이 선호되고 러시아의 레닌의 혁명론에서도 일당독재의 과도적 처방 등이 정당화되기도 하였다.

제2차 세계대전 후의 세계는 미소의 양극체제로 말미암아 민주주의는 지지부진을 면치 못하였다. 미소 양국은 자기 권역에서 일기 시작한 민주적 소망을 억제하는 권위주의정부를 보호하기 시작하였으며, 소련은 동구권의 공산체제를 지지하고 미국은 서방권의 권위주의체제들을 반공의 명분으로 옹호하였다.

그러나 1980년대에 들어서면서 미소 냉전이 종식되면서 사태는 달라지기 시작하였다. 미소는 서로의 적대감과 긴장이 완화되면서 세계도처에서 일기 시작한 민주화의 움직임에 대한 위협을 덜 느끼게 되고 또한 민주적 혁명을 견제하고 간섭할 필요도 없게 되었다. 이제 세계적인 환경은 민주적 혁명에 대하여 보다 허용적인 성격으로 바뀌게 된 것이다.[190]

이러한 역사적 배경을 근거로 민주화의 새로운 세계적 확산을 다룬 연구가 바로 헌팅턴(Samuel P. Huntington)의 '민주화의 제3물결'이다. 그의 민주화론을 요약하면 다음과 같다. 우선 민주화의 첫 번째 물결(1828~1926)은 미국혁명과 프랑스 혁명에서 시작되는 약 100년 동안 주로 유럽에서 시작된 긴 혁명과정이며, 두 번째의 물결(1943~1962)은 제2차 세계대전 이후 연합국 승리로 진행된 서독, 이탈리아, 오스트리아, 일본, 한국 등에서 나타난 비교적 짧은 민주화시기였고, 세 번째의 물결(1974~)은 포르투갈에서 시작되어 유럽과 아

---

[190] J, DeFronzo and J. Gill, *op. cit.*, pp. 748~750.

시아 및 남미의 전 세계적인 규모로 확산되어가는 20세기 말의 민주화 추세로 보고 있다. 그는 이 '제3의 물결'의 경우, 한 나라 안의 내부적 용인뿐만 아니라 외부적인 요인, 특히 세계화의 추세에 따른 국제적 요인도 아울러 고려에 넣고 있는 것이 특색이다. 예를 들면 내부적(국내적) 요인으로서 국가(권위주의 정부), 중산계급 등으로 이루어지는 구조적 요인뿐만 아니라 외부적(국제적)으로 세계 카톨릭 교회의 역할, 세계적 단위의 행위주체(EU, 미국, 고르바초프의 소련 등)의 막강한 영향력 등이 민주화의 원인으로 취급되고 있다. 그리고 민주화과정의 보다 구체적인 요인들로서는 (1) 권위주의 정부의 국정수행 차질(공약과 실행의 격차)로 인한 정당성 하락, (2) 중산층 확대에서 오는 민주화욕구의 증대, (3) 1962년 이후 가톨릭 제2차 바티칸 평의회 이후의 기독교 세력의 민주화 지원운동, (4) 미국 카터 대통령의 인권외교, 소련의 고르바초프 자유화 선회, (5) 민주화로 인한 세계적 전시효과(demonstration effect) 및 눈사람효과(snowballing) 등이 지적된다.[191]

20세기 후반에 불어 닥친 민주화의 물결에 대해서는 유보론도 만만치 않다. 즉 권위주의 정부가 붕괴되어 민주화과정에 들어선다고 해서 조만간 민주화의 강화 및 장기적인 정착단계로까지 간다고 보는 것은 지나친 낙관론이라는 비판이 나올 수 있다. 즉 선거가 치러지고 정부가 바뀌는 등의 민주주의의 형식적인 모양새는 갖추어질지 몰라도 그 속을 들여다보면 계층적이고 특정주의적 교환, 후원제, 족벌주의, 부패와 같은 배타주의 또는 '수혜자주의'(clientalism)는 지속될 수 있다는 것이다. 그뿐만 아니라 선거와 같은 형식적 민주주의는 정례화 될 수 있으나 정치적 엘리트의 부패 와 무능 및 사명감의 부재, 경제적 침체, 사회적·정치적 개혁의 답보상태 등의 이른바 '무기력한 다원주의'(feckless pluralism)가 만연될 수 있다. 그리고 특정 정치세력들(예: 운동권, 정당, 족벌, 일부 영도자 등)의 권력 장악과 지속적 '지배 세력의 정치'도 문제가 될 수 있으며, 국가의 기본자산(재력, 직업창출, 홍보능력, 경찰력 등)은 지배정당의 봉사에만 동원될 수 있다. 이러한 민주화의 부작용과 문제점은 특히 사하라 사막 이남의 아프리카, 구소련의 일부국가, 중동지역, 아세아 및 남미의 광대한 지

---

191 Samuel P. Huntington, *The Third Wave: Democratization in the Late Twentieth Century*(Norman and London: Univ. of Oklahoma Press, 1991), pp. 16~106.

역에서 나타나는 민주화의 고민으로 부각되고 있다.[192]

    21세기에 들어서는 세계는 비록 이슬람근본주의의 도전이나 민주화의 제 3의 물결에서 나타나는 이행과정상의 문제점에도 불구하고 정치적 변환의 세 계적 대세는 민주적 혁명의 지속적인 성공가능성을 예견시켜주고 있다. 무엇 보다도 기술적으로 앞서고 경제적으로 부유하고 군사적으로 월등한 많은 선진 제국들이 이미 민주주의를 정착시키고 있는 만큼 세계적인 민주혁명운동에 매 우 허용적이고 동정적일 수밖에 없다. 간혹 선진민주국가들도 후진지역의 자 원이나 인력동원의 정책적 고려에서 권위주의정부를 감싸든가 하는 이해타산 이 있을 수 있다. 그러나 선진민주주의는 이러한 근시안적인 유혹에 초연하고 민주주의의 보편적 가치를 앞세우는 선택을 하여야 할 것이 종용된다.[193]

3. 21세기의 전쟁

    21세기에 들어서면서 세계는 테러리즘의 증대와 핵확산으로 인한 또 다 른 세계적인 안전보장의 문제에 봉착하고 있다. 중동과 북아프리카 일대에 일 고 있는 이슬람 근본주의의 테러가 세계도처에서 새로운 폭력수단으로 번지고 있는가 하면 대량살상무기가 이른바 불량국가들의 수중에 들어갈 위험성이 세 계적인 주요 현안으로 떠오르고 있다. 비록 양차대전이나 그 후의 일부 지역 에서 발생한 재래식 전쟁의 위협은 어느 정도 감소되었지만 이슬람 근본주의 테러리즘에서 비롯되는 '내전'(civil war) 또는 '국가내부 전쟁'(intrastate wars)으 로 불리는 소규모의 전쟁이나 경우에 따라서는 핵무기 사용의 군사적 충돌은 언제든지 일어날 가능성이 농후해지고 있다.

    2001년 9·11사태로 미국이 주도하는 '테러와의 전쟁'은 아랍권 내에서의 이라크나 시리아에서처럼 독특한 '국가내부전쟁' 형태로 이어지기도 하며 일부 불량국가들에 의한 핵무기개발은 꾸준히 세계평화에 위협을 가중시키고 있다.

---

192 Guillermo O'Donnell, 'Illusions about Consolidation,' in Larry Diamond and Marc F. Flatter(eds.), *The Global Divergence of Democracies*(Baltimore and London: The Johns Hopkins Univ. Press, 2001), pp. 113~124; Thomas Carothers, 'The End of the Transition Paradigm,' in Bernard E. Brown(ed.), *Comparative Politics*, Tenth Ed. (Belmont, CA: Thomson−Wadsworth, 2006), pp. 215~217.

193 DeFronzo and Gill, *op. cit.*, p. 756.

따라서 이러한 새로운 전쟁형태가 초점이 되는 21세기의 새로운 전쟁가능성을 진단해 보는 것도 절실한 과제가 된다. 여기서는 (1) 미국의 '테러와의 전쟁,' (2) 국가내부 전쟁, (3) 미래의 전쟁 등을 중심으로 최근의 논의들을 정리해 보기로 한다.

① 미국의 '테러와의 전쟁'

미국은 2001년 9·11 사태 이후로 우선 주모자인 '알카에다'의 '오사마 빈 라덴'을 체포하기 위하여 그 해 10월 7일 아프가니스탄에 대한 군사작전으로 돌입하였고 그것을 '항구적 자유 작전'(OEF: Operation Enduring Freedom)으로 선언하였다. 미국과 영국이 주도하는 다국적군은 그 후 수도 카불을 함락시켰고 2002년 6월 '카르자이'을 대통령으로 하는 과도 정부를 수립하게 되나 탈레반의 잔존세력에 의한 일부지역에서의 저항으로 비록 미미하긴 하였지만 전쟁은 지속되었다.

그러나 미국은 9·11 사태 이후 중동지역에 대한 알카에다를 초점으로 하는 군사작전을 확대해석하여 이른바 '테러와의 전쟁'(WoT: War on Terror)을 구체화하기 시작하였다. 특히 이라크의 '사담 후세인'은 이 테러와의 전쟁의 중심적 표적이 되었다. 2002년 1월 29일 연두교서에서 부시는 미국과 전 세계를 공포에 몰아넣고 있는 테러집단들은 화학적, 생물학적, 핵무기의 살생수단을 서슴없이 사용하고 있으며, 특히 북한, 이란, 이라크와 같은 나라들은 테러를 수출하고 대량살상무기(WMD)를 소유하고 전 세계를 위협하는 '악의 축'(an axis of evil)을 형성하고 있다고 단정하기에 이른다. 특히 테러와의 전쟁에 있어서는 그 근원을 사전에 차단해 버리는 '선취권 선택'(pre-emption option)이 절실하며 이를 위한 이라크에 대한 전면적 군사행동을 결심하기에 이른다. 이 선취권 선택에 있어서는 국제법상 및 적용관례상 위험수위가 매우 높고 촉박하며 그것을 입증할 만한 구체적인 증거가 있어야 하고 평화적인 해법에 한계가 있어야 한다는 단서가 붙는다. 그러나 미국 행정부는 이라크의 사담 후세인은 대량살상무기를 이미 확보하고 있다는 주장으로 이러한 선취권 선택을 정당화하였다. 2003년 2월 24일 UN 안전보장이사회의 이라크 사태결의와 관련해서는 미국, 영국, 스페인 등이 이라크에 대한 즉각적인 행동을 주장한 반면 독일, 프랑스, 러시아 등은 평화적인 사태수습을 강조한 것으로 나타난다.

그해 3월 19일 부시대통령은 이라크에 대한 공격을 선언하였다.

이러한 부시대통령의 기본전략에는 이라크의 후세인 축출과 알카에다 세력의 토벌을 통하여 이라크 내에서 정권의 교체와 아울러 정치적 안정과 민주주의를 정착시키게 되면 이러한 정치적 변환은 이라크뿐만 아니라 여타의 인접국 및 중동지역 전역에서의 평화와 민주적 질서의 확립의 길을 열 수 있을 것이라는 하나의 구도가 깔려 있었다. 부시의 안보관계 담당자들은 이라크에 있어서의 군사적 승리는 그 결과에 있어서 별다른 후유증이 없을 것으로 믿고 있었다. 소규모의 점령군의 주둔으로 질서가 회복될 것으로 예상하였고 럼즈펠트 국방은 국무성의 전후처리계획(새로운 이라크 정부에의 권력이양과 철수계획)도 받아들이지 않았다.

그러나 이라크 침공의 군사작전이 일단 매듭된 그해 4월 이후의 사태는 크게 빗나갔다. 이라크 경제의 하부구조의 붕괴는 대량 약탈과 사회적 범죄의 증가 그리고 기본생필품과 전력의 부족 등의 극심한 사회·경제적 혼미로 이어졌다. 또한 그와 병행해서 이라크군의 잔존 병력들에 의한 줄기찬 저항이 지속되면서 미국의 군사적 주둔은 엄청난 희생과 손실을 겪게 된다. 미국의 대 이라크 전쟁은 당초의 예상과는 달리 '지구적인 점령'(protracted occupation)의 상태에 접어들게 된 것이다.[194] 그뿐만 아니라 2014년에 이르러서는 시리아의 내전과 연계되면서 이라크 내의 수니파 무장 세력들이 시리아와 이라크 서부의 접경일대에 '이라크-시리아 이슬람 국가'(ISIS)를 수립하기에 이른다. 미국 부시 대통령은 '선과 악의 투쟁'에 비유되는 테러와의 전쟁을 선포하면서 이라크에 대한 전쟁을 전개하기에 이르렀으나, 그의 캠페인은 중동지역의 현지 정치적 상황을 무시한 개전이었고 그 지역의 종파적이고 인종적인 갈등을 촉발시킴으로써 이슬람 극단주의자들로 하여금 세계적 테러리즘을 확산시키는 비옥한 토양을 마련하게 된다.[195]

---

194 Joseph M. Siracusa, 'Wars of the Twenty-First Century, Global Challenges: The View from Washington,' in M. Steger et. al.,(eds.), The Sage Handbook of Globalization, Vol. 2, *op. cit.*, pp. 772~780.

195 Paul Battersby, 'Global Rebellions or Just Insurgencies?. in M. Steger et. al.(eds.), The Sage Handbook of Globalization, Vol 2, *op. cit.*, p. 721.

② '국가내부 전쟁'(intrastate wars): 시리아의 사례

20세기 말엽에서 21세기에 들어서면서 세계화와 냉전의 종식으로 민족국가의 내부적 통제력이 약화되면서 나라마다, 특히 개발도상 국가들의 경우 내부적인 갈등과 분쟁으로 인한 '국가내부 전쟁,' 또는 '내전'에 빠져들 가능성이 높아지게 된다. 이른바 '아랍의 봄'에서처럼 나라마다 발생하는 민주화 운동은 성공할 수도 있지만 경우에 따라서는 '국가내부 전쟁'으로 이어질 확률이 높아지게 되는데 그 복잡한 양상과 참상은 2014년 이후로 장기화되고 있는 '시리아' 내전에서 잘 들어나고 있다. 이 복잡한 새로운 전쟁의 특성을 정리해 볼 수 있다.

시리아의 '국가내부 전쟁'은 2011년 '아랍의 봄'의 연장선에서 전개되었다. 이 해 3월 15일부터 '바샤르 알라사드' 정부를 축출하려는 반군과 정부군 사이에 2017년 현재도 진행 중인 내전이다. 그 전쟁당사들로서는 (1) 시리아 정부, (2) 반군, (3) ISIS(2013년부터), (4) 로자바(Rojava: 시리아 정부에 대항하는 쿠르드 독립운동단체) 등의 네 갈래로 분류될 수 있다. 당초에 알라사드 정부에 대항하는 반군의 내전이었으나, 2013년 이라크 내전에서 형성된 수니파 교전단체가 이라크-시리아 접경에 ISIS를 수립하게 됨으로써 이슬람 근본주의와 서구의 대응세력이 말려드는 복잡한 '국가내부 전쟁'이 된 것이다.

내전은 국제화되기 마련이어서 미국과 러시아 그리고 이란을 비롯한 중동의 이해당사국들의 직간접의 개입이 문제된다. 우선 미국의 경우, 알라사드 정부도 반대하여야 하고 ISIS도 격퇴하여야 할 미묘한 상황, 즉 어느 것이 일차적인 적이 되느냐의 '주적(主敵) 설정'의 선택이 어려운 과제가 되고 있다. 러시아의 경우는 ISIS는 반대하고 있으나 시리아 정부에 대한 지지로 말미암아 미국과는 '이합(離合) 선택'의 조정문제를 안게 된다. 한 가지 강대국의 간여에서 두드러지는 새로운 양상은 종래와 같은 대규모의 지상군 파견이 아니라 주로 공습(예: 2017년 4월의 시리아 정부군의 독가스 공격에 대한 미국의 시리아 공습)에 의존하고 내전 수행의 자문과 지원역할에 치중한다는 점이다. 러시아는 아프가니스탄 파병에서 그리고 미국은 이라크 전쟁에서 겪은 쓰라린 경험이 작용한 것이다. 그리고 시리아 전쟁의 또 다른 특색은 지상전이 주로 도시 중심으로 이루어지는 점이다. ISIS의 경우 주요 도시(예: 이라크의 모술 전투)를 거점으로 시민 밀집을 이용하는 교전 양식이 되고 있기 때문에 전쟁의 수행이

장기화되는 것이 문제된다. ISIS는 시리아 내전뿐만 아니라 유럽을 위시한 세계도처에서 인질위주의 테러 전을 전개함으로써 세계적인 여론 환기를 병행시킨 바 있다. 그러나 2017년 7월 ISIS는 그들의 최후 근거지(모술)를 점령당하고 그 후 2019년 3월 시리아 남동부의 최후 거점(바구즈: Baghuz)이 함락됨으로써 이슬람 '칼리페이트'(Caliphate)는 종식된 것으로 되어 있으나 세계 도처(중동, 아프리카, 아시아 등)에 확산되어 있는 ISIS의 연계와 저항력(자금력과 최첨단 선전 선동술)은 지속된다는 전망이다.[196] 2019년 4월 '스리랑카'에서 자행된 테러(200명 사망, 400여 명 부상)도 IS의 소행인 것으로 밝혀진다.

③ 미래의 전쟁

21세기의 전쟁은 어떻게 전개 될 것인가? 그 특성을 전망해 보기는 어려운 문제이나 몇 가지 두드러진 논의를 정리해 볼 수 있다.

첫째로 두 차례의 세계대전에서처럼 국민 전체가 참가하는 대중동원(mass mobilization)과 모든 물리적 수단이 수용되는 재래식 전쟁의 시대는 가고 주로 지역별로 특수화되는 '국가내부 전쟁'의 형태가 지배하게 될 것으로 전망해 볼 수 있다. 강대국들은 국익의 차원에서 이러한 지역별 '내전'에 개입하더라도 대규모 지상군의 투입보다는 공습이나 자문 및 군수 지원의 형태가 될 가능성이 커진다. 그리고 시리아 내전에서 볼 수 있듯이 교전자들(belligerents)의 경우 정부와 반군뿐만 아니라 종교적 교전단체나 기타의 저항단위들이 등장할 수 있다. 군벌, 민병대, 반란군, 테러집단 등의 다양한 교전단위가 만들어질 수 있다. 그리고 이러한 내전 집단들은 무기구입이나 동원자금을 범죄경제(criminal economy)로부터 조달받을 수 있다. 교전 형태는 어떤 중앙의 통제보다는 '분권화된' 네트워크가 되며 전쟁의 명분으로서는 인종적 또는 종교적 사명감 등이 두드러진다. 민간인들은 흔히 전쟁의 도구로서 혹사되든가 살해되며, 적의 도움이 되지 않는 방향으로 다루어지기 마련이다.[197]

---

196 Rukmini Callimachi, 'Caliphate is gone, but ISIS isn't,' *The New York Times International Edition*(March 25, 2019).

197 Luke Martell, *The Sociology of Globalization*(Cambridge: Polity, 2010), pp. 302~303; Martin Shaw, *The New Western Way of War: Risk−Transfer War and its Crisis in Iraq*(Cambridge: Polity, 2005); Mary Kaldor, *New and Old Wars: Organized Violence in a Global Era*(Cambridge: Polity, 2001).

둘째로 정보전(information war)이다. 현대의 새로운 정보기술은 현대전에 사용되는 새로운 선진무기(advanced weaponry)에 적용되어 놀라운 결과를 만들어낸다. 예를 들면 이라크 전쟁에 사용된 미국의 '스마트 미사일'(smart missiles)은 매우 미세하고도 정확한 목표를 놀라운 정확도를 가지고 명중시킬 수 있다. 비록 모든 무기에서처럼 경우에 따라서는 목표타격에 실패하여 엄청난 부작용을 가져 올 가능성도 있지만 정보기술 무기의 정확도는 놀라운 결실을 자랑한다. 또한 이러한 선진 정보기술은 다양한 감시기능(예: 위성, 항공기, 및 드론 등을 통한)과 군사작전의 '지휘·통제'(command and control) 업무에도 적절히 활용된다. 그뿐만 아니라 '디지털 병사'(digital soldiers), 드론(drones), 컴퓨터화 무기(computer-driven weapons) 등에서처럼 전쟁의 모든 측면에서 적용이 가능하다.

현대의 전쟁은 정보의 유통을 둘러싼 국가 간의 주요 '미디어'(media)의 싸움을 불가피하게 만든다. 나라마다의 '미디어 거물들'(giants)은 사건과 사태의 추이를 누가 먼저 발표하고 이해시키느냐의 치열한 경쟁을 벌이게 되며, 예를 들면 중동사태와 관련해서는 서방 거대언론매체와 아랍 측의 언론과의 힘겨루기 양상이 된다. 2006년 말 이라크의 '사담 후세인' 사망을 누가 먼저 방송하고 현장을 보여주었는가는 그러한 치열한 열기를 보여주는 사례가 되었는데 이 사건에서는 아랍 측이 이긴 것으로 나타났다. 그리고 이러한 언론의 역할로 세계적인 '여론'이 형성되고 그로 말미암아 교전 당사자들의 위상과 능력에 결정적인 영향이 갈 수 있기 때문에 나라마다의 미디어 활용과 그에 대한 대책은 현대전의 새로운 양상으로 부각되고 있다. 특히 군부는 뉴스보도, 기자회견 및 전쟁수행과정 해설 등에 각별한 배려와 노력을 경주하게 되고, 종군기자의 선별과 협력방안에 관해서도 국가적인 지원이 이루어지도록 힘쓰게 되어 있다.

특히 인터넷(Internet)의 급속한 보급으로 자기들의 의사를 수많은 사람들에게 직접 전파시킬 수 있는 거대한 '블로거들'(bloggers)의 시대가 열리게 되자 종래의 거대 미디어의 전파력에 가중하여 엄청난 여론형성력이 발생하게 된다. 전통적인 거대 미디어에 가세하여 미디어 통신의 민주화가 증대되어 이제는 보다 많은 목소리가 들릴 수 있게 되고 또한 다양한 관점들이 세계적인 정보소비자들에게 전달될 수 있게 된다. 2003년 이라크에서의 이른바 '바그다드 블로거'(Bagdad bloggers)는 기존의 매스미디어 방송국보다는 훨씬 차별화되는 내용을 유포시킬 수 있었으며, 한때 '아부 그레브 감옥'(Abu Ghraib prison camp)의 이라크 죄수들에 대한 학대사진들은 미국 군부의 처사에 대한 세계적인 분노를 자아내는 효과를 가져오기도 했다.

이상의 논의에서 시사되는 점은 전쟁에 관한 정보량의 증대는 결과적으로 어떤 나라나 군부가 정보의 유통을 전적으로 통제하기는 힘들다는 사실이다. 정보는 다양한 전선에 걸쳐 동시적으로 확산되기 때문에 누가 승자가 되는가를 결정하기는 곤란하게 되어 있다. 서로 다른 다양한 정보들의 범람은 대중들에게 애매함, 모순, 혼돈을 가져오기 쉽고 어떤 특정국가에게 전쟁을 시도하고 장기적으로 지속시키기 힘들게 만들 수 있다. 심지어 저명한 세계문제의 연구자조차도 어지럽게 만드는 '가상적 정보의 폭풍설'(virtual blizzard)로 비유될 수도 있다.[198]

셋째로 21세기의 또 다른 전쟁위협은 이른바 '불량국가들'(rogue states)에 의한 대량살상무기(WMD)의 개발에서 비롯될 수 있기 때문에 각별한 대책이 종용되기도 한다. 미국의 경우 이에 대한 다국적 체제와 제도들의 대응에 있어서는 지지부진함과 결행력의 부족 등을 이유로 일방적인 대책에 치중하는 경향에 문제가 제기되기도 한다.[199] 그동안 관심을 모으던 불량국가들(이라크, 이란, 북한, 리비아 등)중 이라크나 리비아는 논의의 대상에서 빠지고 이란의 경우는 2015년의 '핵 타결협정'의 체결로 일단 수습단계에 들어섰기 때문에 북한이 2018년 현재 가장 문제되는 단계에 접어들고 있다. 북한의 ICBM개발은 그동안 5차에 걸친 핵실험과 고체연료의 사용에까지 다가선 것으로 되어 있다. 이들 불량국가의 핵개발의 있어서는 관련국들의 핵시설에 대한 폭격(예: 1981년 이스라엘의 이란 핵시설폭격)이나 경제적 제재 방식 등이 논의되고 있으나 여러 가지 어려움이 전제되고 있다.[200]

---

198 George Ritzer, *The Globalization: The Essentials*(Malden, MA: Wiley−Blackwell, 2011), pp. 250~252; Howard Tumber and Frank Webster, 'Globalization and Information and Communication Technologies: The Case of War,' in George Ritzer(ed.), *Blackwell Companion to Globalization*(Malden, MA: Blackwell, 2007), pp. 396~413.

199 J. Siracusa, *op. cit.*, pp. 784~785.

200 Joseph M. Siracusa, *Nuclear Weapons: A Very Short Introduction*, Second Ed.(Oxford: Oxford Univ. Press, 2015), pp. 116~117.

┌─── 05 글로벌 거버넌스

　　세계화가 진행되면서 시간과 공간의 압축에 따른 상호연결과 상호의존성 등으로 사람들과 물자의 방대한 상호교류가 이루어지게 되고 또한 이와 병행해서 국가의 통치력이 다소 약화되는 동시에 근대적 생활의 복잡성이 증대되기에 이르자, 세계적인 규모의 질서유지와 어느 정도의 권위의 확립 그리고 보다 나은 인간적 조건의 달성이라는 글로벌한 과제가 절실하게 된다. 이러한 질서, 권위 그리고 보다 나은 인간조건의 신장과 관련되는 기본 개념이 바로 '글로벌 거버넌스'(global governance)이다.[201]

　　이러한 세계적인 거버넌스의 특성(질서, 권위, 인간조건 등)이 전통적인 민족국가의 통치와는 구별되는 다소 느슨한 형태가 될 수 있으며, 또한 그 기본 구조에 있어서 이념적인 전제가 개재됨으로써 '민주적인 것이냐' 또는 '권위적인 것이냐'의 차별화와 같은 매우 복잡한 개념화 논쟁이 있을 수 있다. 즉 통치상의 질서, 권위, 권력과 같은 필수적 특성에 초점을 둘 수도 있고, 대조적으로 사회적, 민주적 원칙이나 실천에 무게를 두는 다소 차별화되는 두 갈래의 개념화가 있을 수 있게 된다.[202] 이러한 다양한 관점들은 세계적 거버넌스의 분석에 충분히 반영되어야 하겠으나 여기서는 이러한 논의들을 포괄적으로 다루는 것을 전제로 현재까지 세계화 연구에서 나타나는 거버넌스 관련 소재들을 다음과 같은 줄거리로 정리해 보기로 한다.

　　우선 글로벌 거버넌스의 기본 틀로서는 UN의 기본권능과 그 업적을 토대로 부각되는 21세기의 주요 과제들을 다루어 볼 것이며, 이 과정에서 나타나는 다양한 '비국가 행위자'들의 적극적인 역할도 검토해 보기로 한다. 그 다음으로는 세계화의 경제적 차원과 관련해서는 이른바 '신자유주의' 경제 질서에 있어서의 세계무역기구, 국제통화기금, 세계은행과 같은 제도적 영역의 활동,

---

201 James N. Rosenau, 'Governance in a New Global Order,' in David Held & Anthony McGrew(eds.), *Governing Globalization: Power, Authority and Global Governance* (Cambridge, UK; Polity, 2002), pp. 71~72.

202 Paul Battersby, 'The Globalization of Governance,' in Manfred B. Steger, Paul Battersby, and Joseph M. Siracusa (eds.), *The Sage Handbook of Globalization*, Vol. 2 (Los Angeles: Sage Reference, 2014), p. 482.

또한 글로벌 금융위기 및 사이버 질서 등과 같은 당면 현안 등을 다루어 볼 수 있다. 세계적 정치, 군사 분야에 있어서는 가장 긴요한 '비핵화'와 핵에너지의 평화적 활용 등에 관한 세계적 협력과 그 과정상의 제반 제약들을 살펴 볼 수 있다. 그리고 세계화의 테크놀로지와 미디어의 발전에 따른 '인터넷'의 보급과 그 강렬한 작용력을 살펴 볼 수 있는 한편, 인터넷이 나라마다 또는 세계적인 마찰과 분쟁을 조성할 가능성에 대한 세계적 대응과 규제의 문제도 아울러 다루어 볼 수 있다.

1. 글로벌 거버넌스와 UN의 역할

제2차 세계대전 이후에 창설된 UN은 글로벌 거버넌스의 업무를 띠고 20세기 후반의 세계질서의 확립에 임해 왔으며, 그 공과에 있어서도 엇갈린 평가가 있으나 21세기에 들어서는 마당에서는 그래도 인류에게는 새로운 기대와 희망을 안겨다준다. 비록 전후에 전개된 미-소 냉전으로 평화와 안전의 일차적 책임을 진 안전보장이사회는 거부권의 행사로 올바른 평화유지 역할에 미흡하였으나 1945년 이후 안전보장이사회의 약 2100 결의안 중 2/3는 1990년 이후에 통과된 것으로 나타나고, 상임 5개국의 거부권 행사도 두드러진 감소를 보이는 것으로 나타나면서 UN은 21세기에 들어서면서 글로벌 거버넌스에 있어서의 위상을 바꾸어 나가고 있다고 볼 수 있다. 그리고 브레턴우즈 제도(Bretton Woods Institution)의 운영에 있어서도 중국의 부상을 현실로 받아들이고 독일과 일본의 경제적 위상이 적절히 반영되는 방향으로 나가고 있다. 또한 지역적으로 발생하는 무력충돌이나 전쟁상태에의 UN의 직접적 개입은 한계가 있었으나 지역마다 발생하는 휴전감시 또는 '평화유지'(peacekeeping)의 기능은 매우 원만하게 진행된 것으로 되어 있다.

UN의 활동과 관련하여 특기할 사안으로서는 두 가지 움직임이 있다. 첫째로는 전 UN 사무총장 '부투로스-갈리'(Boutros-Ghali: 1992~1996)에 의해 주창된 '보호의 책임'(R2P: Responsibility to Protect)으로서 이는 자신들의 정부에 의한 부당한 침략에 시달리는 국민들을 보호하기 위한 UN의 인도주의적 개입을 권고하는 것이다. 실제로 2011년 리비아의 '가다피' 폭정에 시달리는 국민들을 보호하기 위하여 UN허락하의 나토(NATO)의 개입이 그 적절한 실행의 예가 된다. 둘째로는 '코피 아난' 총장(Kofi Annan: 1996~2006)에 의해 제안된 'UN 밀레니엄 발전 목표'(UN Millennium Development Goals)로서 새로운 세기에서는 세계적인 문제해결을 위해서 새로운 방법이 모색되어야 한다는 주장에 관심이 모아진다. 즉 빈곤, 교육, 건강, 환경훼손, 인권 등의 다차원적이고 (multidimensional) 다분야적인(multi−sector) 안전 문제의 해결에 있어서는 정부간, 비정부 간 및 정부상호간 부처들(intergovernmental sectors)의 통합, 정책적 일관성, 신축성, 정보처리능력 등이 이루어질 것이 강조되고 있다. 비록 이러한 다차원적이고 높은 수준의 '조정'은 풍부한 아이디어와 관료적 기제의 구축 그리고 모든 회원국 정부의 도움이 절실하다는 전제가 붙지만 글로벌 거버넌스의 미래를 위해서는 새로운 움직임으로 평가될 수 있다.[203]

T. Weiss와 R. Thakur은 21세기의 글로벌 거버넌스를 위한 UN의 당면과제를 위해서 새로운 혁신을 주문하고 있어 관심을 모은다. 우선 글로벌 거버넌스는 민족국가 단위의 '정부'와는 차별화되며, 중앙집권적 권력체제, 관료제, 및 일원적 집행 체제 등을 기대하기는 힘든 매우 느슨한 지배형태가 된다. 즉 UN은 세계적 규모의 기본적인 질서를 마련해 주고 서로가 공유할 수 있는 공공재(public goods)를 제공할 수 있는 '다자주의'(multilateralism)와 네트워크화된 거버넌스(networked governance)의 형태를 띠게 된다. 보다 구체적으로 군비통제, 기후변화, 국제적 범죄대책, 해외 군사력 사용 등의 인류 공동의 문제들을 해결하기 위한 다자외교와 집단행동의 중요한 '장소'(locus)가 될 수 있다. 따라서 좋은 '거버넌스'란 종래의 민족국가 단위에서 논의되는 배타적 정책 관할권이 아니라 국가와 지역적, 및 세계적 수준의 행위자들의 상호관계 그리고 국가, 정부 간 및 비정부 간 행위자들 사이에 형성되는 '최적의 동반자관계'(optimal partnership)임이 강조된다.[204]

21세기의 최선의 거버넌스를 위한 UN의 비교우위의 당면과제로서는 첫째로 세계화의 역사적 변환에 따르는 새로운 문제들에 대한 '지식의 관리'(managing knowledge)이다. 세계적 차원이 문제들에 대한 정확한 지식은 문

---

203 *Ibid.*, pp. 483~485.

204 Thomas G. Weiss and Ramesh Thakur, 'The United Nations Meets the Twenty−first Century: Confronting the Challenges of Global Governance' in Steger et. al., The Sage Handbook of Globalization, Vol. 2, *op. cit.*, pp. 494~496.

제해결의 결정적인 열쇠가 되기 마련인데 이러한 지식의 관리를 위한 철저한 대비가 절실해진다. UN의 창립 당시만 하더라도 기후변화라든가 HIV/AID 같은 병마의 위해는 감지되지 못했고 지금과 같은 하늘과 바다의 규제, 인터넷 교신과 우편 등의 문제는 예견되지 못했다. 이처럼 세계화의 급속한 진전에 대한 복잡다단한 문제에 대한 정확한 지식의 파악은 글로벌 거버넌스의 최대 과제가 된다. 이러한 복잡한 문제해결을 위한 기본적 조사(basic research)는 주로 주요 대학의 몫이 될 수밖에 없으며 또한 나라마다 자기들의 치부나 결함으로 인한 국제적 관심과 개입을 우려하는 심리 등, UN이 다루어야 할 과제도 만만치 않다. 그러나 '아이디어 확산자'(idea-mongering)로서의 UN은 강력한 글로벌 거버넌스의 수단이 될 수 있다. UN은 그 '소집능력과 동원력'을 통하여 밖으로부터 지식을 긁어모으고 토론하고 각국 정부에 소화시킬 수 있는 막강한 비교우위(comparative advantage)의 힘을 가지고 있다. UN 주관 국제회의, 각국 정상회의, 블루 리본 위원회(blue ribbon commission) 및 패널 등을 통하여 주요 이슈를 프레임(frame)하고 선택을 제시하고 결정을 유도해 낼 수 있다. 문제해결과 관련되는 의제의 확정, 규칙과 분쟁해결의 프레이밍, 자원의 동원 서약, 집단적 결정의 실행, 진행의 '모니터링'과 중간 단계의 교정 및 조정 등을 원만히 수행해 나갈 수 있다.[205]

둘째로 '규범의 발전'(developing norms)이다. 일단 위협이나 문제가 발견되고 진단되면 UN은 정상회담이나 국제적 패널 및 위원회를 통하여 새로운 행동의 규범을 만들어 나가도록 도움을 주어야 한다. 예를 들면 HIV/AIDS가 비보호 성적 행동을 통하여 전염되는 것을 알게 되면 안전한 성(safe sex)의 규범이 뒤따라야 된다. 그러나 세계적 규범의 확립은 매우 어려운 과제가 된다. 즉 다양한 UN회원국 간에 무엇이 정당한 규범이냐를 둘러싼 '도덕적 불협'(moral dissonance)이 불가피하게 되기 때문이다. 세계적인 인권문제의 논의에서 제기되듯이 중동이나 아시아적인 가치들은 그 독자적인 도덕적 틀 속에서 주장되기 때문이다. 예를 들면 중동의 '명예살인,' 남아시아의 '카스트'나 '혼인지참금,' 아프리카의 '여아성기조치' 등은 쉽사리 폐기되어 새로운 규범으로 대체되기 힘들다는 점도 있다. 결국 글로벌 규범의 정립과 확산은 회원국,

---

205 *Ibid.*, p. 497.

즉 주권국가의 동의를 얻어나가야 하는 힘든 과제가 되며 UN은 이러한 난제의 해결에 노력을 기울려야 할 것이다.

셋째로 문제해결을 위한 적절한 '권고의 마련'(formulating recommendation)이다. 이 단계는 규범의 정립이나 확산을 위한 다양한 우발적 상황하에서 어떠한 구체적인 정책적 권고를 할 것인가의 문제가 된다. 즉 시의적절한 원칙이나 행동의 권고를 뜻한다. 예를 들면 UN은 HIV/AIDs의 심각성이나 원인에 대한 경각심을 일깨우고 특히 교육 캠페인을 장려하며, UN활동에 HIV에 감염된 자의 배제 및 UN 평화유지군에 의한 성적 풍기 단속 등의 대책마련에 앞장선다. 구체적인 정책과 관련된 권고의 작성 능력, 문제의 발견과 진단, 행동의 변화와 관련되는 규범의 발달을 위한 국가의 각별한 노력 등이 강조된다. UN회원국(1), 사무국(2) 그리고 비정부기구(NGOs) 및 전문가집단(3)의 3자간의 긴밀한 연대와 협력이 그 핵심주체가 된다.

특히 이러한 권고 과정에 있어서는 주요 '비정부기구'와 광범위한 여론형성기구로 구성되는 이른바 세계적인 '시민사회'(civil society)가 각별한 위상을 인정받게 된다. 2003년 2월 '코피 아난' UN사무총장은 세계적인 '시민사회' 구성의 패널을 개최하고 그에 관한 '카르도소 보고서'(Cardoso Report)를 발표하였는데 글로벌 거버넌스를 위한 30여 개의 제안이 제시되고 있다. 이 시민사회의 기본이 되는 '다자주의'(multilateralism)는 정부에 국한되지 않으며 많은 지원단체들로 구성되고 있으며, 어디까지나 외부지향적인 네트워크 조직이고, 보편성(universality), 포용(inclusion), 참여 그리고 모든 수준에서의 책임감을 주창함으로써 글로벌 거버넌스를 강화해 나갈 것이 강조되고 있다. 그리고 보다 체계적으로 세계여론을 수용함으로써 공공의식을 함양하고 다자주의를 실용화할 것이 주창되고 있다. 이 UN이 개재된 '시민사회'에 의한 권고와 제안은 그 후 2004년 인도양 '쓰나미' 사태에서 실행에 옮겨짐으로써 대대적인 구제활동을 성공시킨 뜻깊은 사례로 기록되고 있다.

넷째로 UN은 '아이디어의 제도화'(institutionalizing ideas)에 진력해야 한다. 우선 아이디어는 행위자들로 하여금 문제해결의 올바른 방향을 가도록 하는 로드맵(road map)을 제공해 주고, 적절한 전략을 선택하도록 만들고, 그 다음으로는 제도화되어 계속적인 영향력을 발휘하게 된다. 그리고 아이디어는 제도화됨으로써 비록 사람들은 바뀌어도 계속 영향력을 가지며, 상황의 변화에 따른 문제해결에 적응해 나가도록 만들 수 있다. 특히 이 제도화 과정에서는 정부나 '비정부기관'(IGOs)의 역할이 중요하며 경제협력 분야에서는 전후의 'UNCTAD'나 'GATT,' 1980년대 이후로는 '세계무역기구'(WTO), 의료 분야에서는 'HIV/AIDs에 관한 UN 프로그램' 등이 열거될 수 있다. 한 가지 참고해야 할 것은 제도화된 아이디어에 따르는 정책의 실행과정에 있어서는 계속적인 복잡성과 결함이 들어나게 되어 있는데, 예를 들면 UN 평화군의 성적 기강단속에 있어서는 계속적으로 문제가 제기되고 그 적절한 대응에 임해야 한다는 사실이다. 현 단계에서 이러한 모든 정책실행상의 복잡다단한 문제해결을 위한 적절한 대응 메커니즘은 미흡하기 짝이 없다. 국제적 규범과 법률의 준수를 강행할 수 있는 기본양식(modalities)과 절차는 아직 UN의 활동 범위 내에는 존재하지 않는다. UN이 당면하는 미래의 과제이다.[206]

이상에서 살펴본 21세기 UN의 당면과제는 막중하다. 무엇보다도 거버넌스의 문제가 매우 쉽사리 해결이 힘든 복잡성을 띠고 있다는 사실이 주요하다. 어떤 지역의 전염성 병균(예: 말라리아)의 확산은 세계적인 무장 폭력단체에 대한 자금세탁이나 산성비의 확산과는 그 영향력이나 결과에 있어서 비교가 되지 않는다. '코피 아난' 전 UN사무총장은 이러한 위험하고 복잡한 세계적 현안을 '여권 없는 문제'(problems without passport)로 비유한 적이 있다. 그뿐만 아니라 세계화로 인한 상호의존관계의 심화로 발생되는 복잡다단한 문제의 경우, 어느 한 나라의 그릇된 선택과 결정(특히 강대국들)은 2008년의 미국발 금융위기에서처럼 세계를 공황의 위험 속으로 몰고 가는 심각성을 보이게 된다. 세계적 책임의 문제를 떠난 인류 공동의 위기이며 공동의 생존 딜레마이다. 이러한 문제의 복잡성과 위험성을 감안한다면 UN의 역할은 더욱 막중한 21세기의 과제가 된다.

우선 UN으로서는 '비국가 행위자'(non-state actors)의 활동을 최대한 권장, 활용하여야 한다. 국제 인권문제에 있어서의 '국제인권 감시기구'(Human Rights Watch)와 '국제사면위원회'(Amnesty International)의 활약은 널리 인정되고 있으며, 해외직접투자(FDI)도 정부개발원조(ODA)의 다섯 배의 비중으로 그 효용도가 인정되고 있다. 환경, 인권, 빈곤추방, 부패방지 등의 영역에 참여하

---

206 *Ibid.*, pp. 497~501.

게 되는 '비정부기구'(NGOs)의 활동도 더욱 권장되어 나갈 수 있다. 그리고 이러한 '비국가행위자'로 이루어지는 세계적 '시민사회'는 국가, UN사무국과의 3자 연대파트너십을 형성하면서 글로벌 거버넌스의 새로운 미래를 개척해 나갈 수 있게 된다. 또한 거버넌스 문제의 해결에 있어서는 (1) 지식의 경영, (2) 규범의 발전, (3) 권고의 마련, (4) 아이디어의 제도화라는 네 가지 기본양식에 의존할 것이 강조된다.[207]

2. 경제적 거버넌스

세계화가 진행되면서 경제적 영역에서 형성되는 거버넌스의 기본 특성을 살펴볼 수 있다. 즉 세계적인 경제적 상호작용, 주로 무역과 투자에 관한 질서와 규칙들이 제도화되는 과정이 점토의 대상이 될 수 있다. 제2차 세계대전 후의 세계경제는 미국이 영도하는 서방세계에 의한 자유주의 시장경제의 세계적 확장으로 특징지어질 수 있으며, 미국은 '국제통화기금'(IMF: International Monetary Fund), '세계은행'(IBRD), '관세와 무역에 관한 일반협정'(GATT: General Agreement on Tariffs and Trade) 등의 제도적 창설로써 국제적 경제협력과 안정의 기반을 마련하고자 했다. 그리고 1990년대에 들어서는 세계 무역 규모의 확장으로 절실해진 세계적 기구의 필요성에 호응하여 모든 나라들이 참여하게 되는 '세계무역기구'(WTO: World Trade Organization)가 창설되기에 이른다. 이러한 세계적 경제의 거버넌스를 담당하게 되는 제도적 형성의 주요목적과 그 운영에 있어서의 문제점 등을 주로 IMF와 WTO의 두 주도적인 제도들들 중심으로 정리해 볼 수 있다.

① 국제통화기금(IMF)의 운영과 실태

'국제통화기금'은 회원국들의 기금형성으로 운영되며 주로 문제가 생긴 회원국들에게 자금을 대출해 주는 국제적 신용연합(credit union)이다. 문제가 생긴 나라들은 자금 대출을 받되 자금운영과 상환에 관한 '조건'(conditionality)을 준수할 것이 요청된다. 주로 국제적인 통상과 관련되는 '국제수지'(International Balace of

---

207 *Ibid.*, pp. 501~503.

Payments)의 문제에서 대출과 상환이 진행되는 것이 대부분의 경우가 된다.

우선 IMF의 활동은 관련국의 국제수지개선에 있어서는 상당한 효과가 있는 것으로 나타난다. 대출을 통하여 당사국은 외채를 계속 갚아나가면서 필요한 수입은 지속시킬 수 있다. 그리고 필요한 수입은 여러모로 해결된다. 첫째로 외국상품의 국내가격을 인상함으로써 상품의 수요를 감소시키는 평가절하를 단행할 수 있고 둘째로 이자율의 인상 또는 신용창출의 제한 등으로 통화보급의 감축을 단행하고, 셋째로는 정부가 세금인상과 지출감소를 통한 '긴축재정'을 단행함으로써 위기를 극복해 나갈 수 있다. 이러한 국제수지문제의 해결에 있어서는 IMF의 역할이 적절히 수행되는 것으로 나타나는데, 예를 들면 1965~1981 남미제국의 국제수지 대출에 관한 연구(대출 전 및 대출 후 접근: Tony Killick, Mozzam Malik, Marcus Manuel) 등에 의해서 뒷받침되고 있다.[208]

그러나 경제의 지속적인 성장을 위한 IMF의 기능과 역할에는 다소 미흡하다는 유보론이 제기된다. 흔희 IMF의 설립은 나라마다의 국제수지의 안정을 기하는 데 그 주요 목적이 있는 것처럼 인식되어 왔으나 IMF의 기본 조항들은 환율안정을 위한 구체적인 조치들은 해당 국가뿐만 아니라 국제적인 번영을 저해하게 되는 결과로 나타나서는 안 된다는 점을 강조하고 있다. 적어도 경제성장의 전망을 그르치는 일은 있어서는 안 된다는 것이며 1946년 첫 이사회 집행위원들의 보고에는 IMF가 높은 수준의 고용과 실질임금의 유지에 공헌할 수 있는 국제무역의 균형 있는 확장과 투자를 촉진하는 것이 그 주요기능임이 명시되어 있다. 그리고 이러한 성장우선의 관점은 2000년대에 들어서도 꾸준히 역설되는 또 하나의 흐름으로 이어지고 있으나 실제의 그간의 조사연구에서는 IMF의 활동이 성장 초점 업적 면에서는 극히 의문시되는 내용임이 밝혀지고 있어 문제가 된다. 주로 '도구 변수'의 통계적 기법을 통한 연구에서 IMF 프로그램은 경제성장면서 부정적인 결과로 이어진다는 것이 밝혀지고 있다.[209] 그리고 남미지역의 경우 소득 재분배면에서도 IMF프로그램은 오히려

---

208 James Vreeland, 'The International Monetary Fund,' in Frank J. Lechner and John Boli(eds.), *The Globalization Reader*, Fifth Edition(Malden, MA: Wiley Blackwell, 2015), 272~273.

209 *Ibid.*, pp. 273~275; 이와 관련되는 연구로는 (1) Robert Barro and Jong−Wha Lee(2005), (2) Axel Dreher(2006) 등이 있다.

소득불평등에 이어질 수 있다는 점이 지적되기도 한다. 대체로 이러한 IMF의 기능과 역할에 관한 평가에 있어서는 비록 그것이 국제수지 문제에 관한 적절한 대응으로 불가피한 선택이긴 하나 최근까지 나타난 조사연구에서는 '인플레' 문제에 있어서는 효과가 미흡하고, 경제성장면에서는 유해한 결과(pernicious effects)를 가져오며, 또한 소득 불평등을 악화시키는 결과 등이 지적된다.[210]

일반적으로 IMF 프로그램은 국제수지 문제의 해결에 많이 적용되어 왔는데 그 개입이 시작되는 많은 나라들의 경우(특히 남미) 이미 경제적으로 그 체질이나 운영에 있어서는 극히 후진적인 특성을 가졌기 때문에 IMF가 개입한다 하더라도 위기 극복에는 일시적인 효과가 있더라도 그 후의 운영에 있어서는 경제성장이나 소득분배의 개선이 쉽사리 오기는 어렵게 되어 있다. IMF 프로그램의 성공사례로서는 '아일랜드'(2007)가 있고 한국도 그 실행과정에서 지나친 '조건' 등이 거론되었으나 그 후의 성장으로 이어진 경우가 된다. 즉 IMF 개입의 공과는 나라마다의 기본 경제적 동력과 운영능력에 좌우되는 점도 고려되어야 할 것이다.

② 세계무역기구(WTO)

세계무역기구는 제2차 세계대전 직후의 GATT체제에서 출발하여 그후 '우루과이 라운드'(Uruguay Round: 1986~94) 협상을 거쳐 1995년 1월 1일에 출범한 세계적인 '다자간무역체제'(multilateral trade system)이다. GATT는 일시적 협정이었으나 WTO는 어엿한 국제적 조직이며, GATT는 재화무역에만 치중하였으나 WTO는 무형 서비스 분야(보험, 자문, 은행업)에도 치중할 수 있고, 지적재산권(특허, 저작권)에 관한 규정 그리고 분쟁해결절차도 포함하는 세계적 무역기구이다.

세계무역기구의 운영과 관련해서는 무엇보다도 2007년의 '워위크 위원회 보고서'(Warwick Commission Report)에 나타나는 당면 과제가 검토될 수 있다. 이 보고서는 첫째로 이 기구의 주요 회원국들 중 특히 OECD 제국들의 경우, 경제적 자유화와 국제화에 병행해서 발생하는 나라마다의 일부계층이 겪게 되는 문제점(임금수준의 답보상태, 실직, 소득 불평등의 심화, 환경문제 등)으로 정치적

---

210 *Ibid.*, pp. 75~76.

논쟁과 갈등 등이 2009년의 금융위기로 더욱 격화되는 점이 지적된다. 대조적으로 급속한 발전을 거듭하는 발전 도상국가들은 WTO의 운영을 긍정적으로 받아들이는 경향이 지적된다. 두 번째의 WTO에 대한 도전은 당초의 4강 체제(미국, EU, 일본, 캐나다)가 그 후로 인도와 브라질 그리고 2001년에는 중국이 참여하게 되고 또한 급속한 성장을 거듭하는 신흥국들의 참여로써 열강 간의 상업적 이해가 얽히면서 의제의 설정과 협상에 있어서 매우 복잡한 양상이 전개되기에 이른다. G4가 G8, G-20, G-22, G-24 등의 다양한 집단적 구성으로 변전하는 과정이 계속된다.

　　셋째로 발전도상국들의 경우 자기들의 당면하는 주요 현안에 대한 다양한 요구가 반영되기를 강조하고 심지어 일부 회원국들은 환경과 인권문제도 다룰 것을 요망하고 나옴으로써 WTO의 정책결정의 범위와 점진적 통합과정에 접어드는 세계경제에 있어서의 '규제'를 위한 다양한 형태의 갈등이 조성될 가능성이 증가되고 있다. 넷째로 1999년 '시애틀'(Seattle) 각료회의에서 수많은 비정부조직(NGOs)과 발전도상국 정부들에 의해 요구된 정의(justice)와 공정성(fairness)에 관한 요구이다. WTO로서는 정책결정에 있어서의 내부적 투명성과 같은 구체적인 개혁을 단행하였으나 '워위크 위원회'가 밝혔듯이 공정한 다자무역체제에서 나타날 수 있는 효율성, 공정성, 정당성 등이 계속적인 과제로 이어진다. 그리고 회원국 간에도 권리와 의무의 균형 잡힌 실행이 강조되고 있다. 끝으로 WTO는 '무역특혜협정'(PTA: Preferential Trade Agreements)의 문제에 직면해 있다. 양자 간 또는 지역 간 특수한 혜택(관세 등)을 주는 합의로서 이것은 WTO의 '비차별주의'(nondiscrimination)의 기본적 규범과는 대치되는 경우가 된다. 비록 지지부진할 수 있는 다자무역협상의 특성상 이러한 부분적 특혜구조의 현상은 불가피할 수 있으나 이러한 추세는 다자무역체제의 본질과는 거리가 있는 결과를 가져올 수 있다는 우려가 제기된다.[211]

　　세계무역기구 중심의 다자간 무역자유화 협상인 '도하개발아젠다'(DDA)는 2001년 출범하였는데 그간 지지부진하다가 2013년 12월 7일 인도네시아 발리에서 열린 제9차 WTO 각료회의에서 부분합의를 이끌어냈다. DDA 협상 의제

---

211 Ann Capling and Richard Higgott, 'The Future of the Multilateral Trade System ― What Role for the World Trade Organization,' in Frank J. Lechner and John Boli(eds.), The Globalization Reader, Fifth Edition, *op. cit.*, pp. 279~281.

중 무역원활화와 농업 저율관세 관리방식 개선, 개도국 시장접근 우대 등 3개 부문을 담은 '발리패키지'에 합의하였다. 대체로 개도국의 경우 수출절차 간소화 및 수수료 하락 등으로 수출 인프라 개선에 효과가 있을 것으로 기대되고 있다.

그러나 2013년 이후 미국 '연방준비제도이사회'(FDR)는 금융위기 이후 지속된 양적 완화를 줄이는 '테이퍼링'(tapering)을 시사하였고 2016년 12월 금리 인상에 본격적으로 나섬으로써 여러 갈래의 세계경제의 변동이 예고되고 있다. 같은 시기에 신임 미국 대통령 트럼프는 중국, 일본, 독일 등을 환율조작국으로 지목하고 1985년 레이건 대통령처럼 미국추월 가능국가(독일, 일본 등)들에 대한 환율전쟁(예: Plaza 협정체결)을 시도할 가능성 등이 제기되고 있다. 이러한 움직임에 대하여 특히 중국은 강한 반발을 보이고 있는데 시진핑 주석은 '다보스 포럼'(Davos Forum)에서 이러한 트럼프의 시도는 '스스로를 어두운 방에 가두는' 처사이며 '누구도 무역전쟁에서 승자가 될 수 는 없을 것이고, 세계화는 상품·자본이동, 기술의 진보, 문명화를 촉진해 세계경제 발전을 견인해 왔다'면서 보호주의를 배격하고 자유무역을 옹호하고 나섰다.[212] 이러한 G2(미국-중국)의 중상주의적 방향전환은 세계무역의 판도에 새로운 변화와 도전으로 이어질 가능성이 제기된다.

3. 세계적 안전보장과 '핵 비확산체제'

21세기에 들어서면서 세계적 안전보장(global security)의 최대과제는 '핵 비확산 체제'의 유지와 발전이 된다. 즉 핵무기의 확산을 막고 핵에너지를 평화로운 용도로 활용하기 위한 세계적인 관심과 실행이 그 구체적인 과정이 된다. 핵 확산금지를 주요 내용으로 하는 세계체제는 이미 1968년에 시동되어 1970년 '핵무기의 비확산에 관한 조약'(NPT: The Treaty on the Non-Proliferation of Nuclear Weapons; 약칭: 핵확산방지조약)으로 발효되어 2016년 현재 191개국이 이 조약에 가입되어 있다. 이 조약의 내용을 기본으로 하여 (1) NPT의 3대 기둥 (pillars), (2) NPT의 주기적 검토회의, (3) 핵무기 안전대책의 문제점 등을 차

---

212 'The New Davos Man,' *Economist*(2017. 1. 21.).

례로 다루어 보기로 한다.

① NPT의 세 기둥

첫 번째 기둥은 '비확산'(non-proliferation)이다. 제1조에 의하면 '핵무기보유국'(NWS)은 핵무기나 핵 폭발물을 어떤 수용자에게도 이전하지 않을 것이며, 어떤 경우에도 '비핵무기보유국'(NNWS)의 핵무기 제조나 획득을 도와주거나 권장 또는 유도하지 않을 것을 서약한다. 제2조에서는 '비핵보유국'(NNWS)은 핵무기나 기타 핵폭발장치의 획득 및 통제를 시도하지 않을 것이며, 이러한 장치의 제조에 원조를 받지 않을 것을 서약한다. 제3조에서는 '비 핵무기보유국'(NNWS)은 그들의 핵관련행위가 평화로운 목적에 기여하는 것임을 검증하는 '국제원자력기구'(IAEA)의 안전수칙을 수용할 것을 서약한다.

핵 비확산체제(nuclear non-proliferation regime)라고 할 때 그것은 핵무기의 수평적 확산(horizontal proliferation)과 수직적 확산(vertical proliferation)의 두 가지 형태로 분류되며 이 두 가지 확산을 방지하기 위한 조약, 제도, 조치들을 총칭한다. 전자는 핵무기를 보유하는 국가가 증가함을 의미하며, 후자는 핵무기 보유국이 보유한 핵무기의 수를 증가하거나 핵무기의 성능을 향상시키는 것을 의미한다. 확산 방지란 어느 시점을 기준으로 그때까지 보유하는 핵무기는 그대로 인정하되 더 이상의 확산 ― 수평적 및 수직적 ― 을 막는다는 뜻을 지닌다.

NPT에서 인정되는 '핵무기보유국'은 미국, 영국, 소련, 프랑스, 중국의 5개국으로서 UN '안전보장회의'의 상임이사국들이다. 이들 나라들은 핵무기나 핵폭발물들을 다른 나라들에 이전하지 않을 것이며 어떠한 경우에도 비핵무기 보유국들로 하여금 핵무기를 갖도록 하는 것을 도와주거나 권장 또는 유도하지 않을 것을 동의한다. 그리고 이들 핵무기보유국들은 직접 핵공격을 받거나 또는 핵무기보유국과 동맹을 맺는 재래식 공격이 아닌 한 핵무기를 사용하지 않을 것을 약속하고 있다. 그러나 이러한 약속(핵무기 조건부 사용금지)은 정식으로 조약에 명시되지는 않고 있으며 이와 관련되는 부분은 상황에 따라 바뀌고 있다. 예를 들면 미국은 1959년부터 1991년까지 북한에 핵무기 탄두를 표적한 적이 있다. 영국은 한때 '불량국가'(rogue states)에 의한 재래식 공격에 핵무기 사용 가능성을 밝힌 바 있고, 프랑스도 2006년 불량국가의 권력중심대에 대한 보복 공격을 시사한 바 있다.

두 번째 기둥은 '군축'(disarmament)이다. 제6조에 의하면 모든 조약당사자들은 핵무장 경쟁(nuclear arms race), 핵군축(nuclear disarmament), 일반적 및 완전한 군축(general and complete disarmament) 등에 관련되는 효과적인 조치를 위한 성실한 협상을 추진하여야 한다. 그리고 NPT의 서문에도 핵무기 생산의 정지, 핵무기와 그 운송수단의 청산 등의 완벽한 군축이 강조되어 있다.

그러나 이 조항에 관한 해석에 있어서는 의견이 갈라진다. 즉 모든 군축에 관한 조치들을 '성실하게 협상할 것'(to negotiate in good faith)을 요구하는 막연한 의무를 뜻하는 것이라는 해석이 있으며, 이와는 대조적으로 비동맹운동(Non-Aligned Movement) 조약 당사국은 이 조항이 핵무기 보유국들의 공식적이고 구체적이 군축의 의무임을 강조하고 있으며 핵무기보유국들은 이 의무를 실행에 옮기지 못하고 있음을 비판한다. 한편 '국제사법재판소'(ICJ)는 조약당사국들이 이 조항을 성실하게 실행에 옮길 의무가 있음을 자문의견으로 제시하고 있다.

> '조약 당사국들은 핵군축의 모든 측면이 엄격하고도 효과적인 국제적 통제
> (international control)하에 놓이도록 협상을 성실하게 수행하여 완결할 의무가 있
> 다'(1996. 7. 8. ICJ 자문 의견).

그리고 이 의무는 핵무기보유국뿐만 아니라 모든 NPT 가입국에 적용되며 핵군축과 관련되는 구체적인 시한성(time frame)을 시사하는 것이 아님을 부연하고 있다.

세 번째 기둥은 '핵에너지의 평화적 사용'(peaceful use of nuclear energy)이다. 조약 제4조에 의면 모든 당사국들은 평화적 목적을 위한 핵에너지의 개발을 비롯하여 핵비확산 의무에서 초래되는 국제적 협력의 결실을 공유할 권리를 가진다. 그리고 이 세 번째 기둥은 조약 당사국들이 핵무기개발에 사용되지 않는 한 민간 핵에너지(civilian nuclear energy)를 위한 핵기술 및 재료들을 이전하는(transfer) 것을 허용하고 있다.

그러나 평화로운 목적을 위한 핵에너지 개발에 있어서는 원자로, 특히 인기 있는 '경수로'(light water reactor) 사용이 (1) 고농축우라늄(enriched uranium)

과 (2) 핵연료재처리(nuclear processing)를 통한 플루토늄(plutonium) 생산이라는 두 가지 요인으로 인하여 곧 바로 핵무기 생산으로 이어질 수 있다는 역설적인 현상이 문제가 된다. 즉 이 두 가지 형태로 이루어지는 이른바 'ENR'(uranium enrichment and plutonium reprocessing) 능력으로 말미암아 조약 제4조는 NPT체제의 '아킬레스 힐'(Achilles' heel)로 비유되기도 하며, 조약 1, 2, 3조와 연계되어 조약당사국간의 정책적 마찰과 법률적 논쟁의 예민한 소재가 되고 있다.

대체로 비핵무기보유국으로 조약을 체결한 나라들은 핵무기를 생산하지 않기로 한 약속을 지켜오고 있으나 일부 국가들은 예외가 되고 있다. 이라크는 한때 NPT 안전조치의무(safeguards obligations) 위반으로 UN안전보장이사회의 제재조치를 받은 것으로 국제원자력기구(IAEA)에 의해 구체적으로 인용된 바 있다. 그리고 북한은 NPT안전 조치합의를 전혀 지키지 않았으며 계속 그 위반이 지적되다가 그 후 NPT 탈퇴 후 여러 번 핵 디바이스를 실험해 왔다. 이 이외에도 이란, 리비아, 루마니아 등 여러 나라들의 위반 사례들이 지적된 바 있다.[213]

② NPT의 주기적 검토회의

NPT 체결 당시(1970년) 독일, 이탈리아, 스웨덴 등 상당 국가들은 조약발효 후 25년이 되는 시점에서 조약의 재검토와 조약연장 여부를 결정할 것을 주장하여 그것이 받아들여져서 1995년 조약당사국들은 조약을 무기한 연장하기로 하고 또한 매5년마다 검토회의를 개최하기로 합의하였다.

우선 1995년 검토회의 최종문서에서는 1996년까지 포괄적 핵실험 금지조약 협상의 완료, 핵군축 추진 공약의 재확인, 핵무기물질의 생산중단을 위한 협상시작, 기존 핵무기의 획기적 감축, 비핵지대(nuclear-weapon-free zones) 창설, NPT 보편성 확보를 위한 적극적 노력(핵무기를 보유하면서 NPT 가입하지 않고 있는 이스라엘, 파키스탄, 인도를 NPT에 가입시키기 위한 노력), 국제원자력구의 안전조치 및 검증 능력 제고, 핵비보유국에 대한 핵무기 불사용 공약 재확인 및 강화 등이 포함되었다.

---

213 백현진, '핵확산금지조약(NPT)의 성과와 한계,' 백현진 편, *핵비확산체제의 위기와 한국*(오름: 2010), pp. 43~45; *https://en.wikipedia.org/wiki/Treaty_on_the_Non-Proliferation_of_Nuclear_Weapon*(2017-02-11) 참조.

그 다음 2000년 검토회의에서는 비록 여러 가지 불투명한 국제적 환경(미국 상원의 포괄적 핵실험 금지조약 비준 동의 거부, 클린턴 행정부의 미사일 방어체제 구축의 계속 추진 등)에도 불구하고 최종문서의 경우, 핵군축의 실현을 위해 반드시 취해야 할 13개의 구체적이고 실질적 조치를 구체적으로 명시하였다. 즉 'CTBT(포괄적 핵실험금지조약)'의 발효를 위한 관련국들의 서명 및 비준, CTBT의 발효 전까지 핵실험유예, 핵물질생산금지조약 협상의 진전, 핵군축 협상, 핵군축과 기타 핵관련 군비통제조치에 대한 불가역성 원칙(Principle of Irreversibility)의 적용, 핵무기의 환전한 제거에 대한 핵보유국의 명확한 의지, 미-러 간 전략핵무기 감축 협정(START Ⅱ)의 조기 발효 및 ABM 조약 유지 및 강화, 핵무기 없는 세계의 실현을 위해 핵군축협정의 준수여부를 확인 할 수 있는 검증능력의 개발 등이 포함된다.

그러나 2005년의 검토회의는 매우 실패한 것으로 평가된다. 무엇보다도 미국은 기존의 NPT체제가 이라크, 북한, 이란 등 소위 '불량국가'들의 은밀한 핵개발을 저지하는 데는 효과적이지 못한 반면 미국의 전략적 선택을 지나치게 억제한다고 보았다. 당시 미국 부시 대통령은 미사일 방어체제의 적극적 추진 입장을 발표하고 이를 위해 미-러 간 탄도미사일 방어 조약(ABM Treaty)의 폐기를 천명하였다. 그리고 2001년 9·11 테러공격은 부시행정부의 일방주의적 경향을 더욱 부추기면서 불량국가들의 대량살상무기 개발 저지를 위한 부시 독트린 (Bush Doctrine)을 발표하게 된다. 미국으로서는 적극적인 반테러 및 반확산정책에 비중이 실리게 됨으로써 핵공급자그룹(NSG), 대량살상무기 확산방지구상 (PSI), G-8 글로벌 파트너십, 미국의 자체적 반확산 작전 등 NPT 밖의 활동에 무게가 실리게 된다. 대체로 2005년 검토회의가 아무런 성과도 없이 막을 내린 데는 여러 가지 이유가 있을 수 있겠지만 미국의 이러한 일방적 태도와 무관심이 결정적인 요인이 되었다고 평가된다.[214]

2010년 검토회의는 비교적 개선된 분위기에서 열리게 된다. 이 회의에 1년 앞서 미국의 오바마 대통령은 그의 프라그(Prague) 연설에서 미국은 핵무기 없는 평화로운 세계를 지향하며 그의 행정부의 NPT 지지는 굳건한 것임을 천명했다. 비록 이란의 핵계획, 중동의 핵무기에 대한 NPT의 무력함, 북한의 핵

---

214 백현진, *전게논문*, pp. 52~59.

실험, 핵군축의 답보상태 등의 다소 어수선한 여건이긴 하였으나 이 오바마 대통령의 결의는 매우 희망적인 전기가 되는 듯하였다. NPT역사에서 처음으로 군축, 비확산, 핵에너지의 3대 기둥에 관한 전진적인 계획이 구체화되었으며, 특히 1995년 중동결의의 실행과 '핵무기 및 기타 대량살상무기로부터의 해방지역'(zone free of Nuclear weapons and other weapons of mass destruction)의 설치가 합의되었다. 국제평화를 위한 '카네기 국제평화기금'(Carnegie Endowment for International Peace)의 디프티 추우비(Deepti Choubey)에 의하면 NPT 40년 역사에서 처음으로 조약당사국들은 핵안전보장(nuclear security)이 비확산체제의 가장 중요한 부분임을 인식하고, 앞으로 핵물질의 도난방지와 핵 테러의 위험에 대처할 구체적인 조치들을 합의한 것으로 평가되고 있다.[215]

이상에서 살펴 본 NPT체제의 세 기둥들은 세계적 핵무기확산과 핵에너지의 평화적 활용을 위한 하나의 국제적인 '법률적 틀'(legal framework)이 된다. 따라서 이 기본적인 법적 틀이 제대로 운영되기 위해서는 이와 관련되는 여러 기구들, 즉 IAEA라든가 '핵 보급그룹'(Nuclear Suppliers Group), 유엔 안전보장이사회, 양자 간 또는 다자간 기구들의 종합적인 활동이 보장되어야 가능하게 되어 있다. 이들 기구들이 만들어내는 '핵무기 안전지대'의 확보라든가 핵시설과 물질의 안전한 확보 그리고 확대된 검증체제(verification system)의 정착 등이 요구되며, 이를 위한 새로운 외교적 노력이 절실한 것이다.[216]

③ 핵무기의 안전대책의 문제점

가. 제2차 세계대전 후의 '핵 억지전략'

제2차 세계대전 후 핵무기의 등장은 주로 미소 두 강대국 간의 군비경쟁의 과정을 통하여 핵 억지전략(nuclear deterrence)의 형태를 띠면서 전개 되어 왔다. 국제정치는 그 핵심구조인 '안전보장 딜레마'(security dilemma)로 말미암아 자국의 안전을 위해서는 상대국의 핵공격에 대비할 자국의 핵능력을 개발

---

215 Joseph M. Siracusa, 'The Nuclear Non-proliferation Regime and the Search for Global Security,' in Manfred B. Steger et. al., The Sage Handbook of Globalization, Vol. 2, *op. cit.*, p. 558.

216 *Ibid.*, pp. 558~559.

할 수밖에 없다는 상호간 상승작용을 통하여 꾸준히 핵무기가 증가되는 이른바 '부의 환류'(positive feedback)로 특징지어진다. 가공할 핵 폭발물(H−bomb)로 이루어지는 핵탄두(warhead)를 상대방 영토에 운송하는 '탄도미사일'(ballistic missile)의 확보가 핵 억지전략의 핵심을 이루어 왔다. 특히 핵탄두의 운송수단으로서의 탄도미사일은 (1) 단거리 탄도미사일(거리: 620마일), (2) 미디엄(medium) 탄도미사일(620~1,860마일), (3) 중위(inermediate) 탄도미사일(IRBMs: 1,860~3,410마일), (4) 대륙간 탄도미사일(ICBMs: 5.500킬로미터 이상)의 네 가지 형태로 분류된다. 그리고 그 운송단계는 (1) 분출단계(boost phase: 3~4분), (2) 중간 단계(midcourse phase: 20분), (3) 최종단계(terminal phase: 1분 이내)의 단계로 이루어진다.

이러한 핵무기의 발전은 그 가공한 파괴력에 대한 심리적 효과로 말미암아 실제적 사용에 있어서의 신중함과 억제력의 작용으로 전후 약 반세기의 역설적인 '긴 평화'(long peace)를 만들어내게 되었다. 미소 간에는 그 동한 SALT I, II의 협상 그리고 1991년에는 '전략적 군비축소 조약'(START: Strategic Arms−Reduction Treaty)이 체결됨으로써 양국의 핵탄두의 약 50%를 감축할 것에 합의할 정도의 진척을 보였다.[217]

나. 핵무기 방어체제(ABM체제)

전후의 핵 억지 전략의 전개로 강대국들의 핵무기 개발이 본격화되고 그 후로 미소 두 초강대국의 타협과 합의로 전략핵 무기 감축(START)이 이루어졌으나 두 나라사이에는 일찍부터 핵무기의 공격을 방어할 수 있는 수단으로서 '대탄도 미사일 방어 시스템'(Anti−Ballistic Missile Defence System)의 구축이 병행되었다. 특히 미국의 경우는 1962년 쿠바 미사일 위기를 계기로 이 필요성이 강조되기 시작하였으며 1967년에는 Johnson 대통령의 대중국용 ABM, 1969년에는 닉슨 대통력의 '안전조치 ABM 체제'(Safeguard ABM system) 등이 실행에 옮겨지게 된다. 그러다가 1972년에는 미소 간에 ABM 방어체제의 문제점을 완화하기 위한 'ABM 조약'이 체결됨으로써 양국은 서로가 800마일거

---

217 Joseph M. Siracusa, *Nuclear Weapons*, Second Ed.(Oxford: Oxford Univ. Press, 2015), pp. 60~79.

리로 떨어져 있는 두 개의 설치장소(sites)가 허용되는 조치에 합의하기에 이른 다. 허용된 설치장소는 제한된 지역범위의 방어만 허락됨으로써 전국적인 ABM망의 구축은 금지되었다.

그러나 1984년 미국 레이건 대통령의 '전략적 방어 발의'(SDI)는 ABM체제의 본격적인 시작을 부추기게 되고, 일명 '별들의 전쟁'(Star Wars)의 제의로 불리는 이 호소로 시작된 미 국방부의 ABM 실행 대책 패널에서는 다음과 같은 대응책이 구체화된다. 그 기본구상으로서는 공격용미사일 발사를 네 개의 '층'(layer)으로 이루어지는 하나의 포물선으로 파악하고 각 층마다 요구되는 적절한 대응초치가 이루어지는 방어체제가 제시된다. 즉 (1) 제1층: 감지 센서(sensors)에 의한 ICBM 발사확인과 즉각적 미사일 차단장치의 작동, (2) 제2층: 미사일의 후기상승단계(post—boost phase)의 적 핵탄두의 파괴, (3) 제3층: 대기권 재진입전의 중간 단계(midcourse phase)에서의 적미사일 핵탄두의 발견, (4) 제4층: 최종단계에 접어든 잔여 적 핵탄두의 발견과 파괴 등으로 이루어지는 '4개 차단 층 미사일 방어체제'(Four layered—intercepter missile defence system)이다. 이 SDI의 구상은 1990년대 중반 이후로 나타난 일부 문제국가들(이라크, 이란, 북한 등)의 핵무장과 특히 2001년 9·11 테러를 전기로 2002년 12월 부시 대통령에 의한 '지대공 중간 과정 미사일 방어'(GMD: Ground—based midcourse missile defense)체제의 형성으로 공식화되었으며 그 실행단계로 패트리어트 미사일(Patriot PAC—3 missiles)의 배치로 이어진다. 이러한 움직임에는 미국의 경우, 엄청난 비용에도 불구하고 이른바 불량국가들에 의한 중거리 미사일의 위협 그리고 일부 과격 테러집단에 의한 핵무장 가능성 등에 대한 대응조치의 절실함이 결정적으로 작용한 것으로 볼 수 있다.[218]

다. 핵무기 안전대책의 문제점

21세기에 들어서는 국제정치에서는 무엇보다도 미소 두 강대국 간의 냉전이 종식되고 새로운 핵 비확산의 길이 열리면서 계속적인 핵무기 확산저지를 위한 긍정적인 움직임이 전개되고 있는 것은 사실이다. 그러나 한편으로는

---

[218] *Ibid.*, pp. 80~103; 북한의 핵위협에 대응하기 위하여 미국은 2016년 한국에 '사드(Thaad)' 배치를 공식화하였다.

강대국 간의 권력추구와 안전보장 딜레마로 인한 경쟁 심리는 여전하고 또한 일부 불량국가들이나 국제테러 집단에 의한 핵위협은 꾸준히 제기되는 가운데 세계적 안전보장문제가 긴요한 당면과제가 되고 있다. 그리고 한 가지 분명한 것은 이러한 국제적 환경변화에도 불구하고 불안하거나 야심찬 국가들에게는 핵무기가 매우 매력적인 수단일 수밖에 없고 또한 현실적으로 핵무기 소유는 국제관계에 있어서 비상한 위신(prestige)과 권력(power)의 상징으로 통용되고 있음은 부인할 수 없다.[219]

이러한 핵무기에 대한 인식과 그 안전대책에 있어서 가장 문제가 되는 것은 '군산 복합체'(military-industrial complex)의 지속적인 영향력이다. 1961년 미국 아이젠하우어 대통령은 군부와 군수산업간의 관계에서 빚어지는 엄청난 부작용을 지적하고 나섰다. 즉 산업가들과 관료들에 의한 '불미스러운 연결'(invidious connection)로 말미암아 방대한 예산낭비와 비밀행정처리 등의 관행을 만들어낸 것을 지적하고 나선 것이다. 그 후의 이 분야의 연구에 의하면, 예를 들면 1940~1996년 핵무기 및 무기관련 프로그램에 5.5조 달러가 지출되었으며 이는 전체군사부문 지출의 29%에 해당되는 국가적 방탕(national profligacy)으로 지적되고 있다. 또한 이러한 핵무기 경비 지출은 용도가 불분명하고 '보고되지 않은'(unreported) 이른바 '핵 비밀체제'(The nuclear secrecy system)로 비유되기도 한다. 그리고 이러한 전례 없는 '비밀'은 '브로디(J. Brodie)'에 의하면 '안전보장국가'(security state)의 등장에 기여하였고 냉전 기간동안 미국 시민사회를 군사화의 길로 몰고 갔다고 비판된다. 소련의 핵 정책도 그들 나름대로의 거대한 '군산 복합체'의 논리가 적용된다. 전후 안드레 그레첸코(A. Grechkp) 국방상과 그 후의 브레즈네프 서기장 등에 의한 치열한 미국과의 군비경쟁은 '군산 복합체'에 의한 미사일 개발에 초점이 모아진 것으로 파악된다. 고르바초프 서기장에 의하면 소련의 군사비 지출은 국가예산의 40%에 달하고 있으며, 과학 부문의 250억 루블 중에서도 200억 루블을 군부의 조사연구(R&D)에 지출하는 것으로 알려진다. 공산체제의 중앙집권화와 비밀체제 그리고 '군산 복합체'의 작동은 소련경제의 경직화와 극심한 생활수준의 악화를 가져왔다는 분석이다.[220]

---

[219] Paul Battersby, 'The Globalization of Governance,' *op. cit.*, pp. 484~485.
[220] Joseph M. Siracusa, *op. cit.*, pp. 112~114.

세계적인 핵무기확산을 방지하기 위한 NPT의 지난 발자취에서 두드러지는 점은 핵보유국들의 현상유지에는 별 다른 문제가 없으나 비핵보유국들 중에서 핵무기개발에 적극적으로 나선 일부 불량국가(이란, 북한)들의 움직임이 비상한 관심을 모으게 된다. 이들에 대한 국제사회의 관심과 대응에 있어서는 NPT 체제 나름대로의 제재가 추진되어 왔으며, 그 실행에 있어서는 UN의 역할, 특히 5개 상임이사국들의 공동보조가 그 성공적 실행의 열쇠가 되어 있다. 2009년 4월 미국의 오바마 대통령은 그의 프라그(Prague) 연설에서 '핵무기 없는 세계'의 건설을 호소하고 미국이 그 모범이 될 것을 약속한 것은 UN 상임이사국들의 공동보조를 위한 새로운 전기를 마련한 것으로 평가되고 있다. 이란의 경우는 2015년 4월 '이란 핵 프로그램에 관한 포괄적합의'(Comprehensive agreement on the Iranian nuclear program)가 UN안보상임이사국 및 유럽연합과 이란 간에 이루어졌다. 북한의 경우는 1985년 NPT 가입 후로 두 차례의 탈퇴(1993, 2003) 후 6차례에 걸친 핵개발(2006/10, 2009/5, 2013/2, 2016/1, 9, 2017/9)을 거치면서 UN 안보리의 총 10번의 제재 결의안이 통과되었다. 그리고 북한에 대한 경제제재는 UN의 다자제재(북한의 주요 교역 품목인 석탄, 섬유, 어류, 철광석과 더불어 석유, 해외노동자, 해상 차단 등)와 함께 미국의 독자 금융제재(세컨더리보이콧)가 양대 축을 이루고 있다. 그러나 2018년 초부터 북한이 핵포기를 위한 협상에 적극적으로 나서면서 사태는 호전되기 시작하였고 2018년 6월의 북미 정상회담(싱가포르)을 계기도 북한의 비핵화가 NPT 복귀로의 극적인 순환으로 이어질 것인지는 세계적인 관심사가 되고 있다.[221] 핵무기 안전에는 UN의 역할, 특히 5대 상임이사국의 공동보조가 선행되어야 하고 회원국들의 계속적인 외교적 노력이 뒷받침되어야 NPT 체제의 성공적 운영이 결실될 것을 전망해 볼 수 있다.

4. 인터넷과 거버넌스

인터넷(Internet)의 등장은 세계화와 병행하면서 '글로벌 거버넌스'의 내용을 크게 바꾸어 놓게 된다. 인터넷이라는 망상(network)으로 연결되는 개인들

---

221 박재석·황태희, '핵무기 보유 추진 국가들과 경제제재: 미국의 사례를 중심으로,' *한국정치학회보*(52집 4호|2018 가을), pp. 124~125

이 만들어내는 상호연결과 그 작용력은 나라 안에서도 산업화와 민주와를 촉진시킬 수 있을 뿐만 아니라 국경을 넘는 상호작용을 통하여 새로운 국제적인 조직과 변환을 형성해 나갈 수 있게 된다. 주로 '네트워크'로 형성되는 이러한 상호연결의 작용력이 만들어내는 다양한 변화를 국가권력의 약화와 변형, 민주화의 촉진과 같은 몇 가지 기준에 따라 정리해 보고 이와 관련되는 국제적인 규제의 문제 등을 다루어 보기로 한다.

① 인터넷 : 기본 구조와 파급력

20세기 말엽에 들어서 각광을 받게 된 정보통신기술(ICT)의 확산은 이 역사적인 통신망이 사회구조와 정치적 변혁에 작용하는 다양한 형태를 둘러 싼 새로운 이론적 구성의 길을 열게 된다. 그리고 이 정보통신의 흐름은 '인터넷'이라는 네트워크에 초점을 두는 이론적 구성의 형태로 나타나게 되는데 여기서는 우선 두 가지 기본구조로 나누어 정리해 보기로 한다.

첫째로 '카스텔(Manuel Castells)'은 인터넷을 정보통신혁명의 핵심으로 보고 이것이 새로운 후기산업 '정보시대'(information age)를 가져온다고 진단한다. 인터넷으로 사회는 점차로 디지털 통신 네트워크로 재구성되며 이를 통한 정보의 흐름은 사회를 '네트워크 사회'(network society)로 만든다. 무수한 네트워크로 구성되는 '네트워크들의 네트워크'(network of networks)는 이전의 산업사회의 조직구조들을 대체하는 이른바 '인터넷 은하계'(internet galaxy)를 이루게 되며, 그 특성으로서는 단편적인 구조(fractal structure), 탄력성, 마디(nodes) 간의 거리 압축, 내부적 마디 간의 장벽과 그 밖의 장벽 등이 열거된다. 이제 지리적 근접성과 한정적인 가치들에 근거를 두는 종전의 사회적 친화성(sociality)이 아니라 개인의 선택과 전략에 바탕을 두는 '네트워크화된 개인주의'(networked individualism)로 바뀐다. 개인들로 하여금 비록 지리적으로 떨어져 있더라도 서로의 사회적 유대를 창조하고 유지할 수 있게 만듦으로써 인터넷은 이제 개인의 자유를 신장하고 사회적 포용을 하게 만드는 '선택의 공동체'(communities of choice)의 성장에 결정적인 역할을 할 수 있게 된다는 것이다.

두 번째 이론적 구성은 미시적 사회학 이론과 질적 방법론(qualitative methods)에 근거하여 세계화의 스케일과 그 결과를 해석하는 방법이 된다. '크노르 세티나'(Karin Knorr-Cetina)의 연구 프로그램에 의하면 사람들은 종래와 같은 분명한 구조와 위계로 이루어지는 공적인 조직보다는 어느 정도 한정되고 효율적인 '미시적인 구조'(micro structures)하에서 자기의 목표달성을 처리해 나갈 수 있다는 것이다. 즉 사람들은 인터넷을 통하여 그들의 직접적 환경을 넘어서 누구와도 관계를 맺을 수 있는 '간주관성'(intersubjectivity)이 마련되는 '미시구조'하에서, 서로의 신뢰와 면식과 같은 직접적 상호작용을 통하여 '확대와 증대의 전략'(strategies of amplification and augmentation)을 추구해 나갈 수 있다는 것이다. 특히 이 전략은 서로 상충하는 목표들을 절충시키고 그들의 노력의 결과를 극대화시킬 수 있게 되는데 이는 컴퓨터나 디지털 통신과 같은 기술적 자원을 사용할 수 있고, 또한 필요에 따라서는 목표달성의 주요 기능을 외부적 환경에 '아웃 소싱'함으로써 보다 구조적으로 가볍고 적응적일 수 있기 때문이다. 모든 것이 네트워크로 설명되는 것이 아니라 미시적 구조를 통하여 흐르는 정보의 내용이 중요하며, 미시구조를 통한 조정(coordination)은 복합적이고 중첩적일 수도 있다. 그리고 네트워크의 지속성은 그 마디와 연결의 강도에 좌우되기 보다는 외부적 환경에 적응하고자 하는 부단한 재구성의 결과일 수도 있다는 것이다. 또한 지나치게 네트워크에 초점을 두게 되면 서로 상이한 세계적인 미시구조들의 구조적 및 원문적 차이(textual differences)를 소홀히 하는 결과로 이어질 수 있다는 점이 지적된다.[222]

② 인터넷 거버넌스의 전개과정

인터넷이 그 특유의 네트워크를 통한 정치적 변환으로 거버넌스에 영향을 미치는 데 힘을 실어준다든가 또는 오히려 무력화시킨다든가 하는 일반적 개념구성을 세 갈래로 검토해 볼 수 있다.

첫째로 인터넷은 일시적인 유행(fad)으로서 영속적인 영향력이 없다는 관점이다. 예를 들면 '사회적 미디어'(social media)에서처럼 어떤 특정한 기술적 적용이 도입되는 일시적 현상이며, 일반적으로 전자적 참여(electronic participation)

---

222 Lior Gelernter and Motti Regev, 'Internet and Globalization,' in Bryan S. Turner(ed.), *The Routledge Handbook of Globalization Studies*(New York: Routledge, 2010), pp. 64~66; Manuel Castells, *The Rise of Network Society*(2000), *The Internet Galaxy*(2001), *The Power of Identity*(2003), Karin Knorr‒Cetina, 'Complex Micro Structures: the New Terrorist Societies,' *TCS*, 22(5), pp. 213~34.

는 실제의 정치로 볼 수는 없으며 단순한 가상적(virtual), 지적인 행위로 보는 입장이다. 즉 진정한 정치적 활동을 잠식하는 이른바 '클릭티비즘'(clicktivism)이나 '스랙티비즘'(slacktivism)에 불과하다는 것이다.

둘째로 기술적 결정론(technological determinism)으로서 통신에 있어서의 새로운 혁신은 어떤 특수한 결과를 가져오는 결정적인 작용을 한다고 본다. 인터넷은 본질적으로 민주적인 매체로서 '이티엘 드 소라 풀'(Ithiel de Sola Pool)처럼 컴퓨터를 통한 통신체제는 자유의 테크놀로지를 가져오게 된다는 이른바 '유연한 결정론'(soft determinism)이 강조된다. 또한 이 와는 대조적으로 일반 대중보다는 독재자나 최고경영자들의 권력을 강화해 주는 본질적으로 '중앙 집권력'으로 보는 입장이 있다. 인터넷은 중앙에서 통제되는 '감시사회'(surveillance society)를 만들어낸다고 보는 것이다.

셋째로 정치적 강화(reinforcement)의 관점이 있다. 여러 가지 조직체의 연구에서 나타나는 바에 따르면 컴퓨터의 등장은 조직의 현존하는 권력과 영향력을 강화시켜나가는 데 사용된다는 것이다. 많은 나라에서 컴퓨터는 민주화의 원동력으로 보다는 독재자로 하여금 그들의 영향력을 강화시켜 나가는 데 활용되고 있다는 것이다. 즉 인터넷은 거대한 기술적 체제로서 군림하면서 사람들로 하여금 도저히 제어하기 힘들다는 비관론에 접근해 간다는 비판이 제기된다.[223]

'더톤'(W. Dutton)은 이러한 세 갈래의 개념적 구성을 검토한 다음 자기 나름대로의 새로운 세계적 거버넌스와 관련되는 인터넷의 작용력을 제시하고 있어 관심을 모은다. 그에 의하면 인터넷은 개인들로 하여금 네트워크로 연결되는 경우 엄청난 통신권력(communicative power)을 행사할 수 있게 된다고 보고 있다. 이 관점은 인터넷의 사용이 기존의 권력이나 영향력을 일방적으로 강화하기 보다는 경우에 따라서는 '네트워크화 된 개인들'(networked individuals)로 하여금 현존하는 제도들, 즉 정부나 언론에 반격을 가할 수 있는 힘을 실어줄 수 있다는 입장이다. 네트워크화된 개인들은 어떤 특정한 제도(정부나 언론 등)에 의존하기보다는 오히려 인터넷의 사용으로 정보를 수집하고 다른 개인들과

---

223 William H. Dutton, 'General Introduction,' in William H. Dutton(ed.), *Politics and the Internet: Critical Concepts in Political Science*(London & New York: Routledge, 2014), pp. 8~10.

힘을 합쳐서 현존하는 제도에 대항할 수 있다는 것이다. 이들은 뉴스 누설 '웹사이트'(News-leaking website)로서의 '위키리크스'(Wikileaks)처럼 정부나 언론의 일방적인 지배와 횡포를 뒤엎는 이른바 '제5계급'(The Fifth Estate)의 역할을 담당하게 된다는 것이다.[224]

③ 규제 방안

인터넷은 전 세계적으로 경제, 사회, 정치적으로 막대한 영향력을 발휘한다고 볼 수 있으며 나라마다 또는 국제적으로 다양한 문제제기와 조정상의 현안을 만들어낸다고 볼 수 있다. 각 민족국가마다 내부적으로 거버넌스의 문제가 제기될 수 있고 국경을 넘는 세계적인 현안에 있어서는 국제적인 이해와 조정을 위한 규제가 절실하게 된다. 국가마다 당면하는 규제에 대한 방안을 비롯하여 세계적으로 요청되는 새로운 국제 레짐의 형성가능성 등을 간략하게 다루어 보기로 한다.

가. 국가의 통제 메커니즘

인터넷이 1990년대에 본격적으로 실용화되기 시작하자 그것은 정치적 간섭 없이 사용자들의 상호 신뢰에 기초한 기술적, 조직상의 협력으로 운영되어 왔으며 본질적으로 자율적인 공간으로서의 성격을 유지해 왔다. 1996년 '바로(John Perry Barlow)'는 '사이버공간의 독립선언'을 통하여 정부는 '웹 서퍼'에 대한 주권을 갖고 있지 않으며 이들을 지배할 도덕적 권리도 없고 어떠한 강행 규칙도 없음을 선언하기도 했다.

그러나 그 후 90년대 말에 접어들자 많은 국가들이 감시, 필터링, 검열기술 등을 도입하고 있으며 다양한 규제의 적용확대와 그 실행에 성공을 거두고 있는 것으로 나타난다. 주로 '컨텐트'(content)는 국가마다 외부의 네트(net)에 연결되는 국제적 접촉점이나 인터넷 제공자에 의한 결정적인 대목에서 필터된다. 경우에 따라서는 검열이 기술적 메커니즘보다는 법률적 수단으로 수행되기도 한다. 그리고 검열에 있어서는 (1) 국내의 정치적 투쟁에 연계되는 경

---

224 *Ibid.*, p. 10; W. H. Dutton, The Fifth Estate emerging through the network of networks, *Prometheus* 27:1, March, 1~15.

우, (2) 일부 아랍 국가들에 있어서처럼 사회적 규범 및 도덕적 쟁점에 관련되는 경우(포르노 웹사이트), (3) 안전보장상 이유, (4) 지적 재산권(intellectual property) 관련사안 등이 해당되는 것으로 나타난다.

가장 두드러지는 국가적 개입은 중국의 경우로 소개된다. 중국은 자국 내에서의 인터넷 콘텐트를 모니터하고 필터링하는 데 다양한 방법들을 사용한다. 정보가 '인터넷 접근 제공자'에 의하여 중국을 드나들게 되면 그것을 지휘하는 인터넷 라우터(routers)는 IP주소, URIs 그리고 URIs의 특수한 용어를 포함하는 포괄적인 리스트에 올려 있는 금지된 사이트로부터 오고 있는 파켓트(packets)를 필터해서 걸러낸다. 결과적으로 사용자들은 기술적인 오류 메시지를 받게 되며 그것이 검열에 의한 것인지 기능오류에 의한 것인지를 분별하기가 힘들게 된다는 것이다. 중국에는 국가가 관리하는 ISPs, 회사 및 조직들에 의해 이루어지는 약 60여 개의 규제가 실행되는 것으로 되어 있으며 이를 통하여 웹사이트의 접촉을 차단하고 모든 사용자들의 인터넷 접근을 모니터하는 것으로 되어 있다. 그리고 국제적인 인터넷기업의 경쟁자들을 견제하고 자국의 저명한 Baidu, Tencent, Alibaba 등의 활동을 원활히 하기 위한 국가의 정책적인 지원이 이루어지면서 인터넷에 관한 한 이른바 '대 방화벽'(Great Fire Wall)을 구축해 놓은 것으로 비유된다.

중국의 이러한 국가적 개입은 비록 인터넷으로 세계적인 자유민주주의가 확산되는 것을 저지하는 '제동장치'로 취급될 수도 있으나 세계화로 인한 정보의 자유로운 흐름은 그 전면적인 통제가 힘들게 되어 있다는 견해도 만만치 않다. 예를 들면 중국이 원치 않는 유해한 인터넷 콘텐츠를 거르는 주요 인터넷 라우터는 공교롭게도 미국 내의 다국적 기업인 시스코(Cisco)의 제품이며 세계화로 인한 정보교환의 상호의존성은 근본적으로 그 규제가 힘들게 되어 있다는 하나의 사례로 인정된다.[225]

나. 국제적 규제 레짐

국제사회에 있어서의 인터넷의 운영을 둘러싼 모든 이해 관계자들이 지켜야 할 암묵적, 명시적 원칙, 규범, 규칙 및 정책결정과정의 절차 등이 형성

---

225 Lior Gelernter and Motti Regev, *op. cit.*, pp. 71~72.

될 수 있다. 즉 인터넷 거버넌스의 국제적 레짐(international regime)이 만들어 질 수 있다. 이러한 레짐의 형성은 국제사회를 이루는 국가들이 자기들의 주권적 관할에 속하지 않는 자원들에 접근하기 위하여 서로가 상의하고 합의함으로써 가능해진다. 인터넷의 운영과 사용에 있어도 이러한 레짐의 형성은 매우 절실한 과제가 된다. 세계적으로 출현하는 인터넷 이해관계자들이 서로의 공유가치들, 이해 그리고 세계적 스케일의 상호연결성에 관한 나름대로의 비전 등을 중심으로 네트워크와 동맹관계를 만들어내면서 '글로벌 인터넷 거버넌스'를 창조하게 된다.

이러한 인터넷 거버넌스의 초기 최대의 사안은 '도메인 이름'의 배분에 관한 것이다. 1990년대 중반에 접어들어 인터넷의 경제적 잠재력이 확대되자 특정 상표 선점을 내용으로 다수의 도메인 이름 등록을 일삼는 '사이버사냥꾼'(cybersquatters)들의 횡포가 문제시되고 이에 대처하기 위한 국제적 레짐의 구성이 본격화된다. 주로 미국정부의 주도로 1998년 '국제인터넷주소관리국(ICANN)'이 창설됨으로써 새로운 규제 레짐이 가동하기 시작하였으나 여러 가지 어려운 운영상의 에러는 지속되는 것으로 되어 있다. 주로 IP 주소와 도메인 이름을 배당하는 기본 임무가 주어져 있으나 궁극적인 운영상의 권위와 데이터베이스를 저장하는 컴퓨터들은 미국정부의 수중에 들어가 있으며, 국제적인 요구사항을 비롯하여 이 분야 전문가들이나 언론의 계속적인 비판에 직면하고 있다. 그러나 ICANN은 그 창설과정에서 나타났듯이 세계적인 정부 간의 협력, 국제적 기업, NGOs, 전문가들로 이루어진 초기의 혁신적 움직임이 지속화될 것이 종용되고 있다.

2003년과 2005년 두 차례에 걸쳐 UN이 주선한 '정보사회에 관한 세계정상회의'(WSIS)는 인터넷 거버넌스를 위한 본격적인 국제회의로서 '인터넷 거버넌스 포럼'(IGF: Internet Governance Forum)을 해마다 열기로 결정하였다. 이 포럼은 인터넷 거버넌스와 관련되는 이해 관계자들의 정책적 대화를 도모하고 당면하는 정책적 이슈를 밝혀내며 이와 관련되는 조직과 일반대중들에게 적절한 조언을 하는 UN 산하의 국제포럼이다. 어떤 직접적인 의사결정권은 없으나, 예를 들면 2015년 대화 의제의 경우처럼 (1) 사이버 안전보장, (2) 인터넷 경제, (3) 포용과 다양성, (4) 개방성, (5) 이해관계자의 협력증진, (6) 인터넷과 인권, (7) 주요 인터넷 자원, (8) 새로운 이슈 등의 다양한 인터넷 거버넌스의 현안들이 논의된다. 세계화의 진행으로 나라와 지역 간 그리고 새롭게 등장하는 다종다양한 조직과 그 네트워크의 상호작용으로 인터넷의 운영과 관리는 무한히 복잡한 정치적인 규제의 문제를 야기해 나갈 수밖에 없다. 이러한 새롭고 어려운 세계적 여건하에서 특히 인터넷 거버넌스를 위한 IGF의 역할은 매우 중요하고도 기대되는바 크다고 볼 수 있다.[226]

5. 세계화의 거버넌스: 미래의 발전단계

세계화는 앞으로 어떠한 거버넌스의 발전단계로 접어 들것인가? 제2차 세계대전 후의 사회과학에서는 장차 전개될 세계질서를 '발전'(development)이라는 포괄적인 개념으로 다루어 왔다. 즉 세계적인 거버넌스의 형태를 전통에서 근대로의 이행단계로 파악하고 각각의 특색을 특징화하는 발전론이 그 주요 내용이 된다. 전후의 세계는 전통의 다음 단계로서 1960년대의 '근대화'(modernization)로 이어지며 산업화로 이루어지는 자본주의의 확장, 시민사회와 공공영역의 확대를 통한 자유민주주의 신장 등이 발전론의 주제를 이루었다.

그러다가 1970년대에 접어들면서는 근대화의 밝은 면을 다소 흐리게 하는 '종속이론'이 등장하면서 자본주의의 불평등구조가 민족국가 내에서만 아니라 세계적인 불평등 교환으로 인한 '중심'과 '주변'이라는 양극화로 치닫는 이른바 I. Wallerstein의 '세계체제'(world system)가 문제시되는 국면에 접어들기도 하였다. 그러나 그러한 세계적인 정치·경제의 종속적 발전 모형의 비판 무드에도 불구하고 1980년대에 들어서게 되자 일부선진국 주도하에 자본주의의 재편과 시장근본주의 및 정치권력의 중립화 등을 내용으로 하는 '신자유주의 혁명'이 확산되는 전환기를 맞게 된다. 이 후로 전개되는 신자유주의를 근간으로 하는 새로운 자본주의적 세계적 거버넌스의 흐름을 다음과 같이 정리해 보기로 한다.

---

226 *Ibid.*, pp. 73~74. 2018년 프랑스, 파리에서 열린 IGF(13차)에서는 (1) 사이버 안보, (2) 발전, 혁신, 경제문제, (3) 디지털 포용과 접근, (4) 인권, 젠더화 청춘, (5) 신생 테크놀로지, (6) 인터넷 거버넌스의 진화, (7) 미디어와 내용, (8) 기술적 및 운영상 문제 등의 8개 주제가 다루어졌고, 특히 인터넷 규제와 사이버 공격, 증오 연설 및 기타 사이버 위협 등에 관한 논의가 활발한 것으로 밝혀진다. wikipedia(May, 2019).

① 신자유주의 거버넌스

1980년 미국의 '레이건'(Reagan) 대통령과 영국의 '대처'(Thatcher) 총리에 의한 '신자유주의' 발전 패러다임은 다음과 같다. 즉 경제 분야에서의 무역, 노동시장, 및 기타의 경제생활의 자유화(liberalization)와 병행해서 정부의 역할도 축소되어야 한다는 새로운 발전지향의 논리가 된다. 특히 1980년대에 들어서 쇠락의 길에 들어선 소련 공산체제에 대한 대항적 선택으로 각광을 받게 된 이 모델은 시장이야말로 최선의 경제적 부와 사회적 복지의 근원이 되며 '시장근본주의'(market fundamentalism)는 경제 분야의 성장뿐만 아니라 정치적 자유의 신장에도 밀접히 연관된다고 본다. 특히 엘리트나 정치인들은 사회전체의 이익보다는 자기들만의 좁은 이해에만 얽매이는 지대추구의 악인들로 묘사되고 시장의 실패는 경제에 대한 정부의 지나친 간섭의 결과로 간주된다. 국민의 건강이나 교육을 포함하는 정부의 서비스조차도 균형예산이나 해외투자의 유리한 환경 하에서만 가능하도록 추진될 것을 요구한다. 그리고 세계화의 추세와 관련해서도 후진국의 경우 세계무역의 자유화와 자국 내의 정치적 개혁만이 경제성장을 가져 올 수 있다는 입장이다.

이러한 신자유주의 발전 패러다임은 선진국 특히 미국이 선도하는 이른바 '워싱턴 컨센서스'(Washington Consensus)로 불리게 되는데 여기에서는 (1) 경제정책에 있어서의 자유시장 접근(free market approach)의 강조, (2) 정부역할의 축소, (3) 국유기업의 민영화, (4) 정부예산의 엄격한 통제, (5) 정부 분야의 효율성과 부패방지, (6) 민주주의로의 이행 등의 새로운 정책적 전환이 강조된다. 그리고 이러한 '워싱턴 컨센서스'를 주요 내용으로 하는 '신자유주의' 패러다임은 특히 세계사의 진행과 관련되는 '역사철학'의 주요 내용으로 확대되면서 이른바 '역사의 종말'(End of History)이라는 F. Hukuyama의 새로운 발전논리로까지 이어지게 된다. 1980년대 말에 다가온 소련의 붕괴로 이제 자본주의하의 자유민주주의에 대한 도전자는 없어졌고 경제정책과 민주주의가 결합되어 서로에게 이득이 되는 역사적 '수렴'이 이루어졌다고 주장된다. 자유로운 시장경제와 책임 있는 민주정부가 융합되면서 세계사의 진행은 '좋은 거버넌스'(good governance)의 시대를 열게 되었다는 것이다.

그러나 이러한 '신자유주의적 역사적 수렴론'에도 비판과 반론이 제기된다. 첫째로 신자유주의적 혁명은 소득과 부의 획기적인 양극화를 가져오게 됨으로써 상위 1%의 부유층에 이득이 되는 결과를 가져온다는 것이다. 미국의 경우 상위 0.1%의 부유층이 하위 90%의 평균소득의 220배의 소득을 차지하고 있으며, 상위 1%는 나라 전체 부의 30%를 차지하는 것으로 파악되고 있다. 이러한 소득 양극화는 중국이나 인도 등의 발전도상국들에도 나타나고 있으며 세계적인 경제적 소란과 금융위기 등의 잠재적 요인으로 지적된다. 둘째로 세계적으로 일자리 창출(job creation)의 문제도 제기되고 있는데 대부분의 개발도상 국가들의 경우 인구의 증가에 병행해서 청년실업의 문제가 심각해지고 있다. 직업기회의 감소는 사회적 불안으로 연계되며 사람들의 신뢰와 시민적 참여에 부정적인 결과를 가져 오게 된다. 셋째로 천연자원의 문제와 발전의 상호관계가 문제되는데 자연자원을 풍부하게 소유하는 일부 후진지역 국가들은 역설적으로 경제성장면에서 저조한 현상을 보인다는 것이다. 이들 나라들의 경우 자원개발에 있어서의 선진국과의 계약상 불이익, 자원개발 소득증대가 제조업 등의 다른 분야의 상대적 부진을 가져오는 경우, 자원개발의 결실을 둘러싼 내부적 갈등과 대립, 권위주의 정부의 강화작용 및 정치적 부패 등이 지적된다. 넷째로 세계적인 규모의 '식량 안전보장'(food security) 문제도 야기시킨다고 보고 있다. 세계적인 인구증가, 도시의 발달, 중산층 확대로 인한 식량소비증가, 식량의 에탄올(주정) 전환, 식량 무역의 정책적 쟁점(정부보조금문제), 기후변화로 인한 생산차질 등의 다양한 인구통계학적, 경제적, 사회적, 정치적 요인들이 복합적으로 작용함으로써 안정적인 식량 확보가 점차로 어려워지는 추세가 지적된다. 끝으로 가장 심각한 신자유주의의 허점으로는 '세계적 금융위기'(GFC: Global Financial Crisis)가 문제된다. 20세기 말엽부터 등장한 새로운 금융 산업(finance industry)의 구조, 새롭게 개발된 금융수단들(financial insruments)의 본질, 세계전반에 걸친 자본의 자유로운 유동, 투기행위의 엄청난 증가 등이 경제적 불안정과 감당하기 힘든 부채수준(debt level)을 가져오게 됨으로써 2007년의 심각한 금융위기를 초래하게 된 것으로 분석된다. 일부 논객들은 이러한 자본주의를 '카지노 자본주의'(casino capitalism), 또는 '과격한 돈'(extreme money)의 횡포 등으로 묘사하기도 한다.[227]

227 John McKay, 'Development: 'Good Governance' or Development for the Greater Good?' in Manfred B. Steger et. al., The Sage Handbook of Globalization, Vol 2, *op. cit.*, pp. 512~518.

② 새로운 발전 패러다임의 모색

그러면 신자유주의하의 '워싱턴 컨센서스'의 허점과 그 위기상황을 극복하기 위한 대안은 무엇인가? 금융위기 이후의 정책적 조정으로서는 선진자본주의 국가들의 경우 신자유주의의 현상 유지를 전제로 이제부터는 국가가 금융관리에 보다 적극적으로 나서는 이른바 '점차로 이럭저럭 헤어나가는'(incremental muddling through) 개혁이 주장되기도 한다(Robert Wade, 2008). 1997년 아시아 경제위기에 적절히 대응한 한국이나 인도네시아의 사례도 참고 된다. 그러나 새로운 발전 패러다임에 관한 최근의 논의에서 비교적 관심을 모으는 것은 신흥 산업국가의 등장과 관련하여 주목되는 중국의 지속적 성장에 근거한 이른바 '베이징 컨센서스'(Beijing Consensus)가 있다. 이 모형에서는 (1) 점진적인 개혁(빅 뱅 접근에 반대), (2) 혁신과 실험, (3) 수출주도 성장, (4) 국가 자본주의(사회주의 계획 또는 자유시장 자본주의 반대), (5) 권위주의(민주주의 또는 전체주의 반대) 등의 다섯 가지 요점들이 강조된다.[228] 지나친 자유주의 경제가 아니라 어느 정도 국가가 주도하는 수출주도의 자본주의경제이며 특히 이를 위해서는 권위주의가 두드러지는 하나의 발전 패러다임으로 요약될 수 있다. 중국은 자기들의 경제발전 모형이 미국주도의 서구 제국주의 및 수탈적 자본주의가 아니라 개발도상국들의 건전한 경제성장을 가속화시킬 수 있는 새로운 대안임을 내세우고 아프리카나 남미지역의 개발 사업을 적극 지원하는 방안을 구체화하고 있는 것으로 나타나고 있다.

그러나 이러한 중국식 모형도 따지고 보면 정치·경제학의 역사에 나타나는 자본주의경제의 한 변형에 불과하다는 지적이 가능해진다. 이미 서구 자본주의의 초기에서부터 선진국을 따라 잡기 위한 후발 국가의 산업화 과정에서는 '중상주의'에서처럼 보호무역주의의 등장이 기록되어 있으며, 경제가 불안하거나 새로운 성장의 동력이 필요해지면 국가의 개입과 주도가 현실화되는 것은 불가피한 실용주의적 문제해결이 된다. 중국식 자본주의 모형은 그 실제에 있어서 일본이나 한국, 대만 등에서 성공을 거둔 경제발전 전략의 내용들을 그대로 채택하고 있다는 점이 지적된다.[229] 개발도상국가의 경우 (1) 유능

---

228 John Williamson, 'Beijing Consensus,' *Asia Policy*(January, 2012).
229 John McKay, *op. cit.*, p. 321.

한 엘리트와 정치적 안정 세력으로 이루어지는 '선도기관'(pilot agency)과 (2) 정치권의 부당한 개입을 방지할 수 있는 '차단 메커니즘'(insulation mechanism) 이 확보되면 금융통제와 행정지도의 효율적인 수단을 통하여 급속한 경제성장 이 이루어질 수 있다는 이른바 C. Johnson 의 '발전국가'(developmental state) 의 모형과 별 차이가 없다는 것이 참고될 수 있다.[230]

신자유주의 모델(예: 워싱턴 컨센서스)이나 그 대조적인 발전국가 모형(예: 베이징 컨센서스) 등은 모두가 국가 단위에 초점을 두는 일부 특출국가위주의 성장모델이라는 특징을 지니기 마련이다. 따라서 세계화에 따른 세계적인 규 모의 불평등 구조, 직업창출기회, 자연자원의 개발, 국제적 식량안전보장, 세 계적 금융권의 안전 등과 같은 세계적 현안에 관한 종합적 대응책의 수립에 있어서는 국가단위를 초월하는 '보다 큰 선'(greater good)을 향한 새롭고 거시 적이고 종합적인 장기적 대응책이 구체화될 필요가 있다. 비록 미래의 세계를 그려보는 '이상주의'의 어려움이 전제되지만 세계적 거버넌스에 초점을 두는 새로운 발전 패러다임의 연구과제가 된다.[231]

③ '코스모폴리탄 민주주의'의 가능성

현재의 민족국가의 수준을 넘는 세계적인 규모의 통합된 하나의 민주주 의로서의 이른바 '코스모폴리탄 민주주의'(cosmopolitan democracy)의 가능성은 비록 하나의 이상주의적 성격을 띠는 '배태'의 단계이지만 이에 관한 최근의 논의를 다루어 보기로 한다.

가. '세계적 시민'의 구도

세계적인 코스모폴리탄 공동체의 민주주의에서는 모든 사람들의 인권이 존중되고 이와 관련되는 의무가 명시되는 '시민권'(citizenship)이 정해져야 한 다. 이러한 민족국가를 넘어서는 '세계적 시민권'이 어떠한 형태를 취하게 될

---

230 Chalmers Johnson, 'Political institutions and economic performance: the government-business relationship in Japan, South Korea, and Taiwan, in Frederic C. Deyo(ed.), *The Political Economy of the New Asian Industrialism*(Ithaca: Cornell Univ. Press, 1987), pp. 151~152, pp. 147~149.

231 J. McKay, *op. cit.*, p. 522.

것인가가 문제될 수 있는데 현 단계에서는 민족국가의 수준보다는 다소 느슨한 형태의 권리와 의무에 관한 제도적 장치가 거론될 수밖에 없게 된다. '카브레라'(L. Cabrera)에 의하면 현 단계의 제도화 시도의 비교적 적절한 예로서는 세계적 거버넌스의 일역을 담당하고 있는 '유럽연합'(European Union)을 들고 있으며, 이 회원국들의 경우 직접 대의제도와 사회복지의 혜택을 실행에 옮기고 있는 점을 지적한다. 그리고 (1) 세계적 규모의 원조체제의 개혁, (2) 북미, 유럽 및 기타지역의 지역적 통합 및 이민법의 자유화, (3) 세계무역기구(WTO)와 같은 초국적 제도에의 참여를 통한 공정한 무역조건의 증진 등의 제도화 추세가 뒷받침된다. EU나 미국이 중심이 되는 '세계적 시민권' 지향의 제도적 환경하에서는 모든 사람들이 개인적으로 시민적 지위에서 서로의 '공헌과 수용'을 실천에 옮기며 자원봉사를 통한 세계적 시민으로서의 역할을 실천에 옮기고 있는 점이 부각된다. 특히 이 지역에서의 이민권(immigrant rights)의 활동분야는 세계적 시민의 적절한 모형에 근접하는 두드러지는 현상이라는 점도 첨가된다.[232]

나. 세계의회(World Parliament)의 구성

한편 '코스모폴리탄 민주주의'는 '세계인권선언'의 기본 원칙들을 실행에 옮기는 방향으로 이어질 수 있다. 그러나 이 기본 원칙들은 현 단계에서는 너무나 광범위한 성격을 띤 꿈같은 내용임으로 이를 구체화하기 위한 제도적 틀이 논의된다.

'아치부기'(D. Archibugi)는 현 단계에서 세계 시민들이 서로 협의하여 실행에 옮길 수 있는 구체적인 제도적 대안으로서 '세계의회'를 구성하여 현 여건하에서 긴히 요구되는 '핵심적 권리'(core rights)부터 실행에 옮기자는 제안을 제시하고 있다. 우선 이 세계적 의회는 (1) 자연 재해, 기근 및 기타의 세계적 위기와 관련되는 '생존'(survival)의 문제, (2) 각 공동체마다의 절실한 기본적 인권의 실행 등의 주요 현안을 다루게 된다는 제안이다. 그리고 이 '세계의회'의 창설은 현재의 민족국가를 대체하는 것이 아니라 현 단계에서 절실한

---

232 Luis Cabrera, *The Politics of Global Citizenship*(Cambridge: Cambridge Univ. Press, 2010), pp. 258~262.

위에 제시된 '핵심적 권리'를 실행하기 위한 제도적 장치로서 그 주된 운영재원은 국제적 항공권이나 금융거래에 대한 추가요금(surcharge) 형태의 국제적 과세 등으로 충당될 수 있다고 본다. 이 의회를 대표하는 '사무국'은 무엇보다도 자연 재해 및 기근과 같은 생존의 절실한 현안을 다루기 위한 제도적 구성에 참여하게 되는데, 시급한 구조와 원도를 관련국들에게 요구하는 업무를 제도화시켜 나갈 수 있다.

세계적 시민권의 계약에 따를 기본 권리와 최소한의 의무는 필요시에는 특별한 권한이 부여되는 제도적 장치로 구체화될 수 있는데, 예를 들면 민족국가의 고유권한으로 인정되어 오던 여권의 발행과 같은 행정적 기능이 이제는 이러한 세계적 시민권의 제도적 뒷받침으로 허용되게 만들 수도 있다. 그리고 세계화로 늘어나는 난민들은 극도의 열악한 환경(임지 캠프 생활)에서 생명을 유지하고 있는데 만약 이들이 '세계시민권'을 부여받게 되면 다양한 형태의 구제의 길이 마련될 수 있다. 그리고 이에 소요되는 경비는 위에서 이미 제기된 항공여행과 금융적 거래에 대한 과세의 형태로 그 자원이 마련될 수 있다. 또한 매우 절실한 '이민'의 문제도 개선의 길이 열릴 수 있다. 대체로 이민들은 부강하고 발전된 나라로 몰리기 마련인데, 이들을 원주민과 같은 대우를 주는 것은 매우 어려운 과제인 만큼 관련국들로 하여금 이들에게 체류기간을 연장시켜 주는 방향으로 제도화시켜 나가게 되면 관련국들도 코스모폴리탄 민주주의의 선도적 역할을 한다는 긍정적 이미지가 고양되는 효과적인 방법이 될 수 있다고 주장된다.[233]

다. '탈 웨스트파리아(post-Westphalian)' 민주주의: '보호 책임(RtoP)'

세계화는 냉전 종식 후로는 신자유주의적 자본주의를 지구상에 확산시켰고 특히 새로운 테크놀로지의 위력은 전통적인 주권국가의 권력에 부정적인 결과를 가져오게 되면서 동시에 새로운 인터넷 기반 통신 체제는 종래의 주권국가기반의 '영토성'을 희석시켜 이제는 세계를 '탈 웨스트파리아 체제'로 전환시키기에 이르렀다.

---

233 Daniel Archibugi, 'World Citizenship,' in D. Archibugi, *The Global Commonwealth of Citizens: Toward Cosmopolitan Democracy*(Princeton, NJ and Oxford: Princeton Univ. Press, 2008), pp. 114~119.

이러한 시대적 변환에 대응하여 '맥퀸'(Norrie MacQueen)은 코스모폴리타니즘의 인권 증진을 위한 새로운 국제적 공조와 개입의 제도화를 주창하고 있어 관심을 모은다. 우선 이 단계에서 요구되는 제도적 틀로서는 UN 주도의 세계적 거버넌스가 불가피하게 되는데, 이 UN의 기본 권능이 종래의 국가 중심의 권력구조에서 이제는 새로운 거버넌스 차원의 권한 조정이 절실해진다고 전제한다. 즉 현 헌장구조에서는 주권국가의 기본 정신에 따라 회원국 간의 내정간섭이 금지되고 있으나(단 자위권 행사는 제외) 이제는 모든 인간의 코스모폴리탄주의에 입각한 인권의 보호를 위해서는 UN이 새로운 역할과 개입이 허용되어야 한다는 주장에 힘이 실리게 된다. 즉 '국가 주권'에서 '인간 주권'의 방향으로 제도화되어야 한다는 것이다. 모든 인간은 국가와 그 영토적 제약의 구속에서 벗어나 인간으로서 가지는 기본 인권이 존중되어야 하며 모든 사람들이 이 권한의 보호를 위한 '책임'을 져야 한다는 논리가 역설된다. 모든 사람들, UN의 모든 나라들이 인간의 코스모폴리탄 '인권을 보호해야 할 책임'(RtoP: Responsibility to Protect)이 주어지고 이를 위한 UN주도하의 제도화가 제창된다.

1999년 당시의 UN 사무총장 '코피 아난'(Kopi Annan)은 코스보(Kosvo) 사태에 즈음한 UN의 세르비아에 대한 군사행동, 동 티모르(East Timor) 사태에 대한 호주 주도의 개입 등을 계기로 당시의 UN의 개입을 '인간 주권'의 명분으로 정당화하였고, 이 '인권보호책임'(RtoP)을 공식화하게 된다. 그는 '국가 주권'이 재 정의되어야 한다고 전제하고 주권은 국민의 봉사를 위한 수단이지 그 반대는 아니며, 이제는 '개인 주권'(individual sovereignty), 즉 UN헌장과 기타의 국제조약에 명시된 모든 개인들의 기본 자유와 권리들이 철저히 인식되고 보도되는 과정에 들어섰음을 지적하고 있다. 특히 그는 2000년 그의 '밀레니엄 보고'(Millennium Report)에서는 '만약 UN에 의한 인도주의적 개입이 주권에 대한 수용되기 힘든 공격으로 단정하게 되면, 루안다(Ruanda)나 스레브레니차(Srebrenica)에서 벌어지고 있는 우리들의 공통 인간성(common humanity)의 명령을 위반하는 잔인하고도 체계적인 침해에 어떻게 대응할 수 있겠느냐?'의 침통한 반문을 던졌다. 그리고 UN에서 전개된 이 세계적 인권에 대한 자기 성찰과 새로운 대응 움직임을 통하여 두 가지 획기적인 보고서가 채택되었으며, (1) 2000년 '브라힘 보고'(Brahim Report: The Report of the Panel on United Nations Peace Operation)와 (2) 2001년 보호 책임(The Responsibility to Protect)의 두 보고서가 발간되었다.[234] 그러나 이러한 RtoP에 근거한 안보리의 처리과정에 있어서는 그 후로 일부 국가들(러시아, 중국 등)의 사태해결 과정에 대한 불만이 제기되고, 특히 2014년 시리아 사태에 있어서의 '이슬람 국가(ISIS)'의 등장은 무력사용의 인도적 개입의 성격을 놓고 새로운 논쟁의 실마리를 만들기도 한다. UN 총회는 2012년 이후로 꾸준히 '보호하면서의 책임'의 개념에 입각한 새로운 가이드라인을 통한 평화적 해결의 길을 모색해 나가고 있는 것으로 되어 있다.[235]

---

234 Norrie MacQueen, 'Sovereignty and Community: A Responsibility to Protect,' in N. MacQueen, *Humanitarian Intervention and the United Nations*(Edinburgh: Edinburgh Univ. Press, 2011), pp. 67~74.

235 Alex J. Bellamy and Nicholas J. Wheeler, 'Humanitarian Intervention in World Politics,' in John Baylis et. al., *The Globalization of World Politics: An Introduction to International Relations*(Oxford: Oxford Univ. Press, 2017), pp. 521~527.

가능한 미래: 전망과 대응

21세기에 들어선 세계화의 미래에 관한 전망과 대응은 매우 벅찬 과제가 된다. 세계화가 만들어내는 복잡한 '지구적 연결성'(worldwide connectivity)은 지속적인 정보·통신 기술의 바탕위에서 새로운 사회적, 경제적, 문화적, 정치적 및 생태적 변환을 가져오게 되어 그 가능한 미래(possible future)에 대한 전망과 대응도 어려운 과제가 될 수밖에 없다. 1980년대 이후로 특히 소련붕괴 이후 정착된 이른바 '신자유주의적 국제질서'는 2008년의 미국발 금융위기로 심각한 시련을 겪으면서 그에 대한 비판적 분위기로 '세계화변경운동'의 움직임으로 이어지고 있으며, 중동의 이슬람 과격주의, 지구 환경문제, 이민 문제 등의 악재가 겹치는 격동과 시련의 단계를 거치고 있다.

그러나 금세기 서두에서 가장 문제되는 사태의 진전은 세계적 주요 열강 간에 새로운 경쟁 구도가 형성되어 간다는 사실이다. 이미 중국의 경제적 부상과 이른바 기타 신흥 열강으로서의 '브릭스'(BRICs)의 등장은 국제관계의 '헤게모니론'에서 어느 정도 다루어져 왔으나 중국의 급격한 부상(경제 및 첨단 기술 분야 등)에 대한 세계적 관심, 특히 미국의 각별한 대응이 세계적인 이목을 집중시키고 있다. 금세기 중반을 중국의 미국 추월시점으로 잡는 헤게모니 경합구도를 배경으로 2017년의 미국 트럼프 대통령의 등장은 세계화의 진행에 새로운 변환을 가져올 수도 있다는 전망이 가능해졌다. '미국 우선주의'를 앞세우는 트럼프식 대응이 유럽연합과의 마찰(관세 및 방위비 분담문제 등), 중국과의 무역전쟁 등으로 구체화됨으로써 열강 간의 상호관계는 '미―중 양강 구도'나 주요 선진국들이 가세하는 복합적인 세력균형의 열강 구도로 예견된다. 이렇게 되면 매우 유동적인 국제 정치·경제적 여건하에서 나라마다 당면하게 될 어려운 '통치'(governmentality)상의 문제를 피할 수 없게 된다. 즉 국내외의 복합적인 환경적 변화에서 포퓰리즘이나 권위주의적 국가주의의 함정에 빠지지 말고 민주적이고 지속 가능한 발전으로 이어지는 국가능력 및 경쟁력이 새로운 이론적 구성으로 결실될 필요가 있다.

이제 세계는 정치, 경제, 환경 및 이민문제 등에 대한 새로운 대책에 부심할 수밖에 없게 된다. 정치적으로는 새로운 세력균형에 의한 강대국 정치의 횡포 가능성, EU 및 서방권의 결속과 응집력의 약화 문제, 경제 분야에서는 세계적 규모의 불평등, 공정 거래, 10억 극빈층에 대한 시급한 대책 그리고 환경문제에 있어서는 '지속가능한 발전,' 이민 문제에서는 인도적 상호 협력체제 등이 절실한 과제가 된다. 무엇보다도 세계화의 '가능한 미래'에 관한 결정적 변수로서는 인류에게 절실한 미래 지향적 의식과 창의성, 결단과 실행의 새로운 마음가짐이다. 오늘의 결정과 행동이 미래의 장기적인 결과에 미치는 책임감을 면할 수 없다는 점이다. 현재의 추세와 현안을 미래의 결과와 결부 시켜 만들어내는 '대안적인 미래'(alternative futures)를 상상하고 창조하는 문화적 차원의 문제 특히 '자아와 인류'를 위한 '코스모폴리타니즘'이 새로운 연구 과제가 될 수 있다.

1. 새로운 열강 구도: 미·중 경쟁과 신세력균형

지난 1990년대 소련의 붕괴로 인한 미―소 양극체제의 종식과 함께 미국이 주도하는 새로운 헤게모니 질서가 확립되었다. 이 새로운 미국 패권 질서는 21세기에 들어서면서 금융위기, 테러와의 전쟁 등의 난제 등에 대처하면서 어느 정도의 안정성을 확보하여 갔으나 또 한편으로는 헤게모니적 통치의 특성상 불가피한 새로운 도전에 직면하지 않을 수 없게 된다. 즉 그동안 간헐적으로 제기되어 온 중국의 부상이 세계사의 주요 현안으로 구체화되는 단계에 접어들었다고 볼 수 있다. 무엇보다도 21세기의 첫 10년을 보내는 세계는 중국과 미국이 만들어내는 치열한 경쟁구도로 파악될 수 있다. 두 나라는 세계의 두 거대한 경제, 두 거대 군사적 예산과 해군력, 두 거대한 에너지 소비 및 석유의 수입국, 두 거대 온실가스 배출 및 환경 작용국으로 그 경쟁적 능력과 실행을 인정받는다. 어떤 의미에서 서로가 경쟁을 벌이고 보다 우세한 지위를 차지하려는 이른바 '서로 얽힌 두 거인들'(Tangled Titans)로 비유되며, 갈등과 융화의 양극선상의 중간위치인 '경쟁과 협력'(competition and cooperation)의 단계에 머무르고 있지만 그 앞날은 결코 순탄치 않을 것으로 전망되기도 한다.[236]

'헨리 키신저'(Henry Kissinger)도 21세기의 세계질서가 비록 경제적인 단일 규모의 확대이지만 정치적으로는 민족국가들이 주동이 되고 있으며, 핵무기의 확산 및 무질서 상태의 사이버 공간(cyberspace)의 만연을 지적하고 있다. 특히 앞으로 (1) 미중관계의 악화, (2) 러시아와 서방세계와의 관계 악화, (3) 유럽의 강성 권력(hard power)의 붕괴, (4) 중동지역의 이슬람 혁명세력의 만연 등이 앞으로의 세계질서를 교란하게 될 것을 우려하고 있다.[237] 그에 의하면 미중관계가 앞으로의 세계질서의 기축이 될 것으로 전망하고 있으며, 이와 관련하여 유럽(EU)의 지위와 러시아의 향배가 새로운 열강 구도 형성에 크게 작용할 것으로 내다보고 있다.

우선 중국의 부상과 관련해서는 역사적으로 1976년 모택동 사후 등장한 등소평의 개혁·개방 정책의 실행은 불과 20여 년 만에 중국의 국민 총생산을 8배 올리는 성장세로 이어졌고 21세기에 들어서도 지속적인 경제성장은 금세기 중반에 가면 미국을 추월할 것이라는 전망을 가능케 한다. 중국의 정치체제는 공산당의 중앙 집권화된 통제하의 강한 국가의 성격을 띠지만 경제개발을 선도하는 '권위주의적 탄력성'(A. Nathan, 2003)을 인정받고 있으며, 서방 경제를 선도하는 이른바 신자유주의적 경제 모형으로서의 '워싱턴 컨센서스'의 대안으로서 혁신과 실험성에 바탕을 두면서 공정하고도 평화적인 고급화된 성장을 가져온다는 '베이징 컨센서스' 모형(J. C. Ramo, 2004)으로도 관심을 모은

---

236 David Shmbaugh, 'Tangled Titians: Conceptualizing the U.S.—China Relationship,' in David Schambaugh(ed.), *Tangled Titans: The United States and China*(New York: Roman & Littlefield Publishers, Inc., 2013), pp. 3~22.

237 Henry Kissinger, *World Order*(New YorK: Penguin Book, 2014), p. 340, 347, 368; Jeffrey Goldberg, World Chaos and World Order: Conversation with Henry Kissinger, *Atlantic*(November 10, 2016).

다. 특히 전 세계인구의 1/5에 달하는 13억 인구의 풍부한 노동력과 국내 시장에 바탕을 두는 생산과 소비의 무한한 잠재력, 세계적 화교(華僑) 연결망을 통한 문화적 영향력, 최근 정보·통신 분야의 발달에 의한 방대한 인터넷 보급망 등을 감안한다면 세계적 초강대국(superpower)으로서 장차의 세계적 헤게몬(global hegemon)으로서의 가능성을 인정받는다.[238] 특히 중국은 2015년 '중국제조 2025'(Made in China 2025) 프로젝트로서 우주·AI·로봇·의료·전기차·철도·생명공학·반도체 등의 10개 첨단산업 분야에서 세계적 강국을 목표로 대대적인 정부지원을 밝혔고, 2017년 시진핑 주석은 2020년 1인당 소득 1만 달러, 2050년에는 세계를 선도하는 사회주의 현대화 강국을 표방하고 나섰다. 실제로 중국은 최근에 들어 심천, 광저우, 홍콩 등을 '거대 만 지역'(Great Bay Area)으로 미국의 '실리콘 밸리'(Silicon Valley)에 맞먹는 첨단 기술지역으로 발전시킬 구상을 밝히고 있으며, AI, 드론(drones) 및 기타의 선진 테크놀로지 개발에 박차를 가하는 것으로 나타난다. 전 세계의 20개 최대 인터넷 회사들 중 미국이 11개, 중국이 9개인 상승세를 인정받고 있으며 앞으로 미국과의 '기술 전쟁'(tech battle)은 불가피한 추세로 받아들여지고 있다.[239] 심지어 이러한 미국에 대응하는 중국의 부상을 놓고 이것이 역사적으로 '아테네'와 '스파르타'가 서로의 두려움과 오판으로 말미암아 전쟁으로 간 이른바 '투키디데스의 함정'(Thucydides Trap)이 될 수도 있다는 은유적 전망과 함께 그 대응책이 논의되기도 한다.[240]

미국은 2018년 7월 6일 중국과의 무역 전쟁(340억 달러 중국 제품에 대한 관세)을 선언하게 되며 중국도 이에 대응하는 조치를 취하는 복잡한 상호작용이 이어지고 있다. 트럼프 행정부는 이러한 관세부하는 중국과의 불공평한 무역·투자 거래를 시정하기 위한 것임을 분명히 하고 있으며, 9월 말 타결된 '미국·멕시코·캐나다 자유무역협정'(USMCA)에서도 비시장경제국(중국 지칭)과

---

238 Luke Martell, *The Sociology of Globalization*(Malden, MA: Polity, 2010), pp. 280~283; Andrew J. Nathan, 'Authoritarian Resilience,' *Journal of Democracy*, vol. 14, no. 1(January, 2003), pp. 6~17.

239 Ruchir Sharma, 'Tech Battle with China, coming soon,' *The New York Times*, International Edition(June 29, 2018), p. 1, 13.

240 Graham Allison, *Destined for War: Can America and China Escape Thucydides's Trap?* (Boston–New York: Houghton Mifflin Harcourt, 2017), pp. 27~40, 214~240.

FTA를 체결하는 경우 이 협정이 종료될 수 있다는 규정이 확인되고 있다. 미국은 이러한 조치가 특히 1974년 무역법(301조)에 근거한 지적 재산권 보호에 있음을 분명히 하고 있으며, 2018년 10월 말에는 중국의 '중국제조 2025'(2015년 시진핑 선언)의 핵심과제가 되는 메모리 반도체 분야의 선도기업인 '푸젠진화'에 대한 제재를 비롯하여 '화웨이'(통신장비)에 대한 압력 등을 실행에 옮김으로써 중국에 대한 '하이테크 봉쇄작전'은 가중될 전망이다.

이러한 격화일로에 들어서는 미-중 경쟁구도에 대해서는 그동안 어느 쪽이 승기를 잡게 될 것인가의 전망이 상당한 관심을 모으게 된다. 우선 '중국 부상론'의 입장에서는 중국의 경우 지난 1980년대로부터 2010년대에 걸쳐 무역에 있어서 연 평균 17%의 놀라운 경제성장을 기록하고 있으며 그러한 발전 모형은 한때 '베이징 컨센서스'로 각광을 받았다. 그리고 이러한 추세는 2030년경에는 미국을 추월한다는 그림으로 세계의 관심을 모으고 하향식 중앙집권화된 계획으로 일관성이 보전되는 정치·경제적 틀로서 그 장래가 포장되어 온 것이 사실이다. '2015년 선언'과 시진핑 주석의 장기집권 가능성이 이러한 전망을 지속시키고 있으며, 비록 앞으로의 무역 성장세가 7%대로 하락하더라도 성장의 추세는 지속될 것이라는 입장이 된다.[241] 반면 '미국 건재론'은 미국에 의한 헤게모니적 지위에는 하등의 변화가 없을 것이라는 내용이 된다. 미국과 중국의 국력 비교에서는 우선 미국의 경우 '샤르마'(R. Sharma)에 의하면 2015년 현재 세계의 주식시장 가격으로 상위 10대 회사들은 모두가 미국 소속이며 그 지배적인 집단은 애플(Apple)이 선도하며 페이스북, 아마존, 네트프릭스, 구글 등을 포함하는 이른바 'FANG'으로 불려진다. 그리고 셰일(shale) 석유와 가스의 개발로 미국은 세계의 가장 큰 석유생산국이 되었고 2014년 현재 미국 대규모 기업의 1/3 투자가 에너지 개발에 투입된 것으로 나타나기도 한다. 비록 2016년 미국 대선은 부동산 거부로서의 트럼프 후보에 의한 우파 포퓰리즘의 양상을 띠었지만 미국의 억만 장자들은 GDP의 약 15%정도를 차지하고 있으며 대부분은 '좋은 억만장자'(good billionaires)임이 지적되면서 미국

---

[241] 최근의 다소 신중하고 완화된 '중국부상론'으로서는, 예를 들면 Richard N. Cooper, Can China's High Growth Continue?, in Jennifer Rudolph & Michael Szonyi(eds.), *The China Questions: Critical Insights into a Rising Power*(Cambridge, MA: Harvard Univ. Press, 2018), pp. 119~125 참조.

은 발전 국가 중에서도 '좋은 범주'에 속한다는 주장이다.[242]

따라서 2018년 촉발된 첨단 기술에 초점을 두는 미－중 무역전쟁은 그 진행에 있어서 미국의 어느 정도의 강세가 나타나기도 하나 장기화될 경우에는 미국도 무역적자가 생길수도 있는 양측 서로에게 불리한 경제적 손실이 예견되기도 한다. 그리고 중국 경제도 나름대로의 적절한 대응으로 나갈 잠재력을 지닌 것으로 진단된다.[243] 특히 중국의 대표적 테크놀로지 회사들은 많은 데이터에 제약 없이 접근과 사용이 가능하고 유능한 기술 인력의 확보와 정부의 지원을 받고 있으며, 비록 여러 가지 미국으로부터의 견제를 받더라도 이를 헤쳐 나갈 저력을 가진 것으로 보고 있다. 이미 중국은 사이버 공간에서의 '기술적 자급자족'을 달성하기 위해 1999년 이래 연 평균 20%의 R&D투자의 증가세를 보이고 있으며, 특히 반도체, 양자 컴퓨팅, 인공지능 등 3개 분야의 투자에 역점을 두는 것으로 나타난다. 미국으로서는 우방과 UN의 협조를 통하여 중국과의 국제적 공조(사이버 공격 대책, 주요 통신장비의 관리 등)를 넓혀 나갈 것이 제안되기도 한다.[244]

그러면 앞으로 미국, 중국 및 주요 강대국 간에 전개될 '열강(列强)구도'는 어떠한 형태로 발전될 것인가? 우선 미－중 양 강의 헤게모니(패권) 경쟁이 기본 주류를 이루면서 브릭스 제국 및 유럽 열강들이 이에 다양하게 가세하는 미래의 구도가 예상된다. 미국과 중국은 경제 분야 특히 첨단산업 분야에서 극심한 경쟁을 벌일 것이며, 지정학적으로 지역적 세력권 확장, 해양루트 확보, 항공우주 분야 등에도 그 경쟁은 확산될 것이다. 이렇게 되면 앞으로 이러한 미－중 양 강 경쟁구조에 기타 주요 열강들이 가세하게 되는 복잡하고 유

---

242 Ruchir Sharma, *The Rise and Fall of Nations: Forces of Change in the Post—Crisis World*(New York: W. W. Norton & Co., 2016), pp. 360~364.

243 미－중 무역 전쟁에서는 상당 기간 미국으로서는 복지, GDP, 및 비제조업 등에서 어느 정도의 이득이 예상되나 고용과 무역(수출과 수입)에서 손실이 있을 것이며, 중국은 무역 관세로 인하여 복지, GDP 및 제조업 고용 및 무역 면 에서 상당한 손실이 예상된다. 그러나 중국은 그 정도의 손실은 감당해 나갈 수 있으며 중국 경제는 크게 흔들리지는 않을 것으로 전망된다. *https://en.wikipedia.org/wiki/China%E2%80%93United_States_trade war*.

244 Adam Segal, 'When China Rules the Web: Technology in Service of the State' *Foreign Affairs*, September/October 2018. Vol. 97, No. 45, pp. 10~18; Li Yuan, 'Silicon Valley goes to China: The New New World,' *The New York Times International Edition*(November 7, 2018); Thomas Friedman, 'Trump and Xi should go on a retreat,' *The New York Times International Edition*(June 6, 2019).

동적인 '세력 균형 체제'로 진전될 가능성이 짙어진다. 세력균형 이론에서 흔히 전제 되는 기본 '삼각 구도'의 경우 미-중의 경합·대립구도에 제3자로서 러시아나 유럽 열강(독일, 프랑스, 영국 등)이 개입하게 되면, '삼각관계'(triangular relations)의 작동에 따라 동양의 '이이제이'(以夷制夷)나 사회심리학의 'A-B-X 모형'(T. M. Newcomb, 1953; Robert Jervis, 1997)으로 그 구체적인 전개가 설명될 수 있다. 미-소 냉전 시기에 한때 미국(Nixon)은 중공에 접근하여 소련을 견제한 사례가 있듯이 앞으로 미국이 러시아와의 관계호전으로 중국을 견제하는 균형화의 가능성도 열려 있다. 그뿐만 아니라 극히 유동적인 상태, 즉 미국을 견제하기 위하여 중-소의 단합적 대응이 발생할 가능성도 있을 수 있다.

이러한 새로운 열강 구도와 관련해서는 특히 중국의 부상에 관한 최근의 전망이 각별한 관심을 모은다. 이른바 '공격적 현실주의'의 입장에 서는 '미어셰이머'(John Mearshaimer)에 의하면 중국의 부상은 결코 '평화롭지 못할 것이며' 자국의 안전을 위한 권력의 극대화에 집착할 것이며 무엇보다도 아시아, 특히 인도-태평양 지역에 대한 '지역적 헤게모니'(regional hegemony)를 달성하려고 시도할 것으로 내다보고 있다. 마치 미국이 '서반구'에 대한 지역적 헤게모니를 거점으로 세계적 패권을 장악하듯이 중국도 자국의 인접 국가들에 대한 영향력 확대와 협력관계를 증대시켜 나감으로써 세계적인 헤게모니를 추구해 나갈 것이라는 전망이 된다. 따라서 미국으로서는 이에 대응하여 중국을 견제하는 '봉쇄 정책'(containment)으로서 중국을 둘러싼 인접국들과의 '균형화 동맹'(balancing coalition)을 형성해야 한다는 정책적 대응이 제시된다.[245]

전후의 유럽연합은 서구 시장경제의 발전과 번영을 가져왔고 민주주의의 기본이상과 원칙을 확산시키는 가장 주요한 기구로 정착되어 왔다. 그러나 금세기에 들어서면서 러시아의 우크라이나 점령, 이슬람 테러의 확산, 영국의

---

245 John J. Mearsheimer, *The Tragedy of Great Power Politics*, Updated Edition(New York: W.W. Norton & Co., 2014), pp. xii~xii, 361~365, 383~388; *http://wikipedia.org/wiki/John_Mearshaimer*, 이 균형화 동맹의 일환으로 미국은 트럼프 대통령에 의한 '인도·태평양 전략'(Free and Open Indo-Pacific Strategy, 2017년 11월), 폼페이오 국무장관의 '미국 인도·태평양 경제 비젼(2018년 7월)'의 연설 등에서 그 구체적인 윤곽이 제시된 바 있다. 특히 미국으로서는 중국을 둘러싼 아세아의 호주, 일본, 비율빈, 한국 등과 체결하고 있는 현재의 안보 유대는 철저히 유지하고 인도, 싱가폴 및 월남 등과의 전략적 파트너십도 지속시켜 나갈 것이 강조된다. Stephen M. Walt, 'The End of Hubris: And the New Age of American Restraint,' *Foreign Affairs*(May/June, 2019), pp. 32~33.

EU 탈퇴, 비자유주의적 민주주의(헝가리, 폴란드 등), 포퓰리즘 정당의 기승 등으로 그동안 소중히 가꾸어 온 유럽적인 아이디어(European idea: 정치·경제적 자유의 환경, 종교적 개방성, 평화)는 크게 흔들린다는 인식이 팽배해지고 있다. 그리고 이러한 부정적 기류를 더욱 확산시키게 된 것은 미국 트럼프 정부의 출범으로서 침략적인 러시아와 친근해지는 위험한 국면이 문제시된다.[246] 유럽의 향배는 미-중 양강 구도에 대한 매우 중요한 작용을 할 것이 예상된다.

2. 국가별 과제와 대응

세계화는 새로운 열강구도를 만들어내면서 모든 나라들에게 주요 과제와 대응책의 마련을 촉구하고 있다. 우선 새로운 열강구조의 전개에 따라 밖으로 안보와 국익을 위하여 새로운 열강 간 세력균형의 추이에 적절한 대책을 수립해야 하고 안으로는 세계화에 따르는 주요 과제에 대한 정책적 대안을 구체화하여야 한다. 일반적으로 세계화에 따르는 주요 과제로서는 (1) 세계적 자본주의의 변환(중국, 인도 등의 부상)과 불평등 구조(경제, 건강, 젠더, 인종 등), (2) 금융시장의 불안정, (3) 테러리즘과 과격 종파, (4) 인구 변화(노령화 및 출산율 감소 등), (5) 다문화주의(이민 문제), (6) 청년 실업, (7) 환경, 질병, 자원 고갈 등이 거론된다. '터너'(Bryan S. Turner)는 이러한 주요 과제들을 다루기 위해서는 '중점 방어 사회'(enclave society)의 출현을 제안하고 있는데, 이러한 국내외의 난해한 현안에 직면하는 사회에서는 주변으로부터의 유입(사람, 재화, 서비스 등)에 제한을 가하는 적절한 조치가 필요하다는 점을 강조한다. 즉 국가와 관련기관들은 다양한 억제책을 통하여 군사·정치적, 사회·문화적, 및 생물학적 통제를 가하는 경우가 되며, 정부는 울타리 설정, 관료적 장벽, 법률적 제외 및 분류 등의 새로운 형태의 '통치'(governmentality)를 실행에 옮길 것을 제안한다. 그러나 그것은 특정 계층에 대한 차별이나 냉대가 아니라 내외로부터의 위험에서 보호하기 위한 조치임이 전제되며, 예를 들면 노약자의 보호를 위해서는 외부로부터의 위협을 차단하기 보다는 해외의 은퇴부락 마련, 노인 주택건설, 부자 노인병 환자들을 위한 호화 크루즈선 마련 등을 권장하는 방안이 있을 수

---

246 James Kirchick, *The End of Europe*(New Haven: Yake Univ. Press, 2017), pp. 3~6.

있다. 사회의 일부를 '사회적 폐물'(social waste)로서가 아니라 '사회적인 저장'(social storage)으로 다루는 방법이 종용된다.[247]

한편 최근에 관심을 모으는 정치적 판도 확장에 있어서 노출되는 비민주적 관행으로서의 '포퓰리즘'(populism)이나 '비자유주의적 민주주의'(illiberal democracy)의 추세도 문제가 될 수 있다. 우선 자유민주주의의 탈선은 세계화의 진행에 따라 전 세계적으로 형성되어 온 '중간 계급'의 위상 하락이 그 주된 배경으로 파악된다. 1990년대 이후로 세계경제가 겪어온 부침과정에서 서방의 중간계급들은 그들의 누려온 기득권이 퇴색함에 따라 종래의 위상이 크게 손상되면서 영국에서는 '탈락자'(left-behinds)로, 프랑스에선 '중산층'(couches moyennes)으로, 미국에서는 '압착된 중간'(squeezed middle) 또는 '불안층'(precariat)으로 불리면서 정치적 불안과 갈등조성의 주된 요인으로 부상하기 시작했다. 경제적 부흥에서 온 과실들이 소모되거나 또는 소수에게 독점되면서 이들 중간 계급들은 새로운 희생양을 찾든가, 또는 감소되는 자원에 대한 치열한 '제로 섬 투쟁'(zero-sum battle)에 말려들 수밖에 없게 된다. 바로 서구적 자유주의의 후퇴(the retreat of Western liberalism)가 전개된다.[248] 심지어 미국을 비롯한 유럽 여러 나라에서도 민주주의에서의 인권이 외면되고 선거가 주된 통치의 수단이 되는 '비자유주의적 민주주의' 또는 다양한 형태의 포퓰리즘 정당 정치(2017년 말: 헝가리, 폴란드, 체코공화국, 이탈리아, 그리스 등)의 시대가 열리게 되었다는 진단이 나올 수 있다.

그러면 이러한 긴요한 시대적 과제들을 해결하기 위한 국가별 구체적인 대응책은 어떠한 형태를 띠어야 할 것인가? 무엇보다도 강조되어야 할 것은 '국가'(state)의 위상과 능력이 가장 중요한 변수가 된다는 점이다. 세계화 연구에서는 상호연결성의 확대로 인한 전통적 국가의 영토적 관할권에 대한 다공적 침투성(porousness)으로 말미암아 민족국가의 무력화에 무게가 실리고 있으나 이제는 세계화의 진행에서 오히려 국가의 통치 및 조직적 능력이 결정적인

---

247 Bryan S. Turner and Robert J. Holton, 'Globalization and its possible futures,' in Bryan S. Turner an Robert J. Hoton(eds.), *The Routledge International Handbook of Globalization Studies*, Second Ed.(London and New York: Routlege, 2016), pp. 591~603.

248 Edward Luce, *The Retreat of Western Liberalism*(New York: Atlantic Monthly Press, 2017), pp. 11~14, 136~141.

몫을 하게 된다는 인식이 짙어지고 있다. 이미 '로드릭'(D. Rodrik)은 세계화 과정을 (1) 자본주의 1.0: 고전적 야경국가 시기, (2) 자본주의 2.0: 전후의 GATT체제기반의 '하이퍼 세계화'(hyperglobalization)로 크게 나누고 있으며, 후자는 1970년대와 1980년대의 경제적 동요시기를 거쳐 2008년의 미국발 금융위기를 맞이한 것으로 보고 있다. 따라서 앞으로의 '자본주의 3.0'의 시대에서는 세계경제가 새로운 세계적 거버넌스(global governance)에 기반을 두어야 하며, 이제는 시장의 마술에서 탈피하여 국민의 재산권 보호 및 시장의 원활한 작동을 위한 법적 규제와 정부의 간여가 절실하며, 특히 나라마다 그들 특유의 사회적 배열, 규제 및 제도를 보호할 권리가 인정되어야 한다는 점을 강조했다. 그리고 세계경제의 상호조정은 각국의 제도적 접속에 대한 교통정리에 한정되어야 하며 민주적 거버넌스와 정치적 공동체의 구성도 민족국가 내부의 결정사안임을 주문하고 있다.[249] 어떤 의미에서 세계화과정은 좀 더 온건한 엷은 (thin) 형태가 되어야 하고 국가의 책무와 역할에 비중이 실리는 새로운 대응책이 건의되고 있다.

이러한 새로운 대응책과 관련해서는 '경쟁적 국가'(competition state)가 그 구체적인 정책형성 면에서 초점을 모으게 된다. 2007년 금융위기에서처럼 국가가 어떻게 대처해야 했던가에 대한 국가의 능력문제가 제기되면서 앞으로의 세계화에서 요구되는 국가의 구체적인 정책수립과 실행이 중요한 과제로 등장하게 된다. '세르니'(Philip J. Cerny)는 세계화의 진행에 따라 성공적인 정책적 결과를 가져오기 위해서는 특정한 쟁점을 둘러싼 국가 간 수평적으로 형성되는 조직적 네트워크가 이루어져야 하는 '초국적 신 다원주의'(transnational neopluralism)의 시대로 들어섰다고 보고 있다. 따라서 이제는 정책형성이 다섯 가지 기본 요소들로 구성되는 '신축적인 오각성'(flexible pentangles)의 구조가 될 것을 제안 하고 있어 관심을 모은다. 우선 그중 세 가지는 미국과 같은 선진제국에서 정착되어 온 '철의 삼각지대'(iron triangle)로서 (1) 정치인들, (2) 관료, (3) 조직된 이익 집단들로 이루어진다. 그리고 이들은 국내의 정책적 현안뿐만 아니라 세계적 스케일의 정책적 사안에 대한 네트워크와 연계되어 있

---

249 Dani Rodrik, *The Globalization Paradox: Democracy and the Future of the World*(New York‒London: W. W. Norton & Co., 2011), pp. 233~247.

어야 한다. 이들과 연계되는 네 번째 단위는 초국적 공공 영역(transnational public sector)의 종사자들[예: 국제보건기구(WHO), 세계은행, 유엔아동기금(UNICEF)의 종사자들]로 이루어지며, 다섯 번째는 초국적 기업, 초국적 사회운동 및 쟁점 네트워크 등에서 활약하는 활동가들로 형성되는 '국제적 사적 영역'(international private sector)이 되는데 이 네트워크는 디지털 기술로 연계된다는 점이 강조된다. 세계화에 따르는 주요 과제의 성공적 실현을 위해서는 초국적 스케일의 쟁점 네트워크에 의존할 수밖에 없게 되는데, 이를 위해서는 옛것과 새것의 상호 작용 속에서 새로운 정치적 기회의 구조를 만들어낼 수 있는 '오각성 구조'의 정책 형성 네트워크가 절실한 선택이 된다고 보고 있다.[250]

최근에 들어서 국가별로 당면하게 될 국내외의 절실한 대응책들이 논의되고 있는데 '재레드 다이아몬드'(Jared Diamond)는 역사적으로 '내우외환'(內憂外患)의 '국가적 위기'(national crisis)에 직면하는 국가들의 대응과 관련하여 핀란드, 일본, 칠레, 인도네시아, 독일, 호주, 미국 등 7개국의 역사적인 위기 극복의 과정을 다루고 있어 관심을 모은다. 그 두드러진 특성으로서는 (1) 자국의 위기에 대한 국민적 합의, (2) 무언가 해야 한다는 국가적 책임감, (3) 해결되어야 할 국가적 과제의 울타리 설정, (4) 다른 나라들로부터의 물질적, 금융적 지원 획득, (5) 문제해결을 위하여 다른 나라들을 모형으로 참고, (6) 국민적 정체성(national identity), (7) 정직한 국가적 자기 성찰, (8) 자국의 국가적 위기극복의 역사적 경험, (9) 국가적 실패의 교훈 참작, (10) 특정한 국민적 신축성(national flexibility), (11) 국가적 핵심 가치(core values), (12) 지정학적 제약으로 부터의 자유 등의 열두 가지 요인들이 제시되고 있다.[251] 무엇보다도 위기 해결에는 특히 중소국의 경우는 외국으로부터의 지원(물질적, 금융적)이 절실하며 내부적으로는 국가적 핵심가치와 국민적 정체성이 문제해결에 절실하고, 역사적으로 교훈이 되는 다른 나라들의 위기극복의 모형을 참조할 것이 종용된다. 특히 국가적 리더십이 중요한 변수가 되는데, 독일(비스마르크, 윌리 브란트), 일본(메이지 지도자), 미국(링컨, 프랭크린 루즈벨트) 등의 두드러진 역사적

---

250 Philip J. Cerny, *Rethinking World Politics: A Theory of Transnational Neopluralism*(New York: Oxford Univ. Press, 2010), p. 98, 106, pp. 126~127.

251 Jared Diamond, *Upheaval: Turning Points for Nations in Crisis*(New York: Little, Brown and Co., 2019), pp. 50~52, p. 461.

지도자들의 역할이 강조된다.[252]

한편 세계화에 병행되는 국가 능력의 문제는 어떤 형태의 정치체제가 가장 바람직한 형태가 될 것인가의 당위성 문제와도 연계될 수 있다. '프란시스 후쿠야마'(Francis Fukuyama)는 국가 능력의 문제를 (1) 국가(state), (2) 법의 지배(rule of law), (3) 민주적 책임성(democratic accountability)의 세 가지 측면에서 다루고 있다. 국가는 일정한 영토 내에서 정당한 강제력의 독점과 권력을 행사하게 되며, 근대 국가의 경우 권력의 충원은 비인정적인 기준(업적, 교육, 기술적 지식 등)에 따르고 계서적 행정과 과세의 권한을 가진다. 법의 지배는 종교적 간여가 배제되는 보편적 적용이 된다. 그리고 민주적 책임성의 경우 전체 사회를 대표하는 민의가 의회를 거쳐 지배적 엘리트에 전달되는 소통 형태가 된다.[253] 이 세 가지 차원에서 21세기에 들어서는 여러 나라들에 대한 평가에 있어서는 중국(강한 국가, 약한 법의 지배, 민주주의 결여), 러시아(강한 국가, 약한 법의 지배, 민주적 선거), 싱가포르(강한 국가, 적절한 법의 지배, 제한된 민주주의)의 사례가 제시된다. 또한 아프리카의 나이지리아(Nigeria)는 자연자원이 지배 엘리트에 의해 수탈되는 부패 국가로, 유럽의 그리스와 이탈리아는 후원주의(patronage)와 고객주의(clientelism)의 부패된 국가의 사례로 지적된다. 최근의 가장 모범답안으로서는 '덴마크'가 부상되고 있는데, 세 가지 기준 모두를 균형 있게 충족시키는 '가장 번성하고 민주적이며, 안전하고 그리고 잘 통치되고, 매우 낮은 수준의 부패'의 나라로 예시되고 있다.[254] 세계화의 가능한 미래를 위한 교훈적인 의미를 안겨 주고 있는 대목이다.

3. 문화적 차원: 융화의 논리

세계화의 과정은 주로 정치·경제적 차원에 비중이 실리면서 문화의 측면이 소원해지는 분석적 추세를 만들어낼 수 있다. 마르크스주의자들이나 비마르크스주의자들 공히 문화란 권력 관계나 생산관계에 비해 부수적인 것으로

---

[252] *Ibid.*, pp. 423~463.

[253] Francis Fukuyama, *Political Order and Political Decay: From the Industrial Revolution to the Present Day*(New York: Farrar, Straus and Giroux, 2014), pp. 9~25.

[254] *Ibid.*, p. 25.

다루기 마련이어서 문화가 지니는 포용과 융합의 차원을 외면하는 경우가 지적될 수 있다. 마르크스주의에서는 사회마다의 지배계급이 그들의 지배를 정당화하기 위하여 문화 이데올로기를 통치의 수단으로 전용하게 되며, 이른바 '시장 세계주의자들'은 나라마다의 문화적 전통이란 유순하고도 접을 수 있는 성격임을 전제한다. 그러나 세계화 과정은 단순한 정치·경제적 해법이 만능일 수 없는 다양성과 복잡성을 수반하기 때문에 문화가 지니는 융화의 힘이 새롭게 다루어져야 한다는 주장에 힘이 실릴 수 있게 된다.

　무엇보다도 '문화'란 폭넓게 전승되는 전통, 설화, 집단적 경험, 가치, 기대 및 정체성(identity)으로서 사람들을 사회적 집단으로 서로 묶는 힘을 가지고 있다는 점이 강조된다. 세계화의 진행이 이러한 사람들의 집단적 정체성을 다양하게 만들어내면서 거기서 형성되는 상호연결성뿐만 아니라 마찰과 대립 및 갈등도 만들어낼 수 있기 때문에 이를 해결하는 길은 정치·경제적 차원의 해법에 국한되지 않으며 문화의 개입과 역할이 상당히 중요하다는 인식이 팽배해지고 있다. '폴 배터스비'(Paul Battersby)는 국제관계에 있어서 안전(security)과 인권(human rights)문제에 연관되는 문화적 차이와 갈등의 측면을 중시하고 이를 원만히 해결하는 데 있어서는 문화의 대화와 융합의 힘이 개입되어야 한다는 것을 구체적인 사례와 연결시켜 다루고 있어 관심을 모은다. 호주에서는 유럽의 이민이 저질러놓은 '원주민'(indigenous peoples)에 대한 역사적 비행에 관한 복잡한 원인 규명과 해명 및 대책 등을 둘러싼 갈등수습 과정에 있어서 결정적인 계기가 된 것은 2008년 케빈 러드(Kevin Rudd) 호주 수상에 의한 원주민에 대한 '공식적 사과'(formal apology)였다는 것을 지적하고 있다. 이러한 문화적 접근의 가능성은 중동의 '이스라엘과 팔레스타인 문제'에서도 서로의 상호 배타적인 입장을 초월하는 사회 및 공간적 이질성의 인정과 같은 문화적 접근의 필요성 등을 종용하고 있다. 그는 이와 관련해서 문화를 통한 지구적 대화와 융화를 위한 하나의 구체적인 접근으로서 '문화적인 세계시민주의'(cultural cosmopolitanism)의 구상을 밝히고 있다. 즉 아리스토텔레스(Aristotele)의 '중용'(中庸: golden mean)이나 불교의 '중도'(middle path) 사상 등은 인류의 '안전' 문제의 해법을 둘러싼 극단적인 입장을 완화시켜줄 수 있는 적절한 방향이 된다는 점을 제안하고 있다. 문화적 차이나 그 갈등의 해결에 있어서는 '경제적인 힘'이 아니라 매우 실용적인 타협을 통한 공동의 입지(common ground)를 찾아낼 수 있는 적절한 인류의 문화적 노력이 절실하다는 것이다. 그리고 이러한 접근은 하나의 분석적 개념이라기보다는 방법론적 접근이 되어야 한다고 보고 있다.[255]

세계화에 긴요한 건전한 문화는 어떻게 만들어질 수 있을까? 전통적으로 민족국가의 논리에서는 국가가 자국위주의 민족주의적 동질성과 역사적 유산에 근거한 다양한 문화적 시책을 실행하는 관례가 인정되어 왔다. 좀처럼 '상상된 공동체'로서의 나라마다의 응집성이 이웃과 여러 나라들과의 관계에서 절실한 대화와 소통의 틀로 이어지기에는 여러 가지 어려운 문제가 개재되어 있는 것이 사실이다. 그리고 제2차 세계대전 후의 'UN 인권선언' 및 '유네스코'(UNESCO)의 창설 등에서 지향되는 세계적 다문화주의(muliticulturalism)의 창달 활동에도 여러 가지 난관이 문제되고 있는 것이 사실이다. 그러나 건전한 세계화 문화를 위한 가장 기대되는 영역으로서는 '교육'이 만들어낼 수 있는 새로운 '문화적 공간'에도 관심을 돌릴 필요가 있게 된다. 전통적으로 문화의 영역에서는 언제나 국가의 민족주의적 위상정립이 선행되기 마련이나 이를 세계화의 평화와 융화의 당위성에 접목시키는 일은 매우 어려운 일임에 틀림없으나 어떻게 해서라도 실행되어야 한다는 교훈적 의미가 된다. 모든 인간집단 간의 상호신뢰, 평등, 위엄과 안녕에 근거한 인류의 '공존'(co-existence)은 인간 문명의 앞날에 무한한 희망을 약속해 줄 수 있기 때문이다. 그리고 이를 위한 21세기의 과제에서는 '교육'이 보다 심대한 역할을 담당할 수 있다고 볼 수 있다.[256]

한편 교육의 미래와 관련해서는 모든 인류에게 교육을 받을 수 있는 기회와 실행에 초점을 두는 '양적'(quantity) 측면보다는 그 '질'(quality)에 무게를 두어야 한다는 방향전환이 제기된다. 이미 '유네스코'는 지금까지의 양적 위주의 '밀

---

255 Paul Battersby, 'Principles of Global Diversity,' in Manfred B. Steger, et. al.(eds.), The Sage Handbook of Globalization, Vol. 2, *op. cit.*, pp. 920~924; 유교에 있어서도 세계화와 관련되는 논의가 있는데 퇴계 이황의 논사단칠정서(論四端七情書)에서는 '동중이'(同中異: 같은 가운데 서로 다른 것을)'를 인식하고 '이중동'(異中同: 서로 다른 가운데 같은 점)을 지향함으로써 인류의 평화와 융화가 가능하다는 건전한 다원주의를 찾아 볼 수 있다. 이광세, *동양과 서양: 두 지평선의 융합*(서울: 길, 1998), pp.92~93; Kwang-Sae Lee, *East and West: Fusion of Horizons*(Paramus, New Jersey: Homa & Sekey Books, 2006). pp. 30~31.

256 Aigul Kulnazarova, 'Bridging Cultures: Negotiating Difference,' in Manfred Steger et. al.(eds), The Sage Handbook of Globalization, Vol. 2, *op. cit.*, pp. 970~973.

레니엄 발전 목표(MDG: Millenium Development Goal, 2000~15)'에서 질적 향상을 위한 '지속 가능한 발전 목표'(SDG: Sustainable Development Goal, 2015~30)의 실현을 위한 다양한 과제들, 즉 지속가능한 발전, 생활스타일, 인권, 평화 및 비폭력, 젠더 평등, 세계적 시민사회 건설, 문화적 다양성과 공헌 등의 새로운 교육의 실행을 다짐하고 있다. 그러나 이러한 지속가능성에서 좀 더 구체적인 질적 내실화가 절실하다는 주장도 나오고 있다. 즉 현 세대들로 하여금 미래 지향적으로(futures-focused) 만들고 점증하는 세계적 도전들을 다루기 위한 창조적인 사고(creative thinking)의 함양이 절실하다는 것이다. 종래와 같은 '단편적이고 기계적이며 물질 지향적인 사고'에서 벗어나 이제는 세계적인 환경적, 경제적, 사회적인 복잡성을 다룰 수 있는 '창조성, 상상력, 비판적 사고 및 복잡성'과 같은 고차원적인 '인지적 능력'(cognitive capacities)이 개발되어야 한다. 어떤 면에서는 좀더 '복잡하고 자기성찰적이고 유기적인'(complex, self-reflective, and organic) 사고의 형태가 바람직하다는 점이 역설되며 이제는 교육이 경제의 '이윤 동기'에서 벗어나 인간과 사회의 개발에 기여할 수 있는 문화적 동기로 전환되어야 한다는 점이 강조된다.[257]

4. 테크놀로지의 미래

21세기에 들어서는 세계화는 '테크놀로지' 면에서 디지털 미디어를 통한 '네트워크' 형성의 비약적인 발전을 가져오게 되며, 아울러 제4차 산업혁명의 첨단 기술 분야(인공지능, 사물인터넷, 사이버 물리체제, 3D 프린팅, 로봇, 빅 데이터 등)의 혁신에 새로운 전기를 마련하고 있다. 이 테크놀로지 분야의 비약적인 발전에 수반되는 전반적인 추세를 전망해 보고 이와 관련된 몇 가지 대응에 관한 논의를 다루어 볼 수 있다.

우선 디지털 미디어를 통한 세계적인 다양한 '네트워크'(network)의 특성에서 나타나는 몇 가지 주제를 다루어 볼 수 있다. 카스텔(M. Castells)'에 의하면 21세기의 세계는 폭증하는 상호의존관계와 더불어 통신 권력의 활력으로

---

257 Jennifer M. Gidley, *The Future: A Very Short Introduction*(Oxford: Oxford Univ. Press, 2017), pp. 128~132.

이루어지는 '네트워크화된' 기업들의 사회로 파악되며, 이 새로운 '네트워크'는 통신기술의 질적 향상과 그 민주화로 창의(creativity)와 공동체의 새로운 공간을 마련하고 민주적 정치를 확산시킨다고 보고 있다.[258] 디지털 미디어로 형성되는 새로운 '네트워크'의 폭발적인 힘은 구체적으로 2010년의 '아랍의 봄'과 '월가의 점령'(2011)으로 발현되었고 이 긍정적인 테크놀로지의 물결은 세계화의 새로운 동력으로 받아들여진다. 매우 복합적인 디지털 네트워크로 이루어지는 수평적 통신(multimodal, digital networks of horizontal communication)이야말로 가장 빠르고 자율적이며 상호작용 및 재프로그램화되고 스스로 확장되는 통신이라는 점이 강조된다. 그리고 이 강력한 수평적이며 참여적인 네트워크는 '아랍의 봄'과 '월가 점령'에서 계층구조와 권위주의에 대한 분노와 함께 정의실현의 희망으로 각광을 받았다.[259] 비록 이러한 민주화 운동은 지역적 및 국가적으로 한정되는 사례가 되겠으나, 네트워크의 세계적 확산은 전 세계적인 새로운 혁신과 발전의 전기를 마련한다는 견해에 힘이 실린다.

무엇보다도 최근의 연구추세에 있어서는 세계적인 '네트워크' 구성의 논리가 그 구조적 특성에서 두 갈래의 형태로 작용력을 발휘한다는 점이 강조된다. '퍼거슨'(N. Ferguson)에 의하면 현대 사회의 네트워크는 '모듈형식(modular)의 형태'로 여러 클러스터(clusters)가 다소 수평적인 연결고리로 이어지는 형태가 있는가 하면 어떤 지배적인 마디(node)에 수직적으로 연결되는 '계층(hierarchy)'의 형태도 있을 수 있고, 이 두 가지가 서로 배합되는 다양성을 전제로 몇 가지 두드러진 정치 상황을 논의하고 있다. 우선 한때 냉전시기에 미-중 접근으로 국제정치의 판도를 재편한 '키신저 외교'는 수직적 계층구조에 모듈형태의 외교 전략을 배합한 대표적인 사례로 취급된다. 수직적 관료가 주도하는 워싱턴 벨트(Washington Beltway)의 틀에서 벗어나 언론, 각종 위락 매체 및 외국정부와의 이면 채널의 가동 등으로 그 네트워크의 수평적 작용력을 크게 확대한 성공사례로 보고 있다. 2016년의 미국 대통령선거에서는 '트럼프'(Trump)의 경우, 그 이전의 선거(공화당의 맥케인과 민주당의 오바마의 대결)에서처럼 전통적인 수직적 정치세력에 적절히 대항하여 성공한 수평적 네트워크의

---

258 Manuel Castells, *The Information Age: Economy, Society and Culture, Vol. II: The Power of Identity*, Second Ed.(Oxford: Wiley–Blackwell, 2011), pp. 389~393.

259 Manuel Castells, *Networks of Outrage and Hope*(Malden, MA: Polity, 2012), pp. 10~15.

승리로 분석된다. 비록 '위키리크스'(WikiLeaks)와 텔레비전 네트워크(RT)를 통한 러시아 정보망의 개입 및 선거 전 이슬람 테러공격에 대한 강력한 미국의 대응 분위기 등이 작용하였으나, 가장 결정적인 승기는 트럼프가 주도한 미디어 네트워크(Fox News, Facebook, Twitter 등)가 '힐러리 클린턴'이 체현하는 기득권적이고 수직적인 복잡한 선거 캠페인을 제압한 데서 비롯되었다는 것이다. 또한 2016년 영국의 유럽연합에서의 탈퇴에 관한 '국민투표'(Brexit)에서도 이러한 수평적 네트워크가 크게 작용한 것으로 되어 있다. 이른바 '탈퇴 투표'(Vote Leave)를 인터넷으로 주도한 '커밍스'(D. Cummings)의 주장에 의하면 'Brexit'는 EU와 같은 불건전하고 비효과적인 체제 및 근대적인 화이트홀 관가(Whitehall departments)에 의한 수직적 계층구조가 저지르는 과오들을 과감히 청산하기 위한 건전하고 효과적인 영국적 '관습법'(common law)에 근거한 수평적 선택의 승리라는 점이 강조된다.[260]

앞으로의 세계질서에서는 주요 열강 간에 정치·경제적 사안뿐만 아니라 테크놀로지 면에서도 상당한 경쟁이 예상된다. 우선 네트워크 구성의 기본이 되는 '인터넷' 분야에서는 미국은 'FANG'(Facebook, Amazon, Netflix, Google) 중국은 'BAT'(Baidu, Alibaba, Tencent)로 이루어지는 상호간의 치열한 테크놀로지 경합이 문제시된다. 중국은 당초 '실리콘 밸리'(Silicon Valley)에서 태동된 미국발 'FANG'의 강력한 바람에 직면하여 나름대로의 방어책으로 검열과 감시의 방패(Great Firewall, Golden Shield)를 구축하였으나 장기적인 대응으로서 미국과의 본격적인 경쟁체제로서 'BAT'의 교두보를 구축하게 된다. 이 중국의 세 인터넷 기업들은 각자의 혁신적 노력에 힘입어 2015년 현재 '4730억 달러($473bn)의 시장가치와 연간 200억 달러($20bn)의 수입을 올리고 있으며, 규모면에서 미국의 경쟁사들과 비등하게 되어, 예를 들면 '알리바바'(Alibaba)의 연간 수입은 이미 미국의 '아마존'(Amazon)을 상회할 정도가 되어 있다. 금융 분야에서도 '일대일로 계획'(Belt and Road Initiative) 및 '아시아 인프라 투자은행'(Asian Infrastructure Investment Bank) 등이 활기를 띠고 있으며, 심지어 '비트코인'(Bitcoin) 및 '이더리움'(Ethereum)과 같은 블록체인 기반 '디지털 화

---

260 Niall Ferguson, *The Square and the Tower: Networks, Hierarchies and the Struggle for Global Power*(Penguin Random House, UK: Penguine Books, 2018), pp. 11~13, 36~40, 284~298, 382~385.

폐'(digital currencies)는 미국의 달러나 중국의 유안보다 유리한 신용 카드 기능과 전신 송금상의 이점이 인정되기도 한다. 그러면 이러한 열강 간의 새로운 인터넷 기반 테크놀로지의 경쟁이 가져오는 긴장과 그 부작용에 덧붙여 그간 국제적으로 지속적 관심을 모아온 '사이버 범죄(해킹, 선거 개입, 테러 행위 등)'의 기승 등에 대처하기 위해서는 어떠한 대응책이 마련되어야 할 것인가가 최대의 관심사가 된다. '퍼거슨'은 이를 위해서는 주요 열강 간의 이해와 협의에 의한 '5두 정치'(pentarchy)의 구성을 제안하고 있다. 미국, 중국, 러시아, 영국, 프랑스 등으로 이루어지는 5대 열강의 상호 이해와 협찬에 의한 새로운 '사이버 공간'을 마련하고 그 기초위에 새로운 인터넷기반 네트워크가 만들어질 것을 제안하고 있다. 그 인터넷 기반 네트워크의 세계에서는 지구적 불평등과 기득권 집착에 치우치는 '수직적 체제'보다는 참여와 민주화의 공공영역으로서의 '수평적 체제'가 확산되어야 한다는 입장이다. 수직적인 '탑'(tower)이 아니라 수평적인 '광장'(square)이 확산되어야 할 세계화의 미래로서 제시된다.[261]

한편 테크놀로지 분야에서는 '4차 산업혁명'의 첨단 기술 분야에서 특히 인공지능(AI)과 생명 공학(biotechnology) 등이 가져오게 될 이득과 위험의 문제도 중요한 현안으로 제기된다. 이러한 기술이 가져오게 될 미래의 이득은 성장과 번영의 다양한 형태로 손쉽게 거론될 수 있으나 그 위험에 관해서는 특히 인공지능과 생명공학은 여러 가지 복잡한 논의가 전개된다. AI의 경우 단순한 기계적 반복의 차원(예: 인터넷 검색, 자동차 운전 등)에서 인간의 인지적 실행(cognitive performance)을 크게 앞서는 지능을 보이게 되면 그것을 '초월지능'(superintellignece), 또는 '기술적 특이점'(technological singularity)으로 정의하게 되는데, 이제는 그 위험도와 함께 인류의 긴박한 대응책이 절실하게 된다.[262] 대체로 그 초월적 지능의 출현 시기는 일부에서는 2060년경(2015년 Puerto Rico

---

261 *Ibid.*, pp. 412~424.

262 Nick Bostrom, *Superintelligence: Paths, Dangers, Strategies*(Oxford: Oxford Univ. Press, 2014), pp. 26~27, 314~320; Stuart Armstrong, 'Introduction to the Technological Singularity,' in Victor Callaghan et. al., *The Technological Singularity: Managing the Journey*(Berlin, Germany: Springer, 2017), pp. 1~7. N. Bostrom의 경우, (1) 학제 간 연구를 통한 전략적 분석(strategic analysis), (2) 기계적 지능의 안전성(safety) 확보 방안, (3) 박애주의적 독지가들에 의한 지원 네트워크의 형성 등의 대응책이 제시된다(*op. cit.*, pp, 317~319).

Conference 전망)으로 잡는 경우도 있으나 인공지능이 초래하게 될지도 모를 위험에 대한 대응으로 '생명의 미래 협회'(FLI: Future of Life Institute)가 형성되어 다양한 안전 조사연구(safety research)가 시도되고 있다. 또한 생명공학 분야에서도 여러 가지 문제가 제기된다. 20세기에 들어서 형성된 미생물 대량생산 단계를 지나 유전자 응용 및 '재조합된 DNA와 세포 융합 기술'(recombinant DNA and cell fusion technique)을 통한 유전자 수정의 새로운 단계에 접어들게 되자, 이에 상응하는 여러 가지 현안과 함께 종교적, 윤리적 차원의 비판과 적절한 대응의 논의가 활발해지고 있다. 생명공학이 인류의 식량, 연료, 질병 등의 주요 현안 해결에 미친 비약적인 공헌에도 불구하고 이러한 첨단 기술, 특히 인간 유전자 수정은 그 과정상의 안전성(safety)뿐만 아니라 인간 본연의 모습에 대한 '파계'(破戒: transgression)로 보는 도덕적 관점이 문제된다. 예를 들면 '인간 유전자 치료'(Human Gene Therapy)의 윤리적 문제들이 지적되었고 '유전자 실험 및 심사'(Genetic Testing & Screening)도 종교적 입장에서의 반론이 제기되고 있다. 이 분야의 찬반은 과학적, 경제적, 환경적 측면이라기보다는 도덕적, 종교적 차원의 문제가 되기 때문에 과학자들과 일반 국민들과의 폭넓은 소통과 대책 마련이 절실한 과제가 된다.[263]

테크놀로지의 발달에 따른 인간의 위상과 잠재 능력에 관한 문제는 '미래학'(future studies)의 새로운 연구 분야가 된다. 과학기술을 이용해 인간의 능력을 증대시켜야 한다는 입장은 '트랜스 휴머니즘'(transhumanism)으로 불리면서 사회의 발전과 그 문화적 가치들은 인간의 본질보다는 테크놀로지에 의해 결정된다는 '기술 경정론'(technological determinism)의 이데올로기에 근거한다. 인간의 지능을 상회하는 인공적 초월 지능(ASI: artificial super-intelligence)을 지칭하는 '특이점'(singularity)으로 개념화되기도 하는데, 2009년 미국의 '실리콘 밸리'에 설립된 '싱귤래리티대학'(Singularity University)을 중심으로 주로 '디아만디스'(P. Diamandis), '커즈웨일'(R. Kurzwell), '빈지'(V. Binge) 등에 의해 대표된

263 Paul Battersby, 'Technologies of Globalization,' in Manfred B. Steger et. al., The Sage Handbook of Globalization, Vol. 1(2014), op. cit., pp. 344~345; E. Beck-Gernsheim, 'Health and Responsibility: From social change to technological change and vice versa' in Barbara Adam, Urlich Beck and Joost van Loon J(eds), The Risk Society and Beyond: Critical Issues for Social Theory(London: Sage, 2005), pp. 122~135; John E. Smith, Biotechnology, 5th Ed.(Cambridge: Cambridge Univ. Press, 2009), pp. 242~244.

다. 그러나 이러한 '트랜스 휴머니즘'에 대하여 그 이데올로기적 입장이 극히 원자론적이며 '탈인본주의적'(dehumanizing)임을 지적하고 그러한 지나친 기술 결정론이 반인간적이고 '반진화론적인'(anti-evolutionary) 이론적 구성으로 치우친다는 비판이 나오게 된다. 인간은 역사적으로 꾸준한 테크놀로지의 발전을 가져왔지만 동시에 그러한 변환에 수반되는 위험이나 난관들을 슬기롭게 극복할 수 있었다는 진화론적 장점이 강조된다. 즉 '인간 중심의 미래론'(human-centered futures)에 의하면 인간은 복잡한 일상생활에서 한발 물러서서 사태를 파악하는 '자기 반성적인 능력'(self-reflective ability)을 가지고 있으며, 다원주의적이고 복잡한 통합적 사고를 가능케 하는 이른바 '후기형식적 추리'(postformal reasoning)를 할 수 있다는 점이 역설된다. 복잡한 역설적 사고, 창조력과 상상력, 상대주의와 다원주의, 자아반성과 대화능력 및 직관 등이 이에 포함된다. 이러한 인간 본연의 탈 형식적 추리 능력을 통하여 인간은 테크놀로지의 미래를 다룰 수 있는 진화적 능력을 가지고 있다는 것이다.[264]

최근 인류를 위한 테크놀로지의 미래와 관련해서는 특히 인공지능의 문제가 가장 중대한 현안으로 부상하고 있는데 이와 관련된 최근의 좀 더 구체적인 대응 논의도 참고할 필요가 있다. '미래 생명 협회(FLI)'를 주도하는 '테그마크'(Max Tegmark)는 인류의 역사를 (1) '라이프(Life) 1.0': 생물적 기원, (2) '라이프 2.0': 인간의 문화적 발전, (3) '라이프 3.0': 테크놀로지 시대로 파악하고 '라이프 3.0' 단계에서는 인공지능이 인류에게 미칠 것에 대한 무한한 '이득'과 '재난'이라는 양면성에 대비할 것을 강조하고 있다. 무엇보다도 인공지능은 비록 기계적 학습의 성격을 띠고 있으나 '의식'(consciousness)의 차원에서 정보처리의 능력을 가지는 주관성을 인정해야 한다는 점을 지적하고 자율자동차의 경우 중요한 의사 결정을 하게 되는 사실을 감안하여 장차 AI도 의식을 가지는 방향으로 발전될 것으로 보고 있다. 그리고 AI는 앞으로 윤리적인 차원으로 발전될 가능성도 내다보고 있는데, 예를 들면 9·11 당시 조종사가 쌍둥이 빌딩에 테러를 하려고 버튼을 눌렀을 때나 몇 년 전 우울증에 걸린 독일

---

264 Jennifer M. Gidley, The Future, *op. cit.*, pp. 92~114; '후기 형식적 추리'와 관련해서는 Jan Sinnot, *The Development of Logic in Adulthood: Postformal Thought and Its Application*(New York: Springer, 2008), Michael Commons and Sara Ross, 'What Postformal Thought is, and Why it Matters,' *World Futures*, 64, 321~329(2008) 참조.

인 조종사가 여객기를 알프스 산맥으로 추락시켜버렸는데, 그 당시 모두가 윤리적인 AI 항법장치가 마련되었더라면 참극은 피할 수가 있었을 것이다. AI의 윤리성 교육이 가능하고 또한 절실하다는 혁신적인 제안이 될 수 있다.[265]

5. 미래 산업의 도전

세계화에 따르는 제4차 산업혁명은 첨단 기술 분야에서 놀라운 결실과 이득을 실감하게 만들고 있으나 동시에 여러 가지 부작용과 문제점에 대한 진단과 적절한 대응을 불가피하게 만들고 있다. 로봇, AI, 유전체이론, 빅 데이터 등의 첨단 기술은 미래 산업의 주도적 역할이 기대되고 있으나 그 실용화에 따르는 여러 가지 문제점에 대한 근본적인 대책이 절실해진다.

첫째로 로봇 분야만 보더라도 인간의 생활 주변에서 가사도우미나 간병 등의 돌봄 역할을 담당할 수 있게 되어 감으로써 21세기에 들어서면서 이 분야를 선도하는 5개국들(일본, 중국, 미국, 한국, 독일 등)은 이미 로봇 매출의 약 70%를 점하는 것으로 파악된다. 그리고 이들 5개국들은 산업화의 비교우위의 입장에서 로봇 소비시장에서의 자기 브랜드를 가지고 새로운 소프트웨어와 네트워크로 거대한 로봇 생태계(robotic ecosystem)를 만들어나갈 수 있게 된다. 그러나 장차 인류의 노동력을 대행하고 다양한 형태의 이득을 주게 될 이 로봇 번성 시대의 전도와 관련해서는 여러 가지 문제점도 제기된다. 무엇보다도 로봇의 인간 노동력의 대행으로 인한 단순 노동 분야의 대량 '실업'이 문제된다. 예를 들면 식당 종사자들이나 택시 운전기사와 같은 일상적 직업의 경우 로봇의 등장으로 발생되는 실업문제는 심각한 정치·경제적 현안으로 번질 수 있게 된다. 그리고 이러한 단순 노동의 대행 단계로부터 발전하여 보다 지능적인 직업의 단계로 올라서게 되면 문제는 더욱 복잡하게 변질될 수 있게 된다. 이들 실직 위험에 처한 사회적 계층의 경우 직업전환의 가능성이 희박한 점에 착안하여 세계화로 인한 로봇시대는 아무런 일도 하기 힘든 '쓸모없는 계급'(useless class)을 양산하게 될 수도 있다는 비방론도 나오게 된다. 직업상

---

265 Max Tegmark, *Life 3.0: Being Human in the Age of Artificial Intelligence*(New York: Knofp, 2017); 오윤희, 'AI가 인간을 넘어설 때 인류가 맞이할 미래는'(맥스 테그마크 교수 인터뷰: *조선일보*, 2019년 1월 11일자).

실자들에 대한 교육과 새로운 기능함양을 위한 정책적 배려와 함께 보다 장기적인 적응적 대응이 절실해진다.[266]

둘째로 첨단 기술 분야에서 관심을 모으는 것은 컴퓨터 코드(code)를 이용하여, 즉 '코디피케이션'(codification)을 통하여 새로운 형태의 통화(currency)를 창출해내고 그와 병행되는 새로운 산업현장의 변환이 된다. '잭 돌시'(J. Dorsey)의 스퀘어(Square)에 의해 시작된 '모빌 폰'을 통한 결재수단은 지역적으로 'eBay,' 'PayPal,' 'Alipay'(중국) 등으로 나름대로의 다국적 전자상거래의 확장에 기여하였으며, 최근에는 대표적인 '비트코인'(Bitcoin)과 '블록체인'(Blockchain)의 등장으로 더욱 관심을 모으게 된다. 그러나 이러한 세계적인 전자상거래의 확산은 산업구조의 혁신과 새로운 성장 및 발전의 동력으로 자리 잡고 있으나, 한편으로는 긍정적인 변화에 따르는 부작용도 무시할 수 없게 된다. 즉 '코드의 무기화'(weaponization of code)가 문제된다. 주로 국가 간의 국제적 마찰과 분쟁에 있어서는 이제는 노골적인 무력이나 경제적 수단의 동원 못지않게 컴퓨터를 통한 사이버 공격(cyberattacks)이 (1) 비밀성(confidentiality: 신용카드 및 사회안전보장에 관한 정보의 불법적 취득), (2) 유효성(availability: 정보 네트워크에 대한 교란 및 마비), (3) 보전성(integrity: 컴퓨터 코드의 파괴를 통한 하드웨어 파손) 등의 세 가지 형태로 이루어질 수 있다. '로스'(A. Ross)는 '냉전'이 이제는 '코드 전쟁'(code war)으로 바뀌었다고 보고 특히 사이버 전쟁(cyberwar)은 오랜 시간과 엄청난 비용 및 과학적 지식 등이 요구되는 핵무기 개발보다는 단 시일 내에 적은 노력으로 개인이나 집단들이 손쉽게 이루어낼 수 있다는 점을 강조한다. 오바마 대통령 당시 중국은 미국의 구글(Google)과 주요 방위 산업 회사들을 포함하는 34개의 회사에 대한 사이버 공격을 감행한 사실을 연상시키고 있다. 그리고 이러한 사이버 전쟁의 증가 추세에 맞추어 이에 대한 대응으로 '사이버 안전보장'(cybersecurity)이 중요한 정책적 과제가 되어 가고 있다. 또한 이와 연계되는 이른바 '사이버·산업 콤플렉스'(Cyber-industrial complex)가 형성되어 나라마다 '사이버 안보'를 위한 산업이 급속히 번창해 나갈 것으로 전망되며, 2017년 현재 미국의 '사이버 산업' 규모는 1700억 달러 규모가

---

266 Alec Ross, *The Industries of the Future*(New York: Simon & Schuster Paperbacks, 2016), pp. 15~43; Yubal Noah Harari, *21 Lessons for the 21st Century*(London: Jonathan Cape, 2018), p. 30.

되는 것으로 파악되고 있다. '사이버 안보'는 미래 사회의 자유를 위하여 절실하다고 주장되고 그 위험도 지적되고 있으나, 안보가 뒷받침되지 않는 자유는 연약하기 마련이고 또한 자유가 수반되지 않는 안보는 억압적일 수 있기 때문에 양자 간에는 균형이 잡혀야 한다는 제안이 불가피해진다.[267] 특히 최근에 들어서 인터넷상의 사이버 공격은 2017년 미국 대통령 선거에 대한 러시아의 개입이 계속적인 국제적 관심사가 되어 있고 중국의 경우는 열강 간의 대항무기로 본격적인 모습을 드러내고 있지 않지만 그 잠재력은 몇 가지 사례들 (2012년 중국 내 티베트 저항운동, 2014년 홍콩 민주화운동, 2017년 대만정부에 대한 해킹 등)에 나타난 중국정부의 개입 등에 근거하여 앞으로의 미－중 관계의 전개에 따라 충분이 발휘될 것으로 전망되기도 한다.[268]

셋째로 정보의 디지털화(digitization)는 모든 데이터의 수집을 극대화하여 엄청난 데이터가 실시간으로 전개되는 사실적 경향을 이해하고, 분석하고 예측하는 데 결정적인 몫을 하는 '빅 데이터'(big data) 시대를 열고 있다. 빅 데이터는 서로 다른 언어들의 의미를 다루는 번역과 기계적 해석을 가능케 하는가 하면, 농업 분야에서는 기후, 물과 질소 수준, 공기의 질 및 질병 등의 다양한 요인들을 모든 농장들에게 전달하여 농업생산의 획기적인 발전을 가능케하는 '정밀 농업'(precision agriculture)을 만들어낸다. 어떤 주어진 농장에 대하여 그 농지의 경계, 수확 역사, 시비 테스트 결과, 소규모 경영 단위의 확정 등에 관한 '현지 대본'(FieldScripts)을 만들어내고 그에 기초한 알고리즘(algorithm)은 구체적인 종자와 파종에 관한 지침 등을 제공한다. 또한 '빅 데이터'는 거대한 금융 데이터 체제로서의 '핀 테크'(Fintech) 분야의 혁신을 가져온다. 2015년 현재 미국 주식시장 1일 거래량인 약 70억 주 가운데 약 2/3는 이익을 최대화하고 위험을 최소화하기 위하여 사전에 입력된 컴퓨터 프로그램으로 거래되며, 여기에는 주가, 거래 타이밍, 주식거래 양에 관한 데이터를 컴퓨터 알고리즘(computer algorithm)으로 분석해 거래기준으로 삼는다. 이것은 '브랙박스 거래,' '알고리즘 거래'로 불리면서 현재 금융계에서 널리 통용되고 있다.

---

267 Alec Ross, *op. cit.*, pp. 77~83, 98~120, 124~151.

268 Thomas L. Friedman, 'Hey, China: 'I own you,' Guess again,' *The New York Times*, International Edition(Sept. 27, 2018); Adam Segal, 'Will China hack U.S. midterms?,' *The New York Times*, International Edition(Oct. 6~7, 2018).

그리고 빅 데이터가 다음으로 영향을 미치는 분야는 소매 은행업(retail banking)으로서 기업을 대상으로 하는 투자은행이나 상업은행과는 달리 일반인이 고객이 된다. 소매 은행업에서 빅 데이터를 적용해 영업과 제품 개발을 향상시키는 방법을 '핀 테크'라고 부른다. 금융위기 당시 대출자산문제에 주먹구구식의 미봉책에 머물렀던 실책을 거울삼아 금융기술 기업들은 다양한 기술적 혁신에 앞장서서 2008년 세계적으로 약 9억 3,000만 달러의 투자, 2013년에는 약 30억 달러로 증가되고, 2018년에는 약 80억 달러의 투자금을 모을 것으로 기대되고 있다. 은행은 고객에게 속한 돈이 얼마이고, 고객이 은행에 빚진 돈이 얼마인지 기록하는 은행 장부라는 인식, 즉 핵심은 데이터의 문제라는 인식 그리고 은행은 '디지털 회사'(digital companies)라는 사고의 전환이 핀테크의 내실화에 크게 기여하게 된다는 점이 강조된다. 이제 은행은 '스퀘어 자본(Square Capital)'에서 보는 바와 같이 단순한 상거래의 수준을 넘어서 자본에 접근할 수 있는 길을 열고 수요 증가에 비례해서 성장을 유도할 수가 있게 된다는 것이다. 빅 데이터 혁명이 일어나 금융계가 비약적으로 발전할 기회가 왔다는 전망이다.

또한 아프가니스탄 전쟁을 계기로 등장한 '파란티르'(Palantir)란 회사는 테러 공격의 타이밍, 강도, 표적 등에 관한 정보를 입력한 다차원 지도의 설계를 마련하였고 이 빅 데이터를 바탕으로 테러 공격 위험의 다양한 유형을 실시간으로 예측해 내는 데 상당한 효과를 거둔 것으로 나타난다. 그리고 이러한 기술은 노변 폭탄의 분석, 마약 기업연합의 구성원 감시, 사이버 사기추적 용도로도 사용된다고 한다. '파란티르'는 자사의 기본 틀이 데이터 모델링, 데이터 요약, 데이터 시각화의 세 가지임을 전제로 방대한 데이터 분석이 이루어지면 다각도로 용이하게 실행될 수 있도록 지도, 그래프, 기타의 그림으로 시각화하는 방향에 앞장서고 있다.[269]

그러나 '빅 데이터'의 미래는 여러 가지 문제점이 제기되면서 결코 순탄치 않을 것으로 전망된다. 우선 '로스'에 의하면 빅 데이터는 이제 인간의 일상생활에서 우리들의 프라이버시(privacy)를 빼앗아 감으로써 우리들의 실수와 비밀 그리고 스캔들을 세간에 공개하고, 극히 일상적인 사건들이나 역사적 편견

---

269 Alec Ross, *op. cit.*, pp. 152~173.

들을 완화가 아니라 과장 및 강화해버리기 쉽다. 그것은 경제적 발전에 필요하기 때문에 또한 규제하기 힘들다는 점도 있어 '탈규제'되어 있으며, 테크놀로지는 21세기 196개의 주권 국가들의 국경을 인정하지 않는 특성을 갖고 있다는 점을 인식시킨다. 그리고 이 문제의 해결에 있어서는 장차 빅 데이터에 의한 양적(quantitative) 경험이 인간의 판단에 기초하는 질적(qualitative) 경험과 서로 조화를 이룰 것을 제안한다.[270] '하라리'(Y. Harari)도 인간은 정책결정에 있어서 느낌이나 타산에 많이 의존하나 이제는 컴퓨터 기술의 발전으로 인한 '빅 데이터 알고리즘'(Big Data algorithm)에 전적으로 의존하는 시대에 돌입하였다고 전제한다. 인간은 매일 이메일(e-mails), 트위츠(tweets), 논문(articles) 등을 통한 수많은 데이터를 서로 교환함으로써 이제는 거대한 데이터 관리체제의 조그마한 '칩'(chip)으로 전환되어 이 세상의 '권위'가 '인간'(humans)으로부터 컴퓨터의 '알고리즘'으로 바뀌어 가고 있다는 것이다. 빅 데이터에 의한 알고리즘을 통하여 인간에 대한 잔인한 탄압과 감시를 자행할 수 있는 '디지털 독재'(digital dictatorship)의 출현도 가능하며, 심지어 앞으로는 이러한 빅 데이터의 소유를 어떻게 규제할 것인가가 인류의 가장 긴요한 과제가 될 수도 있다고 본다.[271]

넷째로 미래 산업은 '플랫폼'(platform) 형태의 새로운 기업 모형(business model)으로 자본주의를 새롭게 단장할 것으로 전망된다. 플랫폼이란 외부적인 생산자와 소비자 간의 재화, 서비스 및 사회적 통화 등의 상호작용을 통하여 '정(正)의 네트워크 효과'(positive network effects)를 만들어냄으로써 모든 사용자들에게 가치를 창출해내는 기업을 지칭한다. 특히 이 상호작용은 시간과 공간의 장벽을 허물어 생산자와 소비자를 연결하는 디지털 기술의 정교한 소프트웨어를 통하여 놀라운 가치창출을 가능케 한다. 최근의 가장 적절한 예로서는 택시 기사와 승객을 신속하게 연결하여 편의적인 가치를 만들어내는 '우버'(Uber)가 관심을 모은다. 그리고 이 새로운 기업 모형은 현 단계로서는 예를 들면 농업(John Deere, Intuit Fasal), 통신과 네트워킹(Facebook, Twitter) 소비재(Philips, McCormick), 교육(Udemy, Skillshare), 에너지와 중공업(Nest, General Electric),

---

270 *Ibid.*, pp. 184~185
271 Yuval N. Harari, *op. cit.*, pp. 48~81.

금융(Bitcoin, Lending Club), 보건(Cohealo, SimplyInsured), 게임(Xbox, Nintendo), 노동 및 직업서비스(Upwork, Fiverr, 99design), 지역 서비스(Yelp, Foursquare), 병참 및 배달(Munchery, Foodpanda), 미디어(Medium, YouTube, Wikipedia), 운영체제(iOs, Android), 소매(Amazon, Alibaba), 수송(Uber, Waze), 여행(Airbnb, TripAdvisor) 등의 다양한 분야로 확산되는 것으로 파악된다. 특히 미래의 전망과 관련해서는 교육 분야에서는 세계적인 교실로서, 건강관리에서는 저항적인 체제들의 연결고리로서, 에너지 분야에서는 다방면 플랫폼의 정교한 그리드(grid)로서, 금융 분야에서는 화폐의 디지털화로서, 보급과 수송에서는 새로운 신장 수단으로서, 노동과 직업서비스 분야에서는 근무의 본질에 대한 재정의로서 그리고 심지어 정부도 플랫폼으로서 다루어지는 벅찬 미래를 내다보고 있다. 그리고 이러한 '정의 네트워크 효과'를 보장하는 플랫폼 모형은 개인의 잠재력을 일깨우고 모두가 풍요롭고, 성취하고 창조적이며 풍요한 생활을 영위하게 만들 수 있는 새로운 사회를 건설할 수 있다는 것이다.[272]

'스르니스크'(Nick Srnicek)는 이러한 플랫폼이 지배하는 자본주의의 현실과 미래에 대하여 새로운 진단을 내리고 있어 관심을 모은다. 그는 플랫폼의 형태를 (1) 광고형태(Google, Facebook 등), (2) 클라우드 형태(AWS, Salesforce), (3) 산업 형태(GE, Siemens), (4) 산품 형태(Rolls-Royce, Spotify), (5) 군살 없는 형태(Airbna, Uber) 등의 다섯 가지로 분류하고 그 특성을 검토한 다음, 일반적으로 이러한 플랫폼의 작동이 비록 고객에 대한 개량된 서비스 제공, 산품(products)의 질적 향상, 회사의 이득과 경쟁력의 향상에 큰 도움을 주지만 동시에 자본주의 체제하에서 야기 될 수 있는 문제점도 지적하고 있다. 첫째로 플랫폼 기업은 특정 분야의 가치 창출을 위해 풍부한 데이터가 필요하고 이를 분석하여 '정의 네트워크 효과'를 증대시켜 나가야 한다. 이를 위해서는 방대한 데이터 발췌(data extraction)의 하부구조가 절실하게 되는데, 구글의 '네스트'(Nest: 가정의 난방 체제)나 아마존의 에코(Echo: 가정의 소비상담) 등이 이에 해당되며, 데이터의 분석 능력의 향상을 위해서는 최근 '구글'을 비롯하여 '아마존,' '페이스북,' '마이크로소프트' 등 대기업들의 경우 인공지능(AI)과 소비 사

---

272 Geoffrey G. Parker, Marshal W. Van Alstyne, and Sangeet Paul Chouary, *Platform Revolution: How Networked Markets are Transforming the Economy - and How to make them work for you*(New York: W. W. Norton & Company, 2016), pp. 5~18, 261~288.

물인터넷(consumer IoT)에 대한 투자를 늘려나가고 있다. 둘째로 주요 플랫폼 기업들은 에코시스템(ecosystem) 내의 핵심적 지위를 차지하기 위한 '리좀적 연결(rhizomatic connections)'을 시도하게 되는데, 점차로 그 지향점은 스마트폰, 전자서적, 소비 사물인터넷, 클라우드 플랫폼, 비디오채트 서비스, 지불 서비스, 자율자동차, 드론, 가상현실, 사회적 네트워킹, 인터페이스, 네트워크 제공, 검색 등의 주요 분야로 '수렴'되고 그 경쟁은 격화될 것이 예상된다. 셋째로 발췌된 데이터는 '저장 플랫폼'(siloed platform)으로 분산 관리된다. 기업은 그들의 경쟁적 이점을 위하여 자기가 갖고 있는 모든 데이터를 저장하고 보관하는 이른바 '울타리 만들기'(enclosure)에 적극 나서게 되며 결과적으로 인터넷의 분절 현상(fragmentation)을 만들어내게 된다. '페이스북'은 예를 들면 '프리 베이직스 프로그램'(Free Basics program)을 통하여 인도와 기타 나라들에 인터넷 접근을 허용하고 있는데 자신들의 서비스는 무료로 하고 기타 서비스는 페이스북의 파트너와 함께 협의케 함으로써 모든 인터넷을 '주커버그 사일로'(Mark Zuckerberg's silo) 안에 수용하는 방식을 택한다. 이상의 세 가지 기본 추세에 나타나듯이 21세기에 들어서는 주요 플랫폼들은 증가일로에 있는 사용자들과 그들이 만들어내는 방대한 '데이터'에 대한 '중앙집권화된 통제의 독점'(monopolies with centralized control)으로 치닫고 있으며, 이들 선도 플랫폼 기업들이 주요 특정 분야에서 벌리는 독점적 지위확보를 위한 치열한 경쟁은 '거대한 플랫폼 전쟁'(great platform wars)으로 비유되기도 한다.[273] 이와 관련하여 '쥬보프'(Shoshana Zuboff)는 현 단계의 세계경제를 '감시자본주의'(surveillance capitalism)'로 개념화하고 있어 관심을 모은다. 지금의 자본주의적 축적은 현실의 상품화를 분석과 판매의 행동주의적 데이터로 변환시킴으로써 극히 해체적이고 추출적인(disembedded and extractive) 정보 자본주의(information capitalism)의 특성을 지닌다는 것이다. 그리고 이 자본주의의 권력은 인간의 자유라든가 민주주의 및 프라이버시와 같은 핵심적 가치를 위협하는 추출, 상품화 및 통제 등의 숨은 메커니즘으로 구성된다고 보고 있다. 그뿐만 아니라 이 감시자본주의는 일세기 전 대량생산과 경영적 자본주의를 선도한 포드(Ford)나 제너럴 모터스(General Motors)처럼 지금은 구글(Google)이나 페이스북(Facebook)에

---

273 Nick Srnicek, *Platform Capitalism*(Malden, MA: Polity, 2017), pp. 36~92, 93~125.

의해 주도되고 있으며, 이들 세계적 기업들은 (1) 보다 많은 데이터 추출과 분석의 추진, (2) 컴퓨터 모니터링과 자동화를 사용하는 계약 형식의 개발, (3) 디지털 플랫폼 사용자들에 대한 서비스의 개인화 및 맞춤화(personalize and customize), (4) 사용자들과 고객들에 대한 계속적인 실험을 위한 기술적 인프라의 사용 등의 네 가지 특성을 지니는 것으로 파악된다. 그리고 새로운 행동적 미래시장에서의 예측 제품(prediction products)의 생산과 거래에 역점을 두면서 엄청난 부를 축적해 나가는 것으로 파악된다.[274]

한편 미래 산업에 있어서는 앞으로 어떠한 형태의 '알고리즘'이나 이론적 구성이 적절한 대응이 될 수 있느냐가 중요한 과제로 등장하게 된다. 여러 가지 대응 방안들이 논의될 수 있으나 최근에 관심을 모으는 하나의 연구를 검토해 볼 수 있다. '맥아피와 브린욜프슨'(A. McAfee & E. Brynjolfsson)은 (1) 기계[인공지능기반 로봇: 예, 알파고(AlphaGo)], (2) 플랫폼[예: 우버(Uber)], (3) 군중[인터넷 상의 지식과 전문성 및 열정을 가진 수많은 사람들과 집단들]이라는 세 가지 혁명적 변화가 서로 균형 있게 결합됨으로써 새로운 혁신과 발전이 이루질 수 있다고 보고 있다. 즉 인공지능이 바탕이 되는 새로운 기계들이 만들어지고, 산업 분야의 정교한 '정(正)의 네트워크' 효과를 만들어내는 선도적인 '플랫폼'이 형성되어, 이 플랫폼이 인터넷으로 형성되는 다양한 '군중'(crowd)들의 지적이고 열정적인 참여와 결합되어 앞으로의 '디지털 미래'(digital future)의 성패를 좌우하게 될 것으로 전망한다.[275] 그러나 이 세 가지 부문들은 각 부문마다 상응하는 요소들의 균형이 요청된다. 예를 들면 기계의 경우 인공지능에 의한 의학적 정보가 병을 진단하지만 동시에 기계가 못하는 일, 전문적 상담이나 간병 문제 등을 다루는 '이오라 헬스'(Iora Health)같은 회사가 절실하게 되며, 플랫폼 같으면 실제의 산품 마련이 절실하게 되는데 '우버'의 경우 실제의 택시 이용자가 충분히 병행되어야 하고, 군중의 효과적인 참여를 위해서는 이를

---

274 Shoshana Zuboff, *The Age of Surveillance Capitalism: The Fight for a Human Failure at the New Frontier of Power*(New York: Public Affairs, 2019); Surveillance Capitalism, *Wikepedia*(htts://en. wikipedia. org/wiki/Surveillance_capitalism; Thomas L. Friedman, 'Imagining surveillance capitalism,' *The New York Times International Edition*(January 31, 2019).

275 Andrew McAfee & Erik Brynjolfsson, *Machine, Platform, Crowd: Harnessing Our Digital Future*(New York: W. W. Norton & Co., 2017), pp. 14~15.

CHAPTER 04 가능한 미래: 전망과 대응 245

조직하고 활성화시키는 경영자와 관리능력을 가진 '핵심'이 갖추어져야 한다. 즉 기계는 인간의 '마음'(mind)으로, 플랫폼은 '산품'(products)으로, 군중은 '핵심'(core)으로 서로 보완적인 균형이 맞추어져야 한다는 점이 강조된다. 어디까지나 '테크놀로지'는 인간을 위한 도구에 불과하며 그것을 고안하고 제작, 관리하는 인간의 창조적인 능력에 따라 미래가 결정된다고 본다.[276]

　　이상에서 미래 산업의 특성을 살피는 가운데 가장 문제가 되는 것은 이른바 세계경제를 장악하는 '수퍼스타들'(superstars: 아마존, 구글, 페이스북, 네트프릭스, 알리바바, 텐센트 등)의 독점화 경향이라고 볼 수 있다. 특히 플랫폼 형태로 나타나는 21세기의 중앙집권적 기업 지배 양식에 대해서는 어떠한 대응이 바람직한가? 최근의 한 대응방안으로서는 '누진적 데이터 공유(progressive data-sharing)'의 방법이 제시되고 있다. 예를 들면 모든 기업들은 특정 시장의 점유에서 일정한 규모, 즉 약 10% 이상의 거래 데이터를 수집 및 분석하는 경우 그 데이터를 다른 기업에게 접근이 가능하도록 하는 방식이 된다. 기업에 대한 과세가 아니기 때문에 직접적인 부담이 되지 않으며 모든 기업들로 하여금 그들이 발췌하는 데이터를 자유롭게 사용할 수 있는 길이 보장됨으로써 '시장 다양성과 탄력'은 지속 될 수 있게 된다. 다양한 기업들이 시장 데이터에 접근이 가능하게 되면서 동시에 그 경쟁적 이점은 회사의 뛰어난 통찰력 신장에 달려 있고 효과적인 '알고리즘'과 '분석학'의 확보에 진력하도록 만들 수 있다는 것이다. 미국만 하더라도 2011년 '구글'이 'ITA Software'(항공편 예약 회사)를 인수할 때 '법무성'이 그 회사의 데이터를 제3자(Microsoft)에게 접근이 가능한 조치를 취한 적이 있으며, EU만 하더라도 은행 거래에 있어서 어느 정도의 데이터 접근이 가능하도록 하는 조치(예: General Data Protection Regulation)가 허용되고 있으며 '유럽의회'는 데이터 공유의 점진적 확산을 검토하고 있는 것으로 알려져 있다.[277]

---

276 *Ibid.*, pp. 15~16, 122~126, 168~176, 239~250, 329~334.

277 Victor Mayer-Schonberger and Thomas Ramge, 'A Big Choice for Big Tech: Share Data for the Consequences,' in *Foreign Affairs*, September/October 2018, Vol. 97, No. 5, pp. 48~54.

6. '코로나 19'와 코스모폴리타니즘

21세기의 세계화는 미-중 경쟁으로 인한 열강 간의 새로운 상호작용 등으로 이데올로기적인 지평에도 새로운 변화를 가져오게 된다. 미국과 유럽이 선도하는 신자유주의적 세계 질서에 변화가 일게 되고 그에 따른 경쟁적 이데올로기가 형성되기 마련인데 최근에 들어 가장 두드러지는 현상은 2017년 미국 대통령이 설파한 '미국 우선주의'가 길을 트게 된 '민족주의'의 새로운 지평이 된다. 이에 따르는 주요 열강들의 복잡한 세력균형과 이데올로기적 격랑에 대한 최근의 논의를 중심으로 앞으로의 대응과 당면 과제들을 세계적 공공영역의 형성과 코스모폴리타니즘의 관점과 연계시켜 다루어 볼 수 있다.

① 새로운 이데올로기적 지평

2017년 미국 트럼프 행정부의 출범은 미국 우선주의에 입각한 EU 방위비 분담, 이민 통제(멕시코 국경 장벽구축), 미-중 무역 전쟁 등으로 미국이 지금까지 구축해 놓은 신자유주의적 국제질서를 크게 뒤흔든다는 비판을 피할 수 없게 되었다. 민족주의적 포퓰리즘(national populism)으로 비판받기도 하는 이 새로운 이데올로기적 입장은 영국의 Brexit, 유럽 여러 나라들의 민중영합적인 민족주의적 경향과 함께 가히 반세계화론의 상징으로 비판되기도 했다.[278]

그러나 시간이 경과되면서 이러한 극심한 비판과 우려에 대해서는 좀 더 대국적이고 종합적이 성찰이 필요하다는 입장도 두드러지고 있다. 우선 미국의 경우 그동안 중동을 비롯한 여러 지역에서 추구해 온 이른바 '자유주의적 헤게모니'(liberal hegemony)는 하나의 거대한 환상(great delusion)에 지나지 않는다는 비판과 함께 이제는 현실주의와 민족주의에 대한 각별한 배려가 절실하다는 관점이 관심을 모으게 된다. 즉 자유 민주적정부와 개방된 시장이 결합되어 세계로 뻗어 나갈 때 진정한 평화가 보장될 수 있다는 '자유주의적 헤게모니론'은 미국이 중동(아프가니스탄, 이라크 등)에서 전개한 25년간의 전쟁이 많은 살상과 5조 달러의 엄청난 비용을 들였으나 그 목적을 달성할 수 없었다

---

278 Manfred B. Steger, *Globalization: A Very Short Introduction*, Fourth Ed.(Oxford: Oxford Univ. Press, 2017), pp. 129~132.

는 사실로서 그 허상이 입증되었다는 것이다. '미어셰이머'(J. Mearsheimer)에 의하면 그 엄청난 비용을 미국의 교육, 보건, 수송 인프라, 과학 연구 등에 돌렸더라면 오히려 미국과 같은 역동적인 민주주의가 세계의 여러 나라에 모방적 학습효과를 만들어낼 수 있었을 것이라고 보고 있다.[279] 이와 같은 취지에서 '린드'(J. Lind)와 '월포스'(W. C. Wohlforth)도 미국이 지금까지 추구해 온 '자유주의적 질서'가 그 모습을 바꿀 것을 주문하고 있다. 미국은 전통적으로 폭정에 대한 항거에 동정과 지원을 보내는 전사의식을 지녀 왔고 자유주의적 질서에 대한 강한 정체성을 자부해 왔으나 이제는 이러한 '민주주의 촉진 사업'(democracy−promotion business)에서 손을 뗄 것을 제안하고 있다. 19세기 영국 정치가들은 자유주의적 원칙과 제국주의적 이익이 서로 상충될 때는 이상주의에서 현실주의를 선택한 것처럼, 미국도 윌슨(Wilson)이나 카터(Carter)와 같은 이상주의적 대통령보다는 테오돌 루즈벨트(Theodore Roosevelt)나 닉슨(Nixon)과 같은 실용주의적(pragmatic) 대통령이 필요한 시점에 다다랐다고 보고 있다. 비자유주의적(illiberal) 열강(중·소)과도 경쟁적 공존을 받아들여야 하고 현존하는 우방과의 유대는 지속시키되 새로운 우방을 늘려나가려는 시도(예: 중동)만은 단호히 고쳐야 한다는 점이 강조된다. 앞으로의 미국이 지향하는 '자유주의적 실서'는 보다 현실주의적 목표와 유능한 치국 경륜에 입각한 '보수적인' 성격을 띨 것이라는 전망을 내린다.[280]

이러한 현실주의와 민족주의적인 새로운 이데올로기적 지평의 부상에 대해서는 여러 가지 찬반 논쟁이 계속 될 수 있다. 그중 가장 두드러지는 쟁점은 민족주의가 지니기 쉬운 민족적 정체성에 입각한 격렬한 경쟁, 배타성, 적대감 조성 등의 부정적인 측면에 대한 대응이 가장 문제가 된다. 이러한 배타성(exclusive)의 문제에 대해서는 나라마다 이에 대한 '포용성'(inclusive)을 확대하는 대응이 종용된다. 예를 들면 시리아(Syria)의 경우 수니부족(Sunny Arab)이 다수임에도 불구하고 12%에 불과한 '알라위트'(Alawites)가 대통령, 내각, 군부, 비밀경찰, 행정부 고위직을 독점하지만 스위스의 경우에는 프랑스, 독일, 이태

---

279 John Mearsheimer, *The Great Delusion: Liberal Dreams and International Relations*(New York: Yale Univ. Press, 2018), p. 229, pp. 232~233.

280 Jennifer Lind and William C. Wohlfoerth, 'The Future of the Liberal Order Is Conservative,' *Foreign Affairs*, Volume 98, No. 2(March/April, 2019), pp. 70~80.

리 계열 집단들이 골고루 참여하는 '포용적인 지배 동맹'을 형성하는 경우와 대조된다. 그리고 또 한편 민족단위의 세계적 질서에 있어서는 언제나 나라마다 또는 국가 간의 모든 관계정립에 있어서는 '세계적인 것과(global)'과 '국부적인 것(local)'은 서로 다른 '충성'으로 인한 경쟁 관계가 불가피하게 되어 있으나, 이것은 양자가 서로 융화되는 코스모폴리타니즘으로 이어져야만 해결이 가능하다는 방향이 종용된다. 언제나 세계적인 차원의 융화를 전제하면서도 '국부적인 것'에 대한 적절한 배려도 결코 소홀히 해서는 안 된다는 '세계적 시민상'(global citizenship)이 제안될 수 있다.[281] 세계화의 미래와 관련하여 세계적 불평등 문제, 우리들의 경이로운 지구의 보존, 인간적 안전(human security)의 강화라는 3대 과제를 달성하기 위해서는 인기영합적인 민족주의적 포퓰리즘에서 탈피하여야 하며 코스폴리타니즘의 정신에 입각한 세계적 제도와 협력적 네트워크를 만들어야 하고, 인류의 문화적 다양성을 훼손함이 없는 민주적이며 평등한 세계적 질서를 구축하는 길 밖에 없다는 점이 새삼 강조될 수 있다.[282]

② '코로나 19': 세계적 혼돈과 정치적 변환

2019년 12월 중국의 우한에서 시작된 '코로나 19(코로나 19 세계적 감염병: covid-19 pandemic)'는 그 후 전 세계적으로 확산되어 2020년 6월 말 현재 약 1,000만 명(미국: 260만, 브라질: 132만, 러시아: 63만, 인도: 52만, 영국: 31만 등)의 확진자와 약 50만 명의 사망자로 이어졌다. 경제적으로는 쇼핑몰, 각종 소매상, 여행 관광업 등의 수준에서 대량 폐업과 실업을 발생시키고 세계적인 항공, 유통 의료업계, 정유, 스포츠 용품업, 각종 패션 등을 비롯하여 자동차 업계에도 확산되는 이 경제적 불황으로 국제통화기금(IMF)은 당초의 예상보다 오래 지속되는 이 팬데믹으로 2020년의 경제성장률을 -4.9%로 예상하고 있다. 이러한 심대한 세계적 감염병 확산에 따른 경제적, 사회적 혼돈은 정치적 영역으로 그 파장이 확산되기 마련인데 이와 관련되는 두드러진 변환과정의 특성

---

281 Andreas Wimmer, 'Why Nationalism Works,' *Foreign Affairs*, Volume 98, No. 2(March/April, 2019), pp. 32~33; Kwame Anthony Appiah, 'The Importance of Elsewhere,' *Foreign Affairs*, Vol. 98, No. 2(March/April, 2019).

282 Manfred B. Steger, Globalization(2017), *op. cit.*, pp. 129~134.

을 다루어 볼 수 있다.

첫째로 '코로나 19'의 세계적 확산에 직면하는 세계 각국은 바이러스 확산에 관한 사태파악과 대응에 관한 나라마다의 '긴급권력(emergency power)'을 구성하게 된다. 무엇보다도 바이러스 확진의 망상 파악과 긴급 의료 처방의 전국적 대응체제를 구성, 이를 적절히 운영하는 문제가 선결되어야 하고 이를 위한 국가 예산의 배정과 효과적인 실행을 지도·감독하는 막중한 과제가 주어진다. 그러나 이러한 확진파악 및 대응 의료 체제의 운영에 못지않게 관심을 모으는 것은 주요 열강들의 경우 이러한 세계적 혼돈에 간여하여 자국의 국익 확산에 치중하는 사태가 지적될 수 있다. 특히 많은 '비자유주의 정부들(illiberal governments)'의 경우 이 코로나 위기를 언론자유의 제한, 정치적 저항세력 탄압의 방편으로 이용하는 측면이 지적될 수 있다. 이미 21세기에 들어서 노골화된 자유주의적 세계질서(liberal world order)에 대한 공격은 세계도처(헝가리, 필리핀, 중국, 엘살바도르, 우간다 등)에서 확산되어 왔으나, 이번 '코로나 19'의 합류로 이러한 혼탁한 기류는 이제 새로운 '파시즘(Fascism)'의 형태로 더욱 촉진될 수 있게 된다. 특히 중국은 미국과의 관계를 고려하여 '세계보건기구'(WHO)에 대한 영향력 행사를 시도한 바 있고 북경과 모스크바는 유럽 제국(이태리, 세르비아, 스페인 등)에 긴급 물자와 의료기구의 제공자로서의 이미지 형성을 시도하는 것이 지적된다.[283] 코로나 바이러스 확산을 막기 위한 사회질서 유지(의무적 마스크 착용, 대규모 집회의 금지 등)와 같은 새로운 시위 환경을 배경으로 중국은 2020년 7월 5일 홍콩 내 반중(反中)활동을 처벌하는 '홍콩 국가보안법'을 가결하였고, 러시아는 7월 1일 푸틴 대통령의 임기를 2036년까지 늘릴 수 있는 개헌안을 국민 투표로 가결하였다. 코로나 위기로 인한 세계적 혼돈이 그 지나친 정치적 부작용으로 이어질 수 있는 색다른 정치적 변환이라고 볼 수 있다.

이러한 '코로나 19'의 작용으로 '미-중'의 패권 경쟁은 더욱 치열해지는 양상을 띠게 되는데 양국은 코로나의 발생과 그 확장에 대한 책임 전가,

---

[283] Alexander Cooley and Daniel H. Nixon, 'How Hegemony Ends: The Unraveling of American Power,' *Foreign Affairs*, Volume 99. No. 4(July/August, 2020), p. 154; Francis Fukuyama, 'The Pandemic and Political Order,' *Foreign Affairs*, Volume 99, No. 4(July/August, 2020), pp. 28~29.

WHO의 역할 문제, 홍콩사태('홍콩 국가보안법' 통과) 등으로 서로의 관계는 더욱 악화되는 경향을 보이고 있다. 그리고 미국이 1990년대 이후로 주도해 온 '단극 순간'(unipolar moment)은 지나가고 있다는 진단도 확산되어 가고 있으며, 이로 말미암아 앞으로의 열강 세력 균형에 있어서는 '미-중의 각축'(角逐)에 러시아가 끼어드는 복잡한 '삼각관계'의 국제질서가 형성되어 갈수도 있다는 전망도 시사된다.[284]

　둘째로 '코로나 19'는 미래의 세계적 감염병에 대한 '백신(vaccine)' 개발이 절실함을 일깨워 주고 있다. 정부는 이를 위한 기본조사에 대한 예산책정을 비롯하여 백신의 검증을 위한 임상실험, 및 그 인허가 과정을 효과적으로 담당해 나가야 한다. 미국의 경우 '보건복지부(BARD)'가 이를 무엇보다도 서둘러야 하며, 미국 정부는 이에 대한 예산 배정을 다른 사안에 비하여 우선적으로 해결할 것이 주문된다. 그러나 '코로나 19'와 같은 세계적 감염병은 한 나라의 문제가 아니라 여러 나라들, 전 세계가 연계되는 세계적 과제이기 때문에 국제적인 협력과 참여가 절실하다는 점이 강조될 수 있다. 저명한 분자 생물학자 '조슈아 레더버그(Joshua Lederberg)'가 갈파했듯이 '어제 먼 대륙 저편에서 한 어린이를 쓰러뜨린 세균(microbe)이 오늘 당신의 아이에게 옮아서 내일은 세계적 감염병을 뿌릴 수 있다'는 섬뜩한 경고가 항상 문제될 수 있다. 따라서 미국이 매년 우방과 함께 위급한 상황을 전제로 한 군사훈련을 하듯이 세계적인 감염병 예방에는 정부, 의료 및 긴급대응 기구, 의료 관계 산업들 모두의 합심된 노력과 실천으로 세계적 질병 감시체제(disease surveillance)를 구성 운영할 필요가 강조된다. 이를 위한 실천 방안으로서는 일찍이 미국과 소련이 1958년 '세계보건회의'(World Health Assembly)에서의 천연두 근절 호소를 받아들여 실천에 옮긴 사례가 자주 인용된다. 현 지정학적 단계에서 이러한 초강대국 간의 공동보조를 기대하기는 힘들게 되어 있지만 다음 번에 다가올 세계적 감염병에 대한 대비는 나름대로의 인류의 시급한 당면 과제가 된다. 따라서 비록 힘겨운 일이 되지만 현 단계에서는 '북대서양조약기구'(NATO)와 유사한 형태로서 (1) 사전 예약된 보급 및 전개 설계도의 마련, (2) 일국의 감염병 확산은 모든 다른 회원국들과의 상호 조정과 과감한 반응으로 함께 대처된다

---

284 Alexander Cooley and Daniel Nexon, *op. cit.*, pp.144~150, 155~156.

는 조약국들의 합의를 내용으로 하는 새로운 기구 설립이 제안된다. 그리고 이러한 조약기구는 '국제보건기구'(WHO) 및 다른 대응 기구들과 함께 움직이지만 보다 과감한 속도, 능률 및 자원을 가지고 활동할 수 있다는 장점이 추가된다.[285]

　　세계적 혼돈과 불안한 정치적 기류를 크게 확산시킨 '코로나 19' 사태는 21세기 세계질서의 미래와 관련하여 중요한 전환점이 되어야 할 것이다. 즉 민족주의, 고립주의, 외국인혐오 등의 만연에서 나타나는 '민족적 포퓰리즘'에서 벗어나 이제는 정치의 주제가 국가 간 상호협력과 정의로운 규범의 확산에 초점을 두는 새로운 이데올로기적 지평, 즉 '코스모폴리탄 권력'(cosmopolitan power)의 형성에 무게를 두는 시대적 결단이 절실하게 되어 있다. 특히 21세기가 당면하는 중대한 현안으로서의 세계적 불평등, 이민 및 인종차별 문제, 지속적인 테러리즘의 가능성, 기후변화의 심각성 등을 감안한 세계적인 공공영역의 형성과 코스모폴리타니즘의 구체적인 제도적 전환에 대한 논의가 절실하게 되어 있다.

③ 세계적 공공영역과 코스모폴리타니즘

　　세계화의 미래와 관련해서는 세계적인 공공영역(public sphere)과 코스모폴리타니즘(cosmopolitanism)의 확산과 정착이 매우 주요한 과제가 될 수 있다. 세계화로 인한 복잡다단한 현안에 대한 다각적인 논의와 협의를 통하여 민주적인 절차에 따른 해결을 가져올 수 있는 세계적 '공공영역'을 구성해 나갈 수 있을 것인가, 또한 앞으로 제기될 수 있는 인류의 생존양식의 윤리적, 도덕적 기준이 될 수 있는 '코스모폴리타니즘'은 어떠한 내용이 되어야 할 것인가의 문제가 된다.

　　우선 공공영역의 구성은 일찍이 '하버마스(Jurgen Habermas)'가 18세기 영국의 부르조아 계급에 의한 대화와 협의의 장으로서 민주주의를 정착시킨 역사적 교훈에 입각한 이론적 구성이 된다. 그에 의하면 공공영역이란 국가와 사회의 중간에서 국민들이 서로 정보와 각자의 견해를 교환할 수 있는 네트워

---

285 Michael T. Osterholm and Mark Olshaker, 'Chronicle of a Pandemic Foretold: Learning From the COVID−19 Failure − Before and the Next Outbreak Arrives, *Foreign Affairs*, Volume 99, No. 4(July/August, 2020), pp. 22~24.

크로 정의되며, 시민들이 서로의 독자적인 견해를 그 사회의 정치적 제도에 표명할 수 있는 기본적인 사회·정치적인 조직으로서 인정되어 왔다는 것이다.286 이러한 주로 민족국가 단위의 전통적인 공공영역은 세계화로 인하여 그 특성에 새로운 변화가 불가피하게 되는데, 예를 들면 사회의 각종 풀뿌리조직, 노동조합, 이익집단, 종교집단 및 사회적 결사들을 비롯하여 다양한 형태의 비정부조직(NGOs, 예: 국제사면위원회, 국경없는 의사회, 옥스팜, 그린피스 등), 각종 사회운동(예: 멕시코의 자파티스타) 등의 분출과 확산으로 세계적인 규모의 다양한 권익 추구 조직과 집단들의 도전과 그에 대한 대책이 시급하게 된 것이다. 그리고 이러한 새로운 복잡한 세계적 '시민사회'(civil society)의 등장은 동시에 세계적인 규모의 '공공영역의' 구성을 기대하는 새로운 전기를 마련한다고 볼 수 있다.

새로운 관심을 모으게 되는 '세계적 공공영역'(global public sphere)은 무엇보다도 수많은 사람들에 의한 메시지 교환을 가능케 하는 복합적 형태 (multimodal form)의 통신으로 이루어지는 매체 체제(media system)가 된다. 카스텔(M. Castells)에 의하면 주로 인터넷 네트워크로 만들어지는 이른바 이 '웹 (Web) 2.0'의 사회적 공간은 Yutube, Facebook 및 확장 일로의 '블로그 영역'으로 구성되며 이미 20007년 현재 700억 블로그를 이루면서 매 6개월마다 배로 증가하는 것으로 파악된다. 그리고 이 미디어 체제를 통하여 UN은 1990년대에 주요 국제적 사안(여권신장 및 환경문제 등)에 관한 국제회의를 주도한 것으로 파악된다. 비록 구체적인 정책적 입안으로 결실되지는 않더라도 이러한 회의들은 주요 현안들에 대한 대화와 인식의 확산, 지속적인 정책적 토의를 위한 플랫폼(platform)의 마련에 크게 기여한 것으로 보고 있다.287 이 새로운 미디어 기반의 '세계적 공공영역'에 대한 비판이 없는 것도 아니다. 세계적 토론의 광장을 열어 놓자 그것이 찬반의 격론만을 부추겨서 위험한 '발칸화'(Balkanization)나 '논쟁적 공간'(agonistic space)으로 변질되는 위험성도 지적

---

286 Jurgen Habermas, *Between Facts and Norms: Contributions to a Discourse theory of Law and Democracy*(Cambridge, MA: MIT Press, 1996), p. 360.

287 Manuel Castells, 'The New Public Sphere: Global Civil Society, Communication Networks, and Global Governance,' in Manfred B. Steger(ed.), *Globalization: The Greatest Hits*(Boulder, London: Paradigm Publishers, 2010), pp. 270~272.

될 수 있고, 공공영역에 참여하는 주요 매체의 소유자들이 상업적 이익에 얽매이거나 정치적 거물들의 명성(celebrity)을 노리는 저속한 무대로 변질 될 위험성 등이 거론되기도 한다.[288] 그러나 이 '공공영역'의 주제와 그 기본 논리는 역사적으로 북미와 프랑스의 혁명을 거쳐 민주적 정체와 문화를 실현하기 위한 폭넓은 투쟁을 통하여 성공을 거두어 오늘날의 지식인들과 민주적 활동가들의 길잡이가 되는 귀중한 유산이기도 하다. 그리고 오늘날의 세계화를 위한 어려운 현안들(지구적 불평등, 환경, 이민, 테러리즘 등)을 해결하기 위해서는 세계적 공공영역에서 집약되는 민주적 협의(deliberation)에 의한 절차상의 지침으로 그 정당성이 인정될 수밖에 없다.[289]

　코스모폴리타니즘은 인류가 서로 공유하는 도덕성에 바탕을 두는 하나의 단일 공동체에 속해 있다는 이데올로기를 지칭한다. 인간은 근본적으로 평등하며 평등한 정치적 대우, 즉 그들이 태어나고 키워진 공동체와는 무관하게 평등한 돌봄과 그들 행위에 대한 배려를 받을 수 있다는 것이다. 그리고 서로 인종, 젠더, 국민성, 종족, 문화, 종교, 정치적 애착, 국가적 시민권 및 기타의 다양한 특수성의 차이에 관계없이 오직 '인간성'(humanity)에 입각한 '도덕적 의무'를 받아들이는 입장이 된다. 따라서 세계화의 변환과 그 대응에 있어서도 인류가 공유하는 도덕성과 기본 원칙에 따라 움직여야 한다는 당위성을 전제로 그 구체적인 실현을 논의할 수 있다. 우선 세계화와 관련해서 '울리히 벡'(Ulrich Beck)는 인류는 제1차 근대화(first modernity)로부터 제2차 근대화(second modernity)로 접어들게 되는데, 전자는 주로 영토적인 민족 국가들로 이루어지면서 생활의 집단적 유형, 전진과 통제가능성, 완전 고용과 자연의 무분별 개발 등으로 이루어지며, 후자는 여러 가지 어려운 국면에 접어드는 '위험사회'(risk society)를 지칭하게 되는데 그 주요 특성으로서는 (1) 세계화, (2) 개인주의화, (3) 젠더 혁명, (4) 실업, (5) 세계적 위험(생태적 위기 및 세계금융시장의 붕괴 등) 등의 다섯 가지 과정들로 이루어지게 된다. 따라서 인류가 당면

---

288 Jostein Gripsrud, Hallvard Moe, Anders Molander, Graham Murdock(eds.), 'Editors' Introduction,' in *The Idea of the Public Sphere: A Reader*(Lanham, MA: Lexington Books, 2010), pp. xxvi~xxviii.

289 M. Castells, *op. cit.*, pp. 272~273; Seylia Benhabib, 'Excerpt from the Claims of Culture: Equality and Diversity in the Global Era(2002), in Jostein Gripsrud et. al., *op. cit.*, pp. 279~289.

하는 이 '2차 근대화'의 다섯 가지 위험 조성 유형들은 세계화로 상호 연결되고 동시에 작용하고 있기 때문에 그 대응에 있어서도 전체적으로 동시적으로 해결되어야 한다는 벅찬 과제가 된다. 세계적 위험에 대한 새로운 인식으로 공공의 담론이 열리고 흔히 흐트러지기 쉬운 초국적 정치(transnational politics)에 있어서의 통일을 기할 수 있는 길이 열리게 된다는 것이다. 그는 이러한 위급한 세계적 위험에 대응하기 위해서는 세계적인 관심과 해법이 적절히 제시되고 토론되고 매듭될 수 있는 '초국적 틀'(transnational framework)이 마련되어야 하며, 세계적 규모의 제도적 장치로서 '코스모폴리탄 정당'의 창립을 제안하고 있다. 이 정당은 지금까지의 들리지 않던 소리들(unheared voices)을 세계적 정책결정 과정에 연결시킬 수 있다는 것이다.[290]

'데이비드 헬드'(David Held)는 코스모폴리타니즘이 지향하는 가치를 (1) 평등한 가치와 위엄, (2) 활동적인 행위, (3) 사적 책임과 책무(accountability), (4) 동의, (5) 투표절차를 통한 공공 쟁점에 대한 집단적 정책 결정, (6) 포괄과 보충(inclusiveness and subsidiarity), (7) 심각한 피해의 회피, (8) 지속성(sustainability) 등의 여덟 개의 원칙들로 제시하고 있다. 이 원칙들은 상호연계되면서 인류가 공유하는 바를 밝혀 주는 기본 지침을 만들어낸다고 보고 있다. 그리고 이 원칙들이 국제적으로 보급 정착되면서 이미 존재하는 다양한 정치·경제적 제도들(UN, EU, 국제사법재판소, 각종 경제적 조직 등)의 개선과 발전의 단계를 거쳐, 장기적으로는 (1) 새로운 권리와 의미의 헌장, (2) 세계적 의회(global parliament)의 창설, (3) 협의 및 선거과정의 개혁, (4) 민족 국가의 강제력의 지역적 및 세계적 제도로의 이전, (6) 경제 및 시민사회에 있어서의 자율적 규제의 결사와 집단의 형성, (6) 다중 부문별 경제(multi-sectoral economy)와 소유 및 규제에 관한 자율적 결사와 조직의 확장, (7) 투자 우선순위 및 시장 규제의 공적 추진 틀, (8) 지구적인 민주적 협의 및 민주적 권리와 의무의 증진 등의 과감한 조치를 현실화시킴으로써 '코스모폴리탄 민주주의'(cosmopolitan democracy)가 실현될 수 있다는 것이다. 이러한 미래 지향적인 구상에 대해서는 현 세계적 정치·경제적 환경하에서는 도저히 달성되기 힘든 하나의 '유토

---

290 Ulrich Beck, 'The Cosmopolitan Manifesto,' in Garrett Wallace Brown and David Held(eds.), *The Cosmopolitanism: Reader*(Cambridge, UK: Polity, 2010), pp. 218~228.

피아적인 계획'(utopian project)으로 보는 비관론도 있다. 특히 비극적인 9·11 사태나 지구적인 정치·경제적 복잡한 현안을 감안하면 극히 비관적인 전망일 수도 있다. 그러나 지난 수십 년 동안 세계는 UN을 비롯한 다양한 국제기구 및 지역적 국제제도들을 통한 국제적 법률체계를 확장할 수 있었다. 그리고 이러한 다자주의적(multilateralism) 노력은 그동안 지구적 긴박한 과제들의 해결에 그런대로 상당한 효과를 거둔 것도 사실이다. 세계적 경제 질서에 있어서의 개발도상국들의 보다 자유롭고 공정한 무역을 위한 꾸준한 투쟁, '국제사면위원회'로부터 '옥삼'에 이르는 비정부조직들의 보다 정의롭고 민주적이며 평등한 세계질서 확립의 노력 그리고 보다 안정적이고 관리된 세계적 경제 질서를 지향하는 다양한 다변적 사회운동 등의 인류공동의 업적을 부인할 수는 없게 된다. 다양한 국제적 집단 및 조직 간에는 서로의 관점과 이해가 갈라질 수 있으나 언제나 서로에게 중복되는 합의의 영역이 있을 수 있고 이로 부터 다자주의가 강화되고 새로운 혁신적인 제도가 만들어질 수 있다. 그리고 그로부터 세계적 공공재의 마련, 세계적 시장 규제, 책임성 강화, 환경 보호, 사회적 정의의 실현 등이 이루어져 나갈 수 있다. 코스모폴리탄 통치에 대한 인류의 열망은 지속되어 결실될 수 있다고 전망해 볼 수 있다.[291]

벡크와 스나이더(U. Beck & N. Sznaider)는 21세기에 들어서면서 일시적으로 전통적인 민족국가의 판도가 재현될 수도 있는 '재민족주의화'(re-nationalization) 또는 '재인종주의화'(re-ethnification)의 경향을 경고하고 이에 대응하기 위하여 사회과학에서의 새로운 코스모폴리타니즘을 주창하고 있다. 전통적인 민족주의는 내부로는 차이(differences)를 해소하여 단일 규범을 시도하고 있으나 밖으로는 자기들의 차이를 부각시켜 독특한 정체성을 내세운다. 그러나 코스모폴리탄주의는 오히려 그러한 모든 차이들을 인정하고(recognition) 집단, 개인, 문화, 종교 등의 나름대로의 정체성에 긍정적인 가치를 받아들이며 그와 관련되는 서로의 관용(tolerance)을 강조하게 된다. 서구적 맥락에서 이러한 입장은 일찍이 헤레니즘(Hellenism)이나 기독교(Christianity)의 교리와 그 실천을 통하여 코스모폴리탄의 가치체제를 형성해 온 것으로 받아들여진다. 따라서 방법론적 코스모

---

291 David Held, 'Principles of Cosmopolitan Order,' in Garrett Wallace Brown and David Held(eds.), The Cosmopolitanism: Reader, *op. cit.*, pp. 229~247.

폴리타니즘은 서구 사회과학뿐만 아니라 아프리카, 아시아, 남미 등의 사회학들도 함께 포함하는 탈영토화되고 서로의 차이를 관용으로 융합되는 형태가 된다. 이제는 사회과학도 '이것과 다른 것(either/or)'의 민족성(nationality)의 논리가 아니라 '이것과 저것도 함께(this−as−well−as)'의 초국성(transnationality)의 논리가 될 것을 제안하고 있다. 이렇게 되면 앞으로의 '코스모폴리탄 국가'란 민족과 국가를 서로 분리할 뿐만 아니라 오히려 '초국가적으로'(transnationally) 행동하는 세계적 단위가 되며, 민족자결(self−determination)과 함께 민족·국가에 포함되지 않은 단위에 대해서도 책임을 지는 형태가 된다. 따라서 이러한 코스모폴리탄 국가의 제도화는 코스모폴리탄주의의 명목하에 자기의 국익 추구하는 '가짜 코스모폴리탄 주의'나 '세계적 일방주의'와도 구별되어야 한다고 보고 있다.[292]

세계화의 공공영역과 코스모폴리타니즘의 연구 분야는 인류의 도덕성과 이상적인 이정표로서의 특성을 지니게 마련이어서 그것의 현실성과 미래에 관해서는 매우 유보적인 전망이 따르게 마련이다. 21세기의 난해한 당면 과제들, 특히 금융시장의 취약성, 세계적 불평등 구조의 확산, 경제적 불확실성에 비롯되는 청년 실업, 제한적인 세계적 자원의 문제, 환경문제 해결의 담보 상태 등의 어려운 현안들을 어떻게 해결해 나갈 것인가? 그러나 21세기의 특징으로 나타나는 테크놀로지의 발달과 인터넷 공동체의 구성으로 인류의 효과적인 토론과 협의를 가능케 하는 '공공영역'이 새롭게 혁신되고, 동시에 코스모폴리탄의 철학과 윤리적 오리엔테이션을 코드화 및 알고리즘으로 제도화할 수 있는 결정적인 전기를 마련할 것을 기대해 볼 수 있다.

---

292 Ulrich Beck and Natan Sznaider, 'New Cosmopolitanism in the Social Sciences,' in Bryan S. Turner and Robert J. Holton(eds.), *The Routledge International Handbook of Globalization Studies*, Second Ed.(London and New York: Routledge, 2016), pp. 572~581.

참고문헌

[국내문헌]

C. Schmitt, 김효전 역, *정치적인 것의 개념*(법문사, 1992).

박재석·황태희, '핵무기 보유 추진 국가들과 경제제재: 미국의 사례를 중심으로,' *한국정치학회보*(52집 4호, 2018 가을), pp. 124~125.

백현진, '핵확산금지조약(NPT)의 성과와 한계,' 백현진 편, *핵비확산체제의 위기와 한국*(오름: 2010).

오윤희, 'AI가 인간을 넘어설 때 인류가 맞이할 미래는'(맥스 테그마크 교수 인터뷰: 조선일보, 2019년 1월 11일자).

유창모, 손장우, *5G and E2E Networking Slicing*(Netmanias: Nov. 23, 2018).

이광세, *동양과 서양: 두 지평선의 융합*(서울: 길, 1998).

클라우스 슈밥 지음, 송경진 옮김, *제4차 산업혁명*(새로운 현재: 2016).

하이브리드 中國경제(1), 조선일보(2016.6.21.), p.A4.

KT경제경영연구소, *2016 한국을 바꾸는 10가지 ICT 트렌드*(한스미디어, 2016).

[외국문헌]

A. F. K. Organski and J. Kugler, *War Ledger* (Chicago: Univ. of Chicago, 1980).

A. F. K. Organski, *World Politics* (New York: Knopf, 1958).

A. Golini et. al., *South—north immigration with special reference to Europe* (1991).

Adam Segal, 'When China Rules the Web: Technology in Service of the State' *Foreign Affairs*, September/October 2018. Vol. 97, No. 45, pp. 10~18.

Adam Segal, 'Will China hack U.S. midterms?,' *The New York Times*, International Edition (Oct. 6~7, 2018).

Aigul Kulnazarova, 'Bridging Cultures: Negotiating Difference,' in Manfred Steger et. al.(eds), The Sage Handbook of Globalization, Vol. 2, pp. 970~973.

Alec Ross, *The Industries of the Future* (New York: Simon & Schuster Paperbacks, 2016).

Alex J. Bellamy and Nicholas J. Wheeler, 'Humanitarian Intervention in World Politics,' in John Baylis et. al., *The Globalization of World Politics: An Introduction to International Relations* (Oxford: Oxford Univ. Press, 2017).

Alexander Cooley and Daniel H. Nixon, 'How Hegemony Ends: The Unraveling of American Power,' *Foreign Affairs*, Volume 99. No. 4(July/August, 2020), p. 154.

Amentahru Wahlrab, 'Nonviolence and Globalization,' in M. Steger et. al.,(eds.), The Sage Handbook of Globalization, Vol. 2, p. 734.

Andreas Wimmer, 'Why Nationalism Works,' *Foreign Affairs*, Volume 98, No. 2(March/April, 2019), pp. 32~33.

Andrew Dobson, *Environmental Politics: A Very Short Introduction* (Oxford: Oxford Univ. Press, 2016).

Andrew F. Cooper, *The BRICS: A Very Short Introduction* (Oxford: Oxford Univ. Press, 2016).

Andrew J. Nathan, 'Authoritarian Resilience,' *Journal of Democracy*, vol. 14, no. 1(January, 2003), pp. 6~17.

Andrew McAfee & Erik Brynjolfsson, *Machine, Platform, Crowd: Harnessing Our Digital Future* (New York: W. W. Norton & Co., 2017).

Ann Capling and Richard Higgott, 'The Future of the Multilateral Trade System — What Role for the World Trade Organization,' in Frank J. Lechner and John Boli(eds.), *The Globalization Reader*, Fifth Edition.

Anne McNevin, 'Global Migration and Mobility: Theoretical Approaches, Governing Rationalities and Social Transformations,' in Manfred B. Steger et. al., *The Sage Handbook of Globalization, Vol 2*, pp. 645~648.

Anthony McGrew, 'Globalization and Global Politics,' in *The Globalization of World Politics: An Introdction of World Politics*, Seventh Ed.(Oxford: Oxford Univ. Press, 2017).

Arjun Appadurai, 'Disjuncture and Difference in the Global Cultural Economy,' in Frank J. Lechner and John Boli(eds.), *The Globalization Reader*, Second. Ed., pp. 103~104.

Bryan S. Turner and Robert J. Holton, 'Globalization and its possible futures,' in Bryan S. Turner an Robert J. Hoton(eds.), *The Routledge International Handbook of Globalization Studies*, Second Ed.(London and New York: Routlege, 2016), pp. 591~603.

C. Layne, 'This time its real: The end of unipolarity and the pax Americana,' *International Studies Quaterly 56* (2012), pp. 203~214.

C. Tilly, 'Social Movements and National Politics,' in C. Bright and S. Harding(eds.), *Statemaking and Social Movements: Essays in History and Theory* (Ann Arbor: University of Michigan Press, 1984).

Carl Schmitt, *Der Begriff des Politischen*(Berlin: Duncker & Humblot, 1963).

Chalmers Johnson, 'Political institutions and economic performance: the government—business relationship in Japan, South Korea, and Taiwan, in Frederic C. Deyo(ed.), *The Political Economy of the New Asian Industrialism*

(Ithaca: Cornell Univ. Press, 1987).

Dani Rodrik, *The Globalization Paradox: Democracy and the Future of the World* (New York – London: W. W. Norton & Co., 2011).

Daniel Archibugi, 'World Citizenship,' in D. Archibugi, *The Global Commonwealth of Citizens: Toward Cosmopolitan Democracy* (Princeton, NJ and Oxford: Princeton Univ. Press, 2008).

David Held and Henrietta L. Moore, 'Introduction: Culture Futures,' in David Held and Henrietta L. Moore(eds.), *Cultural Politics in a Global Age: Uncertainty, Solidarity, and Innovation*(Oxford: Oneworld Publications, 2008).

David Held & Anthony McGrew, David Goldbaltt & Jonathan Perration, *Global Transformations: Politics, Economics and Culture* (Stanford, California: Stanford Univ. Press, 1999).

David Held, 'Principles of Cosmopolitan Order,' in Garrett Wallace Brown and David Held(eds.), *The Cosmopolitanism: Reader*.

David Held, 'Reframing Global Governance: Apocalypse Soon or Reform!' in David Held & Anthony McGrew(eds.), *Globalization Theory: Approaches and Controversies* (Malden, MA: Polity Press, 2007).

David Shmbaugh, 'Tangled Titans: Conceptualizing the U.S. – China Relationship,' in David Schambaugh(ed.), *Tangled Titans: The United States and China* (New York: Roman & Littlefield Publishers, Inc., 2013).

Dean Neubauer, 'The Rise of the Global Corporation,' in Manfred B Steger, Paul Battersby and Joseph M. Siracusa(eds.) *The Sage Handbook of Globalization*, Vol. 1 (Los Angels: Sage, 2014).

Dennis Hays and Robin Winyard, *The McDonaldization of Higher Education* (Westport, CT: Bergin and Garvey, 2002).

Don Clark, 'What 5G will mean when it arrives this year,' *The New York Times International Edition* (January 2, 2019).

Donna Dustin, *The McDonaldization of Social Work* (Burlington, VT: Ashgate, 2007).

E. Beck – Gernsheim, 'Health and Responsibility: From social change to technological change and vice versa' in Barbara Adam, Urlich Beck and Joost van Loon J(eds), *The Risk Society and Beyond: Critical Issues for Social Theory* (London: Sage, 2005).

E. Kavalski, 'The complexity of global security governance: An analytical overview,' *Global Society*, 22(4), 2018, pp. 423~443.

Edward Luce, *The Retreat of Western Liberalism* (New York: Atlantic Monthly Press, 2017).

ER Walsh, 'From Nu Guo to Nuer Guo: Negotiating desire in the land of Mosuo', *Modern China* 31(4), 2005, pp. 471~477.

Erik Brynjolfsson, Andrew McAfee, and Michael Spence, 'New World Order: Labor, Capital, and Ideas in the Power Law Economy' in Foreign Affairs: *The Fourth*

Industrial Revolution, Davos Reader (2016).

Evelyn Goh, 'Great Powers and Hierarchical Order in Southeast Asia: Analyzing Regional Security Strategies,' *International Security*, 32: 3(2007), p. 140.

Fawaz A. Gerges, *A History of ISIS*(Princeton and Oxford: Princeton Univ. Press, 2016).

Francis Fukuyama, 'Against Identity Politics: The New Tribalism and the Crisis of Democracy,' in *Foreign Affairs*, September/October 2018, Vol. 97, No. 5., pp. 90~100.

Francis Fukuyama, 'The Pandemic and Political Order,' *Foreign Affairs*, Volume 99, No. 4(July/August, 2020), pp. 28~29.

Francis Fukuyama, *Political Order and Political Decay: From the Industrial Revolution to the Present Day* (New York: Farrar, Straus and Giroux, 2014).

G. Borjas, *Economic theory and international immigration* (1989)

G. John Ikenberry, 'Globalization as American Hegemony,' in David Held & Anthony McGrew(eds.), *Globalization Theoy: Approaches and Controversies* (Cambridge: Polity Press, 2007).

G. Ritzer, Globalization: The Essentials (2011).

Garrett Harding, 'The Tragedy of the Commons,' *Science*, 162(December 13, 1968), pp. 1243~1248.

Gary Gereffi & Karinao Fernandez—Stark, *Global Value Chain Analysis: A Primer* (Durham, North Carolina: Center on Globalization, Governance & Competitiveness, 2011).

Gene Sharp, *Waging Nonviolent Struggle: 20th Century Practice and 21st Century Potential* (Boston: Extending Horizons Books, 2005).

Geoffrey G. Parker, Marshal W. Van Alstyne, and Sangeet Paul Chouary, *Platform Revolution: How Networked Markets are Transforming the Economy – and How to make them work for you* (New York: W. W. Norton & Company, 2016).

George Ritzer, *Globalization: The Essentials* (Malden, MA: Wiley—Blackwell, 2011).

George Ritzer, *Globalization: The Essentials* (Oxford: Wiley—Blackwell, 2011).

Graham Allison, *Destined for War: Can America and China Escape Thucydides's Trap?* (Boston—New York: Houghton Mifflin Harcourt, 2017).

Guillermo O'Donnell, 'Illusions about Consolidation,' in Larry Diamond and Marc F. Flatter(eds.), *The Global Divergence of Democracies* (Baltimore and London: The Johns Hopkins Univ. Press, 2001).

Hedley Bull, *The Anarchical Society: A Study of Order in World Politics*, 3rd Ed. (2002).

Henry Kissinger, *World Order* (New YorK: Penguin Book, 2014).

Howard Tumber and Frank Webster, 'Globalization and Information and Communication Technologies: The Case of War,' in George Ritzer(ed.), *Blackwell*

Companion to Globalization (Malden, MA: Blackwell, 2007).

I. Light, *The ethnic economy* (2005).

I. Wallerstein, *The Capitalist World Economy* (1979).

Ian Aart Scholte, 'The globalization of world politics,' in John Baylis & Steve Smith(eds.), *The Globalization of World Politics: An Introduction to International Relations*, Second Ed. (Oxford: Oxford Univ. Press, 2001).

Irina Velicu, 'Peopling the Globe: New Social Movements,' in Manfred B. Steger, Paul Battersby and Joseph M. Siracusa(eds.), *The Sage Handbook of Globalization*, Vol 2 (Los Angeles: SAGE reference, 2014).

J. Kentor, 'The growth of transnational corporate networks: 1962~1998,' *Journal of World—Systems Research*(2): 262~286.

J. Scholte, 'Global Capitalism and the State,' *International Affairs* 73: 3(1997), pp. 429~432.

J. Stiglitz, *Making Globalization Work* (New York: W. W. Norton, 2006).

James DeFronzo and Jungyun Gill, 'Revolution Without Borders: Global Revolutionaries, Their Messages and Means,' in M. Steger et. al., The Sage Handbook of Globalization, Vol. 2.

James Kirchick, *The End of Europe* (New Haven: Yake Univ. Press, 2017).

James N. Rosenau, 'Governance in a New Global Order,' in David Held & Anthony McGrew(eds.), *Governing Globalization: Power, Authority and Global Governance* (Cambridge, UK; Polity, 2002).

James Vreeland, 'The International Monetary Fund,' in Frank J. Lechner and John Boli(eds.), *The Globalization Reader*, Fifth Edition (Malden, MA: Wiley Blackwell, 2015).

Jan Aart Scholte, *Globalization: a critical introduction*, Second Ed. (New York: PalgraveMacmillan, 2005).

Jan Nederveen Pieterse, 'Globalization and Culture: Three Paradigms,' in George Ritzer and Jeynep Atalay(eds.), *Readings in Globalization: Key Concepts and Major Debates* (Malden, MA: Wiley—Blackwell, 2010).

Jan Sinnot, *The Development of Logic in Adulthood: Postformal Thought and Its Application* (New York: Springer, 2008).

Jared Diamond, *Upheaval: Turning Points for Nations in Crisis* (New York: Little, Brown and Co., 2019).

Jeffrey Goldberg, World Chaos and World Order: Conversation with Henry Kissinger, *Atlantic* (November 10, 2016).

Jennifer Lind and William C. Wohlfoerth, 'The Future of the Liberal Order Is Conservative,' *Foreign Affairs*, Volume 98, No. 2(March/April, 2019), pp. 70~80.

Jennifer M. Gidley, *The Future: A Very Short Introduction*(Oxford: Oxford Univ. Press, 2017).

Joachim Blattner, 'Beyond Hierarchies and Networks: Institutional Logics and Changes in Transboundary Spaces,' *Governance: An International Journal of Policy Administration and Institutions* 16:4(October 2003), pp. 519~520.

John Drane, *After McDonaldization: Mission, Ministry, and Christian Discipleship in an Age of Uncertainty* (Grand Rapids, MI: Baker Academic, 2007).

John E. Smith, *Biotechnology*, 5th Ed.(Cambridge: Cambridge Univ. Press, 2009).

John J. Mearsheimer, 'Structural Realism,' in Tim Dunne, Milja Kurki, Steve Smith(eds.), *International Relations Theories: Discipline and Diversity* (Oxford: Oxford Univ. Press, 2007).

John J. Mearsheimer, *The Tragedy of Great Power Politics*, Updated Edition(New York: W.W. Norton & Co., 2014).

John McKay, 'Development: 'Good Governance' or Development for the Greater Good?' in Manfred B. Steger et. al., The Sage Handbook of Globalization, Vol 2.

John Mearsheimer, *The Great Delusion: Liberal Dreams and International Relations* (New York: Yale Univ. Press, 2018).

John Seabrook, 'American Scrap: An Old—School Industry Globalizers,' *New Yorker* (January 14, 2008), pp. 55~57.

John Vogler, 'Environmental Issues,' in John Baylis, Steve Smith, Patricia Owens, *The Globalization of Wolrd Politics: An Introduction of International Relations,* Seventh Ed. (Oxford: Oxford Univ. Press, 2017).

John Williamson, 'Beijing Consensus,' *Asia Policy* (January, 2012).

Jonathan Friedman, *Culture Identity and Global Processes* (London: Sage, 1994).

Joseph E. Stiglitz, *Globalization and Its Discontents* (New York: W. W. Norton, 2002).

Joseph M. Siracusa, 'The Nuclear Non—proliferation Regime and the Search for Global Security,' in Manfred B. Steger et. al., The Sage Handbook of Globalization, Vol. 2, p. 558.

Joseph M. Siracusa, 'Wars of the Twenty—First Century, Global Challenges: The View from Washington,' in M. Steger et. al.,(eds.), The Sage Handbook of Globalization, Vol. 2, pp. 772~780.

Joseph M. Siracusa, *Nuclear Weapons: A Very Short Introduction*, Second Ed. (Oxford: Oxford Univ. Press, 2015).

Joseph S. Nye, 'The twenty—first century will not be a post—American world,' *International Studies Quartary 56* (2012), pp. 215~217.

Jostein Gripsrud, Hallvard Moe, Anders Molander, Graham Murdock(eds.), 'Editors' Introduction,' in *The Idea of the Public Sphere: A Reader* (Lanham, MA: Lexington Books, 2010).

Julian CH Lee, 'Constructing and Obstructing Identities: Ethnicity, Gender and Sexuality,' in Manfred B. Steger et. al., The SAGE Handbook of Globalization, Vol. 2(2014), pp. 685~686.

Jurgen Habermas, *Between Facts and Norms: Contributions to a Discourse theory of Law and Democracy* (Cambridge, MA: MIT Press, 1996).

Karl W. Deutsch, *The Nerves of Government: Models of Political Communication and Control* (New York: The Free Press of Glencoe, 1963).

Ken Conca and Geoffrey D. Dabelco(eds.), *Great Planet Blues: Environmental Politics from Stockholm to Johannesburg*, Third Ed. (Boulder, Colorado: Westview Press, 2004).

Kenneth Neil Cukier and Viktor Mayer–Schoenberger, 'The Rise of Big Data: How It's Changing the Way We Think About the World,' in *Foreign Affairs: The Fourth Industrial Revolution*, A Davos Reader (2016).

Kenneth Waltz, *Theory of International Poltics*(Reading, Mass.: Addison–Wesley Publishing co., 1979).

Klaus Schwab, 'The Foutth Industrial Revolution: What It Means and How to Respond,' in *Foreign Affairs, Special Collection: The Fourth Industrial Revolution*, A Davos Reader(January 20, 2016).

Kwame Anthony Appiah, 'The Importance of Elsewhere,' *Foreign Affairs*, Vol. 98, No. 2 (March/April, 2019).

Kwang–Sae Lee, *East and West: Fusion of Horizons*(Paramus, New Jersey: Homa & Sekey Books, 2006).

L. Abu–Lughod, 'The romance of resistance: Tracing transformations of power through Bedouin women', *American Ethnologist* (1990), 17(1), p. 50.

Li Yuan, 'Silicon Valley goes to China: The New New World,' *The New York Times International Edition* (November 7, 2018).

Lior Gelernter and Motti Regev, 'Internet and Globalization,' in Bryan S. Turner(ed.), *The Routledge Handbook of Globalization Studies* (New York: Routledge, 2010).

Luis Cabrera, *The Politics of Global Citizenship* (Cambridge: Cambridge Univ. Press, 2010).

Luke Martell, *The Sociology of Globalization* (Malden, MA: Polity, 2010).

M, Scott Solomon, Hegemonic Stability and Hegemonic Change: 'Transitioning' to a New Global Order?, in Manfred B. Steger, Paul Battersby an Joseph M. Siracusa(eds.), *The Handbook of Globalization*, Vol. 1(Los Aneles: Sage Reference, 2014).

M. Mahatir and S. Ishihara, *The Voice of Asia: Two Leaders Discuss the Coming Century* (Tokyo: Kodansha International, 1995).

M. Olson, *The Logic of Collective Action* (Cambridge, MA: Harvard Univ. Press, 1968).

M. Rupert, 'Producing Hegemony: The Politics of Mass Producton and American Global Power,' *Cambridge Studies in International Relations* (Cambridge: Cambridge Univ. Press, 1995).

M. Sheller and J. Urry, The new mobilities paradigm (2006).

M. Stoper and R. Walker, 'The spatial division of labour and the location of Industries,' in L. Sawers and W. K. Tabb(eds.), *Sunbelt/Snowbelt: Urban Development and Regional Restructuring* (New York: Oxford Univ. Press, 1984).

Malcom Edey, 'The Global Financial Crisis and Its Effects,' in Frank J. Lechner and John Boli(eds.), *The Globalization Reader*, Fifth Ed.(Malden, MA: Wiley Blackwell, 2015).

Manfred B. Steger, *Globalization: A Very Short Introduction*, Fourth Ed.(Oxford: Oxford Univ. Press, 2017).

Manisha Desai, 'From This Bridge Called My Back! to This Bridge We Call Home: Collective Identities and Social Movements,' in Margaret Wetherell and Chandra Talpade Mohanty(eds.), *The Sage Handbook of Identities* (Los Angeles: Sage, 2010).

Manuel Castells, 'The New Public Sphere: Global Civil Society, Communication Networks, and Global Governance,' in Manfred B. Steger(ed.), *Globalization: The Greatest Hits* (Boulder, London: Paradigm Publishers, 2010).

Manuel Castells, *Networks of Outrage and Hope: Social Movements in the Internet Age* (Malden, MA: Politty, 2012).

Manuel Castells, *The Information Age: Economy, Society and Culture, Vol. II: The Power of Identity*, Second Ed. (Oxford: Wiley−Blackwell, 2011).

Manuel Castells, *The Power of Identity*, Second Edition (Oxford, UK: Blackwell, 2003).

Manuel Castells, *The Rise of Network Society*(2000), *The Internet Galaxy*(2001), *The Power of Identity*(2003), Karin Knorr−Cetina, 'Complex Micro Structures: the New Terrorist Societies,' *TCS*, 22(5), pp. 213~34.

Mario Diani, 'The Concept of Social Movement,' *Sociological Review*, 40(1), 1992, pp. 2~3.

Mark R. Brawley, 'New Rulers of the World? Brazil, Russia, India and China,' in M. B. Steger et. al., *The Sage Handbook of Globalization*, Vol. 2, *op. cit.*, pp. 524~541.

Martin Shaw, *The New Western Way of War: Risk−Transfer War and its Crisis in Iraq* (Cambridge: Polity, 2005).

Mary Kaldor, *New and Old Wars: Organized Violence in a Global Era* (Cambridge: Polity, 2001).

Matthew Wilson, 'Global trade and global finance,' in John Baylis et. al., *The Globalization of World Politics*, Seventh Ed., pp. 456~457.

Mauro F. Guillen, 'Is Globalization Civilizing, Destructive or Feeble?,' in George Ritzer and Zeynep Atalay(eds.), *Readings in Globalization: Key Concepts and Major Debates* (Malden, MA: Wiley−Blackwell, 2010).

Max Tegmark, *Life 3.0: Being Human in the Age of Artificial Intelligence* (New York: Knofp, 2017).

Melanie Mitchel, 'A.I. hits the barrier of meaning,' *The New York Times International Edition*(November 7, 2018).

Michael Commons and Sara Ross, 'What Postformal Thought is, and Why it Matters,' *World Futures*, 64, 321~329(2008).

Michael Levi and Douglas Rediker, 'Can the world adjust to China's new normal?,' *World Economic Forum* (2016.2.10.).

Michael T. Osterholm and Mark Olshaker, 'Chronicle of a Pandemic Foretold: Learning From the COVID－19 Failure － Before and the Next Outbreak Arrives, *Foreign Affairs*, Volume 99, No. 4(July/August, 2020).

MT Luongo, 'Gays under occupation: Interviews with gay Iraqis,' in H. Samar(ed.), *Islam and Homosexuality* (Santa Barbara: Praeger, 2010).

Neil Gershenfeld, 'How to Make Almost Anything: The Digital Fabrication Revolution' in Foreign Affairs: The Fourth Industrial Revolution, *Special Collection* (2016), pp. 19~22.

Neil Irwin, 'For Trump, a strategy over trade takes shape,' *The New York Times*, International Edition (October 8, 2018).

Neil MacFarquhar, 'To Muslim Girls, Scouts Offer a Chance to Fit in,' *New York Times* (November 28, 2007), A22.

Niall Ferguson, *The Square and the Tower: Networks, Hierarchies and the Struggle for Global Power* (Penguin Random House, UK: Penguine Books, 2018).

Nick Bostrom, *Superintelligence: Paths, Dangers, Strategies* (Oxford: Oxford Univ. Press, 2014).

Nick Srnicek, *Platform Capitalism* (Malden, MA: Polity, 2017).

Norrie MacQueen, 'Sovereignty and Community: A Responsibility to Protect,' in N. MacQueen, *Humanitarian Intervention and the United Nations* (Edinburgh: Edinburgh Univ. Press, 2011).

Paul Battersby, 'Global Crime and Global Security,' in Manfred B. Steger et. al., The Sage Handbook of Globalization, pp. 702~704.

Paul Battersby, 'Global Rebellions or Just Insurgencies?. in M. Steger et. al.(eds.), The Sage Handbook of Globalization, Vol 2, p. 721.

Paul Battersby, 'Principles of Global Diversity,' in Manfred B. Steger et. al.(eds.), *The Sage Handbook of Globalization*, Vol. 2 (Los Angeles: Sage Reference, 2014).

Paul Battersby, 'Technologies of Globalization,' in Manfred B. Steger et. al., The Sage Handbook of Globalization, Vol. 1(2014), pp. 344~345.

Paul Battersby, 'The Globalization of Governance,' in Manfred B. Steger, Paul Battersby, and Joseph M. Siracusa (eds.), *The Sage Handbook of Globalization*, Vol. 2 (Los Angeles: Sage Reference, 2014).

Paul Collier, 'The Bottom Billion: Why the Poorest Countries Are Failing and What Can Be Done About It,' in Frank J. Lechner and John Boli(eds.), *The*

Globalizaztion Reader, pp. 202~204.

Pavid L. Downie, Janet W. Brown, *Global Environment Politics,* Fourth Ed. (Boulder, Col.: Westview Press, 2006).

Peter Dicken, *Global Shift: Mapping the Changing Contours of the World Economy, Six Edition* (New York, London: The Guilford Press, 2011).

Philip J. Cerny, *Rethinking World Politics: A Theory of Transnational Neopluralism* (New York: Oxford Univ. Press, 2010).

R. Cohen, *The New Helots: Migrants in the International Division of Labor* (1987).

R. J. Barry Johnes, *Routledge Encyclopedia of International Political Economy* (Routledge, 2001).

R. N. Lebow and B. Valentino, 'Lost in transition: A critical analysis of power transition theory,' *International Relations* 23(2009), pp. 389~410.

Ray Kurzweil, *The Singularity is Near: When Humans Transcend Biology* (The Biking Press, 2005).

Richard N. Cooper, Can China's High Growth Continue?, in Jennifer Rudolph & Michael Szonyi(eds.), *The China Questions: Critical Insights into a Rising Power* (Cambridge, MA: Harvard Univ. Press, 2018).

Robert A. Pape, 'Soft Balancing against the United States,' *International Security,* 30/1(Summer 2005), p. 10, 17.

Robert Cox, 'Social Forces, States and World Orders: Beyond International Theory,' *Millennium—Journal of International Studies* 10(1981), pp. 125~155.

Robert Gilpin, *Global Political Economy: Understanding the International Economic Order* (Princeton and Oxford: Princeton Univ. Press, 2001).

Robert Jervis, *System Effects: Complexity in Political and Social Life* (Princeton: Princeton Univ. Press, 1997).

Robert O. Keohane & Joseph S. Nye Jr., 'Introduction,' in Joseph S. Nye and John D. Donahue(eds.), *Governance in a Globalizing World* (Washington, D. C.: Brookings Institute Press, 2000).

Robert O. Keohane, *After Hegemony: Cooperation and Discord in the World Political Economy* (Princeton: Princeton Univ. Press, 1984).

Roland Robertson, 'Globalization Theory 2000 Plus: Major Problematics,' in George Ritzer and Barry Smart(eds.), *Handbook of Social Theory* (London: Sage, 2001).

Ruchir Sharma, 'Tech Battle with China, coming soon,' *The New York Times,* International Edition (June 29, 2018).

Ruchir Sharma, *The Rise and Fall of Nations: Forces of Change in the Post—Crisis World* (New York: W. W. Norton & Co., 2016).

Rukmini Callimachi, 'Caliphate is gone, but ISIS isn't,' *The New York Times International Edition* (March 25, 2019).

S. Huntington, 'The Clash of Civilization,' in F. Lechner & J. Boli(eds.) Globalization:

Reader(2004), p. 42.

S. Tarrow, *Power in Movement: Social Movements Collective action and mass politics in the modern state* (Cambridge: Cambridge Univ. Press, 1994).

Samuel P. Huntington, 'The Clash of Civilizations?' in Frank J. Lechner and John Boli(eds.), Second Ed. *The Globalization: The Reader* (Malden, MA: Blackwell Publishing, 2004).

Samuel P. Huntington, *The Third Wave: Democratization in the Late Twentieth Century* (Norman and London: Univ. of Oklahoma Press, 1991).

Sebastian Plociennick, 'Sustainable Economic System,' in Manfred B. Steger, et. al.,(eds.), *The Sage Handbook of Globalization*, Vol. 2 (Los Angeles: Sage reference, 2014).

Seylia Benhabib, 'Excerpt from the Claims of Culture: Equality and Diversity in the Global Era(2002), in Jostein Gripsrud et. al.

Shoshana Zuboff, *The Age of Surveillance Capitalism: The Fight for a Human Failure at the New Frontier of Power* (New York: Public Affairs, 2019).

Stephen D. Krasner(ed.), *International Regimes* (Ithaca, NY: Cornell Univ. Press, 1983).

Stephen M. Walt, 'The End of Hubris: And the New Age of American Restraint,' *Foreign Affairs*(May/June, 2019), pp. 32~33.

Steve Pinker, *The Better Angels of Our Nature; Why Violence Has Declined* (2011).

Steven Strogatz, 'A chess−playing machine heralds a new age of insight,' *The New York Times International Edition*(January 2, 2019), p. 1.

Stuart Armstrong, 'Introduction to the Technological Singularity,' in Victor Callaghan et. al., *The Technological Singularity: Managing the Journey* (Berlin, Germany: Springer, 2017).

Susan Strange, 'Cave! hic Dragones: A Critique of Regime Analysis,' in Stephen D. Krasner(ed.), *International Regimes*, pp. 337~354.

T. M. Newcomb, 'A Study of Communication Acts,' *Psychological Review*, Vol. 60(1953), pp. 393~404.

T. V. Paul, 'Soft Balancing in the Age of U. S. Primacy,' *International Security*, 30/1(Summer, 2005), p. 53.

Theodore H. Cohn, *Global Political Economy: Theory and Practice*, Fifth Edition (Boston: Pearson, 2010).

Thomas Carothers, 'The End of the Transition Paradigm,' in Bernard E. Brown(ed.), *Comparative Politics*, Tenth Ed. (Belmont, CA: Thomson−Wadsworth, 2006).

Thomas Friedman, 'Trump and Xi should go on a retreat,' *The New York Times International Edition* (June 6, 2019).

Thomas G. Weiss and Ramesh Thakur, 'The United Nations Meets the Twenty−first Century: Confronting the Challenges of Global Governance' in Steger et. al., The

Sage Handbook of Globalization, Vol. 2.

Thomas L. Friedman, 'Hey, China: 'I own you,' Guess again,' *The New York Times*, International Edition (Sept. 27, 2018).

Thomas Piketty, *Capital in the Twenty—First Century* (Cambridge, Massachusetts: The Belknap Press of Harvard Univ. Press, 2014).

Ulrich Beck and Natan Sznaider, 'New Cosmopolitanism in the Social Sciences,' in Bryan S. Turner and Robert J. Holton(eds.), *The Routledge International Handbook of Globalization Studies*, Second Ed. (London and New York: Routledge, 2016).

Ulrich Beck, 'The Cosmopolitan Manifesto,' in Garrett Wallace Brown and David Held(eds.), *The Cosmopolitanism: Reader* (Cambridge, UK: Polity, 2010).

Urlich Beck, *What is Globalization?* (Cambridge, UK: Polity Press, 2000).

Victor Mayer—Schonberger and Thomas Ramge, 'A Big Choice for Big Tech: Share Data for the Consequences,' in *Foreign Affairs*, September/October 2018, Vol. 97, No. 5, pp. 48~54.

Vincenzo Ruggiero and Nicola Montagna(eds.), *Socal Movements: A Reader* (New YorK: Routledge, 2008).

W. H. Dutton, The Fifth Estate emerging through the network of networks, *Prometheus* 27:1, March, pp. 1~15.

William C. Wohlforth, 'American Power and the Balance of Power,' in Robert J. Art and Robert Jervis(eds.), *Internatonal Politics: Enduring Concepts and Contemporary Issues*, Sixth Edition (New York: Longman, 2003).

William H. Dutton, 'General Introduction,' in William H. Dutton(ed.), *Politics and the Internet: Critical Concepts in Political Science* (London & New York: Routledge, 2014).

WL Williams, 'Islam and the politics of homophobia: The persecution of homosexuals in Islamic Malaysia compared to secular China,' H. Samar(ed.), in *Islam and Homosexuality* (Santa Barbara: Prager. 2010).

World Commission on Environment and Development, 'Toward Sustainable Development,' in K. Conca & G. Daeleko. Excerpted from Chapter Two of World Commission on Environment and Development, *Our Common Future*(1987).

Yale H. Ferguson and Richard W. Mansbach, *Globalization: The return of borders to a borderless world?* (London and New York: Routledge, 2012).

Yubal Noah Harari, *21 Lessons for the 21st Century* (London: Jonathan Cape, 2018).

[ㄱ]

가상적 정보의 폭풍설 182
감시사회 205
감시자본주의 244
개혁주의 158
거대전략 163
거버넌스(governance) 5, 44, 129
거버넌스 레짐 146
게임의 법칙 136
결정적인 행위자들 135
고도자본주의 16
공격적 현실주의 98
공산주의 인터내셔널 168
공유지의 비극 145
과격주의 159
관세와 무역에 관한 일반협정 120,
  189
교토의정서 145, 150
구이렌(Mauro F. Guillen) 2
구조적인 현실주의자 99
국가내부 전쟁 179
국민적 시장(national markets) 11
국제마약 및 법 집행처 48
국제부흥개발은행(IBRD) 15
국제사면위원회 188
국제사법재판소 195

국제원자력기구 194
국제적 레짐 208
국제적 사적 영역 228
국제적 확약 150
국제통화기금(IMF) 9, 15, 189, 249
국제 회사(international
  companies) 18
군산 복합체 201
권력이행이론(Power Transition
  Theory) 86, 92
권리의 논리 132
규범의 발전 186
극빈층 10억(The Bottom Billion)
  125, 126
극우 정체성 정치(right-wing identity
  politics) 77
근본주의(fundamentalism) 5
글로벌 거버넌스 183, 202
글로벌 기업(global corporation) 18
글로벌 상상 60
글로벌 회사(global companies) 18
글로컬리제이션 65
금융위기 2
금융적 스케이프(financescapes) 67
기술적 스케이프(technoscapes) 67
기술적 특이점 235

긴급권력(emergency power)   250
깊은 통합   8
끌어당기는 요인(pull factors)   42

[ㄴ]
나이(Nye)   3
네오 그람치   84
네트워크 정체성   71
네트워크화 된 개인들   205
노동이민의 여성화   46
녹색 기후 자금   157
누진적 글로벌 과세   130

[ㄷ]
다국적회사(multinational companies)
   18
다극체제(multipolarity)   91
다자주의   187
단극지배(unipolarity)   90
단극체제   2, 94
단기 처방주의   136
대안적인 미래   219
대중적 불만   165
대탄도 미사일 방어 시스템   199
도나후(Donahue)   3
도하개발아젠다   192
동중이(同中異)   231
동 티모르(East Timor) 사태   216
디지털 대리인   134
디지털 주문 생산(customization)   21
딥 러닝   109
딥 마인드   108

[ㄹ]
레온 트로츠키   168
레짐 이론(Regime Theory)   83
로버트 케오헤인   83
롤오버 효과   138
리저(G. Ritzer)   71

[ㅁ]
마르크스주의 혁명   167
마하틸 모하마드   55
막스 베버(Max Weber)   69
맥도널드화(McDonaldization)   69
멘세비키   168
무기력한 다원주의   175
문명의 충돌   62
문화적 수렴(cultural convergence)   69
문화적인 세계시민주의(cultural
   cosmopolitanism)   230
문화적 전환(cultural turn)   39
문화적 차별화(cultural differentiation)
   62
문화적 혼성(cultural hybridization)
   65
미국 우선주의   218
미디어 스케이프(mediascapes)   67
민간 주도의 방위   163
민족적 포퓰리즘   252
민주적 세계혁명운동   173
밀어주는 요인(push−factors)   42

[ㅂ]
반복되는 죄수의 딜레마   83
발전국가(developmental
   state)   10, 213

발전 모델(developmental models)의 다원성 135
방법론적 민족주의 43
방어적 현실주의 98
베이징 컨센서스 212, 220, 222
변환론(transformation thesis) 10
복잡성 접근(complexity approach) 134
볼세비키 168
분배 로봇 정원 111
분할된 노동시장 43
불평등 교환 43
브레턴우즈 체제 15, 95
Brexit 234
브릭스(BRICS) 2, 87, 95, 218
비자유주의적 민주주의 226
비정부조직(NGOs) 192
비폭력 162
빅 데이터 113, 240

[ㅅ]
사물인터넷 110
사이버 물리 체제 111
4차 산업혁명 235
사회적 국가 131
삼자 경제 블록 9
상징적 자본(symbolic capital) 20
상호의존성 4
세계무역기구(WTO) 9, 120, 188, 191
세계보건기구 250
세계사회포럼(World Social Forum) 37, 40, 75
세계은행 45, 189

세계의회(World Parliament) 214
세계적 문화(global cultures) 59
세계적 보급 사슬 취약성 51
세계적 상상(global imaginary) 5
세계적 수임(world mandate) 19
세계적인 마음과 기능의 묶음 53
세계적 헤게몬 79
세계적 혁명(Global Revolution) 165
세계주의 3
세계주의적 정체성(cosmopolitan identities) 12
세계체제론 14, 43
세계화 1, 2, 59
세금피난처(tax haven) 12
섹슈얼리티(sexuality) 53
수평적 통신의 다양식적 디지털 네트워크 72
수혜자주의 175
스틱스넷 50
스테거(M. Steger) 60
스톡홀름 탄성 연구소 160
시장근본주의(market fundamentalism) 39, 210
시장자유주의 59
신경제정책(NEP) 15, 120
신사회운동(New Social Movement) 37
신자유주의 2, 39
신자유주의적 거버넌스 45

[ㅇ]
아랍의 봄 72, 164
아시아적 가치 55
아이디어의 제도화 187

아파두라이(A. Appadurai) 67

안전 거버넌스 47

애덤 스미스(A. Smith) 6

얕은 통합 8

엘 문도 주로도 75

오존 추세 패널 156

요기아카르타 원칙 57

우루과이 라운드 120, 191

울리히 벡크 254

워싱턴 콘센서스(Washington
    Consensus) 7, 129, 135, 212, 220

워위크 위원회 192

월가 점령 72, 233

위험사회 254

유동성(liquidity) 4

유로존 위기 51

UN 기후변화 협약 틀 150

유엔난민기구 46

UN 밀레니엄 발전 목표 185

UN 인류환경회의 145

이데오 스케이프(ideoscapes) 67

이민과 발전의 글로벌 포럼 45

이민 정착촌 4

이슬람 걸 스카우트(Muslim Girl
    Scouts) 66

이슬람 근본주의 170

이슬람 협력기구 57

이중동(異中同) 231

이행경제 27

인간 발전 지표 139

인간중심의 패러다임 141

인공지능 108

인도주의적 거버넌스 46

인종적 스케이프(ethnoscapes) 67

일대일로 계획(Belt and Road
    Initiative) 234

[ㅈ]

자원동원이론(Resource Mobilization
    Theory) 37

자원 집약적 성장(Resource−intensive
    growth) 31

재귀성 5

저항 정체성 74

점수 체제 45

정의 네트워크 효과 243

정치적 편의주의 57

젠더(gender) 53

조셉 스탈린 168

조슈아 레더버그(Joshua Lederberg)
    251

조정된 대응 144

존 로크(J. Locke) 6

좁은 정체성 76

종교적 부활주의(religious revivalism)
    5

종속이론(dependency theory) 43,
    209

중국제조 2025 222

지구적 연결성 218

지구적인 점령 178

지구정상회의 146

지속 가능한(sustainable) 경제체제
    133

지속 가능한 발전을 위한
    세계정상회의 148

지역적 블록 81

집단적 정체성(collective identity) 38,

72

집단행동이론(theory of collective choice action) 37

[ㅊ]

참여적 항의 조직 153
초국가회사(transnational companies) 18
초국적기업(transnational corporation) 18
초국적 신 다원주의 227
촉매국가(catalytic state) 10
총국민 행복 139
최혜국 대우 120
추축국 104

[ㅋ]

코로나 19 247
코리어 126
코스모폴리타니즘 219, 247, 255
코스모폴리탄 민주주의(cosmopolitan democracy) 213
코스보(Kosvo) 사태 216
크리올화(creolization) 5
킨들버거 79

[ㅌ]

탈세계화 3
탈 웨스트파리아(post-Westphalian) 민주주의 215
테러리즘 2
테러와의 전쟁 177
토대 상부구조 85
토마스 피케티 130

통합적인 동기부여 166
트랜스 휴머니즘 236
특별 공헌자(special contributer) 19

[ㅍ]

파시즘(Fascism) 250
패트리엇 법 51
포괄적 핵실험금지조약 197
프라자협정(Plaza Agreement) 15, 88
프라하의 봄 163
프란시스 후쿠야마 229
프론텍스 47
핀 테크 240

[ㅎ]

하나의 행성 경제 156
하버마스(Jurgen Habermas) 252
하이드로 플루오로 카본 156
하이퍼 세계화 227
학제 간 접근 134
합리성의 불합리성 70
합리적 선택(rational choice)모형 37, 42
해외 부패소송 법안 51
핵무기의 비확산에 관한 조약 193
핵 비확산체제 193
핵 억지전략 198
허용적인 세계적 맥락 167
헤게모니 안정 이론 79, 90, 92
헨리 키신저(Henry Kissinger) 220
현지집행자(local implementcr) 19
혼성화(hybridization) 5
홍콩 국가보안법 250
화폐주조이차 82

환경외교 155
환 대서양 무역과 투자 동반자 협정
 121

회의론자 2
후기 포드주의(post—Fordism) 5
후쿠야마(F. Fukuyama) 76

저자 약력

오명호(吳明鎬)

現) 한양대학교 정치외교학과 명예교수
　　서울대학교 정치학과 졸업, 동대학원 정치학 석사
　　University of Hawaii 정치학과 M.A.
　　University of Pennsylvania 정치학과 Ph.D.
　　Harvard University 국제문제연구소 연구원
　　한양대학교 사회과학대학장, 부총장
　　일본 와세다대학교 교환교수(한국현대정치사)

주요 저서 및 논문
『현대정치학이론』(박영사, 1990)
『중국의 정치와 경제』(공저)(집문당, 1993)
『현대정치학방법론』(박영사, 1995)
『현대정치학이론 2』(박영사, 2004)
『현대정치학: 이론적 구성과 연구 동향』(한양대학교출판부, 2010)
『현대정치분석: 학제간 연구를 중심으로』(오름, 2015)
"Demand, Capacity and Decay: A Control Systems Formulation," *Comparative Political Studies*, Vol.7, No.4(Jan. 1975)
"Economic Development and Political Instability: Tunnel Effect and Relative Deprivation," *Social Science Journal*, Vol.8(1981)
"America's Korean Policy, 1972~1977: Moralism and Issue Net−works," *The Journal of East Asian Affairs*, Vol.3, No.1(1983)
"The Democratic Experiment in Korea: Presidential and Parliamentary Systems in Operation," *Journal of Behavioral and Social Sciences*, Vol.1995, No.2(TOKAI University)

21세기의 세계질서: 변환과 미래

초판발행	2020년 10월 15일
중판발행	2021년 10월 15일

지은이	오명호
펴낸이	안종만·안상준

편　집	이승현
기획/마케팅	오치웅
표지디자인	박현정
제　작	고철민·조영환

펴낸곳	(주) **박영사**
	서울특별시 금천구 가산디지털2로 53, 210호(가산동, 한라시그마밸리)
	등록 1959.3.11. 제300-1959-1호(倫)
전 화	02)733-6771
f a x	02)736-4818
e-mail	pys@pybook.co.kr
homepage	www.pybook.co.kr
ISBN	979-11-303-0813-5　93340

copyright©오명호, 2020, Printed in Korea

정 가　　　20,000원